Das Tier in dir

Roy Feinson

Das Tier in dir

Entdecken Sie, welches Tier Sie sind,
und die geheimen Seiten Ihrer Persönlichkeit

Übersetzt aus dem Englischen von
Martina Georg und Monika Gripenberg

Scherz

Die Originalausgabe erschien unter dem Titel
«The Animal in You» bei St. Martin's Press, New York

1. Auflage 1998
Copyright © 1998 by Roy Feinson
Alle deutschsprachigen Rechte beim Scherz Verlag, Bern, München, Wien.
Alle Rechte der Verbreitung, auch durch Funk, Fernsehen, fotomechanische Wiedergabe,
Tonträger jeder Art und auszugsweisen Nachdruck, sind vorbehalten.
Umschlaggestaltung: Kaselow Design

Inhaltsverzeichnis

Einleitung

Die Beziehung zwischen Mensch und Tier

Ist Ihnen schon einmal aufgefallen, daß manche Menschen mitunter geradezu tierische Wesenszüge annehmen? Will man ihr Verhalten beschreiben oder ihr Aussehen charakterisieren, sagen wir zum Beispiel: «Er ist ein Bär von einem Mann» oder «Sie hat einen treuen Hundeblick». Und Leute, die wir nicht mögen, bezeichnen wir als «aalglatt», als «Faultier», manchmal sogar als «Aasgeier».

Woher kommt diese enge Übereinstimmung zwischen tierischem und menschlichem Verhalten? Ist sie rein zufällig oder gibt es für dieses Phänomen doch eine eher nüchterne Erklärung? Es mag widersprüchlich klingen, aber der Schlüssel zum Verständnis dieser erstaunlichen Ähnlichkeiten und Übereinstimmungen liegt gerade im Streben der Natur nach Vielfältigkeit.

Die Natur hat eine erstaunliche Vielfalt von unterschiedlichen Tierarten hervorgebracht, von denen sich jede einzelne durch höchst spezialisierte Verhaltensweisen und ganz bestimmte körperliche Merkmale auszeichnet. Ja, es scheint, daß es gerade die Artenvielfalt ist, die den Kreislauf der Natur am Leben erhält.

Auf den ersten Blick könnte man meinen, daß die Natur darauf ausgelegt sei, eine bestimmte Spezies Tier so lange zu perfektionieren, bis sie ihr Optimum erreicht hat, und sie dann in Serie zu produzieren. Das aber ist ein Irrtum, denn eine einzige Spezies wäre nicht überlebensfähig. Es braucht eine ganze Palette verschiedenartigster Tierarten, um die Stabilität eines Ökosystems zu gewährleisten. Die Nahrungskette, oder genauer das Nahrungsnetz, beruht auf einem ausgeklügelten Gleichgewicht zwischen Jägern und Gejagten, zwischen Höhlentieren, Baumbewohnern und Insekten. Gerade das Wechselspiel der verschiedensten Gattungen bringt widerstandsfähige, gesunde Populationen hervor und sichert den Fortbestand von allen.

Oftmals entwickeln Tierarten, die eigentlich gar nichts miteinander gemein haben und die an jeweils anderen Enden dieser Erde leben, die gleichen Verhaltensweisen und auch die gleichen körperlichen Merkmale. Im Verlauf eines allmählichen Prozesses, den wir «parallele Evolution» nennen, passen sich beide, völlig unabhängig voneinander, ihrem jeweiligen Lebensraum optimal an. So hat zum Beispiel der tasmanische Wolf, der seit Tausenden von Jahren abgeschnitten vom Festland lebt, zahlreiche Ähnlichkeiten mit den Wölfen in Nordamerika entwickelt: Sein hundeartiger Körperbau, sein heiseres Bellen und die für ihn typischen Jagdgewohnheiten weisen enge Parallelen zu den in Rudeln lebenden Wölfen auf, obwohl beide ganz unterschiedliche Vorfahren haben.

Ein ähnlicher Prozeß scheint sich in der menschlichen Gesellschaft abgespielt zu haben. Die Spezies Mensch beherrscht die Erde, und die menschliche Welt ist ein verkleinertes Abbild des gesamten Universums. Die Eigenschaften, die im Reich der Tiere für ein ausgewogenes Gleichgewicht sorgen – Aggression, Passivität, List, Scheu und so weiter –, haben in der Welt der Menschen die gleiche Funktion. Es ist also kein Zufall, wenn wir uns die Verhaltensweisen der Tiere zu eigen machen, um in einer komplexen und wettbewerbsorientierten Welt zu überleben.

«Dir selbst sei treu»

Tiere sind immer sie selbst. Ein Schwein zeigt stets hundertprozentiges Schweineverhalten und tut nichts Unschweinisches. Es hat im Gesamtsystem seine Nische gefunden und fühlt sich als Schwein sauwohl.

Wir Menschen hingegen verhalten uns nicht immer gemäß unserer eigenen Natur. Innerhalb einer Gesellschaft, die unterschiedlichste Anforderungen an uns stellt, müssen wir hart darum kämpfen, die für uns passende Nische zu finden. Dabei akzeptieren wir Jobs und lassen uns auf Beziehungen ein, die unserer Natur gar nicht entsprechen. So befinden wir uns ständig in einem Spannungsverhältnis, das uns unter Streß setzt und nicht gerade dazu beiträgt, uns glücklich zu machen.

Mit Hilfe dieses Buches werden Sie Ihren persönlichen Tiercharakter erkennen und eine tiefere Einsicht in Ihre wahre Natur gewinnen.

Tierpersönlichkeiten in Kultur und Geschichte

DER CHINESISCHE KALENDER. Bereits vor Zehntausenden von Jahren hat man die enge Verbindung zwischen Mensch und Tier erkannt, und schon im alten China gab es ein ausgefeiltes Kalendersystem mit zwölf Tierpersönlichkeiten. Wenn den Chinesen der genaue Ursprung dieser Tiere – Ratte, Büffel, Tiger, Katze, Drache, Schlange, Pferd, Ziege, Affe, Hahn, Hund und Schwein – auch noch unbekannt war, so verstanden die chinesischen Astrologen sie jedoch als ein Abbild des Universums.

DIE UREINWOHNER AMERIKAS. Auch die indianischen Ureinwohner Amerikas wußten um die enge Verflechtung von Menschen und Tierwelt. Die Tiere der Prärie standen bei den Indianern in hohem Ansehen und wurden von ihnen sogar als «Gefährten der Steppe» verehrt. Diese indianische Spiritualität gründete sich auf das Bewußtsein, daß das eigene Überleben von der Anpassung an die Gesetzmäßigkeiten der nordamerikanischen Wildnis abhängig war. Das Bison war für die Indianer eben nicht nur Nahrungsquelle, sondern gleichzeitig auch wesentlicher Bestandteil im Kreislauf des Lebens.

ALLTAGSKULTUR. In der Sprache spiegelt sich unsere Nähe zum Tier allemal. Wir reden davon, daß Menschen «ausgefuchst» oder «lahm wie eine Ente» sind, daß sie «faul auf der Bärenhaut liegen» oder sich so «eigensinnig wie eine Katze» gebärden. Und mitunter «schuften sie wie Pferde», «essen wie die Ferkel» oder sind «stur wie Maulesel».

Gemeinsamkeiten im Verhalten

Die vier Fs

Wie kann man vom Verhalten eines Menschen auf die ihm entsprechende Tierpersönlichkeit schließen? Nun, wenn man tiefverwurzelte Muster im Tierverhalten genau untersucht und sie mit unseren Verhaltensmustern vergleicht, zeichnen sich bestimmte Leitmotive ab. Die elementaren Überlebenstechniken der Tiere kann man mit den «vier Fs» zusammenfassen: Fressen, Fehde, Flucht und Fortpflanzung.

Die Eigenschaften, die ein bestimmtes Tier ausprägt, um sich sein Fressen zu beschaffen, entspricht genau den Verhaltensweisen, die der ihm zugeordnete menschliche Typ bei der Karrierewahl an den Tag legt. Vogelpersönlichkeiten beispielsweise bevorzugen Jobs mit größtmöglicher Freiheit, während Schafspersönlichkeiten unter der Führung eines starken Hundecharakters geradezu aufblühen. Bärenpersönlichkeiten dagegen haben das Bedürfnis, ihre Umgebung zu kontrollieren, und reagieren deshalb gereizt auf die Autorität eines Bosses.

Die Art und Weise, wie ein Tier seine Fehden austrägt, verrät uns einiges darüber, welchen Platz die entsprechende menschliche Person innerhalb ihres sozialen Umfeldes einnimmt. «Fleischfresser» sind selbstsicher und unternehmungslustig, während «Pflanzenfresser» eher zu Passivität und Vorsicht neigen.

Auch das Fluchtverhalten und die Reaktion der einzelnen Tierarten auf Gefahr spiegelt sich in den Schutzmechanismen, die die Menschen für ihr wechselseitiges Miteinander entwickelt haben. «Herdentiere» flüchten sich – wenn's brenzlig wird – in die Gesellschaft von Freunden und Familie; Nagetiere dagegen verhalten sich von vornherein möglichst unauffällig, um gar nicht erst in Gefahr zu geraten.

Tiere verfügen über ein variantenreiches Repertoire an Balztechniken, um das andere Geschlecht in ihren Bann zu ziehen. Von den ziemlich rohen Annährungsversuchen des wilden Elches, die eher einer Machtdemonstration gleichen, bis zur verheißungsvollen Anmache des Pfaus, der durch seine prachtvolle Schönheit besticht, haben sämtliche Kreaturen eine aufwendige Verführungsstrategie entwickelt, um ihre Fortpflanzungspartner zu betören.

Dabei sind einige Tiergattungen monogam, andere wiederum haben wechselnde Partner. Die tierischen Paarungsgewohnheiten lassen sich direkt auf das menschliche sexuelle Verhalten übertragen.

Warum können wir nicht einfach alle miteinander auskommen?

Um die Beziehung zwischen Wolf und Kaninchen zu beschreiben, fällt uns im allgemeinen der Begriff «Feindschaft» ein. Tatsächlich aber zeigt der Wolf bei der Auswahl seines Beutetiers eine geradezu fürsorgliche Wohltätigkeit, denn er gibt sich für seine Mahlzeit fast immer mit einem alten, schwachen oder kranken Kaninchen zufrieden – aus dem einfachen Grund, weil es leichter zu fangen ist: Es macht für den Wolf keinen Sinn, seine Energie darauf zu verschwenden, einem gesunden Kaninchen im besten Alter hinterherzuhetzen, da es gute Chancen hätte, ihm zu entkommen.

Es klingt vielleicht seltsam, den Wolf als Schutzpatron seiner Beute zu bezeichnen; aber in gewisser Weise ist es richtig, denn der Wolf hält andere Raubtiere davon ab, in den Lebensraum «seiner» Kaninchen einzudringen. Auch dies geschieht letztlich im eigenen Interesse, denn erwiese sich der Eindringling als besserer Jäger, wäre die Balance der Macht bald dramatisch gestört. Im schlimmsten Fall könnte dies den Untergang einer Spezies besiegeln, deren Platz in der Nahrungskette weiter unten liegt.

So erhalten die Wölfe das Gleichgewicht zu ihrem und zum Wohle der Kaninchen, indem sie ihr Territorium höchst aggressiv gegen mögliche Mitjäger verteidigen. Die Beutetiere erfahren einen gewissen Schutz, und ihr Gesundheitszustand kann davon nur profitieren. Als Gegenleistung müssen ein paar schwache, kranke und alte Exemplare geopfert werden.

Ein ähnliches Arrangement existiert in der Welt der Menschen. Rehpersönlichkeiten beispielsweise können Schutz bei einer stärkeren Wolfs- oder Löwenpersönlichkeit suchen. Löwen sind gewöhnlich erfolgreiche Geschäftsleute und eignen sich daher besonders als Arbeitgeber – im Austausch für ihre Dienste erhalten sie wiederum Zeit und Arbeitskraft des schutzbedürftigen Rehs.

Auf dem Weg zu einer besseren Partnerwahl

Wenn zwei sich zusammentun, ohne sich über die konfliktgeladene Beschaffenheit ihrer wahren Tiernatur im klaren zu sein, kann es Ärger geben. Und möglicherweise mühen sich die Partner jahrelang in ihrer Beziehung ab, bevor sie die Unvereinbarkeit ihrer Charaktere anerkennen.

Betrachten wir einmal die Beziehung zwischen einer Wildkatze und einem Fuchs. Auf den ersten Blick scheint eine Verbindung zwischen diesen beiden ganz natürlich: Sie gehören der gleichen Gattung an und sie sind beide «Nachteulen». Auch was die Größe angeht, passen sie gut zusammen, sie sind grazil und attraktiv. Wie auch immer – der Fuchs aber ist eine Hundepersönlichkeit und somit ein natürlicher Feind der Katze! Und beide sind Fleischfresser. Ein ständiger Machtkampf zwischen ihnen ist also die unausweichliche Konsequenz. Zusätzlich wird die Beziehung dadurch erschwert, daß die natürliche Freundlichkeit des Fuchses mit der instinktiven **11**

Zurückhaltung der Katze kollidiert. Im Laufe der Zeit wird die Summe dieser Spannungen die Beziehung zerstören. Beide Partner bleiben dann ratlos zurück und verstehen nicht, was sie eigentlich auseinandergebracht hat.

Ebenso sollte jede Tierpersönlichkeit darauf bedacht sein, niemals eine enge Beziehung mit seinen natürlichen Jägern einzugehen. Die Hochzeit zwischen einer «Maus» und einer «Katze» – das leuchtet unmittelbar ein – wird in einer Katastrophe enden. Da beide einander nicht vertrauen können, werden sie sich in ständigen Streitereien aufreiben, die eine partnerschaftliche Verbindung schnell ruinieren.

Einfach nur ein guter Freund

Nicht alle Pflanzenfresser jedoch müssen ihren natürlichen Feinden ständig aus dem Weg gehen. Ein Häschen zum Beispiel könnte durchaus mit einem Löwen Freundschaft schließen. Den Löwen nämlich reizt das quirlige, schwer zu fangende und noch dazu kalorienarme Kaninchen als Beutetier nicht. Obgleich eine Heirat zwischen beiden nicht in Frage kommt, sind stabile Freundschaften zwischen derart gegensätzlichen Tierpersönlichkeiten durchaus denkbar. Als Gegenleistung für Kameradschaft und Loyalität bieten die mächtigen Jäger wirksamen Schutz und Sicherheit. Obgleich die stärkere Tierpersönlichkeit dominieren wird, sind aber die Häschen nicht machtlos: Mit ihrer angeborenen Niedlichkeit und ihrem Charme beherrschen sie in diesen Freundschaften das Feld auf subtile, doch wirkungsvolle Art und Weise.

In heimischen Gefilden

Tierarten, die ihren Lebensraum miteinander teilen, haben gewisse Affinitäten. So haben zum Beispiel die Wasserwesen Delphin und Seelöwe viele Gemeinsamkeiten; und auch die pastorale Natur der Schafe verweist auf die Wesensverwandtschaft mit den äsenden Rehen.

Umgekehrt gehen sich Tierpersönlichkeiten, die in ausgesprochen gegensätzlichen Umgebungen leben, meistens aus dem Weg. Vögel, die sich gerne in höheren Sphären aufhalten, können einer erdverbundenen Existenz nichts abgewinnen, und auch die Meerestiere, deren Element das Wasser ist, betrachten einen Landbewohner nicht gerade als ihren Idealpartner. Eine Fledermaus würde nicht im Traum daran denken, einem Delphin den Hof zu machen. Der Biber jedoch, der quasi auf einem Transitgebiet zwischen Wasser und Land lebt, ist durchaus in der Lage, mit Wasser- wie auch mit Landbewohnern Beziehungen einzugehen.

Anprobe der Größe wegen

Um sicherzugehen, daß eine Verbindung erfolgreich verläuft, sollte man auch darauf achten, daß die Körpergrößen der Tierpersonen sich in etwa entsprechen. Für eine Maus ist es relativ sinnlos, ihr Liebesglück bei einem Elefanten zu versuchen (obgleich das Ergebnis ausgesprochen amüsant wäre). Freundschaften hingegen zwischen völlig unterschiedlich großen Tieren sind möglich, besonders wenn diese sich aus symbiotischen Gründen zusammentun. So können Kaninchen für Weidetiere die Funktion eines Warnsystems übernehmen. Und manche Vögel zum Beispiel gehen mit Krokodilen eine für beide Teile vorteilhafte Beziehung ein: Die Vögel übernehmen die Zahnpflege bei ihren großen Kameraden, und als Gegenleistung stauben sie aus dem Krokodilmaul die Essensreste ab.

Finden Sie Ihre Tierpersönlichkeit heraus

Bevor Sie nun weiterlesen, sollten Sie den folgenden Test machen. Dieser Test, der Sie nur ein paar Minuten Zeit kostet, gibt Ihnen ein Nummernschema an die Hand, in dem Ihre Tierpersönlichkeit verschlüsselt ist.

Mit Hilfe dieses Zahlenschlüssels können Sie die Ihnen entsprechende Tierpersönlichkeit problemlos herausfinden. Vielleicht werden Sie auf den ersten Blick überrascht sein, aber wenn Sie lesen, durch welche Charaktereigenschaften sich das Ihnen zugeordnete Tier auszeichnet, werden Sie in den meisten Fällen eine große Übereinstimmung zwischen sich und dem beschriebenen Tier feststellen. Sollten Sie wider Erwarten auf Abweichungen stoßen, können Sie mit einer an Sicherheit grenzenden Wahrscheinlichkeit davon ausgehen, daß Sie einer Untergruppe des genannten Tieres angehören. Falls Sie durch den Test beispielsweise erfahren, daß Sie Ihrem Wesen nach eine Rotwildpersönlichkeit sind, aber von sich selbst wissen, daß Sie viel aggressiver sind, als Sie dort beschrieben werden, dann ist es durchaus möglich, daß Sie in Wirklichkeit ein «Platzhirsch» sind – eine Gattung, der ich mich in einem zweiten Band widmen werde...

Beachten Sie auch, daß jeder von uns seine Tierpersönlichkeit im ständigen Kampf mit den Anforderungen und Schwierigkeiten des Alltags ausbildet. Daher ist es denkbar, daß Veränderungen in Ihrem Leben auch nicht ohne Einfluß auf Ihre Tierpersönlichkeit bleiben. Jemand, der bisher eine Mäusepersönlichkeit hatte und beispielsweise in den Genuß einer beträchtlichen Erbschaft kommt, könnte beschließen, seine Tierpersönlichkeit seinem neuen Lebensstil anzupassen.

SCHRITT 1

Füllen Sie die Tabelle aus, indem Sie die Eigenschaften und Merkmale entsprechend Ihrer Selbsteinschätzung auf einer Skala von 1 bis 4 beziehungsweise 1 bis 3 oder 1 bis 5 bewerten. Die Erläuterungen können Ihnen dabei helfen.

Seien Sie so ehrlich wie möglich! Sie können sich auch im Freundeskreis gegenseitig einschätzen. In diesem Fall sollten Sie zunächst notieren, wie Sie sich selbst beurteilen, und Ihre eigene Einschätzung dann mit der Ihrer Freunde vergleichen. Die sich dabei ergebenden Unterschiede sorgen für spannende und prickelnde Unterhaltung. Die Entdeckung der wahren Tierpersönlichkeit – sei es nun die eigene oder die der Freunde – ist immer wieder eine erstaunliche Überraschung.

Doch Vorsicht: Eine «Demaskierung» der eigenen Person sollte nicht verletzen. Machen Sie den Tiertest mit Menschen, die Sie mögen und denen Sie vertrauen – oder testen Sie sich erst mal allein im stillen Kämmerlein.

Und last but not least: Nehmen Sie das Ergebnis nicht allzu ernst!

Eigenschaft / Merkmal	auf einer Skala von	Eigener Wert
Körpergröße	1–4	
Aggressivität	1–5	
Geselligkeit	1–4	
Attraktivität	1–4	
Zuverlässigkeit	1–4	
Intelligenz	1–3	
Sportlichkeit	1–3	
Erfolg im Leben	1–3	
Reiselust	1–3	

Erläuterungen:

Sollte keine der nachfolgend genannten Erläuterungen auf Sie zutreffen, dann ignorieren Sie sie einfach und weisen Sie sich selbst einen Wert auf der entsprechenden Skala zu, der Ihnen passend erscheint. Die Wertung ist aufsteigend von 1 = ein wenig, bis 4 bzw. 5 = sehr.

Körpergröße

Wert 1 = Klein und wohlproportioniert
Wert 2 = Durchschnittlich groß
Wert 3 = Überdurchschnittlich groß
Wert 4 = X-large

Aggressivität

Wert 1 = Nachgiebig, konkurriert nicht gern
Wert 2 = Zurückgenommen und sensibel,
      bewertet die Bedürfnisse anderer häufig höher als die eigenen

Wert 3 = Kann aggressiv sein, ist aber gewöhnlich zuvorkommend
Wert 4 = Aggressiv und willensstark
Wert 5 = Extrem aggressiv und konkurrenzbewußt

Geselligkeit
Wert 1 = Zurückgezogen, bleibt gern allein oder im Familienkreis
Wert 2 = Bevorzugt einen kleinen Freundeskreis
Wert 3 = Extrovertiert, genießt Geselligkeit
Wert 4 = Extrem extrovertiert, sehr großer Freundeskreis

Attraktivität
Wert 1 = Durchschnittlich aussehend, nichts Besonderes
Wert 2 = Hübsch, mit einigen netten Zugaben
Wert 3 = Gutaussehend, ausgeprägte Gesichtszüge und Sexappeal
Wert 4 = Sehr attraktiv, verdreht buchstäblich alle Köpfe

Zuverlässigkeit
Wert 1 = Nicht sehr zuverlässig
Wert 2 = Im allgemeinen ehrlich, schwindelt manchmal
Wert 3 = Ehrlich und in der Regel zuverlässig
Wert 4 = Sehr zuverlässig und pflichtbewußt

Intelligenz
Wert 1 = Vermeidet intellektuelle Beschäftigungen
Wert 2 = Intelligent und klug, liest und diskutiert gern
Wert 3 = Sehr intelligent, liebt intellektuelle Herausforderungen

Sportlichkeit
Wert 1 = Im allgemeinen nicht sportlich aktiv, nur gelegentlich
Wert 2 = Genießt Sport als Erholung und Zeitvertreib
Wert 3 = Extrem sportlich, sucht körperliche Herausforderungen

Erfolg im Leben
Wert 1 = Hat Möglichkeiten, kämpft aber mit der Motivation
Wert 2 = Erreicht meist die selbstgesteckten Ziele
Wert 3 = Stets auf Erfolge aus, sehr erfolgreich im Beruf

Reiselust
Wert 1 = Häuslicher Typ, verbringt die Ferien in heimischer Umgebung
Wert 2 = Reist gern, hat aber anscheinend nie Zeit dazu
Wert 3 = Liebt Reisen

Schritt 2
In der Tabelle stehen nun – gemäß Ihrer Einschätzung – 9 Ziffern. Diese Ziffern bilden, von oben nach unten gelesen, Ihren persönlichen Code.

Ein Beispiel:

Körpergröße	3
Aggressivität	4
Geselligkeit	2
Attraktivität	4
Zuverlässigkeit	1
Intelligenz	2
Sportliche Fähigkeiten	3
Erfolg im Leben	1
Reiselust	3

Der Code ist in diesem Fall 342-412-313. Notieren Sie nun Ihren Code.

SCHRITT 3

Schlagen Sie die Nummernlisten ab Seite 153 auf, und suchen Sie anhand Ihres Codes die Ihnen zugeordnete Tierpersönlichkeit. Dabei gehen Sie wie folgt vor: Die ersten drei Ziffern Ihres Codes bilden die Hauptgruppe, die einzeln aufgeführt ist. Ihrer jeweiligen Hauptgruppe zugeordnet finden Sie nun eine Auflistung sechsstelliger Zahlenkombinationen, von denen eine Ihrem ganz persönlichen Code entspricht. Jeder Zahlenkombination ist mindestens eine Tierpersönlichkeit zugeordnet, manchmal sind es aber auch zwei oder drei. Die genannten Tiere sind **nicht** nach dem Wichtigkeitsprinzip geordnet – lesen Sie zu jedem der genannten Tiere die entsprechenden Seiten, und entscheiden Sie selbst, welches von ihnen am besten auf Sie zutrifft.

Beachten Sie: Wenn Ihr spezieller Code nicht aufgeführt ist, nehmen Sie den Code, der unmittelbar über der Stelle steht, an der Sie Ihren Code finden müßten. Diese alternativen Codes sind jeweils mit einem nach unten weisenden Pfeil versehen.

Zum Beispiel: Ihr Code ist 251-433-112, und in der Nachschlagetabelle finden Sie innerhalb Ihrer Hauptgruppe 251 die folgenden Angaben:

433-111 ↓ = Tiger
441-111   = Pinguin, Bär

Da Ihr Code nach 433-111 kommen müßte, aber nicht aufgeführt ist, nehmen Sie diesen Code: Er steht genau über Ihrem und hat den nach unten weisenden Pfeil – Sie sind also ein Tiger.

SCHRITT 4

Wenn Sie nun wissen, welches Tier in Ihnen steckt, brauchen Sie nur noch an entsprechender Stelle nachzulesen, und endlich erlangen Sie die ersehnte Gewißheit über Ihre wahre Natur...

Zu jedem der im folgenden alphabetisch aufgeführten Tiere erhalten Sie einen kurzen zoologischen Abriß, der hier natürlich alles andere als erschöpfend sein will. Im Vordergrund stehen vielmehr Besonderheiten, Eigenarten und auch Kuriositäten, die auch berühmten Verhaltensforschern und Zoologen bisher noch wenig bekannt sein dürften...

Im weiteren Verlauf erfahren Sie dann, wie sich Ihre tierische Natur auf Ihr menschliches Dasein auswirkt. Sie erhalten konkrete Hinweise und Ratschläge, die für Ihre Karriereplanung und vor allem auch für Ihre Partnersuche von unschätzbarem Wert sind.

Damit Sie wissen, daß Sie sich in bester Gesellschaft befinden, erhalten Sie darüber hinaus eine Auflistung berühmter und berüchtigter, auf jeden Fall aber illustrer Persönlichkeiten des öffentlichen Lebens – aus Film und Fernsehen, aus Sport, Politik, Geschichte, Literatur –, die aus vielerlei Gründen für die jeweilige Tierpersönlichkeit repräsentativ sein könnten. Zögern Sie nicht, diese Aufstellung nach eigenem Gutdünken zu ergänzen.

Für Ihren weiteren Lebensweg im Bewußtsein Ihrer wahren Persönlichkeit geben wir Ihnen zum Schluß eines jeden Abschnitts noch eine wegweisende Botschaft mit. Eine (ursprünglich speziell für den Bison formuliert) sei an dieser Stelle vorweggenommen: Nimm das Leben nicht so ernst, man kommt ja doch nicht lebendig heraus...

Adler

Klasse:	Vögel
Ordnung:	Greifvögel
Verwandte Spezies:	Habicht, Geier, Falke

Den Adler kennt jeder, auch wenn längst noch nicht jeder ein lebendes Exemplar zu Gesicht bekommen hat – denn sein Konterfei ziert Wappen, Münzen und Geldscheine unterschiedlichster Länder.

Die meisten Adler leben allein und schließen sich nur zusammen, wenn es reichlich Beute gibt. Adler fressen eine Vielzahl kleinerer Tiere, sind aber auch Aas nicht abgeneigt. Die weitaus spektakulärste Methode der Nahrungsbeschaffung ist jedoch der Fischraub. Adler haben sich nämlich darauf spezialisiert, den Fischadler um seine Beute zu prellen. Wenn dieser von einem erfolgreichen Jagdzug zurückkommt, bedrängen sie ihn so lange und mit solcher Penetranz, daß der Fischadler seine gerade gefangene Beute schließlich fallen lassen muß. Manchmal gelingt es einem Adler sogar, sie im Flug aus den Krallen des Fischadlers zu entwenden.

Der menschliche Adler

Adlerpersönlichkeiten sind stolz, körperlich stark, und im allgemeinen beneidet man sie um ihren unabhängigen, hochfliegenden Geist. Außergewöhnlich und agil und stets voller Energien sind Sie meist in hervorragender körperlicher Verfassung. Peinlich genau achten Sie auf Ihr Gewicht, denn jedes Gramm Fett würde Ihren Körper und Ihren Geist unnötig beschweren. Sie sind gepflegt, geschmackvoll gekleidet und sehen blendend aus. Gelegentlich allerdings weist Ihre Erscheinung einen kleinen Defekt auf – vielleicht eine kahle Stelle am Kopf oder eine zu große Nase –, aber dennoch verfügen Sie über eine starke sexuelle Anziehungskraft, die allen den Kopf verdreht.

Sie mögen die meisten Sportarten im Freien, bevorzugen allerdings Extremsportarten wie Fallschirmspringen, Bergsteigen oder Bungee jumping.

Wie alle Vogelpersönlichkeiten distanzieren Sie sich gerne vom Alltagsleben der Erdbewohner. Über der Beute kreisend, liegt es ganz allein bei Ihnen, wann Sie im Sturzflug hinunterstoßen. Eine wichtige Komponente Ihrer Persönlichkeit ist die sorgfältige Wahl Ihrer Partner. Ihre Unabhängigkeit bewahren Sie mit großer Achtsamkeit. Mehr als alle anderen Tiere lieben Sie Reisen und bevorzugen erwartungsgemäß Flugreisen.

Wie die meisten Vogelpersönlichkeiten (mit Ausnahme der Eule) neigen Sie zu Unbeständigkeit und emotionaler Nervosität. Ihr hoher Stoffwechsel macht Sie leicht reizbar und unfähig, lange an ein- und demselben Ort zu verweilen. Statt dessen sind Sie lieber ständig in Bewegung, und zwar aus reiner Entdeckerlust. Selten lassen Sie sich nieder, um mit den Einheimischen zu plaudern. Sie sind bekennender Voyeur und lieben es, Leute mit Ihren Adleraugen zu beobachten.

Karriere

An die Begrenzungen der Büroarbeit gewöhnen Sie sich nur schlecht. Sollten Sie sich doch in dieser mißlichen Lage wiederfinden, sind Sie unruhig und arbeiten sehr mäßig, es sei denn, die Arbeit stellt hohe Anforderungen an Ihren kreativen Geist. Begehrt sind Jobs im Freien. Sie arbeiten ebenso gerne als Bauarbeiter in der heißen Sonne wie als Förster oder als Pilot.

Ihr Verhandlungsgeschick macht Sie zum Prototyp des gefürchteten Anwalts, wegen Ihrer Beobachtungs- und Kombinationsgabe haben Sie aber auch das Zeug für einen Detektiv. In Hochform sind Sie immer, wenn Sie anderen etwas vorführen. Wie der wilde Adler, dessen majestätische Flugkünste ein großes Publikum anziehen, sind Sie am besten, wenn Sie singen, schauspielern oder Geschichten erzählen.

Beziehungen

Sie sind schwer zu zähmen, denn Ihr Bedürfnis nach Freiheit ist unersättlich. Obwohl Sie die Annehmlichkeiten einer Beziehung durchaus schätzen, achten Sie genau darauf, daß sich die Verpflichtungen in Grenzen halten. Da Sie sich in Ihrer eigenen Gesellschaft sehr wohl fühlen, halten Sie es für wenig reizvoll, seßhaft zu

werden.

Wenn Sie jedoch eine Beziehung eingehen, ist sie meist fürs Leben. Ihr ausgeprägter Nestbauinstinkt treibt Sie dazu, ein sicheres und gemütliches Plätzchen zu suchen. Fühlen Sie sich jedoch unter Druck gesetzt, schweben Sie sofort ab und hinterlassen bei den Hinterbliebenen nichts als Turbulenzen. Wer Ihnen nahesteht, weiß, daß man Sie nicht an die Kette legen darf. Ihre Freundschaft erringt nur derjenige, der Sie freundlich empfängt und Ihnen einen Zufluchtsort gewährt, wenn Sie zurückkehren wollen. Sie fühlen sich zu unabhängigen Tierpersönlichkeiten wie dem Fuchs, dem Wolf oder der Wildkatze hingezogen. Allerdings versetzen Ihre aggressiven Anwandlungen diese manchmal in Furcht und Schrecken, schon bevor sich zartere Bande knüpfen lassen.

Mäuse, Spitzmäuse und Maulwürfe sollten sich vor Ihrer kraftvollen Persönlichkeit hüten, und auch Eulen – obwohl wie Sie von luftigem Geist – empfinden Sie als anmaßend und unbeständig.

Ihre Vorliebe für ein lauschiges Plätzchen auf einem Berggipfel bringt bei der Bergziege eine verwandte Saite zum Klingen, und Sie wiederum schätzen an ihr, daß auch sie das Leben von höherer Warte aus beurteilt.

Berühmte Adler könnten sein:
Madonna, Don Henley, Cher

Tip für den Adler:
Werde ein besserer Zuhörer: Manchmal klopft das Glück ganz leise an die Tür. Wenn das passiert, bitte es herein.

Der Bär

Klasse: Säugetiere
Ordnung: Raubtiere
Verwandte Spezies: Eisbär, Grizzlybär

Obwohl die Bären zu den Fleischfressern gehören, sind sie eigentlich Allesfresser. Der Bär ist ein äußerst anpassungsfähiges Wesen, sein Lebensraum erstreckt sich auf ganz Europa und einen Großteil Nordamerikas. Man findet ihn sowohl im Wald wie im Gebirge. Ausgestattet mit scharfen, nicht einziehbaren Krallen und ihrem kräftigen Körperbau können sie sich gegen jeden Aggressor behaupten. Sie greifen zwar kleineres Wild an, aber ihr Lieblingsessen besteht aus Fisch und Früchten.

Der menschliche Bär

Eine Bärenpersönlichkeit verbindet man vor allem mit einer großen physischen Präsenz. Sie sind also sowohl durch Ihren massigen Körper als auch durch Ihren bärenstarken Charakter leicht zu identifizieren. Dazu kommen angeborenes Selbstvertrauen und ein wiegender Gang – beides untrügliche Zeichen für die Gegenwart eines Bären. Trotz Ihrer Bärbeißigkeit sind Sie ein geselliger Typ, der jedoch einen großen persönlichen Freiraum für sich beansprucht. Wenn Sie einen Raum betreten, ist der Bär los!

Als Fleisch- und Pflanzenfresser wohnen zwei Seelen in Ihrer Brust. Manchmal sind Sie aggressiv mit großer Willenskraft und schrecken nicht vor einem Kampf zurück, dann wieder sind Sie introvertiert, aber immer auch äußerst interessiert an der Außenwelt. Sie halten es für überflüssig, gesellschaftliche Konventionen zu beachten, und zögern nie, das zu tun, was Ihre Gegner sowohl in beruflichen wie in privaten Situationen in die Knie zwingt. Wenn Sie sich bedroht fühlen, reagieren Sie aggressiv.

In jungen Jahren glänzen Sie auf sportlichem Gebiet, später hingegen erliegen Sie Ihrem Hang zu Bequemlichkeit und können Sport nur noch als Zuschauer und Fan etwas abgewinnen. Dem Lockruf der Couch widerstehen Sie nie.

Karriere

Trotz Ihrer wachen Intelligenz gewinnen Sie meist schon allein aufgrund Ihrer starken Persönlichkeit. Sie dominieren in Gesprächen durch Ihre Zielstrebigkeit. Selten wird dabei Ihr volles intellektuelles Potential herausgefordert. Sie sind allerdings auch nicht willens, eine Position zu verteidigen, die Sie nicht wirklich vertreten.

Ihre natürlichen Führungsqualitäten in Kombination mit Ihrer physischen Überlegenheit prädestinieren Sie für den Beruf des Sportlehrers, des Militärausbilders oder des Berufsringers. Sie könnten aber durchaus auch Erfolg in der Politik haben. Akademische Gelehrsamkeit spricht Sie zwar an, aber Ihre intellektuelle Faulheit hindert Sie daran, auf diesem Gebiet Höchstleistungen zu vollbringen.

Beziehungen

Gerne gehen Sie Beziehungen zu Tierpersönlichkeiten ein, die Ihren Status nicht bedrohen. Ihre Leidenschaft zu dominieren schließt eine Ehe mit Elefanten, Löwen und Giraffen aus. Diese eignen sich für Sie eher als Geschäftspartner.

Ebenso respektieren Sie die Intelligenz anderer, und doch erscheint eine enge Beziehung zu Füchsen und Fledermäusen problematisch, weil es Ihnen lästig ist, sich dauernd neuen intellektuellen Herausforderungen zu stellen. Die Gesellschaft kleiner Säugetiere tolerieren Sie zwar, aber irgendwie nehmen Sie sie auch nicht richtig ernst und verhalten sich ihnen gegenüber schnell despektierlich. Ebenso sind Wild-, Schaf- und Ziegenpersönlichkeiten zu verletzbar für Ihr Temperament und Ihre Aggressivität.

Hunde, Pferde, Adler, Geier und Warzenschweine vermögen Sie mit der ersehnten Loyalität zu verwöhnen. Die daraus resultierenden Ehen sind meist langdauernd.

Berühmte Bären könnten sein:

Teddy Roosevelt, Golda Meir, Götz George

Tip für den Bären:

Fürchte keinen Widerstand – ein Drachen fliegt nicht mit, sondern gegen den Wind.

Die Bergziege

Klasse:	Säugetiere
Ordnung:	Paarhufer
Verwandte Spezies:	Schaf, Lama

Bergziegen haben eine unsichere Existenz. Einerseits sind sie wegen ihrer Vorliebe für unzugängliche Steilhanglagen trotz hochentwickelter Hufe ständiger Rutschgefahr ausgesetzt; andererseits stellt die karge Vegetation in schwindelerregender Höhe eine ständige Herausforderung für sie dar. In Höhen von 600 bis 5000 Metern ernähren sie sich im Sommer hauptsächlich von Gras und Kräutern und im Winter von Blättern.

Bergziegen sind auch als Steinböcke bekannt und in Asien, Nordafrika und Europa gibt es davon sieben verschiedene Arten. Ein Vorteil, wenn man in derart unwirtlicher Umgebung lebt, besteht darin, daß es wenig Verfolger gibt. Dennoch fallen unvorsichtige Exemplare in niedrigen Regionen immer mal wieder einem Schneeleoparden oder einem Wolf zum Opfer.

Die menschliche Bergziege

Bergziegenpersönlichkeiten sind meistens Einzelgänger. Zwar wollen Sie mit anderer Leute Angelegenheiten nichts zu tun haben, aber die Vorgänge um sich herum beobachten Sie mit geradezu voyeuristischer Neugier. In Gesellschaft anderer bodenständiger Tierpersönlichkeiten fühlen Sie sich unwohl und verletzbar. Nach Kurzausflügen in deren Welt verspüren Sie stets den Drang, an Ihren sicheren Stammplatz zurückzukehren.

Ausgewogenheit ist eine wichtige Komponente in Ihrem Leben, und Sie sind in beinahe jeder Hinsicht maßvoll. Sie halten den Wert der Familie hoch, Ihre politischen Ansichten sind maßvoll konservativ, und Ihr ebenmäßiges Leben weist ähnliche Merkmale auf wie das Ihrer Vetter, der Schafe. Allerdings umgibt Sie ein Hauch von Exzentrik, der sich in Ihrem ungewöhnlich eingerichteten Zuhause widerspiegelt.

Karriere

Dank Ihrer Leichtfüßigkeit und Ihrem schnellen Denkvermögen finden Sie in gefährlichen Situationen immer einen Ausweg. Gewöhnlich haben Sie sich allerdings selbst in diese heiklen Lagen hineinmanövriert, und Sie haben die schlechte Angewohnheit, aus Ihren Fehlern nichts zu lernen. Obwohl Sie intelligent sind, sind Sie nicht sehr lebenstüchtig. Ihren Mangel an Realitätssinn kann man bisweilen nur als naiv bezeichnen.

Sie sind ein klatschsüchtiges Wesen und stets begierig auf alle Neuigkeiten aus der Welt der Regenbogenpresse. Ihr Bedürfnis nach seichter Unterhaltung stillen Sie mit Fernsehshows und Familienserien, die Sie nur verpassen, wenn es sich gar nicht vermeiden läßt – denn mit Ihren Bildschirmhelden würden Sie durch dick und dünn gehen. Mit Ihrer Begeisterung für Intrigen und Klatsch gäben Sie einen großartigen Filmkritiker, Schriftsteller, Friseur oder Journalisten ab.

Beziehungen

Ihr Bestreben, einen Gefährten zu finden, veranlaßt Sie zuweilen, Ihren einsamen Schlupfwinkel zu verlassen. Meist fühlen Sie sich zu starken Persönlichkeiten hingezogen, da Sie hoffen, bei ihnen Schutz vor der rauhen Wirklichkeit zu finden.

Sie fühlen sich bei der Partnersuche allerdings oft unter Druck und ziehen sich sofort zurück, wenn Ihre Werbung nicht unmittelbar ein positives Echo erzeugt. Dieses Verhalten wird Ihnen manchmal als Unentschlossenheit ausgelegt, und so sind einige Ihrer Beziehungen zum Scheitern verurteilt, bevor sie überhaupt angefangen haben.

Ein Partner jedoch, der sich die Zeit nimmt, die Nuancen Ihrer Persönlichkeit kennenzulernen, gewinnt mit Ihnen einen der ergebensten Gefährten des Tierreiches. In Ihrer Liebe sind Sie bedingungslos und setzen alles daran, daß die Beziehung reibungslos funktioniert. Solange Ihre Liebe erwidert wird, sind Sie großzügig und treu.

Mit dem Adler verbindet Sie aufgrund der gemeinsamen Vogelperspektive eine besondere Beziehung. Obwohl Sie mit beinahe allen Tierpersönlichkeiten eine Beziehung eingehen können, sind für die Ehe andere Bergziegen, Schafe oder Rehe am besten geeignet.

Beziehungen mit Tigern, Bären und Löwen erweisen sich in der Regel als zu spannungsreich für Ihr vegetarisches Naturell, und Wildkatzen sind zu distanziert und zu unberechenbar, um Ihren emotionalen Bedürfnissen gerecht zu werden.

Berühmte Bergziegen könnten sein:
Sir Edmund Hillary, Mia Farrow, Heiner Geißler

Tip für die Bergziege:
Man kann das Leben zwar nur im Rückblick verstehen, muß es aber mit dem Blick nach vorne leben.

Der Biber

Klasse:	Säugetiere
Ordnung:	Nagetiere
Verwandte Spezies:	Capybara (südamerikanisches Wasserschwein), Kaninchen, Ratte

Der Biber ist neben dem südamerikanischen Wasserschwein das zweitgrößte Nagetier der Welt. Mit seinem angeborenen Talent für Bauingenieurwesen konstruiert er nicht nur komfortable Wohnanlagen, sondern führt auch komplizierteste Dammbauprojekte scheinbar mühelos durch.

Man kann allerdings darüber streiten, ob der Biber ein geschickter Heimwerker mit einer gewissen Intelligenz ist, oder ob er lediglich seinem Instinkt folgt, wie ein Vogel beim Nestbau. Heutzutage gilt die Intelligenz des Bibers generell als überschätzt. Der allgemeinen Ansicht, sie fällten Bäume geschickterweise so, daß diese direkt ins Wasser fallen, widerspricht die Tatsache, daß die Baumfäller nicht selten von eben diesen Bäumen erschlagen werden.

Biber leben in Kolonien und paaren sich fürs Leben. Sie stellen für sämtliche Raubtiere, die mindestens gleich groß sind, eine beliebte Beute dar. Da der Biber außerhalb des heimischen Baus seinen Feinden relativ schutzlos ausgeliefert ist, hat man ihm Reservate eingerichtet, in denen er dem Zugriff seiner Jäger entzogen war. Inzwischen sind einige Bibervölker zahlenmäßig jedoch so stark angewachsen, daß eine Kontrolle ihres Bestandes wieder angebracht wäre.

Der menschliche Biber

Sie sind der Workaholic der Tierwelt. Keine andere Tierpersönlichkeit legt derart großen Wert auf die Karriere und schöpft daraus mehr Selbstachtung als Sie. Sie sind organisiert und korrekt bis ins kleinste, und Ihre entschiedene Haltung wirkt sich auf sämtliche Aspekte des Geschäftslebens aus.

Ihre Zukunftspläne entwickeln sich wie von selbst. Entscheidungen, die Ihre Beziehungen, Karriere oder Familie betreffen, sind stets wohldurchdacht und werden von Ihnen Punkt für Punkt in die Praxis umgesetzt. Am wohlsten fühlen Sie sich bei der Arbeit oder aber behaglich zurückgezogen in Ihrem geschmackvoll eingerichteten Heim. In Ihrer Freizeit puzzeln Sie im Haus herum oder kümmern sich um den makellosen Rasen. Während andere sich amüsieren, schuften Sie gewöhnlich.

Alle Eventualitäten haben Sie bereits im voraus bedacht, Ihr Heim ist für jeden Notfall – vom Trinkwasserkanister bis zum Überlebenskoffer – gewappnet. Zwar wissen Sie nicht ganz genau, wieso Sie so viel Energie auf die Sicherheit von Heim und Herd verwenden, aber instinktiv fühlen Sie sich so wohler.

Biberpersönlichkeiten tauchen in allen Größen und Formen auf. Ihre körperliche Verfassung ist meistens gut, denn Sie finden trotz Ihres ausgefüllten Arbeitstages Zeit, sich fit zu halten. Ihre Gewissenhaftigkeit macht Sie zu einem verläßlichen Freund. Ein Versprechen von Ihnen ist so sicher wie Geld auf der Bank. Wem Sie einmal Ihr Wort geben, mit dem gehen Sie durch dick und dünn, ungeachtet jeglicher persönlicher Ungelegenheiten.

Karriere

Sie sind ein Arbeitstier und finden sich auf jeder Stufe der Hierarchie zurecht. Als Chef sind Sie oft frustriert über den mangelnden Arbeitseifer Ihrer Mitarbeiter, und das führt zu Spannungen. Als Firmenboß sind Sie logischerweise erfolgreich, aber Sie arbeiten auch genauso hart wie der kleinste Ihrer Angestellten.

Zur Bestform laufen Sie in selbständigen Positionen auf. Sie glänzen in Berufen, die Vertrauenswürdigkeit voraussetzen. Sie sind die Idealbesetzung für die Rolle eines Kapitäns, Marineoffiziers und Richters oder auch für die eines Buchhalters oder Bankbeamten. Als «Mädchen für alles» kann Ihnen – weiblich wie männlich – niemand das Wasser reichen: Bittet man Sie, einen Stuhl zu reparieren, bauen Sie ihn ganz neu.

Beziehungen

Einmal verheiratet, erweisen Sie sich als loyaler Partner. Sie paaren sich fürs Leben und sind ein exzellenter Ernährer, allerdings neigen Sie dazu, Ihre Familie zugunsten der Karriere zu vernachlässigen.

Als Persönlichkeit des nassen Elements, des Wassers, haben Sie eine natürliche Affinität zu dem verspielten Delphin. Bedauerlicherweise ist einer monogamen Verbindung mit diesem Tier jedoch wenig Erfolg beschieden, denn im Grunde Ihres Herzens sind Sie eigentlich ein erdverbundenes Säugetier. Ebenso verbietet Ihre ernsthafte Natur eine Beziehung mit den leichtsinnigen und respektlosen Hähnen und Pfauen.

Ihre engsten Verbindungen gehen Sie gewöhnlich mit Seelöwen und Ottern ein. Ihre Geduld und Ausdauer gleicht deren kapriziöses Verhalten aus, und in einer dauerhaften Beziehung können sich diese auf Ihre Treue verlassen. Der größte Rivale Ihrer Partner ist und bleibt jedoch Ihre Arbeitswut.

Berühmte Biber könnten sein:
Jimmy Carter, Mr. Bean, Uschi Glas

Tip für den Biber:
Verwechseln Sie Gemütlichkeit nicht mit Glück!

Der Bison

Klasse: Säugetiere
Ordnung: Paarhufer
Verwandte Spezies: Büffel, Hausrind

Einst bevölkerten mehr als fünfzig Millionen Bisons die weiten Ebenen Nordamerikas, aber bereits 1890 waren davon nur noch sechshundert Tiere übrig. Die nahezu völlige Ausrottung des Bison geht auf das Konto der europäischen Siedler und ihren unstillbaren Hunger nach Fleisch und Leder. Die rücksichtslose Vernichtung der Bisonherden, die für die indianischen Ureinwohner Nordamerikas eine unverzichtbare Lebensgrundlage waren, löste so manchen Indianerkrieg aus.

Im Unterschied zu anderen Rindviechern gibt es im sozialen Gefüge des Bison keinen Haremsherrn, der in sexueller Hinsicht eine Monopolstellung für sich beanspruchen könnte. Trotz gelegentlicher Kämpfe um ein Weibchen ist friedliche Koexistenz an der Tagesordnung.

Der menschliche Bison

Sie sind ein pragmatisches, breitschultriges Individuum, und Ihre Stärke ist die Kunst des Kompromisses. Als findiger Pflanzenfresser widmen Sie einen Großteil Ihrer Zeit der Nahrungsaufnahme. Niemand käme auf die Idee, gerade Sie der Attraktivität zu zeihen. Sie haben ein unauffälliges, sanftes Gesicht, an das man sich schwer erinnern kann. Ihre Gelassenheit paßt zu Ihrem Aussehen.

Obwohl Sie mit Ihrer mächtigen Statur jeglicher körperlicher Auseinandersetzung gewachsen wären, halten Sie nicht gerade nach Ärger Ausschau. Lieber verhalten Sie sich unauffällig und trotten mit gesenktem Haupt durchs Leben, um möglichst wenig Aufmerksamkeit zu erregen. Ihr Ruf als methodischer «Büffler» reizt Ihre Neider oft zu spitzen Bemerkungen. Da Sie dieser üblen Nachrede wenig entgegenzusetzen haben, verbirgt sich hinter Ihrer scheinbaren Gelassenheit manchmal auch ein tiefsitzender Minderwertigkeitskomplex.

Mit dem artverwandten Afrikanischen Büffel teilen Sie trotz aller Friedfertigkeit eine ausgeprägt zornige Ader. Rechtschaffene Empörung gilt als Markenzeichen Ihres Temperaments. Sie sind wild entschlossen, Ihren Platz in der Hierarchie der Arbeitswelt zu behaupten. Den meisten Aspekten des Lebens stehen Sie konservativ gegenüber. Ihre politische Überzeugung ist ein Spiegelbild Ihrer strengen Moral und Familienorientierung. Jegliche Veränderung ist Ihnen unbehaglich, und radikale Ideen, die darauf zielen, das bestehende Ordnungsgefüge zu erschüttern, sind Ihnen ein Greuel.

Schwerfällig und zuverlässig wie Sie sind, kümmern Sie sich mit sorgfältiger Hingabe um Ihren Beruf. Ihre Launen sind berechenbar; einzig wenn man Sie direkt herausfordert, zeigen Sie auch unkontrollierte Gefühle. Doch selbst dann noch halten Sie Ihr Temperament im Zaum.

Der Nomade in Ihnen liebt Reisen und insbesondere Gruppenreisen. Man trifft Sie oft an bekannten Urlaubsorten, wie Sie die örtlichen Sehenswürdigkeiten abgrasen, bevor sie weiter in die nächstmögliche Touristenfalle tappen.

Karriere

Ihr ausgeprägter Herdentrieb prädestiniert Sie für Gruppenaktivitäten. Ihre besondere Leidenschaft gilt dem Vereinswesen. Sie stehen zwar selten im Rampenlicht, lieben es aber, hinter den Kulissen zu wirken. Sie fällen keine Entscheidung, wenn Ihnen die Zustimmung der anderen nicht gewiß ist.

Diese Eigenschaften machen Sie zu einem hervorragenden Buchhalter, Ausschußvorsitzenden, Manager, Politiker oder Industriearbeiter. Aufgrund Ihrer Standfestigkeit und Ihres uneigennützigen Engagements schätzt man Sie jedoch auch als verläßlichen Angestellten oder vertrauenswürdigen Prokuristen.

Beziehungen

Haben Sie einmal Ihre Wahl bezüglich des anderen Geschlechts getroffen, so gehen Sie mit Volldampf auf Ihr Ziel los. Ihre Werbung ist gleichzeitig aggressiv und linkisch. Ihren Mangel an Charme kompensieren Sie dabei durch Übereifer. Sobald Ihnen die gewünschte Verbindung gefestigt erscheint, kehren Sie jedoch zu Ihrem alten, leidenschaftslosen Ego zurück, und der monotone Alltag hat Sie wieder.

Aber Sie sind ein treuer Partner und ein aufmerksamer und fürsorglicher Elternteil. Ihre Kinder beherrschen die Kunst, soziale Verantwortung zu tragen. Die für Sie geeignetsten Lebensgefährten gehören der Familie des Wildes an: Schafe und ähnlich pastorale Tiere. Meiden sollten Sie auf alle Fälle Löwen, Tiger und Bären.

Berühmte Bisons könnten sein:
Al Gore, Helmut Kohl, Bob Dole, Gerald Ford

Tip für den Bison:
Nimm das Leben nicht so ernst; man kommt ja doch nicht lebendig heraus.

Der Dachs

Klasse: Säugetiere
Ordnung: Raubtiere
Verwandte Spezies: Vielfraß, Wiesel, Frettchen, Nerz

Der Dachs ähnelt mit seinen kurzen, kräftigen Beinen und seinen scharfen Krallen dem Bären. Wie sein naher Verwandter, das Stinktier, mit Duftdrüsen ausgestattet, verläßt sich der Dachs, wenn er sich schützen muß, jedoch lieber auf seinen kräftigen, untersetzten, etwa 90 Zentimeter großen Körper. Wegen seiner nächtlichen Lebensweise sieht man den Dachs nur selten in freier Natur, obwohl er im nördlichen Europa und in den Vereinigten Staaten weit verbreitet ist.

Die Reaktion des Dachses auf Gefahr ist verblüffend: Wenn er sich bedroht fühlt, stellt sich sein Fell so auf, daß er mit einem Mal doppelt so groß erscheint. Diese erstaunliche Verwandlung wird von einem gewaltigen Knurren untermalt. Beides zusammen schreckt jeden möglichen Angreifer ab.

Der menschliche Dachs

Eine enge Verwandtschaft verbindet Sie mit der Wieselpersönlichkeit, und Sie gehören der gleichen Klasse an wie Ihr Vetter, das Stinktier. Allerdings unterscheidet Sie von Ihren Verwandten eine außergewöhnliche physische und emotionale Stärke sowie Ihre Beharrlichkeit im Umgang mit den Herausforderungen des Lebens.

Sie sind ein gutaussehendes Wesen von kleiner bis mittlerer Größe und marschieren durch die Welt, als ob sie Ihnen gehörte. Ihr kräftig gebauter Körper und Ihre dominierende Persönlichkeit gibt niemals klein bei, nicht einmal gegenüber der viel größeren Löwenpersönlichkeit. Voller Selbstvertrauen betreten Sie fremdes Territorium, und wehe dem, der Ihnen im Wege steht!

Wie unter Raubtieren üblich, halten Sie sich mit regelmäßigen sportlichen Aktivitäten fit, sind zudem gut gekleidet und sehr gepflegt. Ihnen gefallen sämtliche Sportarten, und Ihre Kämpfernatur treibt Sie zuweilen an die Grenzen Ihrer Fähigkeiten. Da **35**

Sie nicht allzu groß sind, tragen Sie bisweilen ein wenig zu dick auf, um sich den Respekt zu verschaffen, der Ihnen als Raubtier immerhin zusteht. Ihre Selbsteinschätzung ist nicht immer die beste, und fast immer sind Ihre Augen größer als Ihr Appetit. Ihr Löwenherz und Ihre Beharrlichkeit sind Ihr größtes Plus und zugleich Ihr Handicap. Nur selten finden Sie Zeit für die schöngeistigen Vergnügungen des Lebens. Kunst und Literatur sind für Sie nutzlose Dreingaben – Zerstreuung allenfalls, die nichts dazu beiträgt, die Schwierigkeiten des Lebens zu meistern. Ihre Lesegewohnheiten beschränken sich demzufolge auf leichte Kost wie Schmonzetten und populäre Reißer.

Karriere

Sie haben fast immer Erfolg im Geschäftsleben, neigen aber dazu, sich zu übernehmen. Ihre überdimensionalen Ambitionen veranlassen Sie, großartige Pläne zu schmieden, ohne die folgende nötige Kleinarbeit zu bedenken. Mit Ihrem ausgeprägten Selbstvertrauen stürzen Sie sich manchmal kopfüber in vertrackte Situationen, aus denen Sie sich dann mühsam wieder herauswühlen müssen. Sie gehen jedoch niemals kampflos zu Boden und halten durch, wenn's sein muß, bis zum bitteren Ende.

Sie genießen großes Ansehen als Anführer, besonders unter kleineren Tierpersönlichkeiten. Ihren politischen Ambitionen sind jedoch allein schon durch Ihre Statur Grenzen gesetzt. Das aber hält Sie keineswegs davon ab, sich an aussichtslosen Rennen zu beteiligen. Wie Ihr Cousin, das Wiesel, sind Sie manchmal ein Opportunist und tun sich – ein wohlbedachter Ausgleich zu Ihrem eigenen stürmischen Naturell – im Geschäftsleben gerne mit bedächtigeren Tierpersönlichkeiten zusammen.

Als Verkäufer kann Ihnen kaum jemand das Wasser reichen. Berufe, in denen ein hohes Maß an Verkaufsgeschick erforderlich ist, sind für Ihre Auf-die-Plätze-fertig-los-Persönlichkeit ideal; als Manager sind Sie ein wenig dominant, dabei jedoch fair und sachlich. Sie zeigen relativ wenig von Ihrem Ego. Ihre Chancen wittern Sie wie ein Trüffelschwein, und diese Fähigkeit ruft bei Ihresgleichen großen Respekt hervor.

Beziehungen

Sie schätzen Debatten und lieben es noch mehr, sich hinterher selbstgefällig als Sieger zu präsentieren. Nicht immer aber haben Sie Ihre Gegenspieler überzeugen können, manchmal haben diese ganz einfach kapituliert, weil gegen Ihre Schwarz-weiß-Malerei kein Kraut gewachsen ist. Ihre kompromißlose Vorliebe für Entweder-oder-Lösungen macht Sie zu einem schwierigen Partner, und Sie eignen sich daher am besten für Beziehungen mit dem geselligen Hund oder der eher zurückhaltenden Wildkatze. Mäuschen, Häschen und andere kleine Säugetiere können mit Ihrem aggressiven Naturell nicht Schritt halten und sollten lieber einen weiten Bogen um Sie machen.

Ähnlich wie die größeren, stärkeren Raubtiere Löwe und Tiger knüpfen Sie leicht freundschaftliche und geschäftliche Beziehungen. Dauerhafte Herzensbindungen jedoch gibt es aufgrund Ihres hohen Konkurrenzbewußtseins nur selten.

Berühmte Dachse könnten sein:

Napoleon Bonaparte, Robert de Niro, Oskar Lafontaine

Tip für den Dachs:

Greife nach den Sternen. Wenn du Jagd auf Moby Dick machst, vergiß die Tube Mayonnaise nicht.

Der Delphin

Klasse:	Säugetiere
Ordnung:	Wale
Verwandte Spezies:	Wal, Tümmler

Delphine leben in sogenannten «Schulen» mit Männchen und Weibchen jeden Alters. Augenscheinlich gibt es keinen eindeutigen Anführer, allerdings beachten die Männchen bestimmte, von der Körpergröße abhängige Hierarchien. Delphine sind äußerst soziale Lebewesen. Beispielsweise helfen sie einem verletzten Mitglied ihrer «Schule», indem sie es an die Wasseroberfläche bringen, damit es atmen kann. Dieses Verhalten wird von verletzten Schwimmern bestätigt, die auf diese Weise von den geselligen Delphinen gerettet wurden.

Delphine haben eine isolierende Fettschicht, da sie aber keine Schweißdrüsen haben und ihre Temperatur auch nicht durch die Atmung regulieren können, sind sie gezwungen, ihre überschüssige Hitze über die Schwanz- und Seitenflossen loszuwerden. Daher fühlen sich diese Körperteile wärmer an. Man nimmt an, daß Delphine wenig oder keinen Geruchssinn haben, allerdings bieten ihr ausgezeichneter Gehörsinn und das eingebaute Schallsystem den gerechten Ausgleich für dieses Defizit.

Der menschliche Delphin

Ihr hervorstechendes Charaktermerkmal ist Ihre Neigung zum Spielen; Sie sind lustbetont auf der ganzen Linie.

Sie lieben die aktive Teilnahme an anspruchsvollen Sportarten – besonders Skifahren, Tiefseetauchen und Surfen –, und Sie fühlen sich zu Menschen hingezogen, die Ihre vergnügungssüchtige Philosophie teilen.

Ihr gepflegter, wohltrainierter Körper kommt – wie Sie selbst finden – am besten in Badekleidung am Strand zur Geltung. Aufgrund Ihrer ständigen Aktivität können Sie mit einem langen und gesunden Leben rechnen.

Obwohl Ihr großes Gehirn durchaus in der Lage ist, beinahe jedes Problem zu lösen, wird Ihre Intelligenz meist überschätzt. Sie legen wenig Wert auf Intelligenz-spiele, und Sie gehen intellektuellen Herausforderungen eher aus dem Weg. Dennoch sind Sie sehr wohl in der Lage, in einer Diskussion Oberwasser zu behalten, Sie vermeiden allerdings gewichtige philosophische Debatten und tollen dafür lieber herum oder gehen surfen.

Vom Leben erwarten Sie nichts als Vergnügen. Als äußerst sinnliches Wesen verbringen Sie viel Zeit mit erotischen Abenteuern, ja, zeitweilig werden all Ihre sozialen Interaktionen von Ihrem unbändigen Verlangen nach Sex dominiert.

Im allgemeinen sind Sie ein friedliches und spaßorientiertes Wesen, das eigentlich niemals offene Aggressionen zeigt. Werden Sie schräg angeredet, so schwimmen Sie lieber davon, als sich offensiv zu verhalten. Auf die Gesellschaft von anderen können Sie unmöglich verzichten, und so halten Sie beständig Ausschau nach möglichen Freunden, die bei Ihrem Unterhaltungsprogramm mitmachen. Sie lieben sorgfältig geplante Parties oder andere gesellschaftliche Ereignisse und nehmen den Spaß dabei auch ernst.

Karriere

Für manuelle Arbeit sind Sie nicht geschaffen. Sie haben weder Pfoten, Krallen noch Zehen, und mit Werkzeugen wissen Sie nichts anzufangen. Ihre soziale Kompetenz und Ihre gesellschaftliche Gewandtheit kommt Ihnen jedoch in Berufen zugute, die mit Menschen zu tun haben.

In 08/15-Jobs findet man Sie nur selten. Aufgrund Ihrer extrovertierten Persönlichkeit haben Sie das Zeug für einen tüchtigen Public-Relations-Manager oder für einen Handelsvertreter. Ferner empfiehlt sich für Sie der Beruf des professionellen Sportlers, Fitneßtrainers und Schauspielers.

Anscheinend haben Sie so etwas wie einen sechsten Sinn. Zumindest verfügen Sie über die Gabe, auch die verborgensten Absichten und Wünsche von anderen zu erkennen, weil Ihrem sensorischen Empfangssystem auch nicht das kleinste körpersprachliche Detail entgeht. Dank dieser phänomenalen Fähigkeit sind Sie auch ein idealer Psychologe oder Kriminalbeamter.

Beziehungen

Im Gegensatz zum Seelöwen und Fischotter sind Sie eine eindeutige Wasserpersönlichkeit, die sich vollständig von der Erdenwelt abgewandt hat. Folglich können Sie auch nur in Beziehungen mit anderen ebenfalls im Wasser lebenden Säugetieren so richtig glücklich werden. Dazu gehören beispielsweise die Seelöwen, Wale und Otter. Mit Landsäugetieren oder Vogelpersönlichkeiten fühlen Sie sich nur wenig verbunden.

Sie fühlen sich zu all denjenigen hingezogen, die Ihrer spielerischen Neigung entgegenkommen, und daher haben Sie viele zufällige Bekanntschaften. Eine engere Beziehung mit jemandem, der Ihre sinnenfrohe Lebenslust nicht teilt, ist für Sie unvorstellbar, und deshalb vermeiden Sie schon instinktiv den Kontakt zu den besonders ernsthaften Fledermäusen, Maulwürfen, Eulen und Füchsen.

Ihre Kinder verwickeln Sie in alle Arten körperlicher Betätigung und schleppen Sie überall dorthin mit, wo Sie Ihr Vergnügen suchen. Als Liebhaber sind Sie selten treu, allerdings immer leidenschaftlich und erfinderisch.

Berühmte Delphine könnten sein:

Burt Reynolds, Dan Marino, David Hasselhoff

Tip für den Delphin:

Warte nicht, bis das Schiff in den Hafen kommt. Schwimme ihm entgegen!

Der Elefant

Klasse: Säugetiere
Ordnung: Rüsseltiere
Verwandte Spezies: Felsen-Klippschliefer

Elefanten sind gegenwärtig die größten Landtiere. Alle Elefanten leben in einer Gemeinschaft, die ein kompliziertes Kommunikationssystem voraussetzt. Erst seit kurzem ist bekannt, daß Elefanten schnurren. Zoologen waren lange verwirrt über das ungewöhnliche Geräusch aus ihrer Magengegend. Dieses laute und tiefe Bauchgrummeln hörte nämlich sofort auf, wenn sich jemand näherte, und konnte demzufolge nichts mit der Verdauung zu tun haben. Schließlich wurde dieses merkwürdige Geräusch, das man über unglaubliche Distanzen hinweg hören kann, als ein Signal entschlüsselt, mit dem der einzelne Elefant der Herde mitteilt, daß alles in Ordnung ist. Droht Gefahr, versetzt das plötzliche Schweigen alle in Alarmbereitschaft.

Zusätzlich zu diesen Geräuschen können die Elefanten laut und aggressiv trompeten. Dieser schrille Ton setzt alle anderen Tiere sofort davon in Kenntnis, daß Elefanten in der Nähe sind.

Der menschliche Elefant

Als die größte Persönlichkeit unter den Landsäugetieren sind Sie ein seltenes Exemplar. Falls es irgendwelchen Zweifel gibt, ob Sie eine Elefantenpersönlichkeit sind, deutet das eher darauf hin, daß Sie es nicht sind.

Sie sind überwältigend – ebenso gigantisch wie warmherzig und liebenswert. Ihre langsamen, bedächtigen Bewegungen sind der Ausdruck höchsten Selbstvertrauens. Sie ruhen in sich selbst und haben eine spirituelle Seele. Da Sie gegen Attacken quasi immun sind, können Sie es sich erlauben, den Löwenanteil Ihrer Zeit mit Familienangelegenheiten zu verbringen und sich in die philosophischen Aspekte des Lebens zu vertiefen.

Obwohl Sie nur langsam zu verärgern sind, können Sie zuweilen durchaus ein gewalttätiges Temperament an den Tag legen. Unerwünschte Eindringlinge verscheuchen Sie mit Ihrer machtvollen Persönlichkeit.

Da Sie Tag und Nacht aktiv sind, aber natürlich auf Schlaf auch nicht verzichten können, machen Sie ein Nickerchen, wann immer Sie sich danach fühlen.

Als Freund und Kumpel sind Sie loyal für ein ganzes Leben. Allerdings muß man Geduld haben, um Sie als Freund zu gewinnen. Ihr Gedächtnis ist Legende, und niemals vergessen Sie ein freundliches Gesicht oder eine freundliche Geste.

Karriere

Haben Sie sich etwas in den Kopf gesetzt, so wanken und weichen Sie nicht, ehe die Aufgabe erfüllt ist. Ihre Intelligenz in Kombination mit Ihrer unbeirrbaren Persönlichkeit erweist sich in geschäftlichen und gesellschaftlichen Angelegenheiten als unschlagbarer Vorteil, während Ihr Kommunikationstalent Sie für jede Führungsposition prädestiniert. Sie sind vertrauenswürdig und ehrlich; dabei lassen Sie die anderen stets wissen, wie es mit Ihren Gefühlen für sie steht.

Ihre stimmlichen Fähigkeiten machen aus Ihnen einen ausgezeichneten Sänger oder Musiker. Ihr eher nüchternes Naturell verbindet Sie eher mit der klassischen Kunst als mit der zeitgenössischen Musik. Im Geschäftsleben übernehmen Sie gewöhnlich verantwortungsvolle Leitungsfunktionen, zum Beispiel als Generaldirektor einer international tätigen Gesellschaft. Obwohl Sie als Spitzenkraft hoch dotiert sind, gehen Sie mit Ihrem Reichtum diskret um.

Auf der höchsten Stufe der politischen Ämter trifft man eher weibliche Elefantenpersönlichkeiten an. Elefantenbullen sind nicht ganz so duldsam und berechenbar wie Ihre weiblichen Gegenstücke und verlieren schon eher mal die Beherrschung.

Beziehungen

Mit Ihrem unvergleichlichen Talent zur Kommunikation sind Sie für einen Gefährten das große Los. Es fällt Ihnen leicht, Gefühle mitzuteilen, und das erwarten Sie auch von Ihrem Partner. Sie sind instinktiv ein fürsorglicher Elternteil. Allerdings neigen Sie zur Schlampigkeit, daher müssen sich potentielle Partner darauf einstellen, hinter Ihnen herzuräumen.

Ihre optimalen Partner sind Pferde, Flußpferde, Nashörner, Giraffen und sogar das trickreiche Warzenschwein. Es ist für Sie ratsam, sich von Mäusen und anderem Kleingetier fernzuhalten, da Sie deren übermütiges Verhalten leicht irritiert. Löwen- und Tigerpersönlichkeiten sollten Sie auch aus dem Weg gehen, da ihre Aggressivität eine Bedrohung für die Stabilität Ihrer Familie darstellt.

Berühmte Elefanten könnten sein:
Indira Gandhi, Golda Meir, Luciano Pavarotti

Tip für den Elefant:
An seinen Antworten erkennt man den Klugen, an seinen Fragen den Weisen.

Die Eule

Klasse: Vögel
Ordnung: Eulen
Verwandte Spezies: Habicht, Adler, Fischadler

Eulen leben oft in alten Kirchen und leeren Häusern und tauchen wie Geister plötzlich aus der Dunkelheit auf. Ihr unheimliches Bu-Hu ist die ideale Hintergrundmusik für ihr gespenstisches Flattern und hat wahrscheinlich zur Entstehung zahlreicher Geistergeschichten geführt.

Obwohl man manchmal Eulen auch bei Tag sehen kann, ist die Dämmerung die von ihnen bevorzugte Zeit für die Jagd. Dann durchfliegen sie ihr angestammtes Revier, um im Sturzflug auf Mäuse und Eichhörnchen hinabzuschießen.

Eulen können auch in vollkommener Dunkelheit jagen, denn sie besitzen unter ihren Federn versteckt äußerst sensible Ohren, mit denen sie ihre Beutetiere auch am Geräusch erkennen können. Jeder Laut – und sei er noch so geringfügig –, der an die asymmetrischen Ohrklappen dringt, wird von der Eule zweifelsfrei identifiziert.

Die menschliche Eule

Sie gelten als heiterer, kluger Beobachter der menschlichen Gesellschaft. Sie sind ein zurückhaltendes, vornehmes Wesen mit feingeschnittenen Gesichtszügen von schlichter Schönheit. Ihre großen Augen sind oft von großen Brillengläsern umrahmt.

Im Einklang mit Ihrem hübschen und harmonischen Äußeren strahlt Ihre ganze Person Würde aus. Sie sind tadellos gepflegt, dabei niemals überladen oder auffallend. In Ihrer Kleidung bevorzugen Sie elegantes Understatement und unterstreichen damit Ihr ernsthaftes und nachdenkliches Wesen.

Man sagt Ihnen nach, ziemlich intelligent zu sein, aber eigentlich beruht dieser Eindruck eher auf Ihrer ruhigen und verständnisvollen Art. Sie erfassen die Probleme des Lebens weniger mit dem Intellekt, sondern verlassen sich im Zweifelsfall lieber auf Ihre Intuition. Mit Ihrem nächtlichen Gefährten, der Fledermaus, teilen Sie den Hang zur Ernsthaftigkeit.

Als typische Vogelpersönlichkeit meiden Sie die hektische Betriebsamkeit und beziehen in Alltagsdingen gerne einen übergeordneten Standpunkt. Bei kontroversen Diskussionen ist Ihr Urteil stets ausgewogen und einem hohen moralischen Wertmaßstab verpflichtet. Obwohl man Sie deshalb gelegentlich als Moralapostel verspottet, hat Ihre Meinung Gewicht, zumal Sie durch Ihr gutes Beispiel überzeugen.

Auf die übrigen, bodenständigen Säugetierpersönlichkeiten wirken Sie irgendwie geheimnisvoll. Sie verbringen viel Zeit auf einsamen Streifzügen, und auch um zu arbeiten, bevorzugen Sie ruhige Abgeschiedenheit, die Sie nur dann aufgeben, wenn es unvermeidlich ist. Für Spielereien haben Sie gar nichts übrig. Da Sie Sport nur deshalb treiben, um körperlich fit zu bleiben, sollten Sie die geselligeren Tierpersonen wie Hund, Delphin und Seelöwen eher meiden.

Ganz ohne streitbare Seite kommen aber auch Sie nicht aus, und Ihre Gegner fürchten sich am meisten vor Ihrer Scharfzüngigkeit und Ihrer beißenden Ironie. Sie selbst sind allerdings niemals der Aggressor in einer Auseinandersetzung, und Sie kämpfen nur, wenn Ihr Überleben oder Ihre Ehre auf dem Spiel stehen. Eine von Streit vergiftete Atmosphäre oder gar körperliche Auseinandersetzungen sind Ihnen zuwider. Sie treten für Gewaltlosigkeit ein, denken logisch und argumentieren überzeugend.

Karriere

Als weiser Beobachter der menschlichen Natur eignen Sie sich hervorragend als Richter oder Diplomat. Dank Ihrer Vertrauenswürdigkeit und Zuverlässigkeit besetzen Sie häufig verantwortungsvolle Positionen, wie zum Beispiel die eines Bankdirektors, eines Staatsoberhauptes oder eines religiösen Führers. Sie sind ein pflichtbewußter Arbeiter und nehmen Ihre Aufgaben ernst. Wenn Sie die Bürde eines öffentlichen Amtes auf sich nehmen, tun Sie das mit der für Ihre Gattung typischen Umsicht und Tüchtigkeit.

Mit Ihrem Eifer und Ihrer raschen Auffassungsgabe können Sie eigentlich auf jedem erdenklichen Gebiet große Dinge erreichen. Für Sie selbst muß sich Erfolg nicht immer in barer Münze auszahlen, Sie sind zufrieden, wenn andere Ihre Leistungen anerkennen.

Beziehungen

In Herzensangelegenheiten sind Sie ganz konservativ. Obwohl Sie als Eule zur Familie der Vögel gehören, verachten Sie das aggressive Naturell der Adler und Falken und haben absolut nichts übrig für den respektlosen Pfau. Hingezogen fühlen Sie sich jedoch zu der ruhigen Vornehmheit des Schwans.

Mit der Fledermaus verbindet Sie eine natürliche Seelenverwandtschaft. Beide sind Sie «Nachteulen», und dennoch machen Sie sich gegenseitig die Beute nicht streitig. Sie schätzen die Gesellschaft kleinerer Raubtiere wie die der Dachse und Wiesel. Allerdings steht einer engeren Beziehung die Unterschiedlichkeit der jeweiligen Lebensräume entgegen.

Berühmte Eulen könnten sein:

Nelson Mandela, Abraham Lincoln, Hildegard Hamm-Brücher

Tip für eine Eule:

Hinterlass anderen deine Weisheit, und du wirst unsterblich.

Die Fledermaus

Klasse: Säugetiere
Ordnung: Flattertiere
Verwandte Spezies: Ratten, Mäuse

Weil sie fliegen können, werden Fledermäuse oft für Vögel gehalten. Dabei handelt es sich bei ihnen um Säugetiere, die sich lediglich von der Erde abgewandt und dem Element der Luft und der Nacht zugewandt haben. Sie sind äußerst geschickte Jäger, die sich je nach Nahrungsangebot sehr unterschiedlicher Ernährungstechniken bedienen.

Egal, ob als berühmter Blutsauger oder als winziger Pollen essender Flughund – die meisten Menschen verbinden mit Fledermäusen die Vorstellung eines irgendwie abscheulichen Nagetiers mit Flügeln.

Die menschliche Fledermaus

Als Persönlichkeit der Lüfte verunsichern Sie die Gesellschaft von Erdtieren. Umgeben von ihnen sind Sie leicht verletzbar. Andererseits sind Sie auch keine echte Vogelpersönlichkeit. Da Sie sich folglich in jeder Gesellschaft – außer unter Ihresgleichen – irgendwie fremd fühlen, benehmen Sie sich manchmal ein wenig linkisch. Als Ausgleich für Ihre Unbeholfenheit verfügen Sie jedoch über ein hochempfindliches Radarsystem, mit dessen Hilfe Sie die Absichten und Beweggründe Ihrer Umgebung sicher ausloten können.

Die Fledermauspersönlichkeit ist unschwer zu erkennen. Als nachtaktives Tier werden Sie am Abend munter und bevorzugen dunkle, unauffällige Kleidung. Kellerlokale oder spärlich beleuchtete Bars sind Ihre Lieblingsplätze. Braungebrannt sind Sie nie.

Sie sind ein intelligentes, geistvolles und aktives Wesen. Abgesehen von Ihrer Sehschwäche schöpfen Sie die ganze Palette Ihrer Sinne aus und schätzen jede Situation sorgfältig ab. Sie flattern gerne von einer Party zur nächsten. Für ein Zwischenspiel auf menschlicher Ebene lassen Sie sich aus den Lüften herab und fliegen doch schnell wieder davon, um Ihr gewohntes Fledermausleben aufzunehmen. Sie sind stets **47** zurückhaltend. Schon bei den ersten Anzeichen einer Konfrontation suchen Sie das Weite und flüchten sich in Ihre eigenen vier Wände.

Karriere

Mit Ihrem einfühlsamen Naturell verstehen Sie andere besser als sich selbst. Ihre Intuition macht Sie zu einem hervorragenden Psychiater, Sozialarbeiter oder Wahrsager.

Anweisungen vertragen Sie nicht besonders gut, und Sie funktionieren am besten als Einzelkraft in Ihrem eigenen Geschäft. Ihre Vorliebe für Nachtarbeit bedingt einen flexiblen Job, der Ihren ungewöhnlichen Arbeits- und Schlafgewohnheiten Rechnung trägt. Ihre kreative Ader führt Sie in die Gefilde des Designs und der Architektur. Aber dank Ihrer Vorliebe für alles Dunkle und Verborgene eignen Sie sich auch bestens für den Beruf des Archäologen und Höhlenforschers.

Beziehungen

Obwohl Ihre spirituelle Seite jedem auffällt, sind Sie nicht übermäßig emotional. Aufgrund Ihrer unkonventionellen Lebenseinstellung können Sie Probleme haben bei der Partnersuche. Allerdings korrespondieren Sie gut mit jedem, der Ihre philosophische Weltsicht teilt. Und Sie lieben endlose Gespräche. Haben Sie den richtigen Partner einmal gefunden, entpuppen Sie sich als zuverlässiger und hingebungsvoller Gefährte.

Katzen und andere Tierpersönlichkeiten mit ähnlicher Nachtorientierung, wie zum Beispiel Spitzmaus und Wiesel, erweisen sich als brauchbare und pflegeleichte Partner. In der Ehe führt deren aggressives Naturell allerdings zu Ärger. Die erfolgreichsten Beziehungen haben Sie mit anderen Fledermäusen, aber auch mit Pinguinen, Maulwürfen und Eulen. Die Persönlichkeiten der Wassertiere sollten Sie meiden, denn diese geben dem spielerischen Element klar den Vorzug vor dem Ernst des Lebens.

Berühmte Fledermäuse könnten sein:

Nostradamus, Nina Hagen, Marlene Dietrich

Tip für die Fledermaus:

Wenn Originalität bedeutet, exzentrisch zu sein, hast du es geschafft.

Das Flußpferd

Klasse:	Säugetiere
Ordnung:	Paarhufer
Verwandte Spezies:	Zwergflußpferd

Das Flußpferd ist entfernt verwandt mit dem Schwein und ist das drittgrößte Säugetier zu Lande. Der Körper ist unbehaart bis auf die spärlichen Schnurrhaare an der Schnauze. Die Haut des Flußpferdes sondert eine ungewöhnliche, ölig-rosige Flüssigkeit, den sogenannten rosa Schweiß, ab, der die Haut feucht hält.

Die Flußpferdgesellschaft ist ein Matriarchat. Junge Flußpferde halten sich in respektvollem Abstand von der Hauptgruppe der Weibchen auf, und bevor sie sich ihnen nähern können, müssen sie sich in einem Kampf mit anderen Männchen bewähren.

Flußpferde essen hauptsächlich nachts, und ihre Unersättlichkeit kann ihrer Umgebung empfindlichen Schaden zufügen. Sie verbringen die meiste Zeit in Flüssen oder kleinen Flußläufen, wo ihre massige Gestalt vom Wasser getragen und gut verborgen wird.

Das menschliche Flußpferd

Schon aufgrund Ihrer eindrucksvollen Körpermasse und einer gewissen Behäbigkeit sind Sie leicht als Flußpferdpersönlichkeit zu identifizieren. Obwohl viele Zeitgenossen Sie irgendwie niedlich finden, bereitet Ihnen selbst Ihre Statur eher Pein. Fast immer hüllen Sie sich in wenig vorteilhafte und wallende Gewänder, um Ihre Leibesfülle zu kaschieren. Ihre unerquicklichen Dimensionen sind die Folge einer alles überwältigenden Leidenschaft, die Sie umschlungen hält. Ob Sie´s wollen oder nicht – in Ihrem Leben dreht sich einfach alles nur ums Essen und um seine Zubereitung.

Nach außen hin tragen Sie Ihr Schicksal mit Humor und werden deshalb gemeinhin als fröhlicher Dicker eingeschätzt, in Wirklichkeit aber sind Sie leicht verletzbar und häufig melancholisch. Dann ziehen Sie sich zurück, und weil Sie eigentlich gar nicht gerne alleine sind, kommt's, wie's kommen muß, Sie suchen Zuspruch beim Essen und setzen Kummerspeck an…

Obwohl Sie also eine Menge unverdauten Ärger mit sich herumtragen, sind Sie im allgemeinen friedfertig. Erst wenn man Sie provoziert, werden Sie aggressiv – das dann aber gründlich.

Karriere

Sie essen nicht nur leidenschaftlich gerne, Sie wissen auch über alles, was mit Essen zu tun hat, genaustens Bescheid. Sie kennen die raffiniertesten Rezepte, die ausgefallensten Zutaten und haben die besten Ideen für dekorativen Tischschmuck. Aus diesem Grund sind Sie nicht nur ein hervorragender Koch, sondern auch ein bemerkenswerter Restaurantkritiker.

Kinder mögen Sie ausgesprochen gern, und als fürsorglicher Babysitter stehen Sie jederzeit zur Verfügung. Eigentlich fühlen Sie sich nur in der Nähe von Kindern wirklich unbeschwert, und ihnen öffnen Sie dann auch Ihr großes liebevolles Herz. Die glücklichsten Flußpferdepersönlichkeiten arbeiten in Kindergärten und -heimen. Leider wissen Sie das oft selbst nicht, und so werden Sie wegen Ihrer kräftigen Statur immer wieder an Wachdienstgesellschaften vermittelt, wo Sie nächtelang vor den Bildschirmen der Überwachungskameras sitzen müssen und dabei Gefahr laufen, ernsthaft depressiv zu werden.

Wie die Elefantenpersönlichkeiten verfügen Sie über eine wunderbare, volltönende Stimme, die Sie nicht zuletzt Ihrem voluminösen Resonanzkörper zu verdanken haben. Damit erfüllen Sie die ideale Voraussetzungen für ein erfolgreiches Telefonmarketing.

Beziehungen

Den Kummer, den Ihnen Ihr Übergewicht bereitet, übertünchen Sie mit Heiterkeit. Scheinbar ertragen Sie einfach alles mit Humor und Gleichmut, der für Ihre Spezies charakteristisch ist.

Beziehungen sollten Sie mit anderen flußorientierten Tierpersonen knüpfen. Sie

könnten sogar eine vorsichtige, oberflächliche Freundschaft mit einem Krokodil in

Betracht ziehen – vorausgesetzt, Sie wissen sich gegen dessen räuberische Instinkte zu schützen.

Wenn Sie sich binden, bevorzugen Sie Partner, die Ihnen vom Umfang her entsprechen, wie zum Beispiel Elefanten und Nashörner. Zur Ehe mit Ihnen eignen sich jedoch am besten Wassertiere wie Seelöwen und Delphine. Das wahre Glück allerdings stellt sich am wahrscheinlichsten in einer Verbindung mit Ihrem eßfreudigen Seelenverwandten, dem Walroß, ein. Räuberische Persönlichkeiten wie Löwen, Adler und Wiesel sollten Sie meiden, obwohl diese kein echtes Risiko für Sie darstellen.

Zur Vater- oder Mutterschaft sind Sie hervorragend geeignet. Es gelingt Ihnen, Ihren Kindern echten Gemeinschaftssinn und ein stabiles Wertsystem zu vermitteln.

Berühmte Flußpferde könnten sein:
Shelly Winters, Marianne Sägebrecht, Ottfried Fischer

Tip für das Flußpferd:
Bedenke, daß ein Gourmet nichts anderes ist als ein Vielfraß mit Verstand.

Der Fuchs

Klasse:	Säugetiere
Ordnung:	Raubtiere
Verwandte Spezies:	Hund, Wolf, Koyote

Füchse sind nahe Verwandte der Hunde und Schakale. Die Fuchsfamilie besteht nämlich aus einer Vielzahl Spezies, von denen jede ihr bestimmtes Wirkungsfeld hat. Es ist schwierig, die Bevölkerungszahl der Füchse zu schätzen, da die Tiere ihren Geschäften meist nachts nachgehen und eine große Geschicklichkeit darin entwickelt haben, sich unsichtbar zu machen. Tagsüber ruhen sie sich im dichten Buschwerk oder in hohlen Baumstämmen aus. Sie können weder besonders schnell rennen noch besitzen sie die Ausdauer für eine lange Jagd. Statt dessen verlassen sie sich im Leben auf ihre wache Intelligenz.

Als einziges Mitglied der Familie der Hunde vermag es der Fuchs, auf Bäume zu klettern. In gefährlichen Situationen erklimmt er mühelos jeden Baumstamm und balanciert sogar geschickt von einem Ast zum nächsten.

Zuweilen fallen Füchse einem Koyoten oder Wolf zum Opfer, heutzutage allerdings ist der Mensch sein gefährlichster Feind: Immer wieder läßt er sich von ihnen in die gefährlichen Baumfallen locken.

Der menschliche Fuchs

Sie sind vor allem ein Geschöpf der Nacht, und gemeinsam mit Ihren Hundeverwandten sind Sie der Geselligste unter den Raubtieren. Ihr wendiger Geist ist stets aktiv. Sie haben zwar nie die Absicht, anderen Schaden zuzufügen, stehen aber dennoch in dem Ruf, hinterhältig und gerissen zu sein. Bei den Weibchen Ihrer Gattung gilt nicht ohne Grund das Motto: «Rotes Haar, Gott bewahr'!» Bei Ihrem scharfen Verstand und Ihrer Zungenfertigkeit zieht man schnell mal den kürzeren, und deshalb lassen es die wenigsten auf einen Streit mit Ihnen ankommen.

Sie sind ein wählerischer Esser und achten auf abwechslungsreiche und gesunde

Kost. Da Sie schon ziemlich ausgefuchst sind, erwarten Sie Qualität, was Ihre Unterhaltung, Ihre Ernährung und auch Ihren Umgang angeht. Ausgetretenen Pfaden folgen Sie nur ungern – das widerspricht Ihrem enthusiastischen Forschergeist, den es an exotische und noch unberührte Orte zieht. Wegen Ihrer Vorliebe für außergewöhnliche Herausforderungen sind Sie auch ein begeisterter Bergsteiger.

Es entspricht nicht Ihrem Stil, unnötig aufzufallen, und auch rohe Gewalt ist Ihre Sache nicht. Sie regeln Ihre Angelegenheiten diskret, mit Feingefühl und Raffinesse. Zu Hause legen Sie Wert auf Komfort und Gemütlichkeit, und Ihr Heim ist in der Regel adrett und gut in Schuß. Als eine Persönlichkeit der Jagd sind Sie körperlich in Topform und schätzen alle Sportarten, die den Körper und Geist herausfordern.

Karriere

An Ihrem Arbeitsplatz sind Sie ausgesprochen erfolgreich, denn Sie sind ehrgeizig und durchsetzungsstark. Ihre Kollegen allerdings fühlen sich von Ihnen oftmals nicht ganz ernst genommen. Zwar würden Sie andere niemals bewußt übervorteilen, aber in Ihrer Ich-Bezogenheit sind Sie häufig blind für die Sorgen und Gefühle anderer.

Ihre eigenen Geschäfte gehen meist glänzend, und Sie umgeben sich dabei gerne mit Familienmitgliedern und Freunden. Wenn es um Beschlußfassung geht, wünschen Sie sich zwar die Zustimmung von allen Beteiligten, aber Sie dominieren jede Diskussion, und immer entwickelt sich alles in die Richtung, die Sie vorgegeben haben. Da Sie ungeheuer vielseitig sind, können Sie beinahe jeden Beruf ergreifen: Vom Programmierer bis zum Rechtsanwalt, vom Arzt bis zum berufsmäßigen Schachspieler – Sie werden immer erfolgreich sein.

Beziehungen

Sie sind ein Gesellschaftstier, und Beziehungen sind wichtig für Sie. Ihre Aura wirkt meist anziehend auf andere, aber Sie sind in Ihren Liebesbeziehungen sehr wählerisch. Wegen Ihrer Sittenstrenge gehen Sie zu Schafen, Giraffen und Gorillas auf Distanz. Eine Beziehung mit einer Fledermaus, einem Reh oder einem Wiesel ist meist befriedigend. Ihr Bedürfnis jedoch, sich ständig mit anderen zu messen, wirkt auf diese Tierpersönlichkeiten allerdings befremdlich.

Als Mitglied der Familie der Hunde sollten Sie Katzen und größeren Raubtieren aus dem Weg gehen, auch wenn Sie ihnen durchaus gewachsen sind. Ihre besten Partner sind Hunde, Pferde und Eulen. Ihr dominanter Charakter ist unvereinbar mit dem der Häschen und anderer kleiner Säugetiere.

Füchse sind außergewöhnlich gute Eltern. Sie erziehen Ihre Jungen mit Liebe und Fürsorge. Gewöhnlich tummelt sich eine große Anzahl Kinder in Ihrem Bau.

Berühmte Füchse könnten sein:
Johnny Cochran, Michael J. Fox, Shirley MacLaine

Tip für den Fuchs:
Vergiß einmal deinen Hochzeitstag ... und du wirst dich immer daran erinnern!

Der Geier

Klasse: Vögel
Ordnung: Greifvögel
Verwandte Spezies: Adler, Falke, Habicht

Geier können mit ihren starken Schwingen mühelos Stunden um Stunden am Himmel kreisen, und sie sind fähig, mit ihren scharfen Augen aus großer Entfernung Aas auszumachen.

Der Hals des Geiers ist praktisch nackt, was sich als nützlich erweist, wenn er seinen Kopf tief in die noch dampfenden Eingeweide eines frisch erlegten Tieres versenkt. Geier sind jedoch nicht ausschließliche Aasfresser, sie machen sogar Jagd auf Nagetiere und Flamingoküken.

Der ägyptische Geier gehört zu den wenigen Vögeln, die es gelernt haben, mit Werkzeugen zu hantieren. Er sucht sich spitze Steine, mit denen er die harte Schale von Straußeneiern so lange bearbeitet, bis diese zerbricht. Ist das Ei endlich aufgehackt, schlürft er es genüßlich aus.

Der menschliche Geier

Sie sind der Opportunist in der Welt der Tierpersönlichkeiten. Eng verwandt mit dem Habicht und dem Adler, sind Sie ein starkes, aber irgendwie linkisches Geschöpf. Eine Augenweide sind Sie nicht gerade, denn Ihr Körper ist zu klein geraten für Ihren Kopf oder Ihr Kopf zu groß für Ihre übrige Gestalt. Wie dem auch immer sei – Sie selbst haben an Ihrer äußeren Erscheinung nichts auszusetzen, und Ihre Schrulligkeit wird von manch anderen durchaus geschätzt. Was untypisch ist für die meisten Vogelpersönlichkeiten: Sie neigen zu Gewichtsproblemen, und Ihr ungelenker Gang läßt die Anmut einer Adler- oder Pfaupersönlichkeit vermissen. Gute Manieren sind von Ihnen nicht zu erwarten, Sie sind sich stets selbst der Nächste und gehen buchstäblich über Leichen, wenn Sie auf der Jagd nach Eßbarem sind.

Wie die meisten Beutevögel lieben Sie das Reisen, insbesondere Fernreisen. Unter-   **55** wegs halten Sie jedoch beständig Ausschau, ob sich nicht irgendwo die Möglichkeit für ein gutes Geschäft auftut. Das ist auch im Urlaub mit Ihrer Familie nicht anders – wenn Sie irgendwo die Chance wittern, Geld zu machen, lassen Sie die Ferien sausen.

Karriere

Intellektuell können Sie mit anderen Jägern unter den Tierpersönlichkeiten nicht mithalten, aber Sie finden auch so Ihr Auskommen. Sie können sich dabei ganz und gar auf Ihren Instinkt verlassen, denn Sie haben einen unübertroffenen Riecher für günstige Gelegenheiten, und wenn Sie Ihre Chance wittern, lassen Sie nichts mehr anbrennen.

Arbeit ist Ihnen ein Greuel, aber um im richtigen Moment zuschlagen zu können, muß man am Ball bleiben. Deshalb halten Sie sich gern im Kielwasser zupackender und erfolgreicher Zeitgenossen auf, bis Ihre Zeit gekommen ist. Ihre Stärke dabei ist die grenzenlose Geduld, mit der Sie, Ihre Beute umkreisend, auf Ihre Chance warten. Niemals reagieren Sie vorschnell, erst wenn Sie sicher sind, daß Ihre Beute sich schon im Netz verfangen hat, greifen Sie ein, und was Sie einmal in Ihren Fängen haben, kriegt man nicht mehr so schnell zurück. Allenfalls wenn man Ihnen einen Prozeß androht oder die Situation eskaliert, geben Sie sich geschlagen und ziehen sich zurück.

Wo auch immer Sie auftauchen und Ihre Kreise ziehen, da gibt's ganz sicher was zu holen. Mit Ihrem Gespür für den richtigen Zeitpunkt haben Sie das Zeug zum Börsenspekulanten. Da Sie ungern Ihr eigenes Vermögen riskieren, ziehen Sie es allerdings vor, Ihre Dienste anderen anzubieten, die Sie dafür selbstverständlich am Gewinn beteiligen müssen. Jemand Ihres Schlages verdient sich seine Brötchen auch damit, sanierungsbedürftige Unternehmen aufzukaufen und sie dann in den Konkurs zu treiben, um mal eben eine schnelle Mark zu machen.

Sie sind weitsichtig und lassen sich von Visionen leiten. Deshalb eignen Sie sich – wenn Sie Ihre Arbeitsscheu erst mal überwunden haben – auch für Führungsaufgaben, zum Beispiel als Unternehmensberater, Anwalt oder als Firmenchef.

Beziehungen

In Ihrem Leben nehmen Beziehungen keinen großen Stellenwert ein, und damit sind Sie ein perfekter Partner für die ebenfalls frei floatende Adlerpersönlichkeit. Von der Kraft der Raubtierpersönlichkeiten wie Löwe, Wolf und Wildhund fühlen Sie sich angezogen, aber diese Beziehungen würden einseitig verlaufen: Sie haben keine Skrupel, Ihren Partner anzuzapfen, ohne etwas zurückzugeben. Im Falle einer Scheidung holen Sie für sich raus, was rauszuholen ist, und bei einem Todesfall in der Verwandtschaft sind Sie der erste, der zur Stelle ist, wenn das Testament eröffnet wird; mitunter sind Sie sogar schon auf Ihrem Posten, bevor der Sarg überhaupt unter der Erde ist.

Sie können ganz gut mit Ihrer unsozialen Ader leben und machen keinerlei Anstalten, Ihre Absichten zu verschleiern. Diese Art von Aufrichtigkeit in Kombination mit Ihrer Entschlossenheit und Aggressivität macht eine Beziehung mit Ihnen zwar anstrengend, aber letztlich lohnenswert.

Berühmte Geier könnten sein:

Joan Crawford, Thomas Gottschalk, Theo Waigel

Tip für einen Geier:

Wenn jemand dir einen Hauch von Frische anbietet, schlag ein!

Die Giraffe

Klasse:	Säugetiere
Ordnung:	Paarhufer
Verwandte Spezies:	Okapi

Die Giraffe überragt alle anderen Tiere auf dieser Welt und kann bis zu fünfeinhalb Metern hoch werden. Sie lebt in Herden mit eher zufälligen Sozialstrukturen, wobei die Weibchen und ihre Nachkommen von den Männchen getrennt leben.

Der arabische Schriftsteller Zakariya al-Quaswini orakelte im 13. Jahrhundert, die Giraffe stamme vom Kamelbullen, der männlichen Hyäne und der wilden Kuh ab. Auch wenn diese Überzeugung nicht alle Forscher teilen – etwas Mystisches haftet der Giraffe bis zum heutigen Tag an.

Manche Verhaltensforscher glauben, daß Giraffen niemals schlafen, obwohl sie das wahrscheinlich doch tun – ungefähr eine halbe Stunde am Tag. Lange Zeit war man der Ansicht, daß Giraffen, trotz ihres gewaltigen Resonanzkastens, stumm seien. Und noch heute rätseln Zoologen, warum sie ihr stimmgewaltiges Organ nur so selten benutzen.

Die menschliche Giraffe

Sie sind hochgewachsen, stolz und sehr gepflegt; eine Aura von Grazie umgibt Sie. Als natürliche Schönheit legen Sie großen Wert auf Ihre Erscheinung, und Ihre langen, graziösen Beine, Ihr schlanker Hals und Ihre makellose Haut erregen überall die Bewunderung oder gar den Neid Ihrer Zeitgenossen. Sie gehören der seltenen Gattung der Großwildtiere an. Mit Ihrem stolz in die Höhe gereckten Kinn ragen Sie aus jeder Menschenmasse heraus, und so stolzieren Sie mit einem imposanten Selbstbewußtsein durchs Leben. In Fragen der Ernährung sind Sie sehr anspruchsvoll, stets wählen Sie die besten Speisen in den feinsten Restaurants.

In Ihrer Freizeit durchstöbern Sie sämtliche Boutiquen auf der Suche nach dem neusten Schrei, und leidenschaftlich gerne führen Sie Ihre neusten modischen Errungenschaften vor. Sie lieben es, im Mittelpunkt zu stehen, und Ihr zurückhaltendes Benehmen dient in Wahrheit nur der Imagepflege. Nicht ganz zu Unrecht bezichtigt man Sie der Ich-Bezogenheit. Ihre eindrucksvolle physische Präsenz steht in krassem Gegensatz zu Ihrer eher chaotischen und schlampigen Behausung. Am liebsten wohnen Sie in weitläufigen Appartements oder in einem spärlich möblierten Loft.

Intellektuell sind Sie nicht gerade eine Leuchte, aber um sich durchzusetzen, waren Sie auch noch nie auf Ihren Verstand angewiesen. Wo immer Sie hinkommen, Ihre anmutige Schönheit und Ihr Charme ebnen Ihnen einen dornenfreien Lebensweg. Dennoch – wenn es wirklich darauf ankommt, paart sich Ihr freundlicher Humor und Ihr verführerisches Lächeln durchaus mit Scharfsinnigkeit.

Karriere

Auch wenn Sie eine Menge in Ihr Aussehen investieren, auf Statussymbole, die Sie nicht anziehen können, und auf die Anhäufung von weltlichen Gütern legen Sie wenig Wert. Alles aber, was Sie besitzen, bezeugt Ihr ausgeprägtes Qualitätsbewußtsein. Ihre Ambitionen beschränken sich auf einen behaglichen Lebensraum, gute Freunde und allgemeine Bewunderung.

Sie streben Berufe an, in denen sich Ihre Schönheit bezahlt macht. Wenn und falls Sie arbeiten, dann vorzugsweise als Model, Filmschauspieler oder Tänzer. Unter den Giraffenpersönlichkeiten finden sich aber auch hochbegabte und kreative Künstler. Als Athlet gibt es auf dem Basketballfeld niemand, der Ihnen das Wasser reichen kann.

Beziehungen

In der Auswahl Ihrer Gesellschaft sind Sie ganz eigen, und manchmal empfinden Freunde Ihre Ansprüche als elitär. Gelegentlich tun Sie sich mit Elefanten- oder Nashornpersönlichkeiten zusammen, die von der Größe her zwar gut zu Ihnen passen, Sie jedoch selten glücklich machen.

Jedem, der Sie hinreichend bewundert, sind Sie wohlgesonnen. Mit Rotwildpersönlichkeiten können Sie sich bestens amüsieren. Auf langen Spaziergängen tauschen Sie mit ihnen wechselseitig die neuesten Klatschgeschichten aus. Doch die dominante Persönlichkeit in einer solchen Beziehung sind immer Sie.

Löwen und Tiger sollten Sie aus dem Weg gehen, denn für deren aggressive Neigungen können Sie kein Verständnis aufbringen. Dafür scheint Ihnen das Leben viel zu heiter.

Wenn Sie sich binden, haben Sie gewöhnlich nur ein Kind, das Sie ohne sonderliche Hingabe, aber liberal erziehen. Sie sind zwar monogam, halten es jedoch in Beziehungen nicht lange aus und heiraten deshalb oft mehrmals.

Berühmte Giraffen könnten sein:
Cindy Crawford, Maria Callas, Nofretete

Tip für eine Giraffe:
Such dir jemanden, zu dem du aufschauen kannst.

Der Gorilla

Klasse:	Säugetiere
Ordnung:	Primaten
Verwandte Spezies:	Schimpanse, Orang-Utan

Gorillas sind die größten unter den Menschenaffen; sie können ein Gewicht bis zu sechshundert Pfund erreichen. Sie leben in Herden, die aus einem einzigen Männchen und mehreren Weibchen bestehen. Gorillas verteidigen kein bestimmtes Territorium. Wenn zwei Trupps aufeinandertreffen, ignorieren sie sich meist. Kämpfe zwischen den einzelnen Gruppen finden nur selten statt.

Mit Ausnahme des Menschen hat der Gorilla keine natürlichen Feinde, obwohl Leoparden dafür bekannt sind, sich schon manchmal das eine oder andere Jungtier zu schnappen. Vermutlich ebenso intelligent wie die Schimpansen, sind Gorillas weitaus weniger sprunghaft und wild, als man ihnen nachsagt.

Der menschliche Gorilla

Sie haben eine rauhe Schale, aber hinter Ihrem ungehobelten Verhalten und Ihrer wilden Aufmachung verbirgt sich ein sanftes und liebevolles Herz. Ihre aggressiven Gebärden und auch Ihre unkultivierte Erscheinung dienen allein dem Zweck, unwillkommene Eindringlinge aus Ihrem Leben fernzuhalten. Absichtlich tragen Sie alte zerschlissene Klamotten, derben Schmuck und sind manchmal am ganzen Körper mit Tätowierungen übersät. Doch in jeder sicheren, vertrauenerweckenden Umgebung entfaltet sich sofort Ihre innere Wärme.

Bei Bedrohung reagieren Sie schnell extrem aggressiv, attackieren aber niemand körperlich. Auf Ihre körperliche Verfassung achten Sie nur wenig, so wie Sie überhaupt zur Schlampigkeit neigen. Straffe Organisation und Pünktlichkeit sind Ihre Sache nicht, Sie leben viel lieber in den Tag hinein. Bei Ihnen zu Hause herrscht das Chaos, Sie heben zwar alles auf, finden aber im entscheidenden Augenblick nichts wieder.

Ihre Freizeit verbringen sie am liebsten gemeinsam mit ein paar engen Freunden in idyllischer Umgebung. Dann steht vor allem Entspannung und Spaß auf dem Programm. Um sich sicher zu fühlen, brauchen Sie die Gewißheit, daß Sie Ihr Umfeld im Zweifelsfall unter Kontrolle haben. Deshalb ist Ihnen die Gesellschaft von größeren Tieren wie zum Beispiel Elefanten, Bären und Nashörnern unangenehm. Aber auch in Anwesenheit von Tieren, die nicht über eine derart starke Persönlichkeit verfügen, ist Ihnen schnell unbehaglich zumute. Durch jeden Fremdling, und sei er noch so diskret, fühlen Sie sich in Ihrer Privatsphäre eingeschränkt.

Geld und Statussymbole lassen Sie völlig kalt, zuverlässige Freunde sind das, was für Sie wirklich zählt. Da soziale Gruppen auf Gorillapersönlichkeiten eine große Anziehungskraft ausüben, kann man davon ausgehen, daß es in jeder Hells Angels-Clique, die auf schweren Motorrädern und unter lautem Getöse ins Wochenende ausrückt, gleich mehrere Exemplare gibt. Aller Wahrscheinlichkeit nach sind es diejenigen, die am lautesten brüllen und sich dabei gorillamäßig auf die Brust klopfen.

Karriere

Sie sind intelligent, aber ein Feind aller Theorie. Wann immer möglich, drücken Sie sich davor, Fakten zu pauken. Alles, was Sie wirklich beherrschen, haben Sie irgendwo aufgeschnappt und sich selbst angeeignet. Dank Ihrer raschen Auffassungsgabe und Ihrem Geschick gibt es kein praktisches Problem, das Sie nicht lösen könnten. Als Mechaniker, Klempner oder Handwerker sind Sie einfach unschlagbar.

Da Ihnen jedoch der Feierabend wichtiger ist als jedes Karriereziel, werden Sie es nur selten zu großen geschäftlichen Erfolgen bringen. Wenn Sie allerdings das Glück haben, einen Job zu finden, der Spaß und körperliche Geschicklichkeit vereint – zum Beispiel persönlicher Trainer oder Berufsringer – erreichen Sie leicht eine Spitzenposition auf diesem Gebiet.

Ihre Vorliebe für Lebensqualität kommt Ihnen auch bei Berufen in der Dienstleistungsbranche, vor allem im Gastgewerbe, zustatten. Die Kunden schätzen Ihre schroffe, aber zupackende Art.

Beziehungen

Sie vermögen langfristige und monogame Beziehungen einzugehen, und Sie genießen den Frieden und die Behaglichkeit in einer großen Familie und im engen Freundeskreis. Ihrem Ruf als guter Partner werden Sie gerecht, denn nichts geht Ihnen über ein sicheres und bequemes Nest. Allerdings sind Sie nicht übermäßig ehrgeizig und neigen dazu, sich auf Ihren Lorbeeren auszuruhen, sobald Sie einen gewissen Level an Komfort erreicht haben.

Kleinere Tierpersönlichkeiten fühlen sich von Ihrer warmherzigen Persönlichkeit angezogen, und Sie gehen lang andauernde Verbindungen mit Mäusen und Häschen ein. Sie behandeln diese Tierchen nett und herzlich, sind aber der Dominierende in der Beziehung und bestimmen auch deren Dauer.

Ihre Persönlichkeit kollidiert mit dem provokativen Naturell der Eulen, der Füchse und der Maulwürfe, die vor allem Ihre anspruchslose Selbstzufriedenheit nicht akzeptieren können. Am wohlsten fühlen Sie sich in Beziehungen mit Pavianen, Kaninchen und Hunden.

Berühmte Gorillas könnten sein:

Hulk Hogan, Mr. T., Bud Spencer

Tip für den Gorilla:

Staub ist nicht unbedingt ein Schonbezug für Möbel.

Der Hahn

Klasse:	Vögel
Ordnung:	Hühnervögel
Verwandte Spezies:	Pfau, Perlhuhn

Wahrscheinlich ist das südasiatische Bankivahuhn etwa 2500 v. Chr. von den Indern domestiziert worden. In den zwanziger Jahren unseres Jahrhunderts entdeckte man die sogenannte Hackordnung, die besagt, daß das dominanteste Huhn jedes andere Huhn hacken darf, ohne zurückgehackt zu werden. Das nächst dominante Huhn darf gleichfalls ohne Vergeltungsmaßnahme andere, mit Ausnahme des dominantesten, hacken. Diese Hierarchie setzt sich nach unten fort.

Obwohl diese Form der Sozialstruktur in den meisten Gattungen der Säugetiere, einschließlich der unsrigen, existiert, nennt man sie noch immer Hackordnung.

Der menschliche Hahn

Ihr ausgeprägtes Gefühl für Dramatik kommt besonders dann zur Geltung, wenn Sie, nach dem letzten Schrei gekleidet, Ihre Show abziehen. Ihr Verlangen nach Aufmerksamkeit und Ihr eitles Verhalten geht Ihrer Umgebung manchmal ganz schön auf den Wecker. Egal, wo Sie sind und was Sie machen, immer wollen Sie der Hahn im Korb sein. Kleidung, Möbel und Autos kaufen Sie nur in bester Qualität.

Auf Parties sind Sie wegen Ihrer Schlagfertigkeit und Ihrer rhetorischen Brillianz äußerst gefragt. Sie flirten schamlos und nutzen jede Gelegenheit, sich ins rechte Licht zu rücken. Es interessiert Sie brennend, wie Sie bei anderen ankommen, und deshalb sind Sie nur glücklich, wenn man entweder mit Ihnen oder über Sie spricht.

Ihr agiler Verstand arbeitet ständig daran, Ihr ohnehin erfülltes Leben noch dramatischer zu gestalten, und dabei gehen Sie sehr gezielt und einfallsreich vor. Die leicht reizbare und vor allem eifersüchtige Seite Ihrer Natur bleibt den meisten verborgen. Erkennbar wird sie nur, wenn Sie sich unsicher fühlen. Trotz Ihrer Egomanie sind Sie ein treuer Freund. Ihre direkte Art ist zwar verletzend aber ehrlich.

Karriere

Sie sind nicht unterzukriegen, und deshalb eignen Sie sich für sämtliche Jobs, bei denen Selbstbewußtsein gefragt ist. Ihr unverwüstliches Ego und Ihre Extrovertiertheit sind perfekt für eine Medien- oder Schauspielkarriere. Ihr logisches Denkvermögen erweist sich als ideal für bautechnische und medizinische Berufe.

Als Verkäufer sind Sie einmalig. Sie können vom Gebrauchtwagen bis zur Luxus-Immobilie alles verkaufen. Sie können hart arbeiten, haben einen scharfen Blick für Details, sind kreativ und strebsam.

Als Manager oder Geschäftseigner hingegen sind Sie gefährdet, denn Sie wollen stets zu hoch hinaus. Ihre Angestellten verschrecken Sie mit Ihrem unermüdlichen Enthusiasmus. Für Teamarbeit und Mannschaftssport taugen Sie nicht, denn Ihre selbstsüchtige Art ruft dort nur Widerwillen hervor.

Beziehungen

Der Pfau gehört zu Ihren idealen Partnern, da er Ihr Selbstbewußtsein und Ihren auffälligen Stil bewundert. Obwohl Sie attraktiv auf das andere Geschlecht wirken, schlägt Ihre Selbstverliebtheit so manchen potentiellen Partner in die Flucht. Wenn Sie allerdings durch den richtigen Partner motiviert sind, funktioniert Ihre Beziehung auch meistens gut.

Als Elternteil sind Sie fürsorglich und sehr besorgt. Wie die sprichwörtliche Bruthenne kümmern Sie sich um jeden Aspekt im Leben Ihrer Kinder, einschließlich deren Kleidung und Freundschaften. Man könnte Sie als übervorsichtig bezeichnen. Obwohl Ihre Kinder Ihre Einmischung zunächst ablehnen mögen, so lernen sie doch Ihre Besorgnis schätzen, wenn sie älter sind. Eher zurückhaltende Tierpersönlichkeiten wie die Fledermaus, der Bison und der Maulwurf finden Sie unerträglich hektisch und herrschsüchtig. Schlangen- und Hundepersönlichkeiten sollten wiederum Sie meiden.

Berühmte Hähne könnten sein:

Jack Nicholson, Gregor Gysi, Rufus Beck

Tip für einen Hahn:

Freu dich nicht zu früh – spring erst in den Korb, wenn dort schon Hühner drin sind. **65**

Der Hund

Klasse: Säugetiere

Ordnung: Raubtiere

Verwandte Spezies: Wolf, Fuchs

Wahrscheinlich ist der Hund das erste völlig domestizierte Tier. Seine enge Beziehung zum Menschen ist seit dem Jahr 8000 v. Chr. historisch belegt. Jüngste genetische Forschungen legen sogar den Schluß nah, daß der Beginn dieser gemeinsamen Partnerschaft bereits 100 000 Jahre zurückliegt.

Im allgemeinen nimmt man an, daß der Hund vom Wolf abstammt, obwohl es durchaus denkbar ist, daß sich in seiner Ahnenreihe Schakale und möglicherweise auch eine Art Wildhund, der heute ausgestorben ist, befinden. Hundezucht für bestimmte soziale Zwecke begann unmittelbar nach der Domestizierung des Hundes. Im Bronzezeitalter waren bereits vier Hunderassen bekannt. Und heute noch werden verschiedenste Rassen für unterschiedlichste Aufgaben eingesetzt, zum Beispiel als Hüte-, Jagd-, Wach-, Such- oder Blindenhunde.

Aufgrund dieser selektiven Züchtungen weisen Hunde innerhalb ihrer Gattung ein enormes Größenspektrum auf. Vergleicht man beispielsweise den zweihundert Pfund schweren Bernhardiner mit dem winzigen Chihuahua, der gerade mal vier Pfund wiegt, erscheint die Vorstellung von einem gemeinsamen Urahn ziemlich absurd.

Der menschliche Hund

Hundepersönlichkeiten kommen in allen Formen und Größen vor, und es fällt schwer, Ihre Spezies allein an Ihrer Physis zu erkennen. Am besten erkennt man einen Hund an seinem vorherrschenden Charakterzug – der Geselligkeit.

Meist sind Sie ein kleines bis mittelgroßes Wesen, sehen gut aus und sind gut in Form. Stets unternehmungslustig und immer darauf aus zu gefallen, besitzen Sie ein Übermaß an Energie und verbringen eine Menge Zeit relativ spielerisch. Selbst bei harter Arbeit sind Sie munter und fröhlich. Mit den Menschen, die Sie lieben, gehen Sie überschwenglich um, während Sie eine spontane Abneigung gegen die Menschen an den Tag legen, die Sie weniger mögen. Sie sind höchst empfänglich für Körperkontakte aller Art und einem flüchtigen Abenteuer niemals abgeneigt. Im Gegenteil, Ihr ausgeprägter Sexualtrieb hat Ihnen den Ruf eingetragen, so spitz wie Nachbars Lumpi zu sein.

Der messerscharfe Verstand und die Aggressivität, die für Ihre Vettern, den Wolf und den Fuchs, charakteristisch sind, gehen Ihnen ab. Sie zeichnen sich durch soziale Kompetenz aus. Sie können sich sehr gut in die Gefühle von anderen Menschen hineinversetzen und sind immer bereit, sie nach Kräften zu unterstützen. Niemals sind Sie aufsässig, und innerhalb des sozialen Gefüges akzeptieren Sie stets widerstandslos den Ihnen zugewiesenen Platz. Ändert sich die Rangordnung, wechseln Sie bereitwillig die Seiten: Manchmal übernehmen Sie die Führung, während Sie zu einem anderen Zeitpunkt glücklich und zufrieden als Anhängsel mittrotten. Allerdings muß Ihre Rolle in der Gesellschaft stets klar definiert sein, damit Sie sich wohl fühlen. Ihre Bereitschaft, sich den gegebenen Umständen anzupassen, sollte man nicht mit Opportunismus verwechseln. Sie wissen stets, was Sie wollen, und bleiben sich selbst immer treu.

Karriere

Einige der besten Restaurants der Welt beschäftigen Hundepersönlichkeiten als Kellner, weil diese ihren ganzen Ehrgeiz daran setzen, andere zufriedenzustellen. Sie glänzen immer, wenn es darum geht, andere zu unterstützen, und von daher steht Ihnen die ganze Palette der Dienstleistungs- und Sozialberufe offen. Sie widmen sich mit voller Kraft Ihrem Job, und ein Lob aus dem Mund Ihres Chefs macht Sie glücklich.

Aber auch in Führungspositionen bewähren Sie sich. Sie verstehen es durchaus, Ihr eigenes Geschäft zu führen oder als Direktor einer großen Firma zu agieren. Am liebsten arbeiten Sie dabei mit Reh- oder Schafspersönlichkeiten zusammen. Ihre Mitarbeiter schätzen Ihre starke Präsenz und den stets bestimmten, aber freundlichen Ton, mit dem Sie Ihre Anweisungen erteilen. Aufgrund Ihres geselligen Naturells eigenen

Sie sich auch für den Beruf des Verkäufers. Die Menschen vertrauen Ihnen instinktiv, und mit geballter Anstrengung bringen Sie es leicht zu einem ansehnlichen Einkommen.

Beziehungen

Eine Beziehung mit einer Hundepersönlichkeit ist einfach ein Genuß. Um Ihrem Partner zu gefallen, scheuen Sie keine Mühen, und so erfährt dieser ein Höchstmaß an Zuwendung. Ihr zärtliches Einfühlungsvermögen und Ihr kommunikatives Talent sind ideale Voraussetzung für ein erfülltes Liebesleben.

Allerdings ist nicht jeder von Ihren Aufmerksamkeiten angetan. Mitglieder der Katzenfamilie finden, daß Sie zuviel des Guten tun. Sie fühlen sich von Ihrer Liebe erdrückt, und deshalb sind solche Beziehungen auch meist nur von kurzer Dauer. Sie fühlen sich stark hingezogen zu kleinen, passiven Tierpersönlichkeiten, wie zum Beispiel zu Mäusen, Schafen und Häschen. Diese Anziehungskraft ist jedoch meist nur oberflächlich. Nach ihrer Eroberung verlieren Sie schnell das Interesse und ziehen weiter.

Die besten Verbindungen entstehen mit denjenigen, die Ihre starke, gefühlvolle Kameradschaft auch zu schätzen wissen: Wölfe, Füchse und Bären sind Ihre natürlichen Seelenverwandten.

Berühmte Hunde könnten sein:

Yves Montand, Charles Schumann, Charly Watts

Tip für einen Hund:

Nur der Anführer des Rudels vermag seine Sichtweise zu ändern.

Das Krokodil

Klasse:	Wirbeltiere
Ordnung:	Reptilien
Verwandte Spezies:	Alligator, Kaiman, Gavial

Sie gehören zu den meistgefürchteten Tieren. Sie sind kaltblütig. Sie sind Meister ihres Fachs. Ausgewachsene Tiere haben keine natürlichen Feinde. Sie greifen erbarmungslos alles an, was sich ihrem Reich nähert. Die Form ihrer Schnauze unterscheidet sie von ihren engen Verwandten, den Alligatoren. Ein Krokodil kann bis zu zehn Meter lang werden.

Um sich an ihr Lebenselement, das Wasser, noch besser anzupassen, verschlucken Krokodile mehrere Pfund Steine und stabilisieren so ihre Körper. Diese Technik ist besonders für jüngere Krokodile nützlich, da sie von Natur aus oberlastig sind und das Gewicht der Steine quasi ihr Kentern verhindert.

Es ist immer noch eine Streitfrage, wie gefährlich Krokodile wirklich sind. Ihr Menüplan besteht hauptsächlich aus Wild- und Nagetieren. Er kann allerdings auch aus jungen Krokodilen bestehen. Wegen dieser fatalen Neigung zum Kannibalismus nehmen Jungtiere ihr Sonnenbad stets in respektvoller Entfernung zu den Erwachsenen ...

Das menschliche Krokodil

Sie sind ein hagerer und sehniger Typ. Oft zieren Tätowierungen und Narben Ihre Haut. Sie sind der geborene Angreifer und tun dies ohne Vorwarnung oder lange nachzudenken. Dabei benutzen Sie als Waffe alles, was Ihnen in die Hände fällt. Ihre Beute ist oft der ahnungslose Wanderer. Gern rotten Sie sich mit anderen zusammen, um die Beute besser zur Strecke zu bringen. Zu Ihrem Vorteil wenden Sie bedenkenlos jeden schmutzigen Trick an. Das Wort Ehrgefühl kennen Sie nicht. Sie haben selten Gewissensbisse und wenig Mitgefühl. Ihre Philosophie beschränkt sich auf das eigene Überleben und die Erhaltung Ihrer selbst.

Da Sie eher am Rande der Gesellschaft leben, vermeiden Sie Szenelokale und bevorzugen düstere, schäbige Hotels für Ihre Mahlzeiten und Zerstreuungen. Ihre ruchlosen Künste üben Sie Tag und Nacht aus. Sie sind ein Meister der Verstellung. Mit der Fähigkeit, Ihr wahres Gesicht zu verbergen, gelingt es Ihnen, ahnungslose Opfer zu umgarnen, sie zu berauben und dann schnell zu verschwinden.

Karriere

Sie erweisen der Gesellschaft einen wertvollen Dienst, indem Sie Arbeiten erledigen, für die andere sich zu fein sind. Auch brechen Sie furchtlos das Gesetz, um Ihren Lebensunterhalt zu verdienen. Bei Ihrem Talent zur Verkleidung geben Sie einen erstklassigen Privatdetektiv ab. Gerne übernehmen Sie dubiose Undercoveraufträge, die von seriösen Agenturen abgelehnt werden. Aufgrund Ihrer unbarmherzigen Art sind Sie auch ein beliebter und ganz legaler Rausschmeißer oder Bodyguard.

Einige Krokodile mit Unternehmerpersönlichkeit machen ihr eigenes Geschäft auf und führen als Dealer, Auftragskiller oder Einbrecher eine Gang an. Meistens jedoch arbeiten Sie allein, vorzugsweise als Trickbetrüger, Dieb und Gangster.

Beziehungen

Als Elternteil bringen Sie nur das absolute Minimum an Anstrengung auf, um das Überleben Ihrer Nachkommen zu sichern. Sie halten es für das beste, wenn die harte Schule des Lebens Ihre Kinder abhärtet und sie lernen, sich alleine durchzuschlagen. Zu Hause gebärden Sie sich als strenger Zuchtmeister, der keinerlei Widerspruch duldet. Ihre Kinder begegnen Ihnen mit einer Mischung aus Furcht und Respekt, eifern Ihrem «gassenklugen» Verhalten jedoch schon bald nach.

Ihre Umwelt meidet Sie instinktiv, und Ihr soziales Leben beschränkt sich gewöhnlich auf eine schwerfällige Beziehung zu Flußpferdpersönlichkeiten. Manchmal ergibt sich eine Zweck-Beziehung zu Vogelpersönlichkeiten, die sich Ihnen gegen Bezahlung für verschiedene Dienste zur Verfügung stellen.

Zwar gehen Sie relativ kritiklos auf Partnersuche, vermeiden dabei jedoch Tierpersönlichkeiten, die größer als Sie selbst sind, insbesondere Bären, Elefanten und Großkatzen. Aus der Sicht des eventuellen Lebensgefährten sind Sie ein unberechenbarer und gefährlicher Partner. Ihre einzige, von Natur aus langfristige Beziehung besteht zu Wasserschlangenpersönlichkeiten, die vor Ihren Klauen naturgemäß auf der Hut sind. Als Reptil weiß die Schlange Ihr kaltblütiges Wesen einzuschätzen, und die Beziehungen mit ihr sind spannungsreich, aber dauerhaft.

Berühmte Krokodile könnten sein:
Al Capone, Jack the Ripper, Burkhart Driest

Tip für ein Krokodil:
Leben bedeutet Kampf. Es gibt keine Sieger, nur Überlebende.

Der Löwe

Klasse:	Säugetiere
Ordnung:	Raubtiere
Verwandte Spezies:	Tiger, Wildkatze, Leopard

Neben dem Tiger ist der Löwe das größte Mitglied in der Familie der Raubkatzen, und alle Tiere, die ihm begegnen, zollen ihm höchsten Respekt. Einst gab es Löwen im gesamten südlichen Europa, in Asien und in ganz Afrika, aber der letzte europäische Löwe starb vor ungefähr zweitausend Jahren. Sie wurden ausgerottet, da sie eine spürbare Bedrohung für den Menschen darstellten.

Löwen leben in Rudeln und jagen auch gemeinsam. Jedes Rudel wird von ein oder zwei männlichen Löwen angeführt, deren Aufgabe es ist, das Territorium des Rudels vor herumstreifenden Hyänen und einzelgängerischen Löwen zu schützen. Als Gegenwert genießt das Löwenmännchen das Privileg, als erster von der Jagdbeute der Löwin zu fressen.

Nicht allgemein bekannt ist die Tatsache, daß Löwen nicht ausschließlich Fleischfresser sind. Sie essen sogar manchmal am Boden liegende Früchte. Bezeichnenderweise essen sie zuerst die Innereien ihrer Beute und genießen so noch die Mineralien und Vitamine, die von der Henkersmahlzeit ihres Opfers übrig sind.

Der menschliche Löwe

Nicht nur wegen Ihrer beneidenswerten Löwenmähne sind Sie eine imposante und attraktive Erscheinung. Sie sind von Natur aus fit und haben ein geschmeidiges und majestätisches Auftreten. Ihre finanzielle und körperliche Überlegenheit demonstrieren Sie ungeniert: Sie tragen ausschließlich Designerklamotten, fahren Wagen der Luxusklasse, und die Ausstattung Ihres Eigenheims ist prunkvoll und teuer. Ihr Besitz erfüllt Sie mit Stolz. Selbstverständlich erwarten Sie, daß man Ihrem Status Tribut zollt und Sie mit angemessenem Respekt behandelt.

Da Sie nur angreifen, wenn Sie hungrig sind, stellen Sie in der Regel keine Bedrohung für kleinere Tierpersönlichkeiten dar. Sie interessieren sich nur für größeres Wild. Diejenigen, die in der Nahrungskette unter Ihnen stehen, tolerieren Sie zwar im allgemeinen, dennoch behandeln Sie sie oft herablassend und ungeduldig.

Für sich und Ihren extravaganten Lebensstil beanspruchen Sie einen überdimensionalen Anteil an Ressourcen, und aufgrund Ihrer Unersättlichkeit kann sich die Gesellschaft keine allzu große Anzahl Ihrer Spezies leisten.

Sie sind energisch und stark. Sie respektieren Stärke auch bei anderen und haben für Leisetreter nichts übrig. Ihre Launen leben Sie rücksichtslos und ungeniert aus: Sie gähnen, wann und wo es Ihnen paßt, und wenn Sie mürrisch sind, muß Ihre Umgebung Ihr Knurren eben ertragen. Niemals würden Sie sich dem Zwang irgendeiner sozialen Etikette unterwerfen. In einem Restaurant sind Sie immer der erste, der sich über schlechtes Essen oder schlechten Service beschwert. Da Sie dennoch als fair und gerecht gelten, werden Sie in Streitfällen oft zum Schiedsrichter bestimmt.

Karriere

Im Geschäftsleben umgeben Sie sich gerne mit Tieren, die in der Nahrungskette unter Ihnen stehen. Sie bieten Ihnen Führung, Stärke und Schutz als Gegenwert für Loyalität und harte Arbeit. Zwar nehmen Sie die Verantwortung für die Ihnen anvertrauten Tiere ernst, da Sie sich aber durchaus im klaren darüber sind, daß Ihr eigenes Fortkommen von Ihren Angestellten abhängt, verhalten Sie sich ihnen gegenüber manchmal auch kontrollierend und besitzergreifend. Und am Ende des Tages streichen Sie den Löwenanteil des Gewinns natürlich für sich selbst ein.

Trotz Ihrer Launenhaftigkeit weiß man im großen und ganzen, woran man mit Ihnen ist. Dank Ihres selbstbewußten und gerechten Führungsstils sind Sie als Löwenbändiger oder leitender Angestellter genauso erfolgreich wie als Vorstandsvorsitzender und Richter.

Beziehungen

Löwenpaare bleiben gewöhnlich ein Leben lang zusammen, und beide Teile sind sehr gute Eltern. Sie kümmern sich persönlich um die Erziehung Ihrer Kinder und richten Ihr Leben nach deren Bedürfnissen ein. Die Löwin ist immer voller Energie: Sie benutzt durchaus ihre scharfen Krallen, um ihren Standpunkt klarzumachen, und sie ist generell aggressiver als ihr männliches Gegenstück. Gewöhnlich verdient sie die Brötchen für die Familie, und obwohl sie sich durchzusetzen weiß, unterwirft sie sich ihrem Gatten, der häufig träge rumhängt und sich von ihr bedienen läßt.

Von der Unabhängigkeit der Raubvögel fühlen Sie sich angezogen, und mit unterwürfigen Schafen und Häschen kommen Sie prima aus. Beziehungen mit starken Tierpersönlichkeiten wie Bären, Elefanten und Krokodilen sind unerquicklich, weil es zwischen Ihnen ständig zu Kompetenz- und Machtstreitigkeiten kommt.

Immer wieder fallen Sie auf die listigen Schmeicheleien von Schlangen und Wiesel herein, die Sie mit Ihrer Eitelkeit ködern. Diese Beziehungen enden stets in einem Desaster, in dem Sie der Leidtragende sind.

Berühmte Löwen könnten sein:
Richard Wagner, Boris Becker, Dieter Wedel

Tip für den Löwen:
Man wird nicht als Löwe geboren, erst das Leben macht einen dazu.

Der Maulwurf

Klasse:	Säugetiere
Ordnung:	Insektenfresser
Verwandte Spezies:	Spitzmaus, Bisamspitzmaus

Maulwürfe verbringen den Großteil ihres Lebens in der Dunkelheit. Sie leben in unterirdischen Höhlen und müssen sich ihr Leben lang durch die harte Erde durchwühlen. Maulwürfe sind gierige Esser und können täglich ein Vielfaches des eigenen Körpergewichts verdrücken.

Für ihre unterirdische Umgebung sind sie bestens ausgestattet: Ihren kurzen, scharfen Krallen können selbst die härtesten Erdbrocken nicht widerstehen. Von Paarung über Kindsbett bis zur Bahre – alles findet tief unter der Oberfläche statt.

Der menschliche Maulwurf

Eine geheimnisvolle Aura umgibt Sie. Möglicherweise in Folge Ihrer Affinität zur Dunkelheit haben Sie Schwierigkeiten, zu den Tieren der Erdoberfläche Verbindung aufzunehmen. Irgendwie werden Ihre Absichten meistens mißverstanden.

Mit anderen Lebewesen, die wie Sie Nachtmenschen sind, verbindet Sie jedoch ein reger gesellschaftlicher Austausch. Man trifft Sie oft in spärlich beleuchteten Kellerbars oder Cafés, wo Sie in Gesellschaft von Fledermäusen und Eulen Ihrem Hang zu avantgardistischer Musik oder Malerei frönen. Besonders hingezogen fühlen Sie sich zu düsterer Poesie. Populäre Musik lassen Sie dagegen ganz links liegen.

Ihre äußere Erscheinung ist unscheinbar. Zwar haben Sie eine seidenweiche Haut, aber sonst fällt an Ihnen einfach nichts auf. Wegen Ihrer schwachen Augen und weil Sie Kontaktlinsen nicht vertragen, ist Ihr Gesicht fast immer hinter einer dicken Brille verborgen. Sie finden Ihren Körper zweckmäßig, und das reicht Ihnen aus. Wichtiger als Äußerlichkeiten ist Ihnen der intellektuelle Austausch mit anderen Menschen. Für Modetrends können Sie sich nicht begeistern, Sie tragen schon seit Jahren immer die gleichen dunklen Klamotten aus dem Second-Hand-Shop.

Sie leben gerne in einem Appartment, das Sie ebenso geschmackvoll wie gemütlich einrichten. Ihr Heim geht Ihnen über alles, und Sie verbringen sehr viel Zeit dort. Häufig laden Sie Freunde ein, aber Sie sind genauso zufrieden, wenn Sie allein in Ihrem Bau herumhängen können. Leidenschaftlich gern erörtern Sie mit Ihren Freunden das aktuelle Zeitgeschehen. Im Verlauf solcher Diskussionen entwickeln Sie gelegentlich äußerst geistreiche, wenn auch bizarre Theorien, die allerdings meist etwas konträr zur allgemeinen Auffassung stehen.

Sie haben ein ausgeprägtes Ruhe- und Harmoniebedürfnis und ziehen sich deshalb schon bei den ersten Anzeichen einer Konfrontation zurück. Auch Massenveranstaltungen und großen Spektakeln, bei denen Menschenaufläufe zu gegenwärtigen sind, gehen Sie aus dem Weg. Schenkte man Ihnen eine Eintrittskarte für einen Disneyland-Aufenthalt, Sie würden dankend ablehnen.

Karriere

Hinter Ihrem mausgrauen Äußeren verbirgt sich ein messerscharfer Verstand, und Sie sind ein Meister der Problemlösung. Genau wie Sie mit wilder Entschlossenheit die Erde durchwühlen, gehen Sie jedem Problem auf den Grund. Je schwieriger das Thema, um so verbissener arbeiten Sie, und niemals würden Sie vorzeitig aufgeben. Mit Ihrer intellektuellen Neugier und Ihrer Hartnäckigkeit könnten Sie als Arzt oder auch als Ingenieur Großes leisten.

Meistens aber fühlen Sie sich als Freiberufler wohler. So nutzen Sie Ihr Potential zum Beispiel als Songschreiber, Dichter oder linksintellektueller Journalist. Einige der bedeutendsten philosophischen Schriften stammen von Maulwürfen.

Beziehungen

In der Gesellschaft von anderen Maulwürfen, Eulen oder Fledermäusen fühlen Sie sich mit Abstand am wohlsten, denn sie alle teilen Ihre philosophischen Neigungen. Diese Beziehungen sind meist dauerhaft und erfüllt. Da Sie kein Interesse haben, im Rampenlicht zu stehen, können Sie sich für das gesellige und extrovertierte Naturell der Pferde, des Rotwilds und der Elefanten kaum erwärmen.

Maulwurfpersönlichkeiten sind behutsame und sachkundige Eltern, die für die Kindererziehung viel Zeit und Geduld aufwenden. Ihr Familienleben, das für Sie höchste Priorität hat, verläuft meist sehr harmonisch. Da Sie so eng mit dem Boden und der Erde verbunden sind, sollten Sie Vögel- und Wassertiere meiden, darunter besonders den farbenprächtigen Pfau oder die auffälligen Delphine. Gleichfalls fernhalten sollten Sie sich von den meist aggressiv gestimmten Wieseln und Spitzmäusen, obwohl diese Ihr Terrain teilen.

Berühmte Maulwürfe könnten sein:
Bob Dylan, John Lennon, Friedrich Nietzsche

Tip für den Maulwurf:
Nimm den Mund ruhig mal zu voll!

Die Maus

Klasse:	Säugetiere
Ordnung:	Nagetiere
Verwandte Spezies:	Ratte, Spitzmaus

In den Vereinigten Staaten ist die verbreitetste Mauseart die Feldhüpfmaus. Diese Mäuse sind Nachttiere, die sich tagsüber nur zeigen, wenn sie sehr hungrig sind oder sich unter dem Schutz einer Schneedecke verbergen können.

Obwohl sie auf der Speisekarte beinahe jeden Raubtiers ganz oben stehen, scheint die Mäuserasse keine Nachwuchssorgen zu kennen, ja es kommt spontan zu nachgerade explosionsartigen Bestandeszuwächsen. Dies liegt zum einen an ihrer ungeheuren Fruchtbarkeit, zum anderen aber auch daran, daß die Menschen – wider Willen – bestens für sie sorgen. Erst kürzlich wurde eine Farm in Australien von Hunderttausenden von Mäusen, die sich von einem nahegelegenen Kornfeld ernährten, buchstäblich über den Haufen gerannt. Selbst den herbeigeschafften Katzen gelang es nicht, der Mäuseflut Einhalt zu gebieten – sie wurden einfach mitgerissen von ihr. Erst Giftspezialisten vermochten die Bevölkerungszahl der Mäuse wieder zu normalisieren.

Die menschliche Maus

Mäusepersönlichkeiten sind enorm erfolgreich und häufig in Städten und Vorstädten vertreten. Sie leben gern in enger Nachbarschaft mit größeren Tierpersönlichkeiten, da Sie sich darauf spezialisiert haben, von den Dingen zu leben, die andere Leute ausrangiert haben. Mit Ihrer Sparsamkeit liefern Sie ein überzeugendes Beispiel für die Umweltbewegung. Sie sind ein ruhiges, sanftes Wesen. Nach der Arbeit huschen Sie gleich wieder in Ihr Haus, wo Sie sehr zurückgezogen leben.

Klein, wie Sie sind, und von schüchternem Wesen, verhalten Sie sich im allgemeinen wie die sprichwörtliche graue Maus – anspruchslos und unauffällig eben. Als junge Maus waren Sie zwar ausnehmend niedlich, aber inzwischen haben sich Ihre zarten Gesichtszüge verloren, und auch Ihr Körper ist korpulenter geworden. Ihr Äußeres, Ihre Kleidung, Ihre Stimme – das alles ist einfach glatter Durchschnitt.

Anpassungsfähigkeit ist Ihr Schlüssel zum Erfolg. Sie können mit allem, was Ihnen das Leben anbietet, etwas anfangen, und Sie gehen mit Ihren begrenzten Mitteln sparsam um. Wie Ihr Vetter, die Ratte, werfen Sie niemals etwas weg, sondern verwenden es wieder. Weil man einfach alles irgendwann noch mal gebrauchen könnte, quillt Ihre Garage über von scheinbar nutzlosem Plunder, aber Sie selbst halten dieses Durcheinander für eine Schatzhöhle von unermeßlichem Wert. Folglich sieht man Sie oft über Trödel- und Flohmärkte sausen, wo Sie mit unermüdlichem Eifer neue Stücke für Ihre Sammlung akkumulieren.

Karriere

Sie meiden exponierte Stellungen, denn so richtig wohl fühlen Sie sich nur als Teil eines Teams oder einer Gruppe. Gerne schließen Sie sich Organisationen oder Verbänden an. Ihr Arbeitsplatz ist immer ordentlich und gut organisiert, und Sie versichern sich stets sorgfältig, ob auch alles an seinem Platz ist. Sie sind ein Gewohnheitstier und für Ihr seelisches Gleichgewicht auf täglich wiederkehrende Routinen und exakte Terminplanung angewiesen.

Als kleine Person finden Sie es schwierig, in der Geschäftswelt zu bestehen. Folglich besitzen Sie sehr selten ein eigenes Geschäft und verlassen sich statt dessen lieber auf größere Tierpersönlichkeiten, die Ihnen den Weg weisen. Sie sind völlig zufrieden als Rädchen in der Maschinerie eines großen Unternehmens. Sie sind der ideale Verwaltungs- oder Bankbeamte, aber auch als Kundendienstberater oder Bibliothekar schier unersätzlich.

Beziehungen

In einer Beziehung verschwinden Sie beim ersten Anzeichen eines Problems. Schwierigkeiten verdrängen Sie lieber, als offen darüber zu sprechen. Bei der Wahl eines Partners geben Sie zweckmäßigen Überlegungen den Vorrang vor der Liebe. Dabei sind Häschen und Spitzmäuse die von Ihnen favorisierten Kandidaten, aber auch mit den gutmütigen Rehen und Schafen schließen Sie enge Freundschaften.

Ihren Erzfeind, die Schlange, sollten Sie tunlichst meiden. Ferner sollten Sie die scharfen Krallen der Wildkatze im Auge behalten, die für Ihre introvertierte und zurückhaltende Art nichts als Verachtung übrig hat.

Berühmte Mäuse könnten sein:
Mäuse sind per definitionem nicht berühmt, aber vielleicht könnte Claudia Nolte dennoch eine sein?

Tip für Mäuse:
Wage Dich vor bis zum Rande des Astes, denn dort hängen die süßesten Früchte.

Das Nashorn

Klasse:	Säugetiere
Ordnung:	Unpaarzeher
Verwandte Spezies:	Pferd, Tapir

Dieses gepanzerte Urtier ist in Afrika und Südasien beheimatet und vom Aussterben bedroht. Ein ungewöhnliches Merkmal dieser aggressiven und massigen Tiere ist die Angewohnheit, aus ihrem Kot einen gemeinsamen Haufen anzulegen, der bis zu sechs Metern Durchmesser und eineinhalb Metern Höhe erreichen kann.

Das Horn des Nashorns besteht aus röhrenförmigen Fasern, die sich aus der Nasenhaut abgesondert und zusammmengekittet haben. Diese Hörner werden in Asien als Aphrodisiakum hochgeschätzt und können eindrucksvolle Dimensionen erreichen – die Rekordlänge bei einem weißen Nashorn beträgt mehr als 1 Meter 50.

Das menschliche Nashorn

Sie sind ein großes, unheimliches Wesen. Sie sind muskulös, stark und dominant. Ihr persönlicher Freiraum ist Ihnen heilig, und zwar vor allem deshalb, weil Sie beim Fressen nicht gestört werden möchten. Solange man Sie in Ruhe läßt, sind Sie einigermaßen friedlich; ungebetene Gäste machen jedoch sehr schnell Bekanntschaft mit der ungemütlichen Seite Ihres reizbaren Wesens.

Bei einem derart aggressiven Naturell ist Ihre Unpopularität wohl kaum eine Überraschung, und Ihr sorgfältig gepflegter Ruf als Tyrann beschert Ihnen die ersehnte Einsamkeit. Sie halten sich vorzugsweise in Ihrer häuslichen Umgebung auf. Sie selbst werfen eigentlich nie den Fehdehandschuh, wird er Ihnen jedoch zugeworfen, erweisen Sie sich als gefährlicher Gegner. Wenn Sie erst einmal in Rage geraten sind, gibt's kein Halten mehr, und während Ihrer Wutanfälle fügen Sie nicht nur Ihren Opfern, sondern manchmal sogar sich selbst schweren Schaden zu. Wegen Ihres cholerischen Temperaments und angesichts Ihres dick gepanzerten Wesens machen selbst aggressive Raubtiernaturen einen großen Bogen um Sie.

Wenn Sie sich nicht körperlich betätigen, verbringen Sie Ihre Zeit gerne geruhsam mit Ihrer Familie oder unternehmen ausgedehnte Spaziergänge mit engen Freunden. Sie sind stolz auf Ihre Taillenweite, und Sie verwenden viel Zeit darauf, Ihren Umfang zu pflegen, sei es im Fitneß-Center oder in Ihrem Lieblingsrestaurant bei einer fröhlichen Mahlzeit.

Sie haben nichts von der Feinfühligkeit oder Intelligenz Ihres Kollegen, des Elefanten, verstehen sich dafür aber auf die Kunst des Schönredens. Wenn Sie etwas erreichen wollen, können Sie sehr überzeugend sein, obwohl Ihre Sprache im allgemeinen eher ungeschliffen und von Flüchen und deftigen Ausdrücken durchsetzt ist. Eins ist sicher, die Muse hat Sie nicht gerade geküßt.

Sämtlichen Fehlern zum Trotz können Sie auch ungeheuer charmant sein, und Ihre Entschlossenheit und Ihr Mumm ringt Ihren Zeitgenossen wider Willen Respekt ab.

Karriere

Ihre physische Konstitution prädestiniert Sie für sämtliche Jobs, in denen Kraft oder ein machtvolles Auftreten nötig sind, und so könnten Sie sich zum Beispiel als Rausschmeißer, Polizist oder Soldat hervortun. Da Sie Schnelligkeit, Kraft und Aggression in Ihrer Person vereinen, haben Sie auch das Zeug zum Profisportler. Als Ringer, Fußballspieler oder Boxer könnten Sie es zu ansehnlichem Ruhm bringen.

Allerdings ist es unwahrscheinlich, daß Sie als Geschäftsmann Erfolg haben. Sie neigen zu kurzsichtiger Planung, und obwohl Sie manchmal durch Charme punkten oder durch einen Bluff Etappensiege erringen, sind die finanziellen Erfolge der Löwen-, Tiger- und Bärenpersönlichkeiten für Sie unerreichbar.

Beziehungen

Ihr dicker Panzer erweist sich in Ihrem Leben sowohl als Fluch wie auch als Segen. Jegliche Kritik perlt an Ihnen ab, aber auch lieb gemeinter Zuspruch dringt kaum bis zu Ihnen vor. Ihre Unsensibilität in zwischenmenschlichen Dingen und Ihre sture Unnachgiebigkeit machen Ihrem Partner das Leben oft schwer, zumal er immer auf der Hut vor Ihren Temperamentsausbrüchen sein muß.

Obwohl Sie sich stark zu der Anmut der Rehe, Pferde und Rappenantilopen hingezogen fühlen, verlaufen diese Beziehungen logischerweise unbeständig. Beständigkeit kehrt gewöhnlich erst mit Flußpferd- und Bisonpersönlichkeiten ein.

Da Sie die Gesellschaft enger Familienmitglieder bevorzugen, bedeutet Ihnen ein Freundeskreis wenig. In Ihren Beziehungen sind Sie verschwiegen und loyal. Ihren Kindern sind Sie zwar ein zuverlässiger Beschützer, aber Sie werden ihrer auch schnell überdrüssig, und wenn sich dann wieder einer Ihrer gefährlichen Ausbrüche zusammenbraut, ziehen sich Ihre Kinder sofort erschreckt zurück, ohne daß es noch einer weiteren Ermahnung bedarf.

Berühmte Nashörner könnten sein:
Mike Tyson, Marge Schott, F. J. Strauß

Tip für das Nashorn:
Geliebt zu werden bringt letzten Endes mehr Sicherheit, als gefürchtet zu werden.

Der Otter

Klasse:	Säugetiere
Ordnung:	Raubtiere
Verwandte Spezies:	Wiesel, Stinktier

Dieses reizende Wesen ist ein exzellenter Schwimmer. Mit Hilfe seines Schwanzes und seines Hinterteils, die er als Ruder einsetzt, ist der Otter zu ebenso wendigen Manövern fähig wie der schnellste Fisch und fühlt sich zudem an Land genauso heimisch.

Otter sind Nomaden und legen bis zu 15 Meilen täglich zurück, um ein lohnendes Fischrevier zu finden. An Land bewegen sie sich sehr schnell, indem sie über matschige Flächen dahinschlittern. Sie sind hauptsächlich nachts unterwegs, um Raubtieren zu entgehen.

Mit ihrer charakteristischen Schwimmhaltung wirken sie wie kleine Fellklumpen, und Mütter mit ihrem Nachwuchs im Schlepptau hat man bisweilen schon für eine riesige Seeschlange gehalten, und sie haben so einer Menge Legenden Nahrung gegeben. Präsident Theodore Roosevelt sichtete einmal ein derartiges «Monster» im See Naivasha in Kenia und schoß auf die vermeintlichen drei Buckel des schwimmenden Ungeheuers. Zwei Buckel tauchten sofort unter, aber der dritte war getroffen – und endete in einem New Yorker Museum.

Der menschliche Otter

Ihre Otterpersönlichkeit ist einnehmend und bezaubernd. Trotz Ihrer Wißbegierde und scheinbaren Freizügigkeit sind Sie im Innersten konservativ und haben ganz feste Ansichten darüber, wie man sich in bestimmten Situationen zu verhalten hat. Sie lieben Ihre Unabhängigkeit, mögen es nicht, an etwas gebunden zu sein, und haben ein starkes Bedürfnis, finanziell auf eigenen Beinen zu stehen.

Sie sind ein ausgesprochen soziales Wesen, genießen die Gesellschaft anderer und sind dabei sehr anpassungsfähig. Sie fühlen sich sowohl in der Gesellschaft von Land-

wie auch Wassertieren wohl. Gewöhnlich sind Sie der Initiator von gemeinsamen Plänen und Unternehmungen.

Mit Ihrer Vorliebe für spielerische Freizeitgestaltung und mit Ihrem wendigen Körper betätigen Sie sich an allen möglichen Aktivitäten von Schwimmen über Inline-Skaten bis zum Tanz. Sie sind ausgesprochen körperbewußt und daher immer gepflegt. Ihr Äußeres nehmen Sie peinlich genau von den sorgfältig manikürten Fingernägeln bis zur stets tadellos gebügelten Kleidung.

Karriere

Obwohl Sie über Intelligenz und Witz verfügen, neigen Sie zu Selbstzweifel, und die Furcht zu versagen hindert Sie manchmal daran, Ihr wahres Potential auszuschöpfen. Dennoch sind Sie ein großartiger Konfliktmanager und können endlose Stunden damit verbringen, abstrakte oder auch praktische Probleme zu diskutieren.

Als Arbeitnehmer sind Sie eifrig, strebsam und stets darauf erpicht, sich zu beweisen, und diese Einstellung macht Sie zu einem geschätzten Angestellten. Obwohl Sie oft das Gefühl haben, daß Ihre Leistungen nicht entsprechend honoriert werden, würden Sie lieber ein niedriges Gehalt in Kauf nehmen, als eine Konfrontation an Ihrem Arbeitsplatz zu riskieren.

Sie hätten durchaus das Zeug zu einem begabten Macher, vermeiden es jedoch eher, Führungsrollen zu übernehmen. Ihre Stärke ist das Arbeiten im Team, denn Sie genießen das Vertrauen Ihrer Kollegen und verstehen sich darauf, Konfliktsituationen auszugleichen. Ihre geschickten Hände sind für viele Berufe von Nutzen, und Sie sind wie geschaffen für die Arbeit als Ingenieur, Designer, Buchhalter und für Berufe im medizinischen Bereich.

Beziehungen

Sie sind immer absolut aufrichtig und offen. Für Ihre Beziehung setzen Sie sich aktiv ein, achten jedoch auch darauf, daß man Ihre Grenzen respektiert. Vor einer Verbindung mit einem Raubtier haben sie wenig Furcht, da es Ihnen schnell gelingt, sich aus einer unguten Beziehung zu befreien.

Seelöwen, Biber und Delphine sind ideale Partner für Sie, und manchmal gehen Sie **85** eine interessante Bindung mit dem quirligen Pinguin ein. Aus Ihrem hochentwickelten Tastsinn ergibt sich eine Vorliebe fürs Schmusen, und gerne verbringen Sie ganze Nachmittage eingekuschelt in den Armen Ihres Partners.

Otterpersönlichkeiten sind hingebungsvolle, aber auch konsequente Eltern, die von ihren Kindern ob ihrer Fairneß und Offenheit geschätzt werden. Dank Ihres Esprits, Ihrer Phantasie und Ihrer lebensfrohen Ausstrahlung sind Sie als Freund stets hochbegehrt.

Berühmte Otter könnten sein:
Scott Hamilton, Franziska von Almsick, Senta Berger

Tip für den Otter:
Gib niemals auf – niemals! Wirklich niemals!!

Der Pavian

Klasse:	Säugetiere
Ordnung:	Primaten
Verwandte Spezies:	Kleinaffen, Schimpansen, Orang-Utans

Wegen der engen Verwandtschaft zwischen Affen und Menschen haben sich Forscher schon immer gerne mit ihnen beschäftigt. Die Affenbande besteht gewöhnlich aus Weibchen mit ihren Jungen und ein paar älteren Männchen. Innerhalb der Herde existiert eine klar definierte Sozialstruktur. Im Gegensatz zu einer Antilopenherde zum Beispiel, in der die bestimmenden Männchen viel Mühe mit dem Zusammenhalt haben, herrscht unter den Affen eine freundschaftliche Koexistenz, und es gibt keinerlei Anzeichen von Druck oder Zwang.

Bei ausreichender Nahrung bilden sich große Herden, die zahlreiche Männchen unterhalten können. Ist die Nahrung jedoch knapp, reduziert sich die Zahl der Männchen in den meisten Herden auf nur ein einziges. Auf diese Weise ist sichergestellt, daß die schwangeren Weibchen nicht darben müssen.

Die Angehörigen des südafrikanischen Kung-Stammes glauben, daß Affen sprechen können, daß sie aber genau aufpassen, daß die Menschen sie nicht dabei erwischen – aus Angst, sie müßten sich dann für sie nützlich machen und arbeiten...

Der menschliche Pavian

Dank Ihrer Intelligenz und Cleverness sind Sie ein äußerst anpassungsfähiges Individuum. Das Leben nehmen Sie von der heiteren Seite, deftige Scherze und spontankomische Auftritte sind Ihre Spezialität. Sie stehen in dem Ruf, ein unverbesserlicher Clown zu sein, dennoch aber haben Sie auch eine ganz introvertierte Seite, die allerdings nur Ihren intimsten Freunden zugänglich ist. Sie haben einen ausgeprägten Familiensinn und eine genaue Vorstellung davon, wie das Leben in Ihrem Haushalt organisiert sein soll. In dieser Hinsicht dulden Sie keinen Widerspruch – weder von Ihrem Partner noch von Ihren Kindern. Unter Streß neigen Sie zu rechthaberischen und zänkischen Anwandlungen, die sich jedoch in der Regel als kurzlebig und harmlos entpuppen.

Vor körperlichen Auseinandersetzungen schrecken Sie niemals zurück, wobei Sie selten den Mitgliedern Ihres eigenen Clans gegenüber aggressiv werden. Fühlen Sie sich bedroht, so erweisen Sie sich als hervorragender Kämpfer, und selbst wesentlich größere Tierpersönlichkeiten überlegen es sich zweimal, bevor sie mit Ihnen einen Streit vom Zaum brechen.

Sie betreiben regelmäßig eine höchst aufwendige Körperpflege, und Körperkontakt geht Ihnen über alles. Es gibt einfach nichts, was Sie so sehr lieben wie entspannende Massagen, sowohl als aktiver wie als passiver Teil. Die Wochenenden verbringen Sie gern bei Spiel und Spaß mit Ihrer Familie.

Affenpersönlichkeiten sind von eher kleinem Wuchs und drahtig gebaut, mit klugen, wachen Augen. Es ist unbestritten: Sie sind nicht besonders gutaussehend oder schön, aber Ihre vitale Persönlichkeit ist einnehmend, und Sie wirken durch Ihren Charme. Auf körperliche Ertüchtigung legen Sie wenig Wert und neigen folglich zu Gewichtszunahme im Alter. Ihr hervorstechendstes Charakteristikum ist Ihr bewegliches und ausdrucksstarkes Gesicht. Mit Ihrer lebhaften Art sind Sie als gesellschaftlicher Mittelpunkt gefragt und in Ihrem Element.

Karriere

Da Sie körperliche Arbeit geringschätzen, ist sie auch meist unbefriedigend für Sie – außer es ist eine kreative Arbeit. Ihr natürliche Neugier macht Sie zu einem perfekten «Schnüffler» oder Journalisten. Sie funktionieren am besten bei Tageslicht, die Abende verbringen Sie lieber gemütlich im Kreise Ihrer Familie. Ihre wahre Erfüllung finden Sie jedoch nur als Komiker oder Schauspieler.

Beziehungen

Ihr Bedürfnis für eine intakte Sozialstruktur macht Sie zu einem idealen Partner. Kinder werden von Ihnen mit Respekt behandelt und behutsam und klug erzogen. Sie verwenden beträchtliche Sorgfalt auf die Ausbildung Ihrer Nachkommen, und deren spätere Erfolge erfüllen Sie mit Stolz.

Ihr Bestreben, immer im Rampenlicht zu stehen, führt manchmal zu Spannungen mit Geschwistern und Freunden, die mit Ihnen um die Gunst des Publikums wetteifern. Dabei kann aus spielerischem Gerangel sehr schnell mal ein handfester Streit entstehen, aber Sie versöhnen sich auch bald wieder.

Von Natur aus sind Sie wie geschaffen für Beziehungen mit Hunde-, Gorilla- oder Fuchspersönlichkeiten. Sie harmonisieren mit derem geselligen, loyalen Naturell, und die gemeinsamen Romanzen verlaufen meist glücklich und erfüllt. Ihre fröhliche Konstitution macht Sie sogar zu einem gelungenen Gegenpol für das mürrische Warzenschwein. Hüten sollten Sie sich allerdings vor größeren fleischfressenden Persönlichkeiten, da diese nur wenig Verständnis für Ihren zuweilen makabren Humor aufbringen.

Berühmte Paviane könnten sein:
Adriano Celentano, Jerry Lewis, Ron Williams

Tip für den Pavian:
Man kann nicht alles haben. Wohin auch damit?

Der Pfau

Klasse:	Vögel
Ordnung:	Phasianide
Verwandte Spezies:	Truthahn, Perlhuhn

Seit es Pfaue gibt, werden sie bestaunt und bewundert. Die alten Griechen verehrten ihn als heiliges Tier der Göttermutter Hera und machten ihn zum Symbol des stolzen griechischen Reiches, bis die Römer entdeckten, daß die Vögel in gebratener Form auch ganz hervorragend sein können.

Der Pfau schläft auf Bäumen und ernährt sich vom Boden. Er ißt alles, was auch nur im entferntesten eßbar aussieht. Man hat einen Pfau schon Schlangen und kleine Nagetiere essen sehen und sogar beobachtet, wie er Fliegen und Bienen direkt aus der Luft gefangen hat. Das herrliche Gefieder des Pfaus dient als sexuelle Stimulanz, ist aber nur eine von vielen Komponenten in einer Fülle von affektierten Balzritualen.

Der menschliche Pfau

Sie sind nicht übermäßig kopflastig. Sie sind schön, eitel und despektierlich. Ihre Selbstachtung gründet sich fast ausschließlich auf Ihre überwältigende Schönheit und Ihre exquisite Garderobe. So ist es nur natürlich, daß Sie auch bei anderen vor allem auf äußere Reize reagieren. So ist Ihnen zum Beispiel das Vermögen eines potentiellen Partners wichtiger als sein Charakter. Der teure Sportwagen eines männlichen Pfaus beispielsweise übt auf das Weibchen Ihrer Gattung eine geradezu magnetische Anziehungskraft aus.

Auf Ihrem liebreizenden Hals thront ein ziemlich kleiner, allerdings immer tadellos frisierter Kopf. Bevor Sie sich in die Öffentlichkeit begeben und Ihre Räder schlagen, haben Sie Stunden vor dem Spiegel zugebracht. Im tiefsten Inneren sind Sie ein Exhibitionist, der nichts lieber tut, als sich zu präsentieren – am allerliebsten in aufreizender Badebekleidung. Für die Erhaltung Ihrer Schönheit investieren Sie eine Menge Zeit, Geld und Energie. Von der Schönheitsfarm über kosmetische Chirurgie bis zum Body-piercing – Sie lassen nichts unversucht, um Ihr Erscheinungsbild zu verbessern. Die Angst, von anderen ausgestochen zu werden, ist Ihr ständiger Alptraum, sowie die Gewißheit, alle an Schönheit zu übertreffen, Ihr größtes Glück ist.

Sportliche Ereignisse vermeiden Sie geflissentlich, allerdings verbringen Sie unverhältnismäßig viel Zeit im Fitneß-Center, um Ihren ohnehin wohlproportionierten Körper noch zu vervollkommnen.

Karriere

Sie machen sich von Natur aus gerne zurecht und sind daher in sämtlichen Branchen der Körperpflege erfolgreich. Sehr gut eignen Sie sich auch als Model, Tänzerin, Schauspieler oder Aerobic-Trainer. Mit Ihrem Sinn für Ästhetik und Ihrem stilsicheren Geschmack könnten Sie als Dekorateurin oder Diplomkosmetiker Lorbeeren ernten. Ein strebsamer Pfau kann es sogar bis zum Architekten oder Designer bringen.

Wenn es sich nicht mehr leugnen läßt, daß auch Sie älter werden und Ihre Schönheit zu verblassen beginnt, besinnen Sie sich möglicherweise auf ursprünglichere Werte und besuchen vielleicht noch einmal die Schule oder erlernen einen neuen Beruf. Die meisten Pfaue entwickeln im Verlauf Ihrer Midlife-Krise eine neue Tierpersönlichkeit.

Beziehungen

Zwar erstarren beinahe alle Tiere in Ehrfurcht vor Ihrer Schönheit, nähern sich Ihnen aber mit Skepsis, weil man Sie allgemein für oberflächlich hält. Natürlich gibt es auch solche, die Ihnen sofort mit Haut und Haar zu Füßen liegen und Ihnen den Himmel auf Erden versprechen. Auch wenn das Ihrer Eitelkeit schmeichelt, sollten Sie die Lockrufe Ihres leidenschaftlichen Verehrers nicht sofort erhören, denn Sie können nie wissen, ob seine Absichten ehrlich sind. Viele Pfaue handeln bei der Partnerwahl überstürzt und blicken deshalb nicht selten auf eine leidvolle Geschichte gescheiterter Beziehungen zurück.

Wenn Sie eine feste Beziehung mit einer Giraffe oder einem Reh eingehen, entsteht aus dieser Kombination von Anmut und Eleganz eine wahrlich imponierende Verbindung. Obwohl Sie selbst ein treuer Partner sind, ist es Ihr Schicksal, sich ständig um die Treue Ihres Partners Sorgen machen zu müssen. Ihr idealer Partner ist der stolze und lebenslustige Hahn. Sein soziales Talent und sein Sinn für Schöngeistiges sind eine ideale Basis für eine stabile Beziehung.

Die bodenständigen Persönlichkeiten wie Katzen, Füchse, Fledermäuse und Wölfe gehen Ihnen aus dem Weg und finden Sie seicht und uninteressant.

Berühmte Pfaue könnten sein:
Zsa Zsa Gabor, Michael Jackson, Hellmuth Karasek

Tip für den Pfau:
Heirate jemanden, der klüger ist als du!

Das Pferd

Klasse:	Säugetiere
Ordnung:	Unpaarzeher
Verwandte Spezies:	Zebra, Maultier, Esel

Wildpferde leben in großen Herden auf weiten Grasebenen. Jede Herde hat einen Hengst als Anführer, und wenn die männlichen Fohlen herangewachsen sind, werden sie von den dominanten Hengsten drangsaliert und ausgegrenzt.

Das domestizierte Pferd spielt eine wichtige Rolle in der Geschichte des Krieges; die berittenen spanischen Eroberer waren buchstäblich unaufhaltsam bei der Eroberung Südamerikas.

Niemand weiß genau, wann das erste Pferd gezähmt wurde, aber es steht fest, daß es bereits vor mehr als 2000 v.Chr. war. Traditionellerweise waren die besten Pferde dem Adel vorbehalten und gelten noch immer als Statussymbol.

Das menschliche Pferd

Eine Pferdepersönlichkeit hat jeder gern zum Freund. Sie sind stark, tüchtig und bei allem Temperament doch stets ausgeglichen. Zudem sind Sie hilfsbereit, selbstlos und zuverlässig. Anders als Ihr Vetter, das Zebra, sind Sie warmherzig und zugänglich. Sie bewegen sich mit Anmut durchs Leben und machen sich nur selten Feinde.

Ihre athletische Figur erhalten Sie durch viel körperliche Aktivität, und Sie strahlen einen ganz individuellen Charme und große Zuversicht aus. Wenn andere Ihre Hilfsbereitschaft ausnützen, dann reagieren Sie – wie sollte es anders sein – typisch Pferd: Sie schlagen aus und galoppieren wortlos davon. Allerdings genügt Ihnen gewöhnlich ein langer, einsamer Ritt, um Dampf abzulassen und zu Ihrer gewohnten Gutmütigkeit zurückzufinden.

Ihre Freizeit verbringen Sie vorzugsweise in Gesellschaft Ihrer Freunde. Nichts ist für Sie entspannender als ein gemütlicher Plausch in trauter Runde, bei dem neuste Ereignisse ausgetauscht und die letzten Urlaubsbilder herumgereicht werden. Aber auch wenn es um ernsthaftere Themen oder Fachsimpeleien geht, sind Sie voll und ganz dabei.

Lange Wanderungen und Spaziergänge in der Natur sind für Sie ein unverzichtbares Bedürfnis. Sie schätzen jegliche Form von Aktivität, angefangen vom Tanzen und Schwimmen bis hin zu Basketball und Fußball, wobei sie Mannschaftssportarten in der Regel bevorzugen. Da Sie über eine ungeheure Ausdauer verfügen, besitzen Sie jedoch auch eine Veranlagung für den Langstreckenlauf.

Sie sind weitgereist und tun dies gerne mit Komfort. Im Gegensatz zu den Füchsen und Wildkatzen, die stets neue Wege fern der ausgetretenen Touristenpfade suchen, meiden Sie populäre Ziele und Attraktionen nicht.

Karriere

Die Arbeit ruft – Sie kommen, und niemals muß man Sie zweimal bitten. Auch für schwere körperliche Arbeiten sind Sie sich nie zu fein, im Gegenteil, Sie verausgaben sich gern in Haus, Hof und Garten. Ob als Schreiner, Schlosser oder Zimmermann, was Sie beginnen, führen Sie erfolgreich zu Ende. Kein Chef auf dieser Erde, der Ihre zupackende Art, Ihre Ausdauer und Schnelligkeit nicht zu schätzen wüßte.

Weil Sie aufgeschlossen und kontaktfreudig sind, steigen Sie meist in die Führungs-etage Ihrer Firma auf, besonders in Verkaufs- und Werbejobs. An der Spitze eines Unternehmens sieht man Sie jedoch selten, denn es liegt Ihnen nicht, die Ellenbogen auszupacken, um die Karriereleiter zu erklimmen. Sie schwimmen lieber in der Bug-welle der anderen mit und ziehen die Fäden im Hintergrund. In der politischen Arena findet man Sie gewöhnlich in einer beratenden Schlüsselposition. Sie stehen so gut wie nie im Rampenlicht.

Beziehungen

Vielleicht liegt es an Ihrem weitläufigen Freundeskreis, daß Sie kein gesteigertes Ver-langen danach haben, sich fest zu binden. Sie genießen die Freiheit des Singleda-seins. Wenn Sie sich allerdings für die Ehe entschlossen haben, dann mit aller Konse-quenz: Fortan leben Sie monogam, und mit scheinbarer Selbstverständlichkeit stellen Sie sich den Verpflichtungen, die sich aus einem Eheleben ergeben. Sie lieben Kinder, und im Umgang mit ihnen finden Sie stets das rechte Maß zwischen verständiger Fürsorge, unvermeidlicher Strenge und notwendiger Freizügigkeit.

Sie sind in der Lage, mit beinahe jeder Tierpersönlichkeit Freundschaft zu schließen, einschließlich des schlechtgelaunten Warzenschweins und des listigen Wiesels. In Beziehungen mit eher tiefgründigen Wesen wie der Fledermaus, dem Maulwurf, der Eule und dem Fuchs kommen Sie allerdings häufig nicht auf Ihre Kosten, denn deren Ernsthaftigkeit schlägt Ihnen aufs Gemüt.

Ihre idealen Partner sind andere Pferde, das Zebra, Häschen, Hunde und Rehe, denn Sie alle teilen Ihre Liebe zur Natur und zur freien Wildbahn.

Berühmte Pferde könnten sein:
Magic Johnson, Tom Selleck, Steffi Graf

Tip für das Pferd:
Ziel auf den Mond. Selbst wenn's danebengeht, landest du immer noch bei den Sternen.

Der Pinguin

Klasse:	Vögel
Ordnung:	Pinguine
Verwandte Spezies:	Arktische Seeschwalbe, Möwe

Wie alle flugunfähigen Vögel leben auch die Pinguine nur in der südlichen Hemisphäre. In der wilden, öden Eiswüste der Antarktis haben sie für sich eine Nische gefunden. Im Winter wandern die meisten Pinguinarten nach Süden, um dort in der extremen Kälte ihre Jungen zu kriegen. Trotz der harten Bedingungen bringen es die Pinguine fertig, praktisch ohne Furcht vor Raubtieren große Brutzirkel zu formen, und sie sind von der Natur für ihr Überleben ausgesprochen gut ausgestattet.

Das Überleben im arktischen Winter verlangt von den Pinguinen ein großes Maß an Kooperation: Um Wärme zu konservieren, drängen sie sich nämlich alle dicht zusammen, wobei die Pinguine, die an den Außenseiten der Gruppe stärker auskühlen, immer wieder in die Mitte vorrücken dürfen, um sich aufzuwärmen. Die ungemütliche Außenposition wird dann von denjenigen übernommen, die zuvor innen standen.

Der menschliche Pinguin

Sie sind ein komischer Vogel! Sie besitzen sämtliche Attribute einer Vogelpersönlichkeit und haben das Leben eines Erdentiers gewählt – das Resultat ist ein deutlicher Zwiespalt in Ihrer ohnehin rätselhaften Persönlichkeit. Pinguine neigen zu extremen Stimmungsschwankungen, die Welt erscheint ihnen entweder weiß oder schwarz. Da es dazwischen nur wenige Grautöne zu geben scheint, halten Zufallsbekanntschaften Sie für aggressiv und intolerant, während gute Bekannte Ihre sensible und liebevolle Seite kennenlernen.

Es fällt Ihnen manchmal schwer, sich auf andere einzustellen, und wenn das Leben Ihnen zu anstrengend wird, ziehen Sie sich zurück, um im Schoß Ihrer Familie oder im engen Freundeskreis Trost und Zuspruch zu suchen. Dieses etwas unsoziale Verhalten kann zur Entfremdung von Kollegen und Arbeitgebern führen. Und natürlich bestärkt es auch Ihren Ruf, ein schwieriger Charakter zu sein.

Pinguine sind phantastisch intelligent und laufen zur Hochform auf, wenn sie intellektuell herausgefordert werden. Sie glänzen bei Denk- und Puzzlespielen. Da Sie Ihr Licht aber eher unter den Scheffel stellen, werden Sie im allgemeinen von anderen unterschätzt.

Karriere

Als häufig mißverstandene Persönlichkeit empfinden Sie Schreiben als ideales Mittel, um Ihre wahren Gefühle auszudrücken. Sie haben ein natürliches Sprachtalent, und Pinguinpersönlichkeiten beherrschen oft die publizistische Welt als Schriftstellerin, Verleger und Journalisten.

Ihr starkes Gefühl für Dramatik lockt Sie in die Nähe des Kinos und Theaters. Im Gegensatz zu den typischen Vogelpersönlichkeiten meiden Sie das Rampenlicht, es sei denn, Sie können sich hinter einer Maske verstecken. Stehen Sie jedoch erst einmal auf der Bühne, erweisen Sie sich als exzellenter Schauspieler, und Ihr facettenreiches Wesen macht es Ihnen leicht, sämtliche Emotionen darzustellen.

Allerdings behindert Ihr Mangel an Selbstvertrauen Ihre Arbeit. Sie neigen dazu, vor einer für Sie durchaus lösbaren Aufgabe zu kapitulieren, und Sie sind oft von sich selbst enttäuscht. Arbeit beherrscht jedoch niemals Ihr Leben; bei Ihnen steht die Familie immer an erster Stelle.

Beziehungen

Wer Ihr Pinguinwesen wirklich kennt, ist von Ihrer unerschütterlichen Loyalität beeindruckt. Im tiefsten Inneren sind Sie sentimental und haben beispielsweise jeden Geburtstag oder Hochzeitstag im Kopf. Für andere empfinden Sie ein starkes Mitgefühl und stellen oft fremde Bedürfnisse über Ihre eigenen.

In Herzensangelegenheiten korrespondieren Sie herzlich wenig mit den anderen Vogelpersonen, die wegen Ihrer Erdverbundenheit ein wenig auf Sie herabsehen. Andererseits begegnen Ihnen Säugetiere auch mit Mißtrauen, denn sie halten Sie für launisch und unberechenbar.

Sie haben vieles gemeinsam mit der Fledermaus, die, ähnlich wie Sie, nie ganz in Ihrem Element ist. Im allgemeinen empfehlen sich Tiere, die in der Umgebung des Wassers leben, wie Otter, Walroß und Biber als geeignete Partner, wobei Seelöwen für Ihre zarte Natur zu aggressiv sind.

Berühmte Pinguine könnten sein:
Oscar Wilde, Truman Capote, Danny de Vito

Tip für den Pinguin:
Beantworte niemals eine Frage mit Ja oder Nein – außer einem Heiratsantrag!

Der Präriehund

Klasse:	Säugetiere
Ordnung:	Nagetiere
Verwandte Spezies:	Maus, Eichhörnchen, Biber

Präriehunde leben in den Ebenen Nordamerikas in großen «Kolonien», die bis zu 350 Quadratkilometer groß sind und 400 Millionen Präriehunde umfassen können. Derart große Völker erfordern ein außergewöhnliches Sozial- und Verständigungssystem, daher leben die Präriehunde in wohlorganisierten Gruppen. Untersuchungen haben kürzlich ergeben, daß Präriehunde neben dem Menschen über das größte Vokabular verfügen. Für jeden ihrer Feinde haben sie eine eigene Bezeichnung, die sie durch das Hinzufügen von Adjektiven sogar noch spezifizieren können. Ein sich nähernder Mensch beispielsweise ruft ein bestimmtes Alarmsignal hervor, während das Auftauchen eines Menschen mit einer Waffe durch einen anderen Warnlaut angekündigt wird.

Obwohl sie in derart großen Kolonien leben, bewegen sich die einzelnen Präriehunde selten außerhalb ihrer Gruppe. Da die meisten Mitglieder der Gruppe miteinander verwandt sind, bestehen zwischen ihnen starke soziale Bindungen. Wenn sich die Angehörigen einer Gruppe treffen, tauschen sie rituelle Küsse aus: Jeder knabbert am anderen, und es beginnt ein ausgiebiges gegenseitiges Gemümmel...

Der menschliche Präriehund

Sie sind ein gewandtes und freundliches Wesen und haben einige Wesenszüge gemeinsam mit Ihren Vettern, dem Biber und der Maus. Mit Ihren Freunden und Verwandten stehen Sie in ständigem Kontakt. Ein dichtes Kommunikationsnetz sorgt dafür, daß niemand interessante Neuigkeiten verpaßt und alle immer auf dem neusten Stand sind.

Schon die Konversation mit Ihnen ist stets anregend und unterhaltsam, aber erst Ihre unvergleichlich poetischen Briefe offenbaren Ihr wahres Kommunikationstalent. **99**

Als derart soziales Wesen gehen Sie großzügig und selbstlos mit Ihrer Zeit um, und Ihr Hauptvergnügen besteht im Teilhabenlassen. Ihr persönliches Leben ist dabei gut organisiert, Sie wirken niemals gestreßt, und während Sie emsig an Ihrer Karriere bauen, begegnen Sie möglichen Schwierigkeiten und Herausforderungen stets mit Gelassenheit.

Sie führen ein naturverbundenes Leben und sind ein glühender Anhänger der Umweltschutzbewegung. Ihre Freizeit verbringen Sie im Kreis Ihrer Freunde oder Ihrer großen Familie in meist ausgelassener und heiterer Atmosphäre. Für Sport können Sie sich nicht gerade begeistern, vor allem nicht für die Sportarten, bei denen Wettbewerb und Körpereinsatz im Vordergrund stehen; Karten- und Brettspiele entsprechen Ihrem Naturell da viel eher. Sie lieben Musik und Tanz und sind ein absoluter Fan von Open-Air-Konzerten.

Karriere

Ihr freundliches Wesen und Ihr feines Gefühl für zwischenmenschliche Schwingungen prädestinieren Sie für soziale Berufe. Da Sie aber auch über große didaktische Fähigkeiten verfügen, wären Sie auch eine prima Lehrerin.

Dank Ihrer Redegewandtheit und Überzeugungsgabe könnten Sie allerdings auch in der Verkaufs- und Werbebranche groß rauskommen. Allerdings schränkt Ihr Mangel an Aggressivität möglicherweise Ihre Verdienstmöglichkeiten ein.

Wie alle sozialen Wesen sind Sie ein ausgezeichneter Beobachter der menschlichen Natur. In Kombination mit Ihrem Talent zur Kommunikation macht dies aus Ihnen eine hervorragende Schriftstellerin oder Dokumentarfilmer.

Beziehungen

Wie die meisten Vegetarier sind Sie vorsichtig in Ihren Beziehungen. Fremden gegenüber sind Sie mißtrauisch. Mögliche Partner sollten von jemandem aus Ihrem Freundeskreis vorgestellt werden. Wenn Sie einmal auf die Pauke hauen, geschieht dies in Gesellschaft von Bekannten. Single-Bars, in denen Räuber lauern könnten, meiden Sie.

Eine Beziehung mit einem Präriehund ist ein besonderes Geschenk. Da Sie immer offen und ehrlich sind, können Probleme sofort in Angriff genommen und gelöst werden. Das Spektrum Ihrer potentiellen Partner ist breit, und besonders schätzen Sie die Gesellschaft der größeren Weidetiere. In der Ehe sind Häschen, Biber, Rehe und Schafe Ihre besten Partner.

Geht eine Beziehung zu Ende, fällt es Ihnen schwer, einen sauberen Schnitt zu machen, und Sie bleiben gerne in Kontakt mit früheren Partnern und flirten auch weiterhin mit ihnen. Folglich befindet sich unter Ihren Freunden eine ganze Anzahl Ex-Liebhaber.

Völlig aus dem Wege gehen sollten Sie den mittelgroßen Raubtieren: Wiesel, Wolf, Dachs und Wildkatze sind viel zu aggressiv und selbstsüchtig für Ihr sanftes und verständnisvolles Wesen.

Berühmte Präriehunde könnten sein:
Roger Willemsen, Ilja Richter, Günther Jauch

Tip für den Präriehund:
Der sicherste Weg, einen Feind zu besiegen, ist, ihn sich zum Freund machen.

Die Rappenantilope

Klasse:	Säugetiere
Ordnung:	Paarhufer
Verwandte Spezies:	Rotwild, Giraffe

Die Rappenantilope ist mit Abstand die attraktivste unter den Antilopen. Diese schwarz gewandeten Tiere mit ihren langen, gedrehten Hörnern vertrauen in einem Ausmaß auf ihre Stärke, daß sie es bei der Verteidigung ihres Territoriums sogar mit einem Löwen aufnehmen. Wenn sie sich einer Wasserstelle nähern, machen die anderen Tiere den bis zu dreißig Mitgliedern großen Antilopenfamilien sofort Platz. Sie sind jedoch friedlich, wenn man sie in Ruhe läßt. Eine ausgewachsene Rappenantilope hat keine Feinde, mit Ausnahme des Menschen.

Besonders großartig ist die Riesen-Rappenantilope im südlichen Afrika. Der Großteil dieser äußerst bedrohten Rasse lebt glücklicherweise sicher und friedlich im Luando-Reservat in Angola.

Die menschliche Rappenantilope

Sie zeichnen sich durch ein stolzes und vornehmes Wesen aus. Ihre makellosen Gesichtszüge und Ihre Ausstrahlung, die Sie durch ein gepflegtes Auftreten wirkungsvoll zur Geltung bringen, öffen Ihnen Tür und Tor. Auf das andere Geschlecht wirken Sie anziehend, und beim eigenen erfreuen Sie sich großer Beliebtheit. Sie schätzen feine Kleidung und vornehmes Auftreten, Ihr Geschmack und Ihr Lebensstil sind edel, aber niemals aufdringlich. Prahlerisches und protziges Verhalten lehnen Sie als geschmacklos ab.

Sie haben einen enorm hohen Anspruch an sich selbst. Sobald Sie ein Hindernis überwunden oder ein Ziel erreicht haben, hängen Sie die Meßlatte höher. Fast keine Ihrer Leistungen hält Ihrem selbstkritischen Urteil stand, denn immer könnten Sie noch besser sein.

Geschwindigkeit übt eine ganz besonders faszinierende Wirkung auf Sie aus. Ganz gleich, ob Sie in einem Sportwagen herumkurven oder einfach den Strand entlanglaufen, nichts lieben Sie mehr, als den Wind in Ihren Haaren zu spüren.

Sie werden geachtet, doch Ihre unverhältnismäßig hohen Ansprüche werden Ihnen von vielen als Arroganz ausgelegt. Wer mit Ihnen nicht Schritt halten kann, braucht nicht auf Mitgefühl zu hoffen. Für Schwäche haben Sie kein Verständnis, und mit Beschwerden, langen Entschuldigungen oder Erklärungen wollen Sie sich nicht aufhalten. Sie sind nicht nachtragend. Tut man Ihnen unrecht, so weisen Sie den Schuldigen zwar scharf zurecht, vergeben dann aber schnell den Fehler.

Karriere

In der Geschäftswelt bewundert man Ihr Verhandlungsgeschick und Ihren Mut zum Risiko. Ihnen ist das Topmanagement in die Wiege gelegt worden. Da es Ihnen leichtfällt, Geld zu verdienen, gehen Sie damit auch verschwenderisch um.

Sie gelten als integer, und an dieser Einschätzung wollen Sie keinen Zweifel aufkommen lassen. Sie sind stolz darauf, ein Geschäft lediglich mit Handschlag abzuschließen. Allerdings differenzieren Sie genau, wem Sie dieses Vertrauen erweisen, und diese Tatsache wiederum verstärkt Ihren Ruf, sich selbst zu wichtig zu nehmen.

Sie haben eine ausgeprägte Abneigung gegen Routine jeglicher Art, und Ihre Arbeit muß immer anspruchsvoll und fordernd sein. Als Unternehmerin, Börsenmakler oder Managerin – Sie gehören immer zu den Besten Ihrer Branche. Jobs ohne Aufstiegsmöglichkeiten sollten Sie vermeiden.

Beziehungen

Als Liebhaber sind Sie einfallsreich, aber auch fordernd. Ihre sexuelle Aktivität ist durchaus kein Geheimnis, und Ihre dominante Persönlichkeit wirkt auf das andere Geschlecht unwiderstehlich. Sie erwarten von Ihrem Partner, daß er die ihm traditionell zugeschriebene Rolle in der Beziehung übernimmt, und das kann manchmal Verdruß erzeugen. Sie sind ein großzügiger Ernährer, aber Ihre Familie würde Ihren ewig antreibenden Perfektionismus manchmal gerne gegen ein Mehr an Wärme und Sanftheit eintauschen.

Sie sind sehr eigen in der Wahl Ihrer Gesellschaft. Gerne verbringen Sie Zeit mit   **103** anderen starken, begabten Persönlichkeiten, wie zum Beispiel den Pferden, Giraffen, Zebras und Schwänen. Diese Persönlichkeiten wiederum fühlen sich von Ihrer Stärke, Leidenschaft und Zuverlässigkeit angezogen, so daß für eine langfristige Beziehung günstige Voraussetzungen bestehen.

Berühmte Rappenantilopen könnten sein:
Alain Delon, Heiner Lauterbach, Bertolt Brecht

Tip für eine Rappenantilope:
Prahle nicht mit deinem Erfolg, aber entschuldige dich auch nicht dafür.

Das Rotwild

Klasse:	Säugetiere
Ordnung:	Paarhufer
Verwandte Spezies:	Elch, Springbock

Das extrem scheue Rotwild verbringt den Großteil seiner Zeit in kleinen Herden. Unausgesetzt beobachtet es seine Umgebung, während es nervös an Gräsern und Sträuchern knabbert.

Männliches Rotwild verfügt über Geweihe von variabler Größe – von zentimeterkurzen Stummeln bis zu prächtigen, mehrfach verzweigten Exemplaren. Kurioserweise sind es in der Gattung Rotwild nur die Elche, bei denen auch die weiblichen Tiere ein Geweih tragen.

Die Menschen bedenken das Rotwild – spätestens seit dem Film Bambi – mit ausgesprochener Zärtlichkeit. Aufgrund einer sehr positiven Presse ist es Tierschützern gelungen, den Jägern an vielen Orten ins Handwerk zu pfuschen. In der Folge hat sich das Rotwild in manchen Gebieten zu einer regelrechten Plage entwickelt. Die Tatsache, daß es nur noch knapp fünfzig Arten Rotwild auf der Erde gibt, davon die Mehrzahl in Asien und Südamerika, straft ihr zahlreiches Vorkommen eigentlich Lügen.

Das menschliche Rotwild

Ihre hervorstechendste Eigenschaft ist Nervosität. Ihr Hang, schon beim ersten Anzeichen von Ärger das Weite zu suchen, macht Sie zu einem schwierigen und wankelmütigen Partner. Trotz Ihrer Sehnsucht nach engen Beziehungen mit stärkeren Tieren sind Sie eher geschaffen für Freundschaften mit Bergziegen, Präriehunden und Pferden.

Sie sind aktiv und geschmeidig und zeigen wenig Neigung zum Dickwerden. Auf den ersten Blick können Sie mit Ihrer Sportlichkeit und Ihrer Anmut Eindruck schinden, aber viele Tierpersönlichkeiten wenden sich nach ersten Annäherungsversuchen wieder von Ihnen ab, weil sie Ihr sprunghaftes Wesen für berechnend halten. Dieser Umstand führt zu einem recht zufallsbestimmten Liebesleben. Sie sind wahrhaftig schwer einzuschätzen, wobei es allerdings zu weit ginge, Sie als schizophren zu bezeichnen. Sie haben einfach eine so tiefsitzende Angst vor emotionalen Verletzungen, daß es Ihnen schwerfällt, sich auf eine Bindung wirklich einzulassen.

Rotwildpersönlichkeiten entwickeln häufig eine tiefe Frömmigkeit. Manchmal gelingt es Ihnen im Kreise derjenigen, die Ihre starken religiösen Überzeugungen teilen, ein wenig zur Ruhe zu kommen. Sie lieben es, in aller Ruhe Ihren eigenen Gedanken nachzuhängen, während Sie all das, was um Sie herum vorgeht, mit einem gewissen Argwohn beäugen.

Im Freien fühlen Sie sich am wohlsten. Sie lieben das Gefühl der Ungebundenheit und Weite. Zudem kommen hier Ihre anmutigen Bewegungen und Ihre tänzerische Begabung am besten zur Geltung.

Karriere

Was Ihre Arbeitsweise betrifft, sind Sie nicht gerade ein Muster an Beständigkeit. Von innerer Unruhe getrieben, neigen Sie dazu, häufig den Job zu wechseln. Ein Auslöser für Ihre berufliche Flatterhaftigkeit sind Schwierigkeiten mit Ihren Chefs, die häufig Raubtierpersönlichkeiten sind und Ihnen deshalb Angst einflößen.

Sie fühlen sich sehr wohl, wenn Sie Ihre Anmut als Tänzer oder Artistin entfalten können, aber zufrieden sind Sie auch als Sozialarbeiterin, Büroassistent oder im Dienstleistungsgewerbe.

Beziehungen

Ihr Bedürfnis nach Schutz und Sicherheit veranlaßt Sie immer wieder, sich Ihren Partner unter den starken Tierpersönlichkeiten zu suchen. Und obwohl derartige Beziehungen wiederholt schiefgegangen sind, lernen Sie daraus nichts – immer wieder verabreden Sie sich mit Nashörnern, Gorillas, Tigern und Elefanten. Ihre Sehnsucht nach Geborgenheit führt Sie in die Sackgasse und bereitet Ihnen nichts als Enttäuschungen. Im Gegensatz dazu wiederum entspringt aus der Verbindung mit kleineren Säugetieren nur Langeweile.

Wesentlich besser steht Ihnen die Gesellschaft anderer Äser zu Gesicht. Tiefe und beständige Freundschaften mit Zebras, Zobeln und Schafen sind nicht selten. Die innigsten Beziehungen knüpfen Sie allerdings zu Bergziegen und Pferden. Gemeinsam genießen Sie lange Ausflüge und Erkundungen in der freien Natur. Ein Gefährte, der die Geduld aufbringt, Sie wirklich kennenzulernen, gewinnt in Ihnen einen wundervollen Partner. Denn wenn Sie sich endlich geborgen fühlen, sind Sie treu und liebevoll. Dann zögern Sie auch nicht mehr länger, eine Familie zu gründen.

Berühmtes Rotwild könnten sein:
Liz Taylor, Romy Schneider, Max von Sydow

Tip für das Rotwild:
Erfahrung ist diese wunderbare Sache, aus der man lernen kann, einen Fehler nicht zweimal zu machen…

Das Schaf

Klasse:	Säugetiere
Ordnung:	Paarhufer
Verwandte Spezies:	Bergziege, Steinbock

Nach dem Hund sind die Schafe die ersten Tiere, die ungefähr 10 000 Jahre v. Chr. domestiziert wurden. Vielleicht hat die Domestizierung des Hundes dies ermöglicht, weil er die ersten wilden Herden bewacht hat. Man weiß nicht genau, von welchem Tier das Hausschaf abstammt, höchstwahrscheinlich handelt es sich um eine inzwischen ausgestorbene Gattung.

Einem angeborenen Trieb folgend, drängen sich die Schafe in bedrohlichen Situationen eng zusammen. Dieses Verhaltensmuster ist Teil des ausgeprägten Herdentriebs und macht das Schaf so zu einem idealen Farmtier. Schafe sind zwar Grasfresser, entziehen dem Boden aber nicht nur Nahrung. Sie können sandigem oder kargem Boden tatsächlich seine Fruchtbarkeit zurückgeben, und viele Bauern sehen in Schafen eine Wertsteigerung ihres Lands.

Das menschliche Schaf

Den sprichwörtlichen Mangel an Vision und Ehrgeiz sagt man der Schafspersönlichkeit vollkommen zu Recht nach. Dennoch sind Sie ein enorm erfolgreiches Wesen, und Sie und Ihresgleichen sind innerhalb der Gesellschaft zahlreich vertreten. Der Schlüssel zu Ihrem Erfolg beruht vor allem auf zwei Faktoren: Sie erschließen sich alle möglichen Hilfsquellen, und Sie verschwenden niemals Ihre Zeit mit irgendwelchen Dingen, die nicht unmittelbar Ihrem Geldbeutel zugute kommen. Die große Gemeinschaft der Tiere kümmert Sie wenig, Sie konzentrieren sich lieber auf das Wohlergehen der eigenen Familie. Äußerlich betrachtet sind Sie unauffällig; Sie kleiden sich konventionell und lenken möglichst wenig Aufmerksamkeit auf sich. Für Politik interessieren Sie sich nicht, aber Sie respektieren das Gesetz und würden niemals eine anerkannte Autoritätsperson in Frage stellen.

Größere Tierpersönlichkeiten stellen für Sie eine Bedrohung dar. Als Defensivmechanismus aktivieren Sie Ihren starken Herdentrieb. Sicherheit durch Masse und ein Kartell der Nahrungsquellen sind ein mehr als gerechter Ausgleich für Ihre Verletzbarkeit, und dementsprechend wächst und gedeiht Ihre Gattung.

Sie kommen herdenweise in Vororten vor, und machen sich dort gemeinschaftliche Einrichtungen wie Kindergärten und Schulen zunutze. In finanziellen und politischen Dingen sind Sie konservativ, und Sie und Ihre Spezies bilden einen beachtlichen Anteil der sogenannten schweigenden Mehrheit. Als braver Bürger unterstützen Sie die örtliche Polizei, und Ihre Kinder schicken Sie auf die besten Schulen und ins Ferienlager.

Sie sind allerdings anfällig für die Tricks der Hundepersönlichkeit, die mit ihrer Dominanz und Führungsqualität die Richtung Ihrer gesamten Herde ändern kann. Doch wie die meisten Dinge im Leben wenden Sie auch dies zu Ihrem Vorteil, indem Sie sich den Schutz und die Führung von diesen stärkeren Tieren zunutze machen.

Karriere

Sie sind eine unermüdliche und geschätzte Arbeitskraft, mit der besonderen Fähigkeit, auch stundenlang monotone Aufgaben zu verrichten. Sie sind ein geübter Befehlsempfänger und können sich gut konzentrieren. Dies macht Sie zu einem hervorragenden Buchhalter, Forschungsassistenten oder Sekretär. Selten trifft man Sie in führenden Rollen an, und Sie würden eine Beförderung sogar ablehnen, wenn Sie dies aus der Sicherheit Ihrer Herde entfernen würde.

Beziehungen

Sie fühlen sich ohne Beziehung unsicher. Als Single umgeben Sie sich mit Verwandten und Freunden und kümmern sich ganz unauffällig um Ihre Angelegenheiten. In einer Partnerschaft sind Sie allerdings wundervoll. Die Priorität gilt dem Wohlergehen Ihrer Familie, und Sie spielen eine aktive Rolle bei der Kindererziehung. Ihrem Nachwuchs stehen Sie auch dann noch immer unterstützend zur Seite, wenn er das Elternhaus längst verlassen hat.

Beziehungen mit anderen Schafspersönlichkeiten sind stabil und angenehm. Schafe **109** haben beinahe nie Auseinandersetzungen untereinander. Sie suchen lieber nach einer Übereinkunft und Kompromissen, egal, wie verzwickt das Thema auch ist. Ihre längsten Beziehungen haben Sie mit Rehen, Häschen und anderen Tieren der Weide. Ganz unbestritten sollten Sie Ihrem Instinkt folgen und Verbindungen mit Löwen, Wölfen und Wildkatzen meiden. Fledermäuse und Füchse sind zu vergeistigt für Ihr praktisches Wesen.

Berühmte Schafe könnten sein:
Die schweigende Mehrheit, Clark Kent alias Superman, Heino

Tip für ein Schaf:
Der Unterschied zwischen ausgetretenen Pfaden und dem Grab liegt hauptsächlich in dessen Tiefe unterm Meeresspiegel.

Die Schlange

Klasse:	Reptilien
Ordnung:	Schuppenkriechtiere
Verwandte Spezies:	Eidechse, Skink

Schlangen waren immer schon gefürchtet und tauchen oft in der Kunst und Mythologie auf. Obwohl einige äußerst giftig sind, sind die meisten eher harmlos und zugänglich.

Man kann schwer sagen, welche Schlange für den Menschen am gefährlichsten ist, weil dabei so viele Faktoren eine Rolle spielen. Die tödlichen Giftschlangen sind vielleicht nicht so gefährlich, weil sie nur selten beißen, während andere mit einem weniger schweren Gift unter Umständen aggressiver sind. Nichtsdestotrotz steht fest, daß die südafrikanischen Baumschlangen, Mamba, Kobra und Krait, die heißesten Kandidaten für den zweifelhaften Titel «tödliche Giftschlange» sind.

Eigentlich interessanter ist der beinahe universale Ekel vor Schlangen. Möglicherweise ist die Furcht vor Schlangen ein genetisch verschlüsseltes Verhaltensmuster, und obwohl einige Leute sich Schlangen als Haustiere halten, sind diese Reptilien auch in der heutigen Zeit noch immer der Inbegriff des Bösen.

Die menschliche Schlange

Ihre Andersartigkeit macht man Ihnen zum Vorwurf. Dabei sind Sie äußerst verletzbar und schlängeln sich furchtbar einsam durchs Leben. Äußerlich sind Sie ein kleines, schlankes Wesen mit ausgeprägten Gesichtszügen. Sie sind scheu und immer auf der Hut vor den aggressiven Raubtierpersönlichkeiten, gegen deren Attacken Sie sich nicht zur Wehr setzen können. Schüchtern sind Sie von Natur aus, eine Vielzahl von schlechten Erfahrungen hat Sie außerdem mißtrauisch und argwöhnisch werden lassen. In Gesellschaft benehmen Sie sich möglichst unauffällig.

Da manche Schlangenpersönlichkeiten aggressiv sind, gehen die meisten Leute instinktiv allen Schlangen aus dem Weg, und Sie müssen daher so manche Demüti- **111** gung ertragen. Als Jugendlicher mußten Sie häufig unfairen Spott und Hohn über sich ergehen lassen, und Sie haben eine ziemlich bösartige Methode gefunden, sich dafür zu rächen. Unvermittelt verspritzen Sie eine Dosis Gift, die Ihren Gegner völlig lahmlegt, und schlängeln sich dann blitzartig davon. Dieses Verhalten verstärkt jedoch nur Ihren Ruf, ein heimtückisches, falsches Wesen zu sein, und treibt Sie weiter in die Isolation.

Zum Teil liegt es auch an Ihrer Unfähigkeit zur Kommunikation, daß man Sie immer wieder als hinterhältige und schleimige Person bezeichnet. Sie sind nicht gerade sehr logisch, und Ihre Konversation bewegt sich oft in Kreisen. Das Kommunikationsproblem wird noch verstärkt durch Ihr leises, dünnes Stimmchen und gelegentlich durch Stottern oder einen anderen Sprachfehler. Ihre ungewöhnliche Erscheinung und Ihr kaltblütiges Verhalten verdammt Sie zur endlosen Suche nach Freundschaft und menschlicher Wärme.

Karriere

Bei der Auswahl Ihrer Jobs sind Sie nicht zimperlich. Als kaltblütige Persönlichkeit und immer auf der Suche nach Zuwendung akzeptieren Sie beinahe jede Arbeit, wenn man Ihnen nur das Gefühl vermittelt, Sie seien erwünscht. Ihnen entgegengebrachtes Vertrauen nehmen Sie sehr ernst, und so erweist es sich meist als gerechtfertigt. Haben Sie allerdings das Gefühl, daß man Ihnen mißtraut, reagieren Sie im Gegenzug mit genau der Verschlagenheit, die man Ihnen stets zum Vorwurf macht. Zur Strafe degradiert man Sie und weist Ihnen niedere Dienste in der Fast-food-Branche oder als Hilfsarbeiter in einer Fabrik zu.

Manche Schlangenpersönlichkeiten verarbeiten den Schmerz, den ihnen das Leben zufügt, indem sie schreiben oder malen. Einige von Ihnen haben es als Schriftstellerin oder Maler zu Ruhm und Ehre gebracht.

Beziehungen

Manche Schlangenmenschen sind gänzlich dem Meere zugewandt und versuchen Verbindung mit Seelöwen oder Delphinen aufzunehmen; andere wiederum sind ganz auf das Land fixiert und versuchen ihr Glück bei kleineren Tieren, wie dem Biber oder dem Maulwurf. Die meisten Leute geben Ihnen jedoch nicht die Zeit, eine echte Beziehung aufzubauen, und Zurückweisung ist der ständige Begleiter in Ihrem Liebesleben.

Sie suchen überall Gesellschaft, sind allerdings oft gezwungen, sich mit zweitrangigen Beziehungen zu Krokodilen oder Wieseln zufriedenzugeben. Aus naheliegenden Gründen sollten Sie Raubvögel wie Adler, Geier und Eule tunlichst meiden.

Obwohl Sie eher ein anhänglicher und abhängiger Typ sind, interessieren sich ironischerweise manche Tierpersonen mit geradezu freudianischer Besessenheit für Sie. Angezogen von Ihren sinnlichen Bewegungen und deren phallischer Symbolik, bieten diese Ihnen Wärme und Komfort als Gegenwert für Leidenschaft und tierisches Vergnügen.

Berühmte Schlangen könnten sein:
David Copperfield, Anjelica Houston, Charlotte Rampling

Tip für die Schlange:
Wenn man niemandem traut, kann man schnell zu der Person werden, der niemand traut.

Der Schwan

Klasse:	Vögel
Ordnung:	Entenvögel
Verwandte Spezies:	Pfau, Adler

Dieser wundervolle Vogel ist deshalb zu seinem langen schönen Hals gekommen, weil er damit in den seichten Gewässern, in denen er sich aufhält, besser auf Futtersuche gehen kann. Dies nimmt man wenigstens an, denn anders als die meisten Wasservögel tauchen Schwäne nicht, sondern ziehen es vor, majestätisch ihre Kreise auf der Wasseroberfläche zu ziehen.

Trotz ihres Gewichtes können Schwäne ausgezeichnet fliegen. Gelegentlich ist der Start etwas problematisch, denn bis sie die entsprechende Geschwindigkeit zum Abheben erreicht haben, müssen sie auf ihren breiten, mit Schwimmhäuten versehenen Füßen eine ziemliche Strecke auf dem Wasser rennen. Wie kleine Flugzeuge auch können Schwäne schwerlich Manöver fliegen.

Seit Menschengedenken werden Schwäne ob ihrer Schönheit gerühmt und spielen vor allem in der antiken Mythologie eine Rolle – man denke nur an Zeus, der Schwanengestalt annahm, um Leda zu verführen, oder an das mittelalterliche England, wo alle Schwäne dem König gehörten, der Lizenzen ausgab für den Privatbesitz dieser Tiere.

Der menschliche Schwan

Wenige Tierpersönlichkeiten können es mit Ihrem Zauber und Ihrer stolzen Würde aufnehmen, und dementsprechend groß ist das Aufsehen, das Sie bei all Ihren Zeitgenossen erregen. Und dennoch haben Sie die gleiche Flatterhaftigkeit, die typisch ist für die Vogelpersönlichkeiten, und auch Sie kämpfen um Ihren Platz in einer Welt, die von den unbeholfen-plumpen Säugetieren dominiert ist. Von daher ist es leicht verständlich, daß Sie in dem Ruf stehen, ein kleiner Snob zu sein, obwohl diejenigen, die Sie gut kennen, Sie sensibel und aufgeweckt finden.

Dem hohen Anspruch des Schwanendaseins gerecht zu werden geht bisweilen an die Substanz, und weil Ihr Stoffwechsel auf Hochtouren läuft, fühlen Sie sich mitunter erschöpft und ausgepowert. Wenn Ihnen alles zu viel wird, schwingen Sie sich fort an einen ruhigen schönen Platz und lassen Geist und Seele baumeln, bevor Sie sich erneut in den Trubel des Lebens stürzen. Diese rastlose Seite Ihrer Persönlichkeit bringt es mit sich, daß Sie wahrscheinlich schon mehr als einmal in Ihrem Leben die Stadt gewechselt haben oder daß Sie es für die Zukunft planen.

Karriere

Ganz nach Vogelart sind Sie weitgereist. Vielfältige Erfahrungen und Eindrücke haben Sie geprägt, und im Laufe der Jahre haben Sie sich zu einer weltgewandten Persönlichkeit entwickelt. Sie können sich in praktisch jedem Berufsfeld zurechtfinden. Es fällt Ihnen leicht, sich auf die Anforderungen Ihres Chefs einzustellen, und auch die Anregungen und Ratschläge Ihrer Kollegen nehmen Sie stets freundlich auf. Ihre berufliche Karriere verläuft erfolgreich, aber ohne bemerkenswerte Höhen und Tiefen. Ihr Job und Ihr Familienleben sind gut aufeinander abgestimmt.

Schwanpersönlichkeiten sind als Kinder oft schwierig und treiben sich in Gangs herum, und deshalb haben sie später eine ausgesprochene Erfahrung im Umgang mit problematischen Zeitgenossen. Für Konflikte am Arbeitsplatz sind Sie also bestens gerüstet. Weil Ihnen nichts Menschliches fremd ist, eignen Sie sich hervorragend als Therapeut, Arzt, Krankenpfleger oder auch als Personalchef. Mit Ihrer naturgegebenen Schönheit sind Sie aber auch gut geeignet für die darstellenden Künste, speziell natürlich für den Ausdruckstanz.

Beziehungen

In Sachen Liebe gehen Sie bedächtig vor. Sie fühlen sich hingezogen zu der Spiritualität der Fledermäuse, Präriehunde und Eulen. Ihr Traumpartner allerdings kommt in der Ihnen ebenbürtigen Gestalt der Rappenantilope daher. Wenn Sie sich binden, dann in der Regel für ein ganzes Leben. Dennoch betrachten Sie Ihren Partner nicht als einen garantierten Besitz, und trotz einer romantischen Ader verlieren Sie nie den Blick für die Realität.

115

Sie haben einen starken Nestbauinstinkt, und für Ihre Kinder, die immer nett anzuschauen sind und feine Manieren haben, tun Sie eine ganze Menge – manchmal vielleicht zuviel, und dann treibt Ihre Brut ganz schöne Kapriolen, um sich aus Ihrer überfürsorglichen Umklammerung zu befreien.

Beziehungen zu größeren Pflanzenfressern wie Rotwild, Bisons und Pferden sind zwar solide, aber nicht gerade aufregend, und hüten sollten Sie sich vor den Tücken der Fleischfresser: Die denken immer nur an das eine.

Berühmte Schwäne könnten sein:
Grace Kelly, Winona Ryder, Lady Diana

Tip für einen Schwan:
Sei ein Schwan – über Wasser voller Ruhe, und unter Wasser wird gerudert wie der Teufel.

Der Seelöwe

Klasse:	Säugetiere
Ordnung:	Raubtiere
Verwandte Spezies:	Walroß, Seehund

Seelöwen sind die einzigen Landsäugetiere, die ins Meer zurückgekehrt sind, um ihren Lebensraum zu vergrößern. Höchst praktisch ausgestattet für ein Leben in einer felsigen, unwegsamen Umgebung, haben sie sogar sogenannte «Gummirippen» aus weichem Knorpel entwickelt, als Schutz gegen die Felsen im offenen Meer.

Ähnlich wie die Delphine haben die Seelöwen ein rudimentäres Unterwasserschallsystem entwickelt. Im Zirkus tritt meist der kalifornische Seelöwe auf, seine Intelligenz und seine quirlige Wendigkeit machen ihn zum Publikumsrenner Nummer eins.

Der menschliche Seelöwe

Mit dem Delphin verbindet Sie einiges, einschließlich Ihrem Hang zur Faulheit. Allerdings sind Sie nicht ausschließlich ein Meerestier und haben daher auch vieles gemeinsam mit den ernsthafteren und familienorientierten Säugetieren des Landes.

Sie sind ein charmantes und gutaussehendes Wesen mit bestechend schönen Augen. Der Strand ist Ihr natürliches Zuhause, dort sieht man Sie oft ausgelassen herumtollen, schwimmen oder Volleyball spielen. Sie sind von Natur aus sportlich, und durch Ihren aktiven Lebensstil bleibt Ihr gelenkiger Körper in Form. Ihren wendigen Verstand trainieren Sie in stundenlangen Debatten über philosophische und geistige Probleme. Allerdings kann eine Unterhaltung mit Ihnen aufgrund Ihrer Bequemlichkeit auch oberflächlich und unlogisch verlaufen. Sie interessieren sich für das Universum und können sich für Astrologie und Zahlenkunde begeistern.

Hinter Ihrem fröhlichen Wesen verbirgt sich ein heftiges Temperament. Ihrem Unmut machen Sie gewöhnlich in verbalen Attacken Luft. Gelegentlich kommt es zu Handgreiflichkeiten. Sie haben eigentlich keine Feinde, und wenn Ihnen doch mal jemand zu nahe treten sollte, können Sie das auch schnell wieder verzeihen.

Karriere

Ihr einnehmendes Wesen prädestiniert Sie für einen Job im Verkaufsbereich. Egal, ob Sie Immobilien oder Autos verkaufen, Sie sind dabei immer geschickt, engagiert und ehrlich. Ihre stets erkennbare und aufrichtige Hilfsbereitschaft erweckt bei anderen instinktives Vertrauen. Manchmal kommt es bei Ihnen allerdings zum Karriereknick, da Sie dazu neigen, sich vorschnell auf Ihren Lorbeeren auszuruhen.

Mit Ihrem unbekümmerten Naturell stehen Sie gern im Rampenlicht und genießen es, mit Darbietungen und Geschichten die Aufmerksamkeit in Ihrem großen Freundeskreis auf sich zu ziehen. Sie eignen sich gut für sämtliche Laufbahnen in der darstellenden Kunst. Ihr aggressiver Zug kommt gut in den Jobs zur Geltung, die physische und emotionale Stärke erfordern. Sie eignen sich für den Beruf des Polizisten, des Feuerwehrmannes oder Rettungsschwimmers.

Als Unternehmer mit einem hohen Maß an Selbstbewußtsein lassen Sie sich voller Zuversicht auf die riskantesten Geschäfte ein. Dabei überschätzen Sie sich schnell, und weil nüchternes Kalkül nicht gerade Ihre Stärke ist, geraten Sie häufig in finanzielle Schwierigkeiten. Glücklicherweise haben Sie gute Freunde und einen unerschöpflichen Vorrat an Optimismus, der Sie über Wasser hält.

Beziehungen

Als extrovertiertes und soziales Wesen verbringen Sie Ihre Zeit gerne mit den unterschiedlichsten Säugetieren, zu denen neben dem geselligen Hund vor allem auch der Delphin gehört. Diese Beziehungen sind meist spielerisch und haben nur selten Tiefgang. Aus dem für Ihre Gattung typischen Herdentrieb heraus umgeben Sie sich gerne mit Freunden und Familie. Auf der Jagd nach dem eigenen Glück können Sie ganz schön egoistisch sein, und Ihr Partner reagiert oft mit Befremdung auf Ihren offensichtlichen Mangel an Solidarität.

Beziehungen zu Otter und Walroß klappen anscheinend ganz gut, weil Sie den gleichen amphibischen Lebensstil haben. Ihr echter Seelenverwandter jedoch ist der Biber. Sie ergänzen sich geradezu ideal. Sie ermuntern den Biber dazu, sich zu entspannen und das Leben zu genießen, während der hart arbeitende Biber Ihnen die Sicherheit bietet, nach der sich Ihr unbekümmertes Wesen im geheimen sehnt.

Berühmte Seelöwen könnten sein:
Pamela Anderson, Günther Grass, Götz George

Tip für den Seelöwen:
Ohne zu paddeln, entstehen keine Wellen.

Die Spitzmaus

Klasse:	Säugetiere
Ordnung:	Nagetiere
Verwandte Spezies:	Zwergspitzmaus, Wasserspitzmaus

Die Spitzmaus ist mit jedem Zentimeter ihres winzigen Körpers – sie ist das kleinste Säugetier überhaupt – das streitlustigste Wesen der Erde. Sie ist außerordentlich nervös und empfindlich und kann angeblich sozusagen schon durch einen lauten Krach sterben. In Wirklichkeit sind Spitzmäuse bemerkenswert widerstandsfähig und bewältigen den Streß eines Lebens am Ende der Nahrungskette recht gut.

Spitzmäuse fristen ein einsames Dasein zwischen Abfällen in Bodennähe oder in niedrigen tunnelartigen Höhlen. Ihre schrilles Quieken läßt vermuten, daß auch sie ein Ultraschallsystem benutzen. Wegen ihres hohen Stoffwechsels ist die Spitzmaus ständig auf Nahrungssuche, und obwohl sie hauptsächlich ein Insektenfresser ist, vertilgt sie auch Samenkörner, Schnecken, Würmer und sogar Aas. Hauskatzen töten zwar Spitzmäuse, fressen sie allerdings nicht, vielleicht wegen ihrer seitlichen Moschusdrüsen, die einen übelriechenden Duft verströmen.

Die menschliche Spitzmaus

Sie sind von zarter Statur, intelligent und sparsam. Sie bewahren Dinge so lange auf, bis sie verderben. Teilen liegt Ihnen nicht besonders, und bei einem gemeinsamen Abendessen begleichen Sie Ihren Anteil immer zuletzt. Statt dessen haben Sie einen unbezwingbaren Drang, für die Zukunft zu sparen, und ähneln in dieser Hinsicht dem exzessiven Zukunftsplaner, Ihrem Cousin, dem Backenhörnchen.

Manchmal sind Sie ein forderndes, auf Ihre eigenen Wünsche fixiertes Wesen, dessen Leben von der manischen Angst bestimmt ist, möglicherweise zu kurz zu kommen. Zwar sagt man Ihnen nach, rachsüchtig und gemein zu sein, das trifft aber nicht zu. Sie sind selten aggressiv, und Ihre Angriffe beschränken sich auf schrille verbale Attacken und unaufhörliches Jammern.

Sie arbeiten dauernd, machen sauber, bereiten Mahlzeiten zu oder haben sonstige Erledigungen zu tun. Tag und Nacht sind Sie aktiv und können sich nur selten entspannen. Die anderen haben Mühe, mit Ihrem enormen Energiehaushalt Schritt zu halten.

Obwohl scheinbar unempfindlich gegen Kritik, sind Sie im Grunde Ihres Herzens eine sensible Seele, die darunter leidet, auf so viel Unverständnis zu stoßen. Wie auch immer, gegen Ihre tiefsitzende Unruhe kommen Sie nicht an, und deshalb kriegen Sie Ihr obsessives Verhalten auch nicht in den Griff.

Karriere

Aufgrund Ihrer Ruhelosigkeit sind Berufe, die Konzentration und Geduld erfordern, für Sie ungeeignet. Überall da, wo es drunter und drüber geht, leben Sie auf, weil Ihre eigenartige Veranlagung plötzlich ganz normal erscheint. Deshalb arbeiten Sie gerne als Produktionsassistent, Zirkuskünstlerin oder Hochzeitsausstatter.

Ihre Vorliebe fürs Sammeln und Organisieren verleiht Ihnen die Eignung zum Bibliothekar, Computerprogrammierer oder Buchhalter, während Ihr Wunsch, ständig auf Trab zu sein, Sie für alle Jobs empfiehlt, die mit Reisen und Kreativität zu tun haben.

Beziehungen

Enge Beziehungen mit einer Spitzmaus sind schwierig. Bei Ihrer Scharfzüngigkeit und Ihrem fanatischen Lebensstil haben Sie nur wenig Freunde – und das ist Ihnen auch ganz recht so. Beziehungen lenken Sie nur ab. Gelegentlich ergibt sich aus einer flüchtigen Begegnung mit einem Maulwurf, einer Maus oder einem Häschen eine lange Freundschaft, die meisten Wesen aber halten Sie sich eher vom Leibe.

Schon aus Zeitmangel nehmen Sie keine Rücksicht auf die Gefühle anderer, sausen geschäftig durchs Leben und schaffen sich so eine Menge Feinde. Folglich sollten Sie sich vor den gefährlichen Klauen der Katzenpersönlichkeiten hüten und ebenso vor den schwerfälligen, aber kraftvollen Hunden. Raubvögel und Schlangen fühlen sich ganz besonders von Ihren schwer verdienten Vorräten angezogen, und Sie sind durchaus empfänglich für deren aggressive Annäherungsversuche.

Als Eltern legen Sie großen Wert darauf, die Zukunft Ihrer Kinder solide zu planen. Überall schleppen Sie sie mit hin und engagieren sich für jeden Aspekt ihres Lebens. Die Tendenz, Ihre Kinder zu unterdrücken und ständig anzuspornen, führt später oft zu unerfreulichen Auseinandersetzungen.

Berühmte Spitzmäuse könnten sein:
Inge Meysel, Norbert Blüm, Doris Köpf

Tip für die Spitzmaus:
Bekomme keine Magengeschwüre, verursache sie lieber.

Das Stachelschwein

Klasse:	Säugetiere
Ordnung:	Nagetiere
Verwandte Spezies:	Ratte, Feldmaus

Stachelschweine sind vegetarische Einzelgänger, die sich in der Neuen Welt meist auf Bäumen und in der Alten Welt auf dem Boden aufhalten. Anders als ihr entfernter Verwandter, der Igel, sind die Stachelschweine für eine eventuelle Verteidigung gut ausgerüstet. Wenn Sie sich bedroht fühlen, rasseln sie zur Warnung wie die Klapperschlangen mit ihren Stacheln, ehe sie zuschlagen.

Im Gegensatz zu der allgemeinen Annahme schießen Stachelschweine ihre Stacheln nicht wie Pfeile ab. Aber bei körperlichen Auseinandersetzungen lösen sich diese sehr leicht ab und graben sich tief in die Haut des Feindes ein. Die mit Widerhaken versehenen Stacheln bohren sich in den Körper des Opfers und verursachen dort schmerzhafte Infektionen, die manchmal sogar tödlich sein können.

Das menschliche Stachelschwein

Sie sind ein nervöses und relativ ungeselliges kleines Wesen mit einer bemerkenswerten Lebensanschauung. Wegen Ihrer stacheligen und herben Art gelten Sie gemeinhin als ziemlich unverträglicher Zeitgenosse. Sarkasmus und Witz sind Ihre wichtigsten Waffen. Wenn Sie sich unwohl oder gar bedroht fühlen, werden Sie streitsüchtig und reagieren selbst auf die kleinste Provokation. Mit ausgiebiger Überredungskraft kann man Sie manchmal aus Ihrer defensiven Ecke locken, aber Sie bleiben doch immer auf der Hut.

Im Unterschied zu anderen kleinen Säugetieren schlagen Sie zurück, wenn Sie angegriffen werden. Obwohl Ihre ständigen sarkastischen Spitzen eigentlich keinen ernsthaften Schaden anrichten, schmerzen sie doch so empfindlich, daß andere sich hüten, Ihren Unwillen zu erregen. Darunter müssen letztlich wieder Sie leiden, denn Freunde und sogar Ihre Familie ziehen sich von Ihnen zurück und lassen Sie mit **123**

Ihren Launen allein. Zu Unrecht eilt Ihnen der Ruf voraus, daß Sie bereit seien, jedermann einen Dolch in den Rücken zu stoßen, aber es ist wahr, daß Sie leidenschaftlich gerne über Freund und Feind lästern und dabei schon so manches bösartige Gerücht in Umlauf gesetzt haben.

An körperlicher Ertüchtigung sind Sie im allgemeinen desinteressiert. Sie bewegen sich vorsichtig durchs Leben und bringen nur ein Minimum an Energie für Ihren Lebensunterhalt auf. Wie die meisten Nagetiere sind Sie ein sparsames Wesen, das Vorräte für die Zukunft hamstert. Außerdem gelten Sie als geizig, und zwar sowohl mit Ihrer Zeit als auch mit Ihrem Geld.

Karriere

Wie die meisten Nager haben Sie einen Hang zum Opportunismus. Wenn es darauf ankommt, gelingt es Ihnen, sich selbst ins rechte Licht zu rücken – notfalls auch auf Kosten anderer. Geschickt sind Sie auch darin, von den Fehlern anderer zu profitieren: Wenn sich die Gelegenheit bietet, springen Sie als erster aufs Trittbrett. Bei Ihrem bewußt minimalistischen Lebensstil beschränken sich Ihre finanziellen Bedürfnisse auf den bloßen Lebensunterhalt, und Ihr Heim ist zweckmäßig, jedoch schmucklos.

Als ehrgeizloser Einzelgänger bevorzugen Sie einen Job, bei dem Sie nicht von anderen abhängig sind. Harte körperliche Arbeit und Tätigkeiten, die geistige Konzentration erfordern, vermeiden Sie nach Möglichkeit. Wenn Sie allerdings Glück haben und einen Job finden, bei dem Ihre scharfe Zunge zum Zuge kommt, leisten Sie Überdurchschnittliches. Sie eignen sich hervorragend für die Rolle des Geldeintreibers, und Ihre Nachtpersönlichkeit ist perfekt für späte Hausbesuche bei säumigen Zahlern.

Als Regierungsbeamter sind Sie ohnegleichen, denn auch wenn Sie von sich aus kein besonderes Engagement an den Tag legen – Fehler unterlaufen Ihnen selten. Ebensogut könnten Sie einer dieser gefürchteten Führerscheinprüfer sein, die Fahrschüler mit großem Entzücken durchfallen lassen.

Beziehungen

Als Tier der Nacht finden Ihre sozialen Kontakte vor allem am Abend statt. Dann ziehen Sie los und suchen vor allem die Gesellschaft des anderen Geschlechts. Da Ihr Charme nicht gerade überwältigend ist, und Sie sich auch kaum aus der Reserve locken lassen, kommen Sie allerdings häufig allein nach Hause zurück.

Es kann sehr schmerzhaft sein, Ihnen näherzukommen. Nur wer Ihr Vertrauen gewonnen hat, kann eine enge Beziehung mit Ihnen ertragen. Sie fühlen sich wohl und sicher in der Gesellschaft von Maus und Maulwurf, sollten jedoch die Gesellschaft größerer Raubtiere wie Bär, Fuchs und Wolf peinlichst meiden.

Als einziges Nagetier akzeptieren Sie die Gegenwart von Schlangen und tolerieren ihre Gesellschaft, gehen jedoch mit diesen unglücklichen Wesen selten intimere Bindungen ein.

Berühmte Stachelschweine könnten sein:

Helmut Markwort, Theo Waigel

Tip für ein Stachelschwein:

Witz ist etwas Heimtückisches. Er ist die einzige Waffe, die sich dir in den Rücken bohren kann.

Der Tiger

Klasse:	Säugetiere
Ordnung:	Raubtiere
Verwandte Spezies:	Löwe, Berglöwe, Wildkatze

Was für ein herrliches Tier ist der Tiger mit seiner grandiosen Spannkraft und seiner anmutigen Würde! Er kann zu einer Länge von mehr als drei Metern wachsen und über fünfhundert Pfund wiegen. Der Tiger ist ein ausgezeichneter Schwimmer, aber im Gegensatz zu den meisten anderen Katzentieren sind seine Kletterkünste nicht besonders groß.

Weibliches und männliches Tier suchen nur in den wenigen Wochen der Paarungszeit ihre gegenseitige Gesellschaft. In dieser Zeit duldet der Tiger keinen anderen männlichen Artgenossen in der Nähe und würde bis zum letzten um den alleinigen Besitz der Tigerin kämpfen.

Die Tiger haben zwar außer dem Menschen keine natürlichen Feinde, und doch ist ihre Sterblichkeit ungewöhnlich hoch, und zwar aufgrund infizierter Wunden, die Stachelschweine ihnen mit ihren Stacheln beibringen. Es kommt auch vor, daß die Tiger, wenn sich diese Stacheln ihnen in den Kiefer bohren, an Hunger sterben.

Weitgehend von der menschlichen Jagd verschont, ist der Bestand der Tiger durch das Vordringen der Zivilisation in seine Lebensräume vom Aussterben bedroht.

Der menschliche Tiger

Sie sind eine gutaussehende, kraftvolle Person. Von Kopf bis Fuß gestylt, sind Sie sich Ihrer unwiderstehlichen Anziehungskraft voll bewußt. Jede Ihrer Bewegungen strahlt Selbstvertrauen aus, und mit Ihrer Gestalt verbindet sich die Vorstellung von unbändiger Wildheit. Den Respekt, den man Ihrer machtvollen Persönlichkeit entgegenbringt, genießen Sie und setzen ihn ungehemmt zu Ihrem Vorteil ein.

Anders als die familienorientierten Löwen sind Sie eher ein Einzelgänger und hassen es, untätig in der Gegend herumzuliegen. In dieser Hinsicht haben Sie mehr mit den Wildkatzen und Leoparden gemein, die auch immer auf Trab sind. Aufgrund Ihres von den Mitmenschen abgewandten Wesenszuges kann es schwierig sein, Sie richtig einzuschätzen, und Sie gelten als unberechenbar und rätselhaft.

Gegen tägliche Routine haben Sie eine starke Abneigung, und mit Ihrer Spontanität und Energie stecken Sie andere, die in den Genuß Ihrer Gegenwart kommen, an. Als nächtlicher Jäger sind Sie gesegnet mit einer guten Portion «Gasseninstinkt». Die Motive anderer durchschauen Sie leicht, und Ihr wendiger Geist erfaßt blitzschnell jede Situation. Probleme gehen Sie direkt und ohne Umwege an, wobei ein Räuspern von Ihnen oder eine hochgezogene Augenbraue bereits reicht, um die Menschen um Sie herum in Alarmbereitschaft zu versetzen.

Karriere

Gemütliche Kaffeekränzchen am Arbeitsplatz lehnen Sie ab, Sie verlangen von Ihren Kollegen stets hundertprozentigen Einsatz und geben sich in Geschäftsdingen nur mit höchstem Standard zufrieden. Mit Ihrem Killerinstinkt könnten Sie einen hervorragenden Staatsanwalt abgeben, vor allem auch deshalb, weil Sie nicht zögern, Ihre Ziele auch mit Aggressivität zu verfolgen. Sie wissen sehr wohl um Ihre einschüchternde Wirkung auf andere, und Ihr Einzelkämpfertum trägt zu Ihrem Ruf noch bei, daß Sie jemand sind, mit dem man immer rechnen muß.

Aufgrund Ihrer Vorliebe fürs Alleinsein sind Sie jedoch keine geborene Führungspersönlichkeit. Sie können die Position eines höheren leitenden Angestellten zwar hervorragend ausfüllen, ziehen aber die Herausforderungen einer selbständigen Tätigkeit vor. Was auch immer Sie in diesen Bereichen anfassen – vom Ingenieurwesen bis zum Einzelhandel: Sie haben Erfolg.

Beziehungen

Anders als Ihre Verwandten aus der Katzenfamilie lieben Sie jede Art von Sport. Besonders Wassersport, und deshalb trifft man Sie oft in der Gesellschaft von Delphin- und Seelöwenpersönlichkeiten, mit denen Sie zwanglose und zu nichts verpflichtende Beziehungen pflegen.

Aufgrund Ihrer verheißungsvollen Schönheit sind Sie ein vielbegehrter Partner. Ihr **127**

Bedürfnis zu dominieren sowie Ihre ungestümen Annäherungsmethoden schlagen schwachbrüstige Kandidaten allerdings schnell in die Flucht.

Auch wenn Sie für Treue nicht viel übrig haben – um jemanden, den Sie auserwählt haben, kämpfen Sie bedingungslos. Manchmal jedoch heften Sie sich aus purem Jagdfieber an die Fersen des anderen Geschlechts. Ganz entzückt sind Sie, wenn Sie eine Giraffe in Ihre Trophäensammlung einreihen können – solch eine Eleganz schadet Ihrem Ruf bestimmt nicht, im Gegenteil!

In der Gesellschaft anderer Katzenpersönlichkeiten fühlen Sie sich gut aufgehoben und auf eine gute Art herausgefordert. So komisch es anderen auch vorkommen muß – manchmal gehen Sie eine Verbindung mit einer Elefantenpersönlichkeit ein, die von gegenseitigem Respekt getragen ist, denn der Elefant ist der einzige, der sich von Ihnen nicht dominieren und einschüchtern läßt. Mittelgroße pflanzenfressende Arten jedoch wie Rotwild und Ziegen zum Beispiel sollten Abstand zu Ihnen halten – Sie wollen doch nur das eine von ihnen!

Berühmte Tiger könnten sein:
James Bond, Grace Jones, Tom Jones

Tip für einen Tiger:
Etwas einmal nicht zu bekommen kann auch ein Glücksfall sein.

Das Waldkaninchen

Klasse:	Säugetiere
Ordnung:	Hasentiere
Verwandte Spezies:	Eselhase, Wildhase

Das Waldkaninchen ist ein kleiner Hase, dessen Farbe von rotbraun bis dunkelgrau variiert. Überall in der Welt gibt es sie in Hülle und Fülle, und ihr bevorzugter Lebensraum sind mit Gestrüpp bedeckte Waldungen. Als Pflanzenfresser sieht sich das Waldkaninchen dem schwierigen Problem gegenüber, die rauhen Zweige und harten Gräser verdauen zu müssen. Denn das Waldkaninchen verfügt nicht wie beispielsweise Kühe oder Schafe über die Fähigkeit des Wiederkäuens. So ist es gezwungen, sein Futter zweimal durch seinen gesamten Verdauungsapparat zu schicken, um eine ausreichende Verdauung zu sichern.

Das menschliche Waldkaninchen

Die als «Puschelhäschen» bekannten Kaninchen verdanken diesen Namen ihrem flauschigen, schneeweißen Hinterteil. Sie sind erschreckend attraktiv, und Ihre sanfte Persönlichkeit sowie Ihr verletzlich wirkendes Äußeres verhelfen Ihnen oft dazu, Ihr gewünschtes Ziel zu erreichen. Sie verfügen zwar auch über Intelligenz, werden diese Eigenschaft jedoch wohlweislich verbergen, sollte sie mit Ihrer bevorzugten Überlebenstaktik kollidieren – nämlich mit Ihrer Niedlichkeit!

Sie brauchen Ihren Verstand oder sonstige Persönlichkeitsreserven nur selten einzusetzen, um Erfolg in Liebe und Beruf zu haben.

In einer großen Gruppe verhalten Sie sich eher vorsichtig und schüchtern, es sei denn, Sie sind verheiratet. Sie haben nur einige wenige enge Freunde. Sie bewegen sich gerne im Freien und lieben lange Ausflüge in die Natur, besonders in Gesellschaft von Pferde-, Zebra-, Wild- und Schafspersönlichkeiten. Obwohl Sie die Weite sehr anregend finden, bevorzugen Sie zum Wohnen begrenzte und bequeme Lebensräume, die gegen Eindringlinge gut abgesichert sind.

Ihre bevorzugte Verteidigungstechnik ist zwar die Unauffälligkeit, dabei sind Ihre Sinne jedoch außergewöhnlich gut entwickelt. Ihre großen runden Augen und Ihre sensiblen Ohren erkennen jede nahende Gefahr, und Sie flüchten gewöhnlich beim ersten Anzeichen einer solchen.

Karriere

Ihre ruhige, zurückgezogene Art wird oft als Schwäche mißverstanden, denn eigentlich verfolgen Sie Ihre Ziele mit großer Zähigkeit. Sie funktionieren am besten in konfliktfreien Situationen und sind daher nicht gerade ein idealer Verkäufer. Bei Ihrer Fähigkeit zur Teamarbeit bietet sich beispielsweise die Diplomatenlaufbahn, ein Job in der Verwaltung oder im Pflegebereich an.

Da Sie nicht die Kräfte physisch größerer Tierpersönlichkeiten haben, sind Sie auf andere Techniken angewiesen, um sich am Arbeitsplatz zu behaupten. Ihre äußerst sensiblen Sinnesorgane sind eine unentbehrliche Hilfe beim Erstellen von langfristigen Marketingplänen. Sie sind perfekt für die Werbebranche.

Wie die meisten zierlichen Tierpersönlichkeiten gehen Sie nicht selten Verbindungen mit Löwen, Bären oder Gorillas ein und machen sie zu Vertrauten oder Adjutanten. In Gesellschaft dieser großen und starken Tiere fühlen Sie sich sicher und erweisen sich als loyaler und vertrauenswürdiger Kollege.

Beziehungen

Sie sind sich Ihrer physischen Anziehungskraft wohlbewußt und kosten diesen Vorteil bis zur Neige aus. Was Ihren Partner betrifft, sind Sie sehr wählerisch, und bevor Sie sich lebenslänglich binden, überzeugen Sie sich zuerst einmal, ob der potentielle Bewerber auch ernsthafte Absichten hat. Während der Zeit des Hofmachens ergreifen Sie beim ersten Anzeichen von Untreue umgehend die Flucht.

Sind Sie dann endlich in festen Händen, pflanzen Sie sich erstaunlich fleißig fort. Sie lieben Kinder und fühlen sich im Kreise Ihrer Großfamilie geborgen. Mit Ihren Eltern und Geschwistern verbindet Sie ein starkes Band, und als Tante oder als Onkel sind Sie wunderbar. Ihre idealen Partner sind Pferde-, Gorilla-, Maulwurf-, Schaf- und Wildpersönlichkeiten.

Berühmte Waldkaninchen könnten sein:

Marilyn Monroe, Claudia Schiffer, Veronica Ferres

Tip für ein Waldkaninchen:

Sorge gut für dein Haus. Denn bei einer Scheidung behältst du es.

Das Walroß

Klasse:	Säugetiere
Ordnung:	Raubtiere
Verwandte Spezies:	Seelöwe

Walrösser schließen sich zu Gruppen von jeweils etwa hundert Exemplaren zusammen, die sich vorzugsweise in Küstengewässern aufhalten und sich auf Felsen oder Eisschollen in der Sonne aalen. Charakteristisch sind der gewichtige, wassertriefende Körper, die riesigen Hauer und die rauhe rötlich-braune Haut, und vom Menschen sind diese großartigen Tiere, die in arktischen Breiten gedeihen, weitgehend unbehelligt.

Ihre Hauer, die verlängerte Eckzähne sind, haben vielerlei Funktionen: Sie taugen zur Verteidigung, zum Muschelknacken oder – man denke an die gewaltige Körpermasse – auch dazu, sich mit ihrer Hilfe aus dem Wasser auf Felsen oder Eisschollen hochzuziehen. Ihr Gattungsname Obobenidae *bedeutet nämlich «die auf den Zähnen gehen».*

An Land bewegen die Walrösser sich schneller fort als jeder Läufer, und mit ihrer furchterregenden Größe und den gefährlichen Hauern erfreuen sich diese scheinbar trägen Geschöpfe eines beachtlichen Respekts von seiten der Jäger.

Das menschliche Walroß

Die rundum zufriedene Walroßpersönlichkeit wuchtet sich nicht gerade mit Finesse oder Grazie durchs Leben, aber immer haben Sie ein Wie-ist-das-Leben-schön-Lied auf den Lippen. Etwas dickfellig und im Prinzip mit sich selbst beschäftigt, sind Sie ein eher schweigsamer Typ. Obwohl es auf den ersten Blick nicht gerade den Anschein hat, geht von Ihrem rauhen, ja zerfurchten Äußeren Charme und etwas Beruhigendes aus.

Geld und Macht lassen Sie kalt. Für Sie mißt sich ein erfolgreicher Tag daran, wieviel Stunden an freier Zeit er für Sie mit sich brachte. Deshalb sind Sie natürlich ein

Experte für alles, was Fernsehsessel, Bierchen und Sportsendungen betrifft, und obwohl man Sie bestimmt nicht mit hängender Zunge auf einem Sportplatz finden wird – den Mut und die Sportlichkeit anderer bewundern Sie.

Als ein dem behaglichen Leben verschriebenes Wesen frönen Sie den Freuden am Strand und in Parks, und man sieht Sie oft, wie Sie sich im Liegestuhl räkeln und mit sichtlicher Unbekümmertheit Ihren stattlichen Umfang zur Schau stellen.

Walrosse lassen nicht mit sich spaßen, und so gutmütig Sie auch erscheinen mögen, wenn jemand Sie beleidigt oder mißachtet, können Sie richtig giftig und aggressiv werden. Aber: Bellende Hunde beißen nicht, und das trifft meistens auch auf Walrösser zu, die ihr großes Herz am rechten Fleck haben. Ihr widerspenstiger Zug zeigt sich, wenn man sich Ihnen aufdrängt, denn obwohl Sie daran gewöhnt sind, viele Leute um sich zu haben, brauchen Sie Ihre Privatsphäre, die Sie auch bei anderen respektieren. Am besten geht es Ihnen, wenn Sie sich inmitten Ihrer häuslichen Behaglichkeit tummeln. Deshalb verspüren Sie auch nicht unbedingt den Drang, weite Reisen zu unternehmen.

Bei Ihrer im Ganzen sorglosen Art sind Sie verläßlich und geradeaus. Man fühlt sich von Ihrer beständigen und ausgeglichenen Persönlichkeit angezogen, und wenn es um einen Freundschaftsdienst geht oder darum, etwas springen zu lassen, dann kann man immer auf Sie zählen.

Karriere

Sie finden zwar, daß Arbeit komplette Zeitverschwendung ist, sind aber trotzdem ein fleißiger Kollege und bringen die besten Leistungen, wenn Zuverlässigkeit und ein Blick fürs Ganze gefragt sind. Unter Zeitdruck läuft bei Ihnen fast gar nichts, und Sie ziehen es vor, im Beruf nach Ihrer persönlichen Uhr zu arbeiten, vor allem als Ingenieur, Regierungsangestellter oder Manager.

Beziehungen

Wer Sie als Großeltern hat, hat davon nur Vorteile – Sie sind jederzeit bereit, von Ihrer persönlichen Freizeit etwas herzugeben, um Kindern Gesellschaft zu leisten.

Vor allem aber sind Sie entschieden unromantisch, und als Geburtstagsgeschenk **133** fällt Ihnen ein neuer Mikroherd zum Würstchenheißmachen ein. Sie haben eben Ihre ganz eigene Art, Zuneigung zu zeigen: mit enormen Umarmungen und mickrigen Geschenken. An Ihren Partner stellen Sie wenige Ansprüche, sieht man einmal vom regelmäßig gut gefüllten Freßnäpfchen ab. Für diese Aufmerksamkeit revanchieren Sie sich mit Loyalität und Zuneigung.

Sie schätzen die Gesellschaft der coolen Gorillapersönlichkeit, eine Heirat mit einem dieser schlampigen Zeitgenossen wäre jedoch ein Desaster, weil keiner bereit wäre, den Dreck wegzumachen. Bären und Seelöwen bieten beide passable Aussichten, Ihr idealer Gefährte aber kreuzt Ihren Weg in Gestalt des gleichermaßen auf Essen wie auf das nasse Element gepolten Flußpferdes.

Berühmte Walrösser könnten sein:
Boris Jelzin, Monserat Caballé, Orson Welles

Tip für ein Walroß:
Einzurosten ist besser, als sich abzunutzen.

Das Warzenschwein

Klasse:	Säugetiere
Ordnung:	Paarhufer
Verwandte Spezies:	Schwein, Wildschwein

Das Warzenschwein ist ein seltsamer Vierfüßler. Seinen flachen, beinahe konkaven Kopf, der auf einem sehnigen Nacken sitzt, schmücken vier lange Warzen und zwei messerscharfe gebogene Hauer.

Warzenschweine sind eigentlich Grasfresser, wobei sie gelegentlich das übriggelassene Aas von anderen Raubtieren oder ein natürlich gestorbenes Tier als Nahrung wählen. Ihr kurzer Hals eignet sich nicht zum Weiden auf den kargen Grasebenen Afrikas, und man sieht das Warzenschwein oft auf den Knien auf dem staubigen Grasland entlangrutschen und Gras fressen.

Warzenschweine sind furchtlos und haben sich erwiesenermaßen sogar auf die Fährte von Leoparden oder Elefanten geheftet. Weibliche Warzenschweine mit ihren Jungen sind besonders kühn und greifen ohne Zögern umherstreifende Raubtiere an.

Das menschliche Warzenschwein

Ihr starkes, aggressives Wesen ist nahe verwandt mit der Hausschwein- und Wildschweinpersönlichkeit. Sie sind hauptsächlich mit sich selbst beschäftigt und in erster Linie damit befaßt, wie Sie Ihre Taschen und Ihren Magen füllen können.

Zu Recht stehen Sie in dem Ruf, eine schlecht gelaunte und herrische Person zu sein. Sie haben weder Stil noch Anmut. Auf Ihre äußere Erscheinung legen Sie wenig Wert, und sowohl Ihre Persönlichkeit wie Ihr Benehmen sind hausbacken. Gesellschaftliche Umgangsformen kümmern Sie wenig, und mit Nettigkeiten kommen Sie nicht ans Ziel – statt dessen setzen Sie lieber auf einschüchternde Drohgebärden. Wenn es die Situation erfordert, können Sie sich zwar auch charmant geben, aber Sie sind auch bedenkenlos zu Verleumdung und Betrug bereit.

Das Schlimmste, was einem passieren kann, ist es, Ihre Intelligenz zu unterschät- **135** zen. Ihr messerscharfer Verstand legt jede Schwachstelle möglicher Gegner bloß, weder am Arbeitsplatz noch zu Hause kann man Ihnen irgend etwas vormachen, und einer Konfrontation gehen Sie nur aus dem Wege, wenn sie vollkommen aussichtslos ist. In einem solchen Fall traben Sie wutschnaubend davon.

Ihre Lesegewohnheiten spiegeln Ihre Persönlichkeit wider. In Ihrem Bücherregal findet sich nichts Schöngeistiges, dafür aber eine Menge strategische Ratgeber für Manager. Nicht nur bei Ihnen zu Hause, sondern überall in Ihrem Leben geht es zu wie in einem Schweinestall. Sie blühen und gedeihen in Unordnung und Chaos.

Karriere

Ihr aktiver Verstand ist ständig auf der Suche nach günstigen Gelegenheiten, und Sie sind ein gerissener Geschäftsmann. Bei anderen respektieren Sie Stärke und Loyalität, und Ihr ausgezeichnetes Verhandlungsgeschick verschafft Ihnen eine gute Position bei Ihren geschäftlichen Unternehmungen. Sie verfolgen hartnäckig Ihr Ziel, bis Sie es erreichen, auch wenn Sie dafür unsaubere Tricks oder Gesetzesübertretungen anwenden müssen.

Warzenschweine sind für gewöhnlich selbständig. Aufgrund Ihrer Charakterstärke und Ihrer Selbstdisziplin gehören Sie immer zu den Gewinnern. Loyalität belohnen Sie – wer mit Ihnen allerdings das Schwert kreuzt, muß mit Ihrer Rachelust rechnen. Ihr Temperament ist oft stärker als Ihr gesunder Menschenverstand.

Sie geben einen hervorragenden Anwalt, Verkäufer, Kaufmann, Söldner oder Pokerspieler ab, und obwohl Warzenschweine generell unbeliebt sind, haben Sie allein durch Ihre Entschlossenheit Erfolg.

Beziehungen

Dieselbe Entschlossenheit, mit der Sie Ihre Karriere durchziehen, legen Sie in Ihrer unermüdlichen Partnersuche an den Tag. Ihre Dickfelligkeit macht Sie immun gegen die Ablehnungen, die Ihre Werbung so oft hervorruft.

Einige Tierpersönlichkeiten fühlen sich jedoch zu Ihrer Stärke und Loyalität hingezogen, und Häschen, Wildhunde, Rehe und Wiesel tun sich zuweilen mit Ihnen zusammen. Vorausgesetzt sie fügen sich Ihren schrulligen Launen und sind schnell zu

Fuß, macht ihnen Ihr heftiges Temperament nichts aus. Sie bieten ihnen Ihre starke Schulter, aber beim ersten Anzeichen von Untreue geraten Sie außer sich vor Wut, und Ihrem Partner bleibt nur noch die Flucht.

Berühmte Warzenschweine könnten sein:
Jutta von Ditfurth, Peter Maffay, Guildo Horn

Tip für ein Warzenschwein:
Niemand hat etwas gegen dich; jeder möchte nur seine eigene Haut retten.

Das Wiesel

Klasse: Säugetiere
Ordnung: Raubtiere
Verwandte Spezies: Stinktier, Marder, Iltis, Frettchen

Die Familie der Wiesel ist die am weitesten verbreitete Raubtierart der Welt. Bei den Wieselarten handelt es sich um extrem anpassungsfähige Tiere, die in ganz Asien, Europa, Nordamerika und Afrika vorkommen. Man sagt, daß ein Wiesel sich so dünn machen kann, daß es durch einen Trauring passe. Der Beweis hierfür steht zwar noch aus, aber erwiesen ist, daß das Wiesel seinen Kopf durch ein Loch von etwa 2,5 Zentimeter hindurchstecken kann.

Das Wiesel ist ein unbarmherziger Jäger. Mit seinem Riesenmut, der in keinem Verhältnis zu seiner Größe steht, kann es eine ausgewachsene Ratte zur Strecke bringen, die dreimal so groß ist wie das Wiesel selbst. Manchmal heftet sich das Wiesel an die Fersen größerer Jäger und stiehlt ein Stück von deren Beute.

Seine natürlichen Feinde sind Falken, Füchse, Eulen und auch Hauskatzen. Aufgrund seines Rufs als Hühnerdieb haben Menschen ihm erbarmungslos zugesetzt.

Das menschliche Wiesel

Auf den ersten Blick sind Sie recht verführerisch und einnehmend. Ihre gefällige nette Erscheinung bringt Ihnen rasche Sympathien ein, aber diejenigen, die Ihrem Charme erliegen, machen bald Bekanntschaft mit der dunklen, räuberischen Seite Ihrer Persönlichkeit.

Ein Meister darin, Ihre wahren Absichten zu verschleiern, sind Sie fähig zu beträchtlicher Gewalt, und Sie nutzen jegliche Schwäche Ihres Gegners aus, um zum Ziel zu gelangen. Wie Ihr Vetter, der Dachs, haben Sie einen schlanken, drahtigen Körper mit erstaunlich viel Kraft, und auch von größeren Tieren lassen Sie sich nicht so einfach einschüchtern. Sie können ein ziemlich gemeiner Gegner sein und brechen auch bedenkenlos Gesetze.

Wiesel lieben eine unkonventionelle Umgebung. Wenn es wild durcheinander geht, sind Sie in Ihrem Element. Mit Ihrem flinken Verstand profitieren Sie von unübersichtlichen Situationen und erbeuten dabei immer eine Portion mehr, als Ihnen eigentlich zusteht. Sie haben ein untrügliches Gespür für die Schwachstellen anderer. Ihr auffälligster Wesenszug jedoch ist Ihr Hang zur Täuschung. Mit dem Biber, Ihrem Verwandten, teilen Sie den Ehrgeiz; Ihre Abneigung harter Arbeit gegenüber haben Sie mit Ihrem Vetter, dem Stinktier, gemein, denn auch er schikaniert lieber andere, als selbst tätig zu werden.

Nicht selten tun Sie sich mit erfolgreichen Tierpersönlichkeiten zusammen, geschickt erwerben Sie sich deren Vertrauen und melken sie dann nach Strich und Faden. Diese Beziehungen sind vollkommen einseitig: Sie nehmen sich, was Sie brauchen, machen sich davon, und schon wieseln Sie um Ihr nächstes Opfer herum.

Karriere

Wenn Sie glauben, daß Sie damit gerade am besten fahren, täuschen Sie andere schon mal über Ihre wahre Intelligenz hinweg. Da Sie ein geborener Schwindler sind, kann man niemals sicher sein, welche Absicht Sie im Schilde führen, wenn Sie sich für eine bestimmte Überzeugung scheinbar vehement einsetzen. Moralische Skrupel sind Ihnen unbekannt, denn schließlich heiligt der Zweck die Mittel – zumindest Ihre, wie Sie glauben. Ihr Talent, andere zu manipulieren, macht Sie zu einem geborenen Politiker.

Als Anwalt sind Sie der sprichwörtliche faule Kern im Justizwesen. Einzig daran interessiert, Ihre Taschen zu füllen, treten Sie lieber in Talkshows auf, als Ihre Mandanten zu verteidigen. Dort setzen Sie sich selbst sehr wirkungsvoll in Szene und verkaufen Ihre höchst eigenwillige Rechtsauffassung als mittlere Sensation. Ihr Erfolg als Geschäftsmann gründet sich im allgemeinen auf Ihre Zurückhaltung in Sachen Steuern oder auf Subventions- und Kreditbetrug.

Sie lieben es geradezu, im Zentrum der Aufmerksamkeit zu stehen, und spielen mit der Idee, berufsmäßiger Alleinunterhalter zu werden. Da Ihre Selbstliebe jedoch größer ist als Ihre Selbstdisziplin, werden Sie es auf der Bühne kaum zu wirklicher Größe bringen.

Beziehungen

Auch an Beziehungen interessiert Sie vor allem Ihr eigener Vorteil. Schon deshalb fehlt Ihnen der Atem für eine langfristige Bindung. Als männlicher Wiesel sind Sie immer beträchtlich größer als Ihr weibliches Pendant, und häusliche Gewalt ist bei Ihnen nichts Ungewöhnliches. Alle Beziehungen mit schwächeren Tierpersönlichkeiten ruinieren Sie mit Ihrer Herrschsucht.

Wenn Sie all Ihren Charme einsetzen und einen erfolgreichen, wohlhabenden Ehepartner erwischen, beuten Sie die gemeinsamen Ressourcen rücksichtslos aus – unabhängig davon, welche Pein und Härte Sie damit dem anderen bereiten.

Berühmte Wiesel könnten sein:

Guido Westerwelle, Ignaz Lopéz

Tip für ein Wiesel:

Vertraue jedem, aber zinke die Karten selbst.

Der Wildhund

Klasse:	Säugetiere
Ordnung:	Raubtiere
Verwandte Spezies:	Wolf, Haushund

Allgemein wird angenommen, daß der Haushund nicht vom wilden Hund abstammt, sondern vom Wolf. Und zwar hauptsächlich deswegen, weil das Sozialleben dieser beiden Spezies, Haushund und Wildhund, so verschieden ist. Denn anders als der Wolf, der in einem streng hierarchischen Gefüge lebt, treten die Wildhunde lieber als Gruppe auf ohne erkennbares oben und unten. Domestizierte Hunde hingegen sind gezwungen, ihre untergeordnete Stellung zu ihren Besitzern zu akzeptieren, und da die Wildhunde von Natur aus nicht unterwürfig sind, sind sie als Schoßhund eher ungeeignet.

Das gemeinschaftliche Jagen vollzieht sich ohne einen ausgewiesenen Anführer, was sich auf langen Raubzügen als äußerst effektiv erweist. Wenn nämlich immer ein anderer aus dem Rudel abwechselnd in Führung geht, ist das für das Beutetier sehr kräftezehrend. In den meisten Fällen wird es schier zu Tode gehetzt, bevor es schließlich gerissen wird. An Ort und Stelle wird die Beute dann hinuntergeschlungen, und schon machen sich die Wildhunde wieder auf zum heimischen Bau, um ihr Mahl hinauszuwürgen zum Wohle des hungrigen Nachwuchses.

Der menschliche Wildhund

Ihre Wildhundpersönlichkeit ähnelt in vielem der des Wolfes und des Haushundes. Sie haben das gleiche neugierige und freundliche Wesen und zeichnen sich ebenfalls durch ein außerordentliches Gespür für Sozialstrukturen aus. Und doch sind Sie in einigen wesentlichen Punkten anders gestrickt. Sie sind eine besonders eigenständige Person – Sie respektieren die Rechte anderer und müssen in Ihrem breit gefächerten sozialen Gefüge weder die Anführerrolle übernehmen, noch laufen sie anderen hinterher.

Mit einem feinen Gespür für soziale Gerechtigkeit ausgestattet, sind Sie für Mitmenschen in Bedrängnis eine verläßliche Stütze. Im allgemeinen sehen Sie über die Fehler anderer großmütig hinweg, aber nicht immer, denn auch Sie haben eine Schattenseite: Wenn Sie das Gefühl haben, daß Ihnen Unrecht angetan wurde, sind Sie extrem nachtragend. Sie pflegen Ihren Groll und bestrafen den Schuldigen durch Nichtbeachtung.

Sie sind zwar kein geborener Anführer, aber Sie sind beliebt und gefragt, und Ihre unbezähmbare Abenteuerlust zieht vor allem die an, die eher am Rande der Gesellschaft leben. Mit einem besonders schönen Gesicht sind Sie nun nicht gerade gesegnet, aber dank Ihrer athletischen Bemühungen ist Ihr Körper durchtrainiert und gut in Schuß. Worauf Sie auch besonders achten.

Ganz wie die anderen fleischfressenden Persönlichkeiten reisen Sie furchtbar gern und wählen am liebsten anregende Ferienorte, die Ihren Horizont erweitern. Wenn Sie eine Weile keinen Urlaub gemacht haben, packt Sie die Unruhe.

Karriere

Sie sind ein besonders prinzipientreuer Zeitgenosse. Ihre Mitmenschen brauchen allerdings eine Weile, bevor sie zu Ihnen Vertrauen fassen. Ein Chef sollte Ihnen möglichst viele Freiheiten gewähren, denn in vorgegebenen Strukturen funktionieren Sie nicht besonders gut. Allerdings mögen Sie Teamarbeit und Aufgaben, die nur im Konsens zu lösen sind.

Wenn Ausdauer gefragt ist, sind Sie einsame Spitze, und in Ihrem Job sind Sie gewöhnlich der erste, der morgens kommt, und der letzte, der geht. Sie sind wendig und gewitzt, und mit dem scharfen Verstand, den Sie haben, finden Sie sich im Prinzip überall zurecht. Einen guten Stand haben Sie als Forscher, Ingenieurin, technischer Zeichner, Architektin oder Hochschulangehöriger. Überhaupt Ihr Stehvermögen: Sie gäben auch einen exzellenten Verkehrspolizisten, Politiker oder Journalisten ab.

Beziehungen

Ihr umgängliches Naturell ist anziehend für andere, und doch empfinden manche Ihren hohen Energiepegel als zu anstrengend. In Herzensdingen grasen Sie liebend gerne das Terrain ab, sind Sie jedoch einmal verheiratet, zeigen Sie Treue und Verläßlichkeit. Haushund, Pavian und Warzenschwein sind als Partner nicht übel, aber mit Bedacht meiden sollten Sie Geier, Löwe und Schlange.

Als Elternteil sind Sie hingebungsvoll und jederzeit bereit, Ihren Teil zu den Pflichten rund ums Baby beizutragen. Das erwarten Sie von Ihrem Partner aber auch. Ihren Kindern gewähren Sie eine lange Leine, weil Sie davon überzeugt sind, daß sie ihren Weg selbst finden müssen. Nur wenn es zu Grenzverletzungen im sozialen Gefüge kommt, reagieren Sie mit unerbittlicher Strenge.

Berühmte Wildhunde könnten sein:

Martina Navratilova, Lenin, Julie Andrews

Tip für einen Wildhund:

Staub sollst du aufwirbeln, nicht fressen.

Die Wildkatze

Klasse:	Säugetiere
Ordnung:	Raubtiere
Verwandte Spezies:	Serval, Luchs, Rotluchs

Unter die Bezeichnung «Wildkatze» fallen verschiedene Katzenarten, zum Beispiel auch der Luchs und der amerikanische Rotluchs. Wildkatzen schleichen lautlos und unbemerkt auf ihren Samtpfoten durch ihr Revier. Sie haben diese charakteristischen Haarpinsel an ihren Ohren, die ihren extrem guten Gehörsinn noch verstärken. Ihrer bevorzugten Beute – den Mäusen, Wühlmäusen und Waldmurmeltieren – machen sie mit ihren einziehbaren Krallen kurzen Prozeß.

Die Bezeichnung «Wildkatze» ruft verschiedene Assoziationen hervor. Eigentlich nicht so sehr die Wildheit, sondern eher eine Art Unberechenbarkeit. So nennt man zum Beispiel in der Ölförderungsindustrie den Boden, wo man Öl vermutet, sich aber nicht sicher ist, «wildcat». Ursprünglich stammt diese Bezeichnung vermutlich von einem Geldschein, auf dem ein Rotluchs abgebildet war und der im frühen 19. Jahrhundert von einer Bank im Mittleren Westen der USA ausgegeben wurde: Diese Banknoten wurden ohne den ausreichenden Gegenwert gedruckt und standen für Risiko und Unsicherheit.

Die menschliche Wildkatze

Mit Ausnahme des Löwen sind alle Katzenpersönlichkeiten wahre Solisten, die ihren Weg durchs Leben alleine gehen. Wie alle Nachttiere sind Sie ausgesprochen spirituell und philosophisch. Mit Ihrer ausgeprägten Neugier finden Sie sich oft in vertrackten Situationen wieder, besitzen aber diese unheimliche Fähigkeit, immer wieder auf den Füßen zu landen. Neben Ihren ausgeprägten Sinnesorganen und Ihrem wendigen Körper und Geist ist vor allem Ihre spitze Zunge bezeichnend für Sie.

Wenn Ihnen jemand Unrecht tut, machen Sie sich die Vergeltung fast zu einer Lebensaufgabe. Sie können Jahre warten, bis der richtige Moment gekommen ist. Ist er dann da, bündeln Sie all Ihre Kräfte und setzen fauchend zum Sprung an. Ihr völlig überrumpeltes Opfer hat kaum eine Chance, Ihrem unvermittelten Angriff zu entkommen.

Behaglichkeit ist Ihr ein und alles. Sie sehnen sich nach Aufmerksamkeit und suchen sich Freunde, die Sie in jeder Beziehung weich betten, erwidern diese Zuwendungen jedoch nur, wenn es Ihnen gerade so beliebt.

Ein extrem gepflegtes Äußeres springt an Ihrer Erscheinung sofort ins Auge – makellos bis in die Fingerspitzen. Ausgedehnte Streifzüge durch Boutiquen und Parfümerien und die kosmetischen Abteilungen der Kaufhausketten sind Ihr ein und alles.

Karriere

Als wahre Entdeckernatur hält es Sie nicht lange an einem Ort. Sie ziehen es vor, in Freiheit und solo umherzuziehen. Wenn Sie reisen, halten Sie sich am liebsten abseits der ausgetretenen Pfade und suchen sich abgelegene und ausgefallene Plätzchen. Diese Wanderlust macht Sie zu einem idealen Reiseveranstalter, Archäologen, Bergsteiger, Geographen oder Schriftsteller.

Obwohl es nicht gerade Ihre Lieblingsbeschäftigung ist, vor vielen Leuten aufzutreten, sind Sie ein geborener Tänzer oder Vorturner.

Beziehungen

Wer kann schon von sich behaupten, eine Katze wirklich zu kennen? Obwohl Sie keine besonderen Anstrengungen unternehmen, um Ihr Seelenleben vor anderen zu verbergen, ist Ihr Kommunikationsstil doch abstrakt. Sie sind schnell dabei, Ihr Mißfallen oder Ihre Langeweile kundzutun, indem Sie sich in Ihren Schmollwinkel zurückziehen. Besonders schwierig für Ihre Umgebung ist Ihre Angewohnheit, ganz plötzlich und ohne ersichtlichen Grund zu verschwinden. In der Regel kehren Sie aber an Plätzchen zurück, wo Sie sich sicher fühlen und behaglich umsorgt werden.

Enge Bande knüpfen Sie mit denjenigen, die wie Sie ein rastloses Eremitendasein führen. Pferde- und Schafspersönlichkeiten wären solche Kandidaten, die als Seelenverwandte taugen, und von Gorillas erhalten Sie die so geschätzte Sicherheit.

Ihr natürlicher Feind sind alle Hundepersönlichkeiten. Für deren loyale Beständigkeit und selbstlose Aufopferung haben Sie nur Geringschätzung übrig. Mit dem Fuchs hingegen, der Ihre Entdeckungslust teilt, gehen Sie schon einmal eine wenn auch schwierige Partnerschaft ein. Häschen und andere kleine Säugetiere sollten sich vor Ihrer Katzennatur hüten.

Berühmte Wildkatzen könnten sein:
Michelle Pfeiffer, Cher, James Dean

Tip für eine Wildkatze:
Das Rezept gegen Langeweile ist Neugier. Ein Gegenmittel für Neugier gibt es nicht.

Der Wolf

Klasse:	Säugetiere
Ordnung:	Raubtiere
Verwandte Spezies:	Hund, Fuchs

Kein anderes Tier wurde je so mißverstanden wie der Wolf. In seiner Rolle als blutrünstiger Bösewicht in Märchen und Kinderliedern ist er auf eine Art mystifiziert worden, die weithin Angst und Schrecken gesät hat. Der Wolf, von dem viele meinen, er sei der Ahne des Haushundes, war einst in ganz Europa, Asien und Nordamerika heimisch. Von allen Raubtieren hatten die Wölfe wahrscheinlich das größte Verbreitungsgebiet, und ihre Überlebenstüchtigkeit verdankten sie zum Teil ihrem strengen Sozialgefüge.

Der menschliche Wolf

Als enger Verwandter der Hundepersönlichkeit sind Sie beherzt und hochintelligent. Obwohl Sie einige Ähnlichkeiten mit Ihren Vettern, den Koyoten und Schakalen, besitzen, zeichnet Sie Ihre Integrität und Ihre Loyalität als eine ganz eigene Persönlichkeit aus.

Sie sehen auf eine wilde Art gut aus, und Ihr hoheitsvolles Auftreten strömt Selbstvertrauen aus. Wie auch immer – der Neid auf Ihren Erfolg und die hündische Natur, die man Ihnen andichtet, haben Ihrem Ruf Schaden zugefügt. Am Arbeitsplatz achtet man Sie wegen Ihres Elans und Ihrer gründlichen Hartnäckigkeit, aber auch für Ihre unverbrüchliche Loyalität. Nichts kann Sie so vom Stuhl reißen wie die Aussicht auf eine Verfolgungsjagd, und mit Ihrer legendären Ausdauer häufen Sie Wohlstand an.

Karriere

Sie sind furchtbar ehrgeizig und schrecken vor keiner harten Arbeit zurück. Da Sie stets rücksichtsvoll vorgehen und sozial verantwortlich handeln, können Sie gut eine Führungsrolle oder Managerposition übernehmen. Sie bewähren sich in allen Jobs, in denen visionäre Energie und Charakterstärke gefragt sind. Ihre Begabung, andere zu motivieren, und Ihr Instinkt für gruppendynamische Prozesse setzen Sie mit Blick auf Ihr Ziel sehr geschickt ein.

Als Chef erwarten Sie unbedingte Loyalität, die Sie selbst Ihren Mitarbeitern auch entgegenbringen. Dank Ihrer Fähigkeit, auch und vor allem unter Druck zu funktionieren, gelangen Sie immer in die obersten Kommandoetagen, und als ausgesprochener Kommunikator bedenken Sie Ihre Mitarbeiter mit einem nicht abreißenden Strom von Notizen, Briefen und Faxmeldungen. Mit Ihrem angeborenen Instinkt für Befehlsebenen würden Sie einen ausgezeichneten General oder Gesetzeshüter abgeben.

Beziehungen

Enge und stabile familiäre Beziehungen sind für Ihr seelisches Gleichgewicht unverzichtbar. Seite an Seite mit Ihrer Familie oder Ihren Freunden fühlen Sie sich im Vollbesitz Ihrer Kräfte, es gibt wenig, wovor Sie zurückschrecken würden.

Sie haben ausdrucksstarke Gesichtszüge, und Ihre Gefühle setzen Sie immer auch gleich in Körpersprache um. Für Ihre sozialen Beziehungen tun Sie eine Menge, aber – und dies unterscheidet Sie von Ihrem Verwandten, dem Haushund – Sie dulden kein Ausscheren aus der bestehenden sozialen Ordnung. Wenn es dann zu einem Streit kommt, können Sie mitunter ausfällig, beleidigend und sogar auch gewalttätig reagieren. Aufgrund dieser Ausbrüche, die Ihre Untergebenen als cholerisch empfinden, büßen Sie eine Menge Ihrer Sympathien ein. Diejenigen, die Sie gut kennen, weichen Ihnen in solchen Situationen aus und warten, bis Sie sich wieder eingekriegt haben.

Bei aller Freundlichkeit und Großherzigkeit Gleichgestellten gegenüber, haben Sie einen Hang dazu, Zeitgenossen, die weiter unten in der Nahrungskette angesiedelt sind, zu übersehen. Schafe, Rehe, Karnickel, Präriehunde und anderes Kleinvolk unter den Säugetierpersönlichkeiten sind daher gut beraten, Ihnen gebührenden Respekt zu erweisen, es sei denn, sie wollten es darauf ankommen lassen, von Ihrem aggressiven Naturell überrannt zu werden.

Bären, Hunde und Füchse passen naturgemäß am besten zu Ihnen. Denn sie verstehen Ihr Bedürfnis nach klar geregelten sozialen Verhältnissen, und sie hängen dem gleichen hierarchischen Credo an: So wenig Diskussion wie nötig, so viel Kooperation wie möglich.

Als Liebhaber sind Sie sehr gefragt. Ihr Partner erhält Ihre ungeteilte Aufmerksamkeit, und Ihre kommunikativen Stärken garantieren ein reiches inniges Liebesleben.

Berühmte Wölfe könnten sein:
Jack Nicholson, Hillary Clinton, Alice Schwarzer

Tip für den Wolf:
Hab keine Angst vor zu großen Sprüngen. Einen Graben kann man nur in einem Satz nehmen.

Das Zebra

Klasse: Säugetiere
Ordnung: Paarhufer
Verwandte Spezies: Pferde, Esel, Quaggas (afrikanischer Wildesel)

Zebras unterscheiden sich von Pferden und Eseln durch ihr auffällig gestreiftes Fell. Erst in jüngster Zeit konnte die Debatte darüber, ob die Zebrastreifen nun weiß auf schwarz oder schwarz auf weiß sind, beigelegt werden: Sie sind schwarz auf weißem Grund.

Wenn sie angegriffen werden, können die Zebras aggressiv werden, um sich und ihre Jungen zu verteidigen. Das Zebra ist der einzige Pflanzenfresser, der seine Zähne als Waffe einsetzt, und ein Schlag mit seiner mächtigen Hinterhand kann schon mal den Kiefer eines Löwen zertrümmern.

Einen Verwandten des Zebras, das Quagga, hat ein recht trauriges Schicksal ereilt: Mitte des 18. Jahrhunderts machten südafrikanische Siedler erbarmungslos Jagd auf die Quaggas, und erst als auch die letzten ausgerottet waren, bemerkte man, daß sie überhaupt bedroht gewesen waren. Schockierten Zoodirektoren, die um Nachschub für ihre Quagga-Bestände anfragten, wurde beschieden: «So wie's aussieht, finden wir keine mehr.»

Das menschliche Zebra

Sie haben viele Gemeinsamkeiten mit dem starken Charakter Ihres breitschultrigen Verwandten, des Pferdes. Als Wildtier sind Sie jedoch emotional weitaus extremer gelagert. Sie sind von kraftvoller Statur und immer bereit, Ihre Durchsetzungsfähigkeit bei allen sich bietenden Gelegenheiten unter Beweis zu stellen. Sportarten, die Kraft und Ausdauer erfordern, mögen Sie sehr, Aktivitäten hingegen, die Sie auf Tuchfühlung mit anderen bringen, meiden Sie.

Ihre Eigenwilligkeit ist nicht zu zähmen und Sie haben eine recht aggressive Ader. Ihr Vertrauen in die eigene Stärke demonstrieren Sie durch Ihren imposant stolzierenden Gang. Sie geraten schnell in Wut, und dann geht das Temperament mit Ihnen durch. Für Ihre Unberechenbarkeit sind Sie so berüchtigt, daß selbst Löwenpersönlichkeiten es sich zweimal überlegen, bevor sie sich Ihnen in den Weg stellen. Selten aber sind Sie es, die einen Streit vom Zaun brechen – wenn man Sie in Ruhe läßt, sind Sie friedlich und zufrieden.

Sie neigen dazu, die Welt in schwarz und weiß zu sehen, und haben einen ausgeprägten Sinn für gut und schlecht. Anders als Ihr Cousin, das Pferd, lassen Sie sich nicht gerne Probleme anderer aufsatteln – jeder soll seine eigene Bürde tragen. Ihre etwas eingeschränkte Sicht auf die Dinge des Lebens, die man auch als intolerant bezeichnen könnte, wirkt sich auch auf Ihre Beziehungen aus. Dabei muß man Ihnen allerdings zugute halten, daß Sie Ihre Freunde immer genau unter den Leuten suchen, die Ihrer eigenen Lebensauffassung diametral entgegenstehen. Die Erklärung für dieses widersprüchliche Verhalten ist Ihre unausgesetzte Lust am Debattieren.

Ihre rätselhafte Persönlichkeit enthält eine gut verborgene Seite, denn über bestimmte persönliche Dinge verweigern Sie schlichtweg jede Diskussion. Wer bis dahin zu Ihnen vordringt, lernt einen interessanten – und interessierten – Zeitgenossen kennen.

Karriere

Als typischer Pflanzenfresser suchen Sie die bunte Gesellschaft anderer äsender Persönlichkeiten, und aus dem freundschaftlichen gleichberechtigten Miteinander können auch berufliche Partnerschaften entstehen.

Haben Sie sich einmal eine Meinung über etwas gebildet, ist es schwierig, Sie davon abzubringen, und das trägt Ihnen den Ruf von Dickschädeligkeit ein. Das aber ist nicht ganz gerecht, denn zu Ihren Meinungen sind Sie durch gründliches Abwägen und logische Überlegung gekommen. Ihr analytischer Verstand prädestiniert Sie für eine Laufbahn als Wissenschaftler, als Ingenieurin, Buchhalter oder Schiedsrichterin.

Mit Ihrem ausgeprägten Gerechtigkeitssinn sind Sie ideal für das Justizwesen und den Polizeiberuf. Zäh, wie Sie sind, und gesegnet mit einem langen Atem, könnten Sie auch in der Politik Erfolg haben.

Die schöngeistigen Künste sind nicht gerade Ihre Domäne, Sie haben es lieber **151** etwas konkreter. Aber mit Ihrer Abneigung gegen körperliche Arbeit ist richtige «Maloche» auch nichts für Sie.

Beziehungen

Sie sind ein verläßlicher und loyaler Freund, und Sie fühlen sich von dem pragmatischen Wesen Ihrer natürlichen Gefährten – Schafe, Rehe, Pferde und Giraffen – angezogen. Wenn Sie allerdings mit Ihrem eingeschworenen Feind, dem Löwen, aufeinandertreffen, dann dauert es nicht lange, bis die Fetzen fliegen.

Mit verpflichtenden, tiefschürfenden Beziehungen tun Sie sich schwer. Und welchen Grund sollten Sie auch haben, sich auf ausschließlich einen Partner festzulegen? Schließlich sind Sie mit Ihrer unbändigen Natur der Herr oder die Herrin über ein schier unbegrenztes Territorium.

Berühmte Zebras könnten sein:

Mickey Rourke, Gerhard Schröder, Ion Tiriac

Tip für ein Zebra:

Achtung: Die Straße zum Erfolg ist eine Baustelle.

Nummerntafeln

111-111↓ Maulwurf, Schlange, Maus
112-111↓ Maulwurf, Schlange, Maus
113-111↓ Maulwurf, Schlange, Maus
121-111↓ Maulwurf, Maus, Schlange
122-111↓ Maulwurf, Maus, Schlange
123-111↓ Maulwurf, Maus, Schlange
131-111↓ Maus, Maulwurf
132-111↓ Maus, Maulwurf
132-132↓ Maus, Maulwurf, Fledermaus
133-111↓ Maus, Maulwurf, Fledermaus
141-111↓ Maus
142-111↓ Maus
143-111↓ Maus, Fledermaus
211-111↓ Schlange, Maus
212-111↓ Schlange, Maus
213-111↓ Schlange, Maus
221-111↓ Maus, Schlange
222-111↓ Maus, Schlange
223-111↓ Maus, Schlange, Fledermaus
231-111↓ Maus, Schlange
232-111↓ Maus, Fledermaus, Schlange
233-111↓ Maus, Fledermaus, Schlange
241-111↓ Maus
242-111 Maus
243-111↓ Maus, Fledermaus
311-111↓ Schlange, Maus
312-111↓ Schlange, Maus
313-111↓ Schlange, Maus
321-111↓ Maus, Schlange
322-111↓ Maus, Schlange
323-111↓ Maus, Schlange
331-111↓ Maus, Schlange
332-111↓ Maus, Fledermaus, Schlange
333-111↓ Maus, Fledermaus, Schlange
341-111↓ Maus
342-111↓ Maus
343-111↓ Maus, Fledermaus
411-111↓ Schlange, Maus, Maulwurf
412-111↓ Schlange, Maus, Maulwurf
413-111↓ Schlange, Maus, Maulwurf
413-122↓ Maus, Fledermaus, Maulwurf
413-131↓ Maus, Schlange, Maulwurf
421-111↓ Maus, Schlange
422-111↓ Maus, Schlange
423-111↓ Maus, Schlange
423-112↓ Maus, Schlange, Fledermaus
431-111↓ Maus, Waldkaninchen
432-111↓ Maus, Waldkaninchen
433-111↓ Maus, Fledermaus
433-221↓ Maus, Waldkaninchen
441-111↓ Maus
442-111↓ Maus
443-111↓ Maus, Fledermaus

111-111↓ Maulwurf, Schlange, Maus
112-111↓ Maulwurf, Schlange, Maus
113-111↓ Maulwurf, Schlange, Maus
121-111↓ Maulwurf, Maus, Schlange
122-111↓ Maulwurf, Maus, Schlange
123-111↓ Maulwurf, Maus, Schlange
131-111↓ Maus, Maulwurf
132-111↓ Maus, Maulwurf
132-122↓ Maus, Maulwurf, Fledermaus
133-111↓ Maus, Fledermaus
133-121 Maus, Maulwurf
133-122↓ Maus, Fledermaus
141-111↓ Maus
142-111↓ Maus
143-111↓ Maus, Fledermaus
211-111↓ Schlange, Maus
212-111↓ Schlange, Maus
213-111↓ Schlange, Maus
213-122↓ Maus, Fledermaus, Schlange
221-111↓ Maus, Schlange
222-111↓ Maus, Schlange
223-111↓ Maus, Schlange
223-212↓ Maus, Schlange, Fledermaus
231-111↓ Maus, Schlange
232-111↓ Maus, Fledermaus, Schlange
233-111↓ Maus, Fledermaus, Schlange
241-111↓ Maus
242-111↓ Maus
243-111↓ Maus, Fledermaus
311-111↓ Schlange, Maus
312-111↓ Schlange, Maus
313-111↓ Schlange, Maus
313-122↓ Maus, Fledermaus, Schlange
313-222↓ Maus, Otter
321-111↓ Maus, Schlange
322-111↓ Maus, Schlange
323-111↓ Maus, Schlange
323-112↓ Maus, Schlange, Fledermaus
323-222↓ Maus, Otter
331-111↓ Maus
332-111 Maus
333-111↓ Maus, Fledermaus
333-212↓ Maus, Otter, Fledermaus
341-111↓ Maus
342-111↓ Maus
343-111↓ Maus, Fledermaus, Otter
411-111↓ Waldkaninchen, Schlange, Maus
411-332↓ Waldkaninchen, Maus, Rotwild
412-111↓ Waldkaninchen, Schlange, Maus
412-332↓ Waldkaninchen, Maus, Rotwild
413-111↓ Waldkaninchen, Schlange, Maus
413-332↓ Waldkaninchen, Maus, Rotwild
421-111↓ Waldkaninchen, Maus, Schlange
421-332↓ Waldkaninchen, Maus, Schwan
422-111↓ Waldkaninchen, Maus, Schlange
422-332↓ Waldkaninchen, Maus, Schwan
423-111↓ Waldkaninchen, Maus, Schlange
423-332↓ Waldkaninchen, Maus, Schwan
431-111↓ Waldkaninchen, Maus
431-332↓ Waldkaninchen, Maus, Schwan
432-111↓ Waldkaninchen, Maus
432-332↓ Waldkaninchen, Maus, Schwan
433-111 Waldkaninchen, Maus
433-332↓ Waldkaninchen, Maus, Schwan
441-111↓ Waldkaninchen, Maus
441-332↓ Waldkaninchen, Maus, Schwan
442-111↓ Waldkaninchen, Maus
442-332↓ Waldkaninchen, Maus, Schwan
443-111 Waldkaninchen, Maus
443-332↓ Waldkaninchen, Maus, Schwan

111-111↓ Maulwurf, Schlange, Maus
112-111↓ Maulwurf, Schlange, Maus
113-111↓ Maulwurf, Schlange, Maus
113-132↓ Maulwurf, Maus, Fledermaus
121-111↓ Maulwurf, Maus, Schlange
122-111↓ Maulwurf, Maus, Schlange
123-111↓ Maulwurf, Maus, Schlange
123-132↓ Maulwurf, Maus, Fledermaus
131-111↓ Maus
132-111↓ Maus
132-121↓ Maus, Maulwurf
133-111↓ Maus, Fledermaus
141-111↓ Maus
142-111↓ Maus
143-111↓ Maus, Fledermaus
211-111↓ Schlange, Maus
212-111↓ Schlange, Maus
213-111↓ Schlange, Maus
221-111↓ Maus, Schlange

222-111↓ Maus, Schlange
223-111↓ Maus, Schlange
231-111↓ Maus, Schlange
232-111↓ Maus, Schlange
233-111↓ Maus, Fledermaus
241-111↓ Maus
242-111↓ Maus
243-111↓ Maus, Fledermaus
311-111↓ Schlange, Maus
312-111↓ Schlange, Maus
313-111↓ Schlange, Maus
313-122↓ Maus, Fledermaus, Schlange
313-212↓ Maus, Schlange, Otter
321-111↓ Maus, Schlange
321-221↓ Maus, Waldkaninchen
322-111↓ Maus, Schlange
322-121↓ Maus, Schlange, Waldkaninchen
323-111 Maus, Schlange
323-112↓ Maus, Schlange, Fledermaus
331-111↓ Maus, Waldkaninchen
332-111↓ Maus, Waldkaninchen
332-122↓ Maus, Waldkaninchen, Fledermaus
333-111↓ Maus, Fledermaus, Otter
333-121 Maus, Waldkaninchen
333-132↓ Maus, Fledermaus, Otter
333-222↓ Maus, Otter, Waldkaninchen
341-111↓ Maus
342-111↓ Maus
342-221↓ Maus, Waldkaninchen
343-111↓ Maus, Fledermaus
343-122↓ Maus, Fledermaus, Otter
343-132↓ Maus, Fledermaus, Präriehund
343-222↓ Maus, Otter
343-232↓ Maus, Präriehund
343-322↓ Maus, Otter
343-332 Maus, Präriehund
411-111↓ Waldkaninchen, Rotwild
412-111↓ Waldkaninchen, Rotwild
413-111↓ Waldkaninchen, Rotwild
421-111↓ Waldkaninchen, Rotwild
422-111↓ Waldkaninchen, Maus
423-111↓ Waldkaninchen, Rotwild
431-111↓ Waldkaninchen, Maus
432-111↓ Waldkaninchen, Maus
433-111↓ Waldkaninchen, Maus
441-111↓ Waldkaninchen
442-111↓ Waldkaninchen
443-111↓ Waldkaninchen

114-

111-111↓ Maulwurf, Schlange, Maus
112-111↓ Maulwurf, Schlange, Maus
113-111↓ Maulwurf, Schlange, Maus
113-132↓ Maulwurf, Maus, Fledermaus

121-111↓ Maulwurf, Maus, Schlange
122-111↓ Maulwurf, Maus, Schlange
123-111↓ Maulwurf, Maus, Schlange
123-132↓ Maulwurf, Maus, Fledermaus
131-111↓ Maus
132-111↓ Maus
133-111↓ Maus, Fledermaus
141-111↓ Maus
142-111↓ Maus
143-111↓ Maus, Fledermaus
143-132↓ Maus, Fledermaus, Präriehund
211-111↓ Schlange, Maus
212-111↓ Schlange, Maus
213-111↓ Schlange, Maus
221-111↓ Maus, Schlange
222-111↓ Maus, Schlange
223-111↓ Maus, Schlange
231-111↓ Maus
232-111↓ Maus
233-111↓ Maus, Fledermaus
241-111↓ Maus
242-111↓ Maus
243-111↓ Maus, Fledermaus
243-132↓ Maus, Fledermaus, Präriehund
311-111↓ Schlange, Maus
312-111↓ Schlange, Maus
313-111↓ Schlange, Maus
313-122↓ Maus, Fledermaus, Schlange
313-132↓ Maus, Fledermaus, Präriehund
313-212↓ Maus, Schlange
313-232↓ Maus, Präriehund
321-111↓ Maus, Schlange
322-111↓ Maus, Schlange
323-111↓ Maus, Schlange
323-112↓ Maus, Schlange, Fledermaus
331-111↓ Maus
332-111↓ Maus
332-211↓ Maus, Waldkaninchen
333-111↓ Maus, Fledermaus
341-111↓ Maus, Hund
341-332↓ Maus, Hund, Präriehund
342-111↓ Maus, Hund
342-122↓ Maus, Hund, Präriehund
343-111↓ Maus, Präriehund, Hund
411-111↓ Waldkaninchen, Rotwild, Seelöwe
412-111↓ Waldkaninchen, Rotwild, Seelöwe
413-111↓ Waldkaninchen, Rotwild, Seelöwe
421-111↓ Waldkaninchen, Rotwild
422-111↓ Waldkaninchen, Rotwild
423-111↓ Waldkaninchen, Rotwild
423-322↓ Waldkaninchen, Rotwild, Seelöwe
431-111↓ Waldkaninchen
432-111↓ Waldkaninchen
432-221↓ Waldkaninchen, Maus

433-111↓ Waldkaninchen
441-111 Waldkaninchen
442-111↓ Waldkaninchen, Hund
442-332↓ Waldkaninchen, Präriehund, Hund
443-111↓ Waldkaninchen, Präriehund, Hund

121-

111-111↓ Schlange, Fledermaus
112-111↓ Schlange, Fledermaus
113-111↓ Schlange, Fledermaus
121-111↓ Schlange, Fledermaus
121-332↓ Schlange, Fledermaus, Maus
122-111↓ Schlange, Fledermaus
122-331↓ Schlange, Fledermaus, Maus
123-111↓ Schlange, Fledermaus
131-111↓ Schlange, Fledermaus
131-212↓ Schlange, Fledermaus, Maus
132-111 Schlange, Fledermaus
132-212↓ Fledermaus, Schlange, Maus
133-111↓ Fledermaus, Schlange
133-311↓ Fledermaus, Schlange, Maus
141-111↓ Schlange, Fledermaus
141-211↓ Schlange, Maus, Fledermaus
141-232 Fledermaus, Maus, Biber
141-311↓ Schlange, Maus, Fledermaus
141-331↓ Maus, Fledermaus, Biber
142-111↓ Schlange, Fledermaus
142-221↓ Fledermaus, Maus, Schlange
142-231↓ Fledermaus, Maus, Biber
142-311↓ Schlange, Maus, Schlange
142-331↓ Maus, Fledermaus, Biber
143-111↓ Fledermaus, Schlange
143-321↓ Fledermaus, Maus
143-331↓ Fledermaus, Biber
211-111↓ Schlange, Fledermaus
211-332↓ Schlange, Fledermaus, Spitzmaus
212-111↓ Schlange, Fledermaus
212-332↓ Schlange, Fledermaus, Spitzmaus
213-111↓ Schlange, Fledermaus
221-111↓ Schlange, Fledermaus
221-221↓ Schlange, Maus, Fledermaus
222-111↓ Schlange, Fledermaus
222-321↓ Schlange, Maus, Fledermaus
223-111↓ Schlange, Fledermaus
231-111↓ Schlange, Fledermaus
231-211↓ Schlange, Maus, Fledermaus
232-111 Schlange, Fledermaus
232-212↓ Fledermaus, Schlange, Maus
233-111↓ Fledermaus, Schlange
233-221↓ Fledermaus, Schlange, Maus
241-111↓ Schlange, Fledermaus
241-211↓ Schlange, Maus, Fledermaus
241-232 Fledermaus, Maus, Biber
241-311↓ Schlange, Maus, Fledermaus

241-332 Fledermaus, Maus, Biber
242-111↓ Schlange, Fledermaus, Maus
242-231↓ Fledermaus, Maus, Biber
242-311↓ Schlange, Maus, Fledermaus
242-331↓ Maus, Fledermaus, Biber
243-111↓ Fledermaus, Schlange
243-221↓ Fledermaus, Maus, Schlange
243-231↓ Fledermaus, Biber, Maus
243-311↓ Fledermaus, Schlange, Maus
243-331↓ Fledermaus, Biber, Maus
311-111↓ Schlange, Fledermaus, Spitzmaus
312-111↓ Schlange, Fledermaus
312-322↓ Spitzmaus, Schlange, Fledermaus
313-111↓ Schlange, Fledermaus
313-212↓ Schlange, Fledermaus, Spitzmaus
321-111↓ Schlange, Fledermaus
321-221 Schlange, Maus, Waldkaninchen
321-222↓ Schlange, Fledermaus, Maus
321-331 Schlange, Maus, Waldkaninchen
321-332↓ Schlange, Fledermaus, Maus
322-111↓ Schlange, Fledermaus
322-221↓ Schlange, Fledermaus, Maus
322-222 Schlange, Fledermaus, Otter
322-231 Schlange, Fledermaus, Maus
322-232↓ Schlange, Fledermaus, Otter
322-321 Schlange, Maus, Waldkaninchen
322-322 Schlange, Fledermaus, Otter
322-331 Schlange, Maus, Waldkaninchen
322-332↓ Schlange, Fledermaus, Otter
323-111↓ Schlange, Fledermaus
323-212↓ Schlange, Fledermaus, Otter
331-111↓ Schlange, Fledermaus
331-131↓ Schlange, Fledermaus, Maus
331-211 Schlange, Maus, Waldkaninchen
331-212 Schlange, Fledermaus, Maus
331-221 Schlange, Maus, Waldkaninchen
331-222 Fledermaus, Schlange, Maus
331-231 Maus, Waldkaninchen, Schlange
331-232 Fledermaus, Maus, Waldkaninchen
331-311 Schlange, Maus, Waldkaninchen
331-312 Schlange, Fledermaus, Maus
331-321 Maus, Waldkaninchen, Schlange
331-322 Fledermaus, Maus, Waldkaninchen
331-331 Maus, Waldkaninchen, Schlange
331-332 Fledermaus, Maus, Waldkaninchen
332-111 Schlange, Fledermaus
332-212↓ Fledermaus, Schlange, Otter
332-221 Fledermaus, Schlange, Maus
332-222 Fledermaus, Schlange, Otter
332-231 Fledermaus, Maus, Waldkaninchen
332-232 Fledermaus, Otter, Maus
332-311 Schlange, Maus, Waldkaninchen
332-312 Fledermaus, Schlange, Otter
332-321 Maus, Waldkaninchen, Fledermaus

332-322 Fledermaus, Otter, Maus
332-331 Maus, Waldkaninchen, Fledermaus
332-332 Fledermaus, Otter, Maus
333-111↓ Fledermaus, Schlange
333-211↓ Fledermaus, Schlange, Otter
333-331↓ Fledermaus, Otter, Maus
341-111↓ Schlange, Fledermaus
341-131↓ Fledermaus, Schlange, Maus
341-211 Schlange, Maus, Waldkaninchen
341-212 Fledermaus, Schlange, Maus
341-221↓ Maus, Waldkaninchen, Fledermaus
341-311 Schlange, Maus, Waldkaninchen
341-312 Fledermaus, Schlange, Maus
341-321↓ Maus, Waldkaninchen, Fledermaus
342-111 Schlange, Fledermaus
342-211↓ Schlange, Fledermaus, Maus
342-221 Fledermaus, Maus, Waldkaninchen
342-222 Fledermaus, Otter, Maus
342-231 Fledermaus, Maus, Waldkaninchen
342-232 Fledermaus, Biber
342-311 Schlange, Maus, Waldkaninchen
342-312 Fledermaus, Schlange, Otter
342-321 Maus, Waldkaninchen, Fledermaus
342-322 Fledermaus, Otter, Maus
342-331 Maus, Waldkaninchen, Fledermaus
342-332 Fledermaus, Biber, Otter
343-111↓ Fledermaus, Schlange
343-232↓ Fledermaus, Otter, Präriehund
411-111↓ Schlange, Waldkaninchen
411-222↓ Waldkaninchen, Spitzmaus, Schlange
411-232 Waldkaninchen, Spitzmaus, Pfau
411-311↓ Waldkaninchen, Schlange, Spitzmaus
411-332↓ Waldkaninchen, Spitzmaus, Schwan
412-111↓ Schlange, Waldkaninchen
412-232↓ Waldkaninchen, Spitzmaus, Schlange
412-332↓ Waldkaninchen, Spitzmaus, Schwan
413-111↓ Schlange, Fledermaus
413-121↓ Schlange, Waldkaninchen, Fledermaus
413-222 Waldkaninchen, Fledermaus, Spitzmaus
413-231 Waldkaninchen, Schlange, Spitzmaus
413-232 Waldkaninchen, Fledermaus, Spitzmaus
413-311↓ Waldkaninchen, Schlange, Spitzmaus
413-332↓ Waldkaninchen, Spitzmaus, Schwan

421-111↓ Schlange, Waldkaninchen
421-312↓ Waldkaninchen, Schwan, Schlange
421-322↓ Waldkaninchen, Schwan, Rotwild
422-111 Schlange, Waldkaninchen
422-312↓ Waldkaninchen, Schwan, Schlange
422-322↓ Waldkaninchen, Schwan, Rotwild
423-111↓ Schlange, Waldkaninchen, Fledermaus
423-232 Waldkaninchen, Fledermaus, Otter
423-312↓ Waldkaninchen, Schwan, Schlange
423-322↓ Waldkaninchen, Schwan, Fledermaus
431-111 Waldkaninchen, Schlange
431-222↓ Waldkaninchen, Schwan, Fledermaus
432-111 Waldkaninchen, Schlange, Fledermaus
432-322↓ Waldkaninchen, Schwan, Fledermaus
433-111↓ Waldkaninchen, Fledermaus, Schlange
433-322↓ Waldkaninchen, Schwan, Fledermaus
441-111 Waldkaninchen, Schlange
441-112↓ Waldkaninchen, Fledermaus, Schlange
441-312↓ Waldkaninchen, Schwan
442-111 Waldkaninchen, Schlange
442-112↓ Waldkaninchen, Fledermaus, Schlange
442-312↓ Waldkaninchen, Schwan
443-111↓ Waldkaninchen, Fledermaus, Schlange
443-222↓ Waldkaninchen, Fledermaus, Otter
443-312↓ Waldkaninchen, Schwan, Fledermaus

122-
111-111↓ Schlange, Fledermaus
111-331↓ Schlange, Spitzmaus, Waldkaninchen
111-332↓ Spitzmaus, Schlange, Fledermaus
112-111↓ Schlange, Fledermaus
112-332↓ Spitzmaus, Schlange, Fledermaus
113-111↓ Schlange, Fledermaus
113-222↓ Fledermaus, Schlange, Spitzmaus
121-111↓ Schlange, Fledermaus
121-322↓ Schlange, Fledermaus, Waldkaninchen
121-331 Schlange, Waldkaninchen, Maus
121-332↓ Schlange, Fledermaus, Waldkaninchen
122-111↓ Schlange, Fledermaus
122-331↓ Schlange, Waldkaninchen, Maus

155

122-332↓ Schlange, Fledermaus, Waldkaninchen
123-111↓ Schlange, Fledermaus
131-111↓ Schlange, Fledermaus
131-131↓ Schlange, Fledermaus, Waldkaninchen
131-211 Schlange, Waldkaninchen, Maus
131-212 Schlange, Fledermaus, Waldkaninchen
131-221 Waldkaninchen, Schlange, Maus
131-222 Fledermaus, Waldkaninchen, Schlange
131-231 Waldkaninchen, Maus, Schlange
131-232 Fledermaus, Waldkaninchen, Maus
131-311 Schlange, Waldkaninchen, Maus
131-312 Schlange, Fledermaus, Waldkaninchen
131-321 Waldkaninchen, Maus, Schlange
131-322 Fledermaus, Waldkaninchen, Maus
131-331 Waldkaninchen, Maus, Schlange
131-332 Fledermaus, Waldkaninchen, Maus
132-111 Schlange, Fledermaus
132-212↓ Fledermaus, Schlange, Waldkaninchen
132-311 Schlange, Waldkaninchen, Maus
132-312 Fledermaus, Schlange, Waldkaninchen
132-321↓ Waldkaninchen, Maus, Fledermaus
133-111↓ Fledermaus, Schlange
133-212↓ Fledermaus, Schlange, Otter
133-221 Fledermaus, Waldkaninchen, Schlange
133-222↓ Fledermaus, Otter
133-311↓ Fledermaus, Schlange, Waldkaninchen
133-321↓ Fledermaus, Waldkaninchen, Otter
141-111↓ Schlange, Fledermaus
141-131↓ Fledermaus, Biber, Schlange
141-211 Schlange, Schaf, Waldkaninchen
141-212 Fledermaus, Schlange, Schaf
141-221 Schaf, Waldkaninchen, Maus
141-222 Fledermaus, Schaf, Biber
141-231 Biber, Schaf, Waldkaninchen
141-232 Biber, Fledermaus, Schaf
141-311 Schaf, Schlange, Waldkaninchen
141-312 Schaf, Fledermaus, Biber
141-321 Schaf, Waldkaninchen, Maus
141-322 Schaf, Biber, Fledermaus
141-331 Biber, Schaf, Waldkaninchen
141-332 Biber, Schaf, Fledermaus
142-111↓ Schlange, Fledermaus
142-131↓ Fledermaus, Biber, Schlange
142-211 Schlange, Schaf, Waldkaninchen
142-212 Fledermaus, Biber, Schlange

142-221 Schaf, Biber, Waldkaninchen
142-222 Fledermaus, Biber, Schaf
142-231 Biber, Schaf, Waldkaninchen
142-232 Biber, Fledermaus
142-311 Schaf, Schlange, Waldkaninchen
142-312 Biber, Fledermaus, Schaf
142-321 Schaf, Biber, Waldkaninchen
142-322 Biber, Fledermaus, Schaf
142-331↓ Biber, Schaf, Waldkaninchen
143-111↓ Fledermaus, Schlange
143-131↓ Fledermaus, Biber
143-211 Fledermaus, Schlange, Schaf
143-321↓ Fledermaus, Biber, Schaf
211-111↓ Schlange, Fledermaus, Spitzmaus
212-111↓ Schlange, Fledermaus
212-332↓ Spitzmaus, Schlange, Fledermaus
213-111↓ Schlange, Fledermaus
213-212↓ Schlange, Fledermaus, Spitzmaus
221-111↓ Schlange, Fledermaus
221-221 Schlange, Waldkaninchen, Maus
221-222 Schlange, Fledermaus, Waldkaninchen
221-231 Schlange, Waldkaninchen, Maus
221-332↓ Schlange, Fledermaus, Waldkaninchen
222-111↓ Schlange, Fledermaus
222-221↓ Schlange, Waldkaninchen, Fledermaus
222-321 Schlange, Waldkaninchen, Maus
222-322 Schlange, Fledermaus, Waldkaninchen
222-331 Schlange, Waldkaninchen, Maus
222-332↓ Schlange, Fledermaus, Waldkaninchen
223-111↓ Schlange, Fledermaus
223-212↓ Schlange, Fledermaus, Otter
231-111↓ Schlange, Fledermaus
231-121↓ Schlange, Fledermaus, Waldkaninchen
231-221 Waldkaninchen, Schlange, Maus
231-222 Fledermaus, Waldkaninchen, Schlange
231-231 Waldkaninchen, Maus, Schlange
231-232 Fledermaus, Waldkaninchen, Maus
231-311 Schlange, Waldkaninchen, Maus
231-312 Schlange, Fledermaus, Waldkaninchen
231-321 Waldkaninchen, Maus, Schlange
231-322 Fledermaus, Waldkaninchen, Maus
231-331 Waldkaninchen, Maus, Schlange
231-332 Fledermaus, Waldkaninchen, Maus
232-111 Schlange, Fledermaus
232-212↓ Fledermaus, Schlange, Waldkaninchen

232-232 Fledermaus, Waldkaninchen, Otter
232-311 Schlange, Waldkaninchen, Maus
232-312 Fledermaus, Schlange, Waldkaninchen
232-321 Waldkaninchen, Maus, Fledermaus
232-322 Fledermaus, Waldkaninchen, Otter
232-331 Waldkaninchen, Maus, Fledermaus
232-332 Fledermaus, Waldkaninchen, Otter
233-111↓ Fledermaus, Schlange
233-211↓ Fledermaus, Schlange, Otter
233-331↓ Fledermaus, Otter, Waldkaninchen
241-111↓ Schlange, Fledermaus, Schaf
241-131↓ Fledermaus, Biber, Schlange
241-211 Schlange, Schaf, Waldkaninchen
241-212 Fledermaus, Schlange, Schaf
241-221 Schaf, Waldkaninchen, Maus
241-222 Fledermaus, Schaf, Biber
241-231 Biber, Schaf, Waldkaninchen
241-232 Biber, Fledermaus, Schaf
241-311 Schaf, Schlange, Waldkaninchen
241-312 Schaf, Fledermaus, Biber
241-321 Schaf, Waldkaninchen, Maus
241-322 Schaf, Biber, Fledermaus
241-331↓ Biber, Schaf, Waldkaninchen
242-111 Schlange, Fledermaus, Schaf
242-112 Fledermaus, Schlange, Biber
242-121 Fledermaus, Schlange, Schaf
242-122↓ Fledermaus, Biber, Schlange
242-211 Schlange, Schaf, Waldkaninchen
242-212 Fledermaus, Schlange, Schaf
242-221 Schaf, Biber, Waldkaninchen
242-222 Fledermaus, Biber, Schaf
242-231 Biber, Schaf, Waldkaninchen
242-232 Biber, Fledermaus, Schaf
242-311 Schaf, Schlange, Waldkaninchen
242-312 Biber, Fledermaus, Schaf
242-321 Schaf, Biber, Waldkaninchen
242-322 Biber, Fledermaus, Schaf
242-331 Biber, Schaf, Waldkaninchen
242-332 Biber, Fledermaus
243-111↓ Fledermaus, Schlange
243-131↓ Fledermaus, Biber
243-211 Fledermaus, Schlange, Schaf
243-212 Fledermaus, Biber, Otter
243-221 Fledermaus, Biber, Schaf
243-222 Fledermaus, Biber, Otter
243-231 Biber, Fledermaus, Schaf
243-232 Biber, Fledermaus, Otter
243-311 Fledermaus, Schaf, Biber
243-312 Fledermaus, Biber, Otter
243-321 Fledermaus, Biber, Schaf
243-322 Fledermaus, Biber, Otter
243-331↓ Biber, Fledermaus, Schaf
311-111↓ Schlange, Spitzmaus

156

311-321↓ Spitzmaus, Waldkaninchen, Schlange
312-111↓ Schlange, Spitzmaus
312-132↓ Spitzmaus, Schlange, Fledermaus
312-321↓ Spitzmaus, Waldkaninchen, Schlange
313-111↓ Schlange, Fledermaus, Spitzmaus
313-211↓ Schlange, Spitzmaus, Otter
313-232 Spitzmaus, Otter, Fledermaus
313-311↓ Spitzmaus, Schlange, Otter
313-331↓ Spitzmaus, Otter, Waldkaninchen
321-111↓ Schlange, Fledermaus
321-332↓ Waldkaninchen, Otter, Schlange
322-111↓ Schlange, Fledermaus
322-121↓ Schlange, Waldkaninchen, Fledermaus
322-212↓ Schlange, Waldkaninchen, Otter
323-111↓ Schlange, Fledermaus, Otter
323-211 Schlange, Otter, Waldkaninchen
323-212 Otter, Schlange, Fledermaus
323-221 Otter, Waldkaninchen, Schlange
323-222↓ Otter, Fledermaus, Waldkaninchen
323-311 Schlange, Otter, Waldkaninchen
323-312 Otter, Schlange, Fledermaus
323-321 Otter, Waldkaninchen, Schlange
323-322↓ Otter, Fledermaus, Waldkaninchen
331-111↓ Schlange, Waldkaninchen, Fledermaus
331-132 Fledermaus, Waldkaninchen, Otter
331-211↓ Waldkaninchen, Schlange, Otter
331-222 Waldkaninchen, Otter, Fledermaus
331-231 Waldkaninchen, Otter, Maus
331-232 Waldkaninchen, Otter, Fledermaus
331-311 Waldkaninchen, Otter, Schlange
331-322↓ Waldkaninchen, Otter, Schwan
332-111↓ Schlange, Waldkaninchen, Fledermaus
332-122 Fledermaus, Waldkaninchen, Otter
332-131 Waldkaninchen, Fledermaus, Schlange
332-132 Fledermaus, Waldkaninchen, Otter
332-211 Waldkaninchen, Schlange, Otter
332-212↓ Waldkaninchen, Otter, Fledermaus
332-311 Waldkaninchen, Otter, Schlange
332-312 Waldkaninchen, Otter, Fledermaus
332-321 Waldkaninchen, Otter, Maus
332-322 Waldkaninchen, Otter, Fledermaus
332-331 Waldkaninchen, Otter, Maus
332-332 Waldkaninchen, Otter, Fledermaus
333-111↓ Fledermaus, Schlange, Otter
333-211↓ Otter, Waldkaninchen, Fledermaus
341-111↓ Schlange, Waldkaninchen, Fledermaus
341-132↓ Fledermaus, Waldkaninchen, Biber

341-212↓ Waldkaninchen, Hund, Otter
341-232↓ Waldkaninchen, Biber, Hund
341-312↓ Waldkaninchen, Hund, Otter
341-332 Waldkaninchen, Biber, Hund
342-111↓ Schlange, Waldkaninchen, Fledermaus
342-122 Fledermaus, Waldkaninchen, Otter
342-131↓ Waldkaninchen, Fledermaus, Biber
342-211 Waldkaninchen, Otter, Schlange
342-212 Waldkaninchen, Otter, Hund
342-221 Waldkaninchen, Otter, Schaf
342-222 Waldkaninchen, Otter, Hund
342-231 Waldkaninchen, Biber, Otter
342-312↓ Waldkaninchen, Otter, Hund
342-331 Waldkaninchen, Biber, Otter
343-111↓ Fledermaus, Otter, Schlange
343-121↓ Fledermaus, Otter, Waldkaninchen
343-131↓ Fledermaus, Otter, Präriehund
343-211↓ Otter, Waldkaninchen, Fledermaus
343-231 Otter, Präriehund, Waldkaninchen
343-232 Otter, Präriehund, Biber
343-311↓ Otter, Waldkaninchen, Fledermaus
343-331 Otter, Präriehund, Waldkaninchen
343-332 Otter, Präriehund, Biber
411-111 Waldkaninchen, Schlange
411-112↓ Waldkaninchen, Schlange, Spitzmaus
411-122↓ Waldkaninchen, Spitzmaus, Pfau
411-312↓ Waldkaninchen, Rotwild, Spitzmaus
412-111 Waldkaninchen, Schlange
412-312↓ Waldkaninchen, Rotwild, Spitzmaus
413-111 Waldkaninchen, Schlange
413-112↓ Waldkaninchen, Schlange, Spitzmaus
413-232↓ Waldkaninchen, Spitzmaus, Wildkatze
413-312↓ Waldkaninchen, Rotwild, Spitzmaus
421-111↓ Waldkaninchen, Schlange
421-312↓ Waldkaninchen, Schwan, Rotwild
422-111↓ Waldkaninchen, Schlange
422-311↓ Waldkaninchen, Schwan, Rotwild
423-111 Waldkaninchen, Schlange
423-112↓ Waldkaninchen, Schlange, Fledermaus
423-222↓ Waldkaninchen, Otter, ;Wildkatze
423-312↓ Waldkaninchen, Schwan, Rotwild
431-111↓ Waldkaninchen, Schwan
432-111↓ Waldkaninchen, Schwan
433-111 Waldkaninchen, Fledermaus
433-132↓ Waldkaninchen, Fledermaus, Otter
433-332↓ Waldkaninchen, Schwan, Otter

441-111↓ Waldkaninchen, Schwan
442-111↓ Waldkaninchen, Schwan
443-111↓ Waldkaninchen, Fledermaus
443-222↓ Waldkaninchen, Otter
443-312↓ Waldkaninchen, Schwan

123-

111-111↓ Schlange, Fledermaus
111-222↓ Schlange, Spitzmaus, Waldkaninchen
112-111↓ Schlange, Fledermaus
142-222↓ Schlange, Spitzmaus, Waldkaninchen
113-111↓ Schlange, Fledermaus
113-221↓ Schlange, Fledermaus, Waldkaninchen
113-222 Fledermaus, Schlange, Spitzmaus
113-231 Schlange, Fledermaus, Waldkaninchen
113-232↓ Fledermaus, Schlange, Spitzmaus
113-321 Schlange, Waldkaninchen, Fledermaus
113-322 Fledermaus, Schlange, Spitzmaus
113-331 Schlange, Waldkaninchen, Fledermaus
113-332↓ Fledermaus, Spitzmaus, Schlange
121-111↓ Schlange, Fledermaus
121-332↓ Waldkaninchen, Schlange, Fledermaus
122-111↓ Schlange, Fledermaus
122-332↓ Waldkaninchen, Schlange, Fledermaus
123-111↓ Schlange, Fledermaus
123-231↓ Fledermaus, Schlange, Waldkaninchen
131-111 Schlange, Waldkaninchen
131-112↓ Schlange, Fledermaus, Waldkaninchen
132-111↓ Schlange, Fledermaus, Waldkaninchen
133-111↓ Fledermaus, Schlange
133-121↓ Fledermaus, Schlange, Waldkaninchen
141-111 Schlange, Schaf, Waldkaninchen
141-112 Fledermaus, Schlange, Schaf
141-121↓ Schaf, Waldkaninchen, Fledermaus
141-132 Fledermaus, Schaf, Biber
141-211 Schaf, Waldkaninchen, Schlange
141-222↓ Schaf, Waldkaninchen, Fledermaus
141-231↓ Schaf, Waldkaninchen, Biber
142-111↓ Schlange, Schaf, Fledermaus
142-131↓ Schaf, Fledermaus, Waldkaninchen
142-132 Fledermaus, Biber, Schaf
142-211 Schaf, Waldkaninchen, Schlange

157

142-222↓ Schaf, Waldkaninchen, Fledermaus
142-231↓ Schaf, Waldkaninchen, Biber
143-111↓ Fledermaus, Schlange, Schaf
143-131↓ Fledermaus, Biber, Schaf
143-221↓ Schaf, Fledermaus, Waldkaninchen
143-222↓ Fledermaus, Schaf, Biber
143-311 Schaf, Waldkaninchen, Fledermaus
143-312 Fledermaus, Schaf, Biber
143-321 Schaf, Waldkaninchen, Fledermaus
143-322 Fledermaus, Schaf, Biber
143-331 Biber, Schaf, Waldkaninchen
143-332 Biber, Fledermaus, Schaf
211-111↓ Schlange, Fledermaus, Spitzmaus
211-221↓ Schlange, Waldkaninchen, Spitzmaus
212-111↓ Schlange, Fledermaus
212-221↓ Schlange, Waldkaninchen, Spitzmaus
213-111↓ Schlange, Fledermaus
213-212↓ Schlange, Fledermaus, Spitzmaus
213-221 Schlange, Fledermaus, Waldkaninchen
213-222 Fledermaus, Schlange, Spitzmaus
213-231 Schlange, Fledermaus, Waldkaninchen
213-232↓ Fledermaus, Spitzmaus, Schlange
213-321 Schlange, Waldkaninchen, Spitzmaus
213-322 Fledermaus, Spitzmaus, Schlange
213-331 Schlange, Waldkaninchen, Spitzmaus
213-332↓ Fledermaus, Spitzmaus, Schlange
221-111↓ Schlange, Fledermaus
221-212↓ Schlange, Waldkaninchen, Fledermaus
221-221 Schlange, Waldkaninchen, Maus
221-332↓ Waldkaninchen, Schlange, Fledermaus
222-111↓ Schlange, Fledermaus
222-312↓ Schlange, Waldkaninchen, Fledermaus
222-321 Schlange, Waldkaninchen, Maus
222-332↓ Waldkaninchen, Schlange, Fledermaus
223-111↓ Schlange, Fledermaus
223-211↓ Schlange, Fledermaus, Waldkaninchen
223-212 Schlange, Fledermaus, Otter
223-221 Schlange, Fledermaus, Waldkaninchen
223-222 Fledermaus, Schlange, Otter
223-231 Fledermaus, Schlange, Waldkaninchen
223-232 Fledermaus, Schlange, Otter

223-311 Schlange, Waldkaninchen, Fledermaus
223-312 Schlange, Fledermaus, Otter
223-321 Schlange, Waldkaninchen, Fledermaus
223-322 Fledermaus, Schlange, Otter
223-331 Waldkaninchen, Fledermaus, Schlange
223-332 Fledermaus, Otter, Waldkaninchen
231-111↓ Schlange, Waldkaninchen, Fledermaus
231-211 Waldkaninchen, Schlange, Maus
231-212 Waldkaninchen, Schlange, Fledermaus
231-221 Waldkaninchen, Schlange, Maus
231-222 Waldkaninchen, Fledermaus, Schlange
231-231 Waldkaninchen, Maus, Schlange
231-232 Waldkaninchen, Fledermaus, Maus
231-312↓ Waldkaninchen, Schlange, Fledermaus
231-321 Waldkaninchen, Maus
232-111↓ Schlange, Fledermaus, Waldkaninchen
232-231 Waldkaninchen, Fledermaus, Maus
232-232 Waldkaninchen, Fledermaus, Otter
232-311 Waldkaninchen, Schlange, Maus
232-312 Waldkaninchen, Fledermaus, Schlange
232-321 Waldkaninchen, Maus, Fledermaus
232-322 Waldkaninchen, Fledermaus, Otter
232-331 Waldkaninchen, Maus, Fledermaus
232-332 Waldkaninchen, Fledermaus, Otter
233-111↓ Fledermaus, Schlange, Waldkaninchen
233-212↓ Fledermaus, Otter, Waldkaninchen
233-311 Fledermaus, Schlange, Waldkaninchen
233-312↓ Fledermaus, Otter, Waldkaninchen
241-111 Schlange, Schaf, Waldkaninchen
241-112 Fledermaus, Schlange, Schaf
241-121↓ Schaf, Waldkaninchen, Fledermaus
241-132 Fledermaus, Schaf, Biber
241-222↓ Schaf, Waldkaninchen, Fledermaus
241-231 Schaf, Waldkaninchen, Biber
241-322↓ Schaf, Waldkaninchen, Hund
241-331↓ Schaf, Waldkaninchen, Biber
242-111↓ Schlange, Schaf, Fledermaus
242-121 Schaf, Fledermaus, Waldkaninchen
242-132 Fledermaus, Biber, Schaf
242-211 Schaf, Waldkaninchen, Schlange
242-212 Schaf, Waldkaninchen, Fledermaus
242-221 Schaf, Waldkaninchen, Biber
242-222 Schaf, Waldkaninchen, Fledermaus

242-231↓ Schaf, Waldkaninchen, Biber
243-111↓ Fledermaus, Schlange, Schaf
243-121↓ Fledermaus, Schaf, Waldkaninchen
243-131 Fledermaus, Biber, Schaf
243-132 Fledermaus, Biber, Präriehund
243-211 Schaf, Fledermaus, Waldkaninchen
243-212 Fledermaus, Schaf, Biber
243-221 Schaf, Fledermaus, Waldkaninchen
243-222↓ Fledermaus, Schaf, Biber
243-232 Biber, Fledermaus, Präriehund
243-311 Schaf, Waldkaninchen, Fledermaus
243-312 Fledermaus, Schaf, Biber
243-321 Schaf, Waldkaninchen, Fledermaus
243-322 Fledermaus, Schaf, Biber
243-331 Biber, Schaf, Präriehund
243-332 Biber, Fledermaus, Präriehund
311-111↓ Schlange, Spitzmaus
311-121↓ Schlange, Waldkaninchen, Spitzmaus
312-111↓ Schlange, Spitzmaus
312-121↓ Schlange, Waldkaninchen, Spitzmaus
313-111↓ Schlange, Fledermaus, Spitzmaus
313-121 Schlange, Waldkaninchen, Spitzmaus
313-122 Fledermaus, Spitzmaus, Schlange
313-131 Schlange, Waldkaninchen, Spitzmaus
313-132 Fledermaus, Spitzmaus, Schlange
313-211 Schlange, Waldkaninchen, Spitzmaus
313-212 Spitzmaus, Schlange, Otter
313-221 Waldkaninchen, Spitzmaus, Schlange
313-222↓ Spitzmaus, Otter, Waldkaninchen
313-311 Waldkaninchen, Spitzmaus, Schlange
313-312↓ Spitzmaus, Otter, Waldkaninchen
321-111↓ Schlange, Waldkaninchen
321-131↓ Waldkaninchen, Schlange, Rotwild
322-111 Schlange, Waldkaninchen
322-112↓ Schlange, Waldkaninchen, Fledermaus
322-312↓ Waldkaninchen, Schlange, Rotwild
322-322↓ Waldkaninchen, Rotwild, Otter
323-111 Schlange, Waldkaninchen, Fledermaus
323-112 Schlange, Fledermaus, Otter
323-121 Schlange, Waldkaninchen, Fledermaus
323-122 Fledermaus, Schlange, Otter
323-131 Waldkaninchen, Fledermaus, Schlange
323-132 Fledermaus, Otter, Waldkaninchen

323-211↓ Waldkaninchen, Schlange, Otter
323-231↓ Waldkaninchen, Otter, Fledermaus
331-111 Waldkaninchen, Schlange
331-112↓ Waldkaninchen, Schlange,
    Fledermaus
331-212↓ Waldkaninchen, Otter, Schlange
332-111↓ Waldkaninchen, Schlange,
    Fledermaus
332-122 Waldkaninchen, Fledermaus, Otter
332-131 Waldkaninchen, Fledermaus,
    Schlange
332-132↓ Waldkaninchen, Fledermaus, Otter
333-111 Waldkaninchen, Fledermaus,
    Schlange
333-112↓ Fledermaus, Otter, Waldkaninchen
341-111 Waldkaninchen, Schlange
341-221↓ Waldkaninchen, Schaf, Hund
341-332↓ Waldkaninchen, Hund, Präriehund
342-111↓ Waldkaninchen, Fledermaus, Hund
342-121 Waldkaninchen, Schaf, Hund
342-122↓ Waldkaninchen, Fledermaus, Hund
342-132 Waldkaninchen, Fledermaus,
    Präriehund
342-211↓ Waldkaninchen, Schaf, Hund
342-231↓ Waldkaninchen, Schaf, Präriehund
342-321↓ Waldkaninchen, Schaf, Hund
342-332 Waldkaninchen, Präriehund, Hund
343-111↓ Waldkaninchen, Fledermaus, Otter
343-131 Präriehund, Waldkaninchen,
    Fledermaus
343-132 Fledermaus, Präriehund, Otter
343-212↓ Otter, Waldkaninchen, Fledermaus
343-221↓ Waldkaninchen, Otter, Präriehund
411-111↓ Waldkaninchen, Pfau
411-312↓ Waldkaninchen, Rotwild, Pfau
412-111↓ Waldkaninchen, Spitzmaus,
    Rotwild
413-111↓ Waldkaninchen, Rotwild
421-111↓ Waldkaninchen, Schlange
421-322↓ Waldkaninchen, Rotwild, Schwan
422-111↓ Waldkaninchen, Schlange
422-332↓ Waldkaninchen, Rotwild, Schwan
423-111↓ Waldkaninchen, Schlange
423-122↓ Waldkaninchen, Fledermaus
423-322↓ Waldkaninchen, Rotwild, Schwan
431-111↓ Waldkaninchen, Schwan
432-111↓ Waldkaninchen, Schwan
433-111↓ Waldkaninchen, Fledermaus
433-312↓ Waldkaninchen, Schwan
441-111↓ Waldkaninchen
442-111↓ Waldkaninchen
442-312↓ Waldkaninchen, Schwan
443-111↓ Waldkaninchen, Präriehund

124-

111-111↓ Schlange, Fledermaus
111-232↓ Schlange, Spitzmaus,
    Waldkaninchen
112-111↓ Schlange, Fledermaus
112-322↓ Schlange, Spitzmaus,
    Waldkaninchen
113-111↓ Schlange, Fledermaus
113-231↓ Schlange, Fledermaus,
    Waldkaninchen
113-322 Fledermaus, Schlange, Spitzmaus
113-331 Schlange, Waldkaninchen,
    Fledermaus
113-332↓ Fledermaus, Schlange, Pavian
121-111↓ Schlange, Fledermaus
121-332↓ Waldkaninchen, Schlange,
    Fledermaus
122-111↓ Schlange, Fledermaus
122-332↓ Waldkaninchen, Schlange,
    Fledermaus
123-111↓ Schlange, Fledermaus
123-231↓ Fledermaus, Schlange,
    Waldkaninchen
123-232 Fledermaus, Schlange, Pavian
123-311↓ Schlange, Waldkaninchen,
    Fledermaus
123-332 Fledermaus, Pavian,
    Waldkaninchen
131-111↓ Schlange, Waldkaninchen,
    Fledermaus
132-111↓ Schlange, Fledermaus,
    Waldkaninchen
133-111↓ Fledermaus, Schlange
133-231↓ Schlange, Waldkaninchen,
    Pavian
141-111 Schlange, Schaf, Waldkaninchen
141-112 Fledermaus, Hund, Schlange
141-121 Schaf, Waldkaninchen, Hund
141-122 Fledermaus, Hund, Schaf
141-131 Schaf, Waldkaninchen, Hund
141-132 Fledermaus, Hund, Schaf
141-211↓ Schaf, Waldkaninchen, Hund
141-232 Hund, Schaf, Präriehund
141-311↓ Schaf, Waldkaninchen, Hund
141-332 Hund, Schaf, Präriehund
142-111 Schlange, Schaf, Fledermaus
142-112 Fledermaus, Hund, Schlange
142-121 Schaf, Fledermaus, Waldkaninchen
142-122 Fledermaus, Hund, Schaf
142-131 Schaf, Fledermaus, Waldkaninchen
142-132 Fledermaus, Präriehund, Hund
142-211↓ Schaf, Waldkaninchen, Hund
142-231 Schaf, Waldkaninchen, Präriehund
142-232 Präriehund, Hund, Biber

142-311↓ Schaf, Waldkaninchen, Hund
142-331 Schaf, Waldkaninchen, Präriehund
142-332 Präriehund, Hund, Biber
143-111↓ Fledermaus, Schlange, Schaf
143-211↓ Schaf, Fledermaus, Präriehund
143-212 Fledermaus, Präriehund, Hund
143-221 Schaf, Präriehund, Fledermaus
143-222 Fledermaus, Präriehund, Hund
143-231 Präriehund, Schaf, Biber
143-232 Präriehund, Fledermaus, Biber
143-311 Schaf, Präriehund, Waldkaninchen
143-312 Fledermaus, Präriehund, Hund
143-321 Schaf, Präriehund, Waldkaninchen
143-322 Präriehund, Fledermaus, Hund
143-331 Präriehund, Schaf, Biber
143-332 Präriehund, Wildhund, Biber
211-111↓ Schlange, Fledermaus
211-222↓ Schlange, Spitzmaus,
    Waldkaninchen
212-111↓ Schlange, Fledermaus
212-222↓ Schlange, Spitzmaus,
    Waldkaninchen
213-111↓ Schlange, Fledermaus
213-221↓ Schlange, Fledermaus,
    Waldkaninchen
213-222 Fledermaus, Schlange, Spitzmaus
213-231 Schlange, Fledermaus,
    Waldkaninchen
213-232↓ Fledermaus, Schlange, Spitzmaus
213-321 Schlange, Waldkaninchen,
    Fledermaus
213-322 Fledermaus, Schlange, Spitzmaus
213-331 Schlange, Waldkaninchen,
    Fledermaus
213-332 Fledermaus, Spitzmaus,
    Präriehund
221-111↓ Schlange, Fledermaus
221-332↓ Waldkaninchen, Schlange,
    Fledermaus
222-111↓ Schlange, Fledermaus
222-332↓ Waldkaninchen, Schlange,
    Fledermaus
223-111↓ Schlange, Fledermaus
223-221↓ Schlange, Fledermaus,
    Waldkaninchen
223-332 Fledermaus, Pavian, Präriehund
231-111 Schlange, Waldkaninchen
231-112↓ Schlange, Fledermaus,
    Waldkaninchen
232-111↓ Schlange, Fledermaus,
    Waldkaninchen
232-231↓ Waldkaninchen, Fledermaus, Maus
233-111↓ Fledermaus, Schlange,
    Waldkaninchen

159

233-221↓ Fledermaus, Waldkaninchen, Otter
233-231 Fledermaus, Waldkaninchen, Pavian
233-232 Fledermaus, Pavian, Präriehund
233-331↓ Waldkaninchen, Fledermaus, Pavian
233-332 Fledermaus, Pavian, Präriehund
241-111 Schlange, Schaf, Hund
241-112 Hund, Fledermaus, Schlange
241-121 Schaf, Hund, Waldkaninchen
241-122 Hund, Fledermaus, Schaf
241-131 Schaf, Hund, Waldkaninchen
241-132 Hund, Fledermaus, Präriehund
241-211 Schaf, Hund, Waldkaninchen
241-232 Hund, Präriehund, Schaf
241-311 Schaf, Hund, Waldkaninchen
241-332 Hund, Präriehund, Schaf
242-111 Schlange, Schaf, Hund
242-112 Fledermaus, Hund, Schlange
242-121↓ Schaf, Hund, Fledermaus
242-131 Schaf, Präriehund, Hund
242-132 Fledermaus, Präriehund, Hund
242-211 Schaf, Hund, Waldkaninchen
242-222↓ Hund, Schaf, Präriehund
242-232 Präriehund, Hund, Biber
242-311 Schaf, Hund, Waldkaninchen
242-322↓ Hund, Schaf, Präriehund
242-332 Präriehund, Hund, Biber
243-111↓ Fledermaus, Schlange, Schaf
243-131↓ Präriehund, Fledermaus, Schaf
243-211 Schaf, Präriehund, Hund
243-212 Fledermaus, Präriehund, Hund
243-221 Präriehund, Schaf, Hund
243-222↓ Präriehund, Fledermaus, Hund
243-311 Schaf, Präriehund, Hund
243-312 Präriehund, Hund, Fledermaus
243-321 Präriehund, Schaf, Hund
243-322 Präriehund, Hund, Fledermaus
243-331↓ Präriehund, Schaf
311-111↓ Schlange, Spitzmaus
311-121↓ Schlange, Waldkaninchen, Spitzmaus
311-332↓ Spitzmaus, Waldkaninchen, Rotwild
312-111↓ Schlange, Spitzmaus
312-121↓ Schlange, Waldkaninchen, Spitzmaus
312-332↓ Spitzmaus, Waldkaninchen, Rotwild
313-111↓ Schlange, Fledermaus, Spitzmaus
313-121 Schlange, Waldkaninchen, Fledermaus
313-122 Fledermaus, Schlange, Spitzmaus
313-131 Schlange, Waldkaninchen, Fledermaus

313-132 Fledermaus, Spitzmaus, Präriehund
313-211↓ Schlange, Waldkaninchen, Spitzmaus
313-222 Spitzmaus, Waldkaninchen, Otter
313-231↓ Waldkaninchen, Spitzmaus, Präriehund
313-311↓ Waldkaninchen, Schlange, Spitzmaus
313-321 Waldkaninchen, Spitzmaus, Otter
313-332 Spitzmaus, Präriehund, Waldkaninchen
321-111↓ Schlange, Waldkaninchen
321-312↓ Waldkaninchen, Schlange, Rotwild
322-111 Schlange, Waldkaninchen
322-312↓ Waldkaninchen, Schlange, Rotwild
323-111↓ Schlange, Waldkaninchen, Fledermaus
323-132 Fledermaus, Präriehund, Waldkaninchen
323-211↓ Waldkaninchen, Schlange, Otter
323-222 Waldkaninchen, Otter, Fledermaus
323-231 Waldkaninchen, Präriehund, Otter
323-322↓ Waldkaninchen, Otter, Fledermaus
323-332↓ Präriehund, Waldkaninchen, Otter
331-111 Waldkaninchen, Schlange
331-112↓ Waldkaninchen, Schlange, Fledermaus
331-222↓ Waldkaninchen, Hund
332-111↓ Waldkaninchen, Schlange, Fledermaus
332-122↓ Waldkaninchen, Fledermaus, Hund
332-212↓ Waldkaninchen, Hund, Otter
332-232↓ Waldkaninchen, Präriehund, Hund
332-322↓ Waldkaninchen, Hund, Otter
333-111 Waldkaninchen, Fledermaus, Schlange
333-112 Fledermaus, Waldkaninchen, Otter
333-131↓ Waldkaninchen, Fledermaus, Präriehund
333-211↓ Waldkaninchen, Otter, Fledermaus
333-231 Waldkaninchen, Präriehund, Otter
333-322↓ Waldkaninchen, Otter, Fledermaus
333-331 Waldkaninchen, Präriehund, Otter
341-111↓ Hund, Waldkaninchen
341-131↓ Hund, Waldkaninchen, Präriehund
342-111↓ Hund, Waldkaninchen, Präriehund
343-111 Präriehund, Hund, Waldkaninchen
343-112 Präriehund, Hund, Fledermaus
343-121 Präriehund, Hund, Waldkaninchen
343-122↓ Präriehund, Hund, Fledermaus
343-321↓ Präriehund, Hund, Waldkaninchen
411-111↓ Waldkaninchen, Pfau
411-312↓ Waldkaninchen, Rotwild, Pfau

412-111↓ Waldkaninchen, Rotwild, Seelöwe
413-111↓ Waldkaninchen, Rotwild, Seelöwe
421-111↓ Waldkaninchen, Rotwild
422-111↓ Waldkaninchen, Rotwild, Seelöwe
423-111↓ Waldkaninchen, Rotwild
431-111↓ Waldkaninchen, Schwan
432-111↓ Waldkaninchen
433-111↓ Waldkaninchen
433-122↓ Waldkaninchen, Fledermaus
433-322↓ Waldkaninchen, Schwan
441-111↓ Waldkaninchen
442-111↓ Waldkaninchen
442-232↓ Waldkaninchen, Präriehund, Hund
443-111↓ Waldkaninchen, Präriehund

131-

111-111↓ Schlange, Stachelschwein
111-212↓ Schlange, Spitzmaus, Stachelschwein
112-111↓ Schlange, Stachelschwein
112-122↓ Stachelschwein, Schlange, Spitzmaus
113-111 Schlange, Stachelschwein
113-112↓ Schlange, Stachelschwein, Fledermaus
113-212↓ Schlange, Spitzmaus, Stachelschwein
113-222 Spitzmaus, Stachelschwein, Fledermaus
113-231 Spitzmaus, Schlange, Stachelschwein
113-232 Spitzmaus, Stachelschwein, Fledermaus
113-312↓ Spitzmaus, Schlange, Stachelschwein
113-322 Spitzmaus, Stachelschwein, Fledermaus
113-331 Spitzmaus, Schlange, Stachelschwein
113-332 Spitzmaus, Stachelschwein, Fledermaus
121-111↓ Schlange, Stachelschwein
122-111↓ Schlange, Stachelschwein
122-222↓ Stachelschwein, Schlange, Fledermaus
122-231↓ Schlange, Stachelschwein, Maus
122-322 Schlange, Stachelschwein, Fledermaus
122-331 Schlange, Stachelschwein, Maus
122-332↓ Schlange, Stachelschwein, Fledermaus
123-111↓ Schlange, Fledermaus, Stachelschwein
123-232 Fledermaus, Stachelschwein, Otter

123-311↓ Schlange, Fledermaus, Stachelschwein
123-322 Fledermaus, Stachelschwein, Otter
123-331 Fledermaus, Schlange, Stachelschwein
123-332 Fledermaus, Stachelschwein, Otter
131-111↓ Schlange, Fledermaus, Stachelschwein
131-211 Schlange, Maus
131-212 Schlange, Fledermaus, Stachelschwein
131-221 Maus, Schlange, Stachelschwein
131-222 Fledermaus, Stachelschwein, Maus
131-231 Maus, Schlange, Stachelschwein
131-232 Fledermaus, Stachelschwein, Maus
131-311 Schlange, Maus, Stachelschwein
131-312 Schlange, Maus, Fledermaus
131-321 Maus, Schlange, Stachelschwein
131-322 Maus, Fledermaus, Stachelschwein
131-331 Maus, Schlange, Stachelschwein
131-332 Maus, Schlange, Stachelschwein
132-111 Schlange, Fledermaus, Stachelschwein
132-211 Schlange, Maus, Fledermaus
132-212 Fledermaus, Schlange, Stachelschwein
132-221 Maus, Fledermaus, Schlange
132-222 Fledermaus, Stachelschwein, Maus
132-231 Maus, Fledermaus, Schlange
132-232 Fledermaus, Stachelschwein, Maus
132-311↓ Schlange, Maus, Fledermaus
132-322 Fledermaus, Maus, Otter
133-111↓ Fledermaus, Schlange
133-331↓ Fledermaus, Otter, Maus
141-111 Schlange, Fledermaus
141-131↓ Fledermaus, Schlange, Stachelschwein
141-211↓ Schlange, Maus, Fledermaus
141-222 Fledermaus, Maus, Stachelschwein
141-231 Maus, Fledermaus, Schlange
141-232 Fledermaus, Maus, Stachelschwein
141-311 Maus, Schlange, Fledermaus
141-332↓ Maus, Fledermaus, Otter
142-111 Schlange, Fledermaus
142-131↓ Fledermaus, Schlange, Stachelschwein
142-211↓ Schlange, Maus, Fledermaus
142-222 Fledermaus, Maus, Otter
142-231 Maus, Fledermaus, Biber
142-312 Fledermaus, Maus, Otter
142-331 Maus, Fledermaus, Biber
143-111↓ Fledermaus, Schlange
143-331↓ Fledermaus, Otter, Maus
143-332 Fledermaus, Otter, Wildhund

211-111↓ Schlange, Spitzmaus
212-111↓ Schlange, Spitzmaus, Fledermaus
213-111↓ Schlange, Fledermaus
213-121↓ Schlange, Fledermaus, Spitzmaus
213-232 Spitzmaus, Fledermaus, Otter
213-312↓ Spitzmaus, Schlange, Fledermaus
213-322 Spitzmaus, Fledermaus, Otter
213-331 Spitzmaus, Schlange, Otter
213-332 Spitzmaus, Fledermaus, Otter
221-111↓ Schlange, Fledermaus
221-332↓ Schlange, Maus, Fledermaus
222-111↓ Schlange, Fledermaus
222-132↓ Schlange, Fledermaus, Stachelschwein
222-212 Schlange, Fledermaus, Otter
222-221 Schlange, Maus, Fledermaus
222-222 Schlange, Fledermaus, Otter
222-231 Schlange, Maus, Fledermaus
222-232 Schlange, Fledermaus, Otter
222-311 Schlange, Maus
222-312 Schlange, Fledermaus, Otter
222-321 Schlange, Maus, Otter
222-322 Schlange, Fledermaus, Otter
222-331 Schlange, Maus, Otter
222-332↓ Schlange, Fledermaus, Otter
223-111 Schlange, Fledermaus
223-112↓ Schlange, Fledermaus, Otter
231-111↓ Schlange, Fledermaus, Maus
231-222 Fledermaus, Maus, Otter
231-231 Maus, Schlange, Fledermaus
231-232 Fledermaus, Maus, Otter
231-311 Schlange, Maus, Otter
231-312 Schlange, Maus, Fledermaus
231-321 Maus, Schlange, Otter
231-332↓ Maus, Fledermaus, Otter
232-111 Schlange, Fledermaus, Maus
232-112 Fledermaus, Schlange, Otter
232-121 Fledermaus, Schlange, Maus
232-122 Fledermaus, Schlange, Otter
232-131 Fledermaus, Schlange, Maus
232-132 Fledermaus, Schlange, Otter
232-211 Schlange, Maus, Fledermaus
232-212 Fledermaus, Schlange, Otter
232-221 Maus, Fledermaus, Schlange
232-222↓ Fledermaus, Otter, Maus
232-311 Schlange, Maus, Otter
232-312 Fledermaus, Otter, Schlange
232-321↓ Maus, Otter, Fledermaus
233-111↓ Fledermaus, Schlange, Otter
233-322 Fledermaus, Otter, Maus
241-111↓ Schlange, Fledermaus
241-131↓ Fledermaus, Schlange, Maus
241-222 Fledermaus, Maus, Otter
241-311 Maus, Schlange, Otter

241-312↓ Maus, Fledermaus, Otter
242-111 Schlange, Fledermaus
242-122↓ Fledermaus, Schlange, Otter
242-131↓ Fledermaus, Schlange, Maus
242-212 Fledermaus, Otter, Schlange
242-221↓ Maus, Fledermaus, Otter
242-311 Maus, Schlange, Otter
242-312↓ Fledermaus, Otter, Maus
243-111 Fledermaus, Schlange
243-331↓ Otter, Fledermaus, Maus
341-111↓ Schlange, Spitzmaus
312-111↓ Schlange, Spitzmaus
313-111↓ Schlange, Spitzmaus
313-112↓ Spitzmaus, Schlange, Fledermaus
313-121 Spitzmaus, Schlange, Otter
313-122 Spitzmaus, Fledermaus, Otter
313-131 Spitzmaus, Schlange, Otter
313-132 Spitzmaus, Fledermaus, Otter
313-211↓ Spitzmaus, Schlange, Otter
321-111↓ Schlange, Fledermaus, Spitzmaus
321-212↓ Schlange, Spitzmaus, Otter
321-332 Schlange, Otter, Dachs
322-111↓ Schlange, Fledermaus, Otter
322-211↓ Schlange, Otter, Spitzmaus
322-332 Otter, Spitzmaus, Dachs
323-111↓ Schlange, Otter, Fledermaus
323-222 Otter, Fledermaus, Spitzmaus
323-231 Otter, Fledermaus, Schlange
323-232 Otter, Fledermaus, Spitzmaus
323-312↓ Otter, Schlange, Fledermaus
323-322↓ Otter, Fledermaus, Spitzmaus
331-111 Schlange, Otter
331-112↓ Schlange, Fledermaus, Otter
331-211 Otter, Schlange, Maus
331-212 Otter, Schlange, Fledermaus
331-221↓ Otter, Maus, Schlange
331-331↓ Otter, Dachs, Maus
332-111↓ Schlange, Otter, Fledermaus
332-211 Otter, Schlange, Maus
332-212 Otter, Fledermaus, Schlange
332-231↓ Otter, Maus, Fledermaus
332-232 Otter, Fledermaus, Dachs
332-311 Otter, Schlange, Maus
332-312 Otter, Fledermaus
332-321 Otter, Maus, Dachs
332-322 Otter, Fledermaus, Dachs
332-331 Otter, Dachs, Maus
332-332 Otter, Dachs, Fledermaus
333-111↓ Otter, Fledermaus, Schlange
333-332↓ Otter, Fledermaus, Dachs
341-111↓ Schlange, Otter, Fledermaus
341-211 Otter, Schlange, Maus
341-212 Otter, Fledermaus
341-221↓ Otter, Maus

341-232 Otter, Fledermaus
341-311↓ Otter, Maus, Schlange
341-331↓ Otter, Dachs, Maus
342-111↓ Schlange, Otter, Fledermaus
342-211 Otter, Schlange, Maus
342-212↓ Otter, Fledermaus
342-231 Otter, Maus
342-232↓ Otter, Fledermaus
342-321↓ Otter, Maus
342-331↓ Otter, Dachs
343-111↓ Otter, Fledermaus
411-111↓ Spitzmaus, Schlange
412-111↓ Spitzmaus, Schlange
413-111↓ Spitzmaus, Schlange, Otter
413-222↓ Spitzmaus, Otter, Wildkatze
421-111↓ Schlange, Waldkaninchen
421-122↓ Schlange, Waldkaninchen, Wildkatze
421-211↓ Waldkaninchen, Schlange, Spitzmaus
421-222↓ Waldkaninchen, Wildkatze, Spitzmaus
421-312↓ Waldkaninchen, Seelöwe, Spitzmaus
421-322↓ Waldkaninchen, Wildkatze, Seelöwe
422-111 Schlange, Waldkaninchen
422-142↓ Schlange, Otter, Waldkaninchen
422-121 Schlange, Waldkaninchen, Wildkatze
422-122 Wildkatze, Schlange, Otter
422-131 Waldkaninchen, Schlange, Wildkatze
422-132 Wildkatze, Otter, Waldkaninchen
422-211 Waldkaninchen, Schlange, Otter
422-212↓ Otter, Waldkaninchen, Wildkatze
422-311 Waldkaninchen, Schlange, Otter
422-312↓ Otter, Waldkaninchen, Wildkatze
423-111 Schlange, Otter, Waldkaninchen
423-112 Otter, Schlange, Fledermaus
423-121 Otter, Schlange, Waldkaninchen
423-122 Otter, Fledermaus, Wildkatze
423-131 Otter, Wildkatze, Waldkaninchen
423-132 Otter, Wildkatze, Fledermaus
423-211 Otter, Waldkaninchen, Schlange
423-221↓ Otter, Waldkaninchen, Wildkatze
423-311 Otter, Waldkaninchen, Schlange
423-331↓ Otter, Wildkatze, Waldkaninchen
431-111 Waldkaninchen, Schlange
431-112↓ Waldkaninchen, Otter, Schlange
431-312↓ Waldkaninchen, Schwan, Otter
432-111 Waldkaninchen, Schlange, Otter
432-332↓ Otter, Waldkaninchen, Schwan
433-111↓ Otter, Waldkaninchen, Fledermaus

441-111↓ Waldkaninchen, Schlange, Otter
441-312↓ Waldkaninchen, Schwan, Otter
441-331 Waldkaninchen, Rappenantilope, Otter
441-332 Rappenantilope, Waldkaninchen, Schwan
442-111 Waldkaninchen, Otter, Schlange
442-322↓ Otter, Waldkaninchen, Schwan
442-331↓ Waldkaninchen, Otter, Rappenantilope
443-111↓ Otter, Waldkaninchen, Fledermaus

132-
111-111 Schlange, Spitzmaus
111-112↓ Spitzmaus, Schlange, Stachelschwein
112-111↓ Schlange, Spitzmaus, Stachelschwein
113-111↓ Schlange, Spitzmaus
113-112↓ Spitzmaus, Schlange, Stachelschwein
113-122 Spitzmaus, Stachelschwein, Fledermaus
113-131 Spitzmaus, Schlange, Stachelschwein
113-132 Spitzmaus, Stachelschwein, Fledermaus
113-311↓ Spitzmaus, Schlange, Otter
121-111↓ Schlange, Stachelschwein
121-212↓ Schlange, Stachelschwein, Spitzmaus
121-232 Stachelschwein, Spitzmaus, Otter
121-311↓ Schlange, Stachelschwein, Spitzmaus
121-322 Stachelschwein, Spitzmaus, Otter
121-331 Schlange, Stachelschwein, Spitzmaus
121-332 Stachelschwein, Spitzmaus, Otter
122-111↓ Schlange, Stachelschwein
122-132↓ Stachelschwein, Schlange, Fledermaus
122-212↓ Schlange, Stachelschwein, Otter
122-232 Stachelschwein, Otter, Spitzmaus
122-311↓ Schlange, Otter, Stachelschwein
122-322 Otter, Stachelschwein, Spitzmaus
122-331 Otter, Schlange, Stachelschwein
122-332 Otter, Stachelschwein, Spitzmaus
123-111 Schlange, Fledermaus
123-112↓ Schlange, Fledermaus, Stachelschwein
123-122 Fledermaus, Stachelschwein, Otter
123-131 Fledermaus, Schlange, Stachelschwein
123-132 Fledermaus, Stachelschwein, Otter

123-211↓ Schlange, Otter, Fledermaus
123-232 Otter, Fledermaus, Stachelschwein
123-311↓ Otter, Schlange
123-322↓ Otter, Fledermaus
131-111↓ Schlange, Fledermaus, Stachelschwein
131-122 Fledermaus, Stachelschwein, Otter
131-131 Schlange, Stachelschwein, Fledermaus
131-132 Fledermaus, Stachelschwein, Otter
131-211 Schlange, Otter, Maus
131-212 Otter, Schlange, Fledermaus
131-221 Otter, Maus, Waldkaninchen
131-222 Otter, Fledermaus, Stachelschwein
131-231 Otter, Maus, Waldkaninchen
131-232 Otter, Fledermaus, Stachelschwein
131-311↓ Otter, Schlange, Maus
131-321↓ Otter, Maus, Waldkaninchen
131-331↓ Otter, Dachs, Maus
132-111 Schlange, Fledermaus
132-112↓ Fledermaus, Schlange, Otter
132-122 Fledermaus, Otter, Stachelschwein
132-131 Fledermaus, Otter, Schlange
132-132 Fledermaus, Otter, Stachelschwein
132-211 Otter, Schlange, Maus
132-212 Otter, Fledermaus, Schlange
132-221 Otter, Maus, Waldkaninchen
132-222 Otter, Fledermaus
132-231 Otter, Maus, Waldkaninchen
132-232 Otter, Fledermaus
132-311↓ Otter, Schlange, Maus
132-321 Otter, Maus, Waldkaninchen
132-322 Otter, Fledermaus
132-331↓ Otter, Dachs, Maus
133-111↓ Fledermaus, Otter, Schlange
141-111↓ Schlange, Fledermaus, Otter
141-131↓ Fledermaus, Otter, Biber
141-211 Otter, Schlange, Schaf
141-212 Otter, Fledermaus, Schlange
141-221 Otter, Schaf, Maus
141-222 Otter, Fledermaus, Schaf
141-231 Otter, Biber, Schaf
141-232 Otter, Biber, Fledermaus
141-311↓ Otter, Schaf, Maus
141-322↓ Otter, Schaf, Biber
141-332 Otter, Biber, Dachs
142-111↓ Schlange, Fledermaus, Otter
142-122 Fledermaus, Otter, Stachelschwein
142-131↓ Fledermaus, Biber, Otter
142-211 Otter, Schlange, Schaf
142-212 Otter, Fledermaus, Biber
142-221 Otter, Schaf, Maus
142-222 Otter, Fledermaus, Biber
142-231 Biber, Otter, Schaf

142-232 Biber, Otter, Fledermaus
142-311 Otter, Schaf, Maus
142-312 Otter, Biber, Fledermaus
142-321 Otter, Schaf, Maus
142-322 Otter, Biber, Fledermaus
142-331 Biber, Otter, Schaf
142-332 Biber, Otter, Dachs
143-111↓ Fledermaus, Otter, Schlange
143-231↓ Otter, Biber, Fledermaus
143-331↓ Otter, Biber, Wildhund
211-111↓ Schlange, Spitzmaus
212-111↓ Schlange, Spitzmaus
213-111↓ Schlange, Spitzmaus
213-112↓ Spitzmaus, Schlange, Fledermaus
213-121 Spitzmaus, Schlange, Otter
213-122 Spitzmaus, Fledermaus, Otter
213-131 Spitzmaus, Schlange
213-132 Spitzmaus, Fledermaus, Otter
213-211↓ Spitzmaus, Schlange, Otter
221-111↓ Schlange, Fledermaus
221-122↓ Schlange, Fledermaus, Spitzmaus
221-211↓ Schlange, Spitzmaus, Otter
221-332 Spitzmaus, Otter, Dachs
222-111↓ Schlange, Fledermaus, Otter
222-211↓ Schlange, Otter, Spitzmaus
222-332 Otter, Spitzmaus, Dachs
223-111↓ Otter, Schlange, Fledermaus
223-222 Otter, Fledermaus, Spitzmaus
223-231 Otter, Fledermaus, Schlange
223-232 Otter, Fledermaus, Spitzmaus
223-312↓ Otter, Schlange, Fledermaus
231-111↓ Schlange, Otter, Fledermaus
232-111↓ Schlange, Otter, Fledermaus
232-221 Otter, Maus, Waldkaninchen
232-222 Otter, Fledermaus
232-231 Otter, Maus, Waldkaninchen
232-232 Otter, Fledermaus, Dachs
232-311 Otter, Schlange, Maus
232-312 Otter, Fledermaus, Schlange
232-321 Otter, Maus, Waldkaninchen
232-322 Otter, Fledermaus, Dachs
232-331 Otter, Dachs, Maus
232-332 Otter, Dachs, Fledermaus
233-111↓ Otter, Fledermaus, Schlange
233-332↓ Otter, Fledermaus, Dachs
241-111↓ Schlange, Otter, Fledermaus
241-131↓ Otter, Fledermaus, Biber
241-221 Otter, Schaf, Maus
241-222 Otter, Fledermaus
241-231↓ Otter, Biber, Schaf
241-311↓ Otter, Schaf, Maus
241-331↓ Otter, Dachs, Biber
242-111↓ Schlange, Otter, Fledermaus
242-131↓ Otter, Fledermaus, Biber

242-221 Otter, Schaf, Maus
242-222 Otter, Fledermaus, Biber
242-231 Otter, Biber, Schaf
242-232 Otter, Biber, Fledermaus
242-311↓ Otter, Schaf, Maus
242-331↓ Otter, Biber, Dachs
243-111↓ Otter, Fledermaus, Schlange
243-232↓ Otter, Biber, Fledermaus
311-111↓ Spitzmaus, Schlange
312-111↓ Spitzmaus, Schlange
313-111↓ Spitzmaus, Otter
321-111↓ Schlange, Spitzmaus, Otter
321-221↓ Spitzmaus, Otter, Waldkaninchen
321-232 Spitzmaus, Otter, Dachs
321-321↓ Spitzmaus, Otter, Waldkaninchen
321-322↓ Spitzmaus, Otter, Dachs
322-111 Schlange, Otter, Spitzmaus
322-231↓ Otter, Spitzmaus, Waldkaninchen
322-232 Otter, Spitzmaus, Wildkatze
322-311↓ Otter, Spitzmaus, Schlange
322-321 Otter, Spitzmaus, Waldkaninchen
322-322↓ Otter, Spitzmaus, Dachs
323-111 Otter, Schlange, Spitzmaus
323-112 Otter, Schlange, Fledermaus
323-121 Otter, Schlange, Spitzmaus
323-122↓ Otter, Fledermaus, Spitzmaus
323-332↓ Otter, Spitzmaus, Dachs
331-111 Otter, Schlange, Waldkaninchen
331-112 Otter, Schlange, Fledermaus
331-121 Otter, Waldkaninchen, Schlange
331-122 Otter, Fledermaus, Spitzmaus
331-131 Otter, Waldkaninchen
331-132 Otter, Fledermaus
331-211↓ Otter, Waldkaninchen, Spitzmaus
331-231 Otter, Waldkaninchen, Dachs
331-232 Otter, Dachs, Spitzmaus
331-321↓ Otter, Waldkaninchen, Dachs
331-322 Otter, Dachs, Spitzmaus
331-331↓ Otter, Dachs, Waldkaninchen
332-111 Otter, Schlange, Waldkaninchen
332-112 Otter, Fledermaus, Schlange
332-331↓ Otter, Dachs, Waldkaninchen
333-111↓ Otter, Fledermaus
333-332 Otter, Dachs
341-111↓ Otter, Schlange, Waldkaninchen
341-321↓ Otter, Waldkaninchen, Dachs
342-111↓ Otter, Fledermaus
342-211↓ Otter, Waldkaninchen
342-232↓ Otter, Dachs, Biber
343-111↓ Otter, Fledermaus
343-121↓ Otter, Pinguin, Fledermaus
411-111↓ Spitzmaus, Pfau
412-111↓ Spitzmaus, Waldkaninchen
412-222↓ Spitzmaus, Wildkatze

413-111↓ Spitzmaus, Otter
413-222↓ Spitzmaus, Otter, Wildkatze
421-111 Waldkaninchen, Schlange
421-112↓ Waldkaninchen, Spitzmaus, Otter
421-122↓ Waldkaninchen, Wildkatze,
          Spitzmaus
421-212↓ Waldkaninchen, Spitzmaus, Otter
421-222↓ Waldkaninchen, Wildkatze,
          Spitzmaus
421-312↓ Waldkaninchen, Seelöwe,
          Spitzmaus
421-322↓ Waldkaninchen, Wildkatze,
          Seelöwe
422-111 Waldkaninchen, Schlange
422-112↓ Waldkaninchen, Otter, Wildkatze
423-111 Otter, Waldkaninchen, Schlange
423-121↓ Otter, Waldkaninchen, Wildkatze
431-111↓ Waldkaninchen, Otter
431-322↓ Waldkaninchen, Schwan, Otter
432-111↓ Waldkaninchen, Otter
432-232↓ Waldkaninchen, Otter, Wildkatze
432-311↓ Waldkaninchen, Otter, Schwan
432-331 Waldkaninchen, Otter, Dachs
432-332↓ Waldkaninchen, Otter, Schwan
433-111↓ Otter, Waldkaninchen
433-332↓ Otter, Waldkaninchen, Wildkatze
441-111↓ Waldkaninchen, Otter
441-312↓ Waldkaninchen, Schwan, Otter
441-332 Waldkaninchen, Rappenantilope,
          Schwan
442-111↓ Waldkaninchen, Otter
442-332↓ Waldkaninchen, Rappenantilope,
          Otter
443-111↓ Otter, Waldkaninchen

133-

111-111 Schlange, Spitzmaus
111-112↓ Spitzmaus, Schlange,
          Stachelschwein
112-111↓ Schlange, Spitzmaus
113-111↓ Schlange, Spitzmaus
113-112↓ Spitzmaus, Schlange,
          Stachelschwein
113-122 Spitzmaus, Stachelschwein,
          Fledermaus
113-131 Spitzmaus, Schlange,
          Stachelschwein
113-132 Spitzmaus, Stachelschwein,
          Fledermaus
113-311↓ Spitzmaus, Schlange, Otter
121-111↓ Schlange, Stachelschwein
121-212↓ Schlange, Stachelschwein,
          Spitzmaus

163

121-221 Schlange, Stachelschwein, Waldkaninchen
121-222 Stachelschwein, Schlange, Spitzmaus
121-231 Schlange, Stachelschwein, Waldkaninchen
121-232 Stachelschwein, Spitzmaus, Otter
121-311 Schlange, Waldkaninchen
121-312 Schlange, Stachelschwein, Spitzmaus
121-321 Schlange, Waldkaninchen, Stachelschwein
121-322 Stachelschwein, Spitzmaus, Otter
121-331 Waldkaninchen, Schlange, Stachelschwein
121-332 Stachelschwein, Spitzmaus, Otter
122-111↓ Schlange, Stachelschwein
122-132↓ Stachelschwein, Schlange, Fledermaus
122-212 Schlange, Stachelschwein, Otter
122-221 Schlange, Stachelschwein, Waldkaninchen
122-222 Stachelschwein, Otter, Schlange
122-231 Schlange, Stachelschwein, Waldkaninchen
122-232 Stachelschwein, Otter, Spitzmaus
122-311 Schlange, Waldkaninchen, Otter
122-312 Schlange, Otter, Stachelschwein
122-321 Schlange, Waldkaninchen, Otter
122-322 Otter, Stachelschwein, Spitzmaus
122-331 Waldkaninchen, Otter, Schlange
122-332 Otter, Stachelschwein, Spitzmaus
123-111 Schlange, Fledermaus
123-112↓ Schlange, Fledermaus, Stachelschwein
123-122 Fledermaus, Stachelschwein, Otter
123-131 Fledermaus, Schlange, Stachelschwein
123-132 Fledermaus, Stachelschwein, Otter
123-312↓ Otter, Schlange, Fledermaus
123-332 Otter, Fledermaus, Pavian
131-111 Schlange, Waldkaninchen
131-112 Schlange, Fledermaus, Stachelschwein
131-121 Schlange, Waldkaninchen, Stachelschwein
131-122 Fledermaus, Stachelschwein, Otter
131-131 Waldkaninchen, Schlange, Stachelschwein
131-132 Fledermaus, Stachelschwein, Otter
131-211↓ Waldkaninchen, Schlange, Otter
131-221 Waldkaninchen, Otter, Maus
131-222 Otter, Waldkaninchen, Fledermaus
131-231 Waldkaninchen, Otter, Maus

131-232 Otter, Waldkaninchen, Fledermaus
131-311 Waldkaninchen, Otter, Schlange
131-322 Otter, Waldkaninchen, Maus
131-331↓ Waldkaninchen, Otter, Dachs
132-111 Schlange, Fledermaus, Waldkaninchen
132-112 Fledermaus, Schlange, Otter
132-121 Fledermaus, Schlange, Waldkaninchen
132-122 Fledermaus, Otter, Stachelschwein
132-131 Fledermaus, Waldkaninchen, Otter
132-132 Fledermaus, Otter, Stachelschwein
132-211 Waldkaninchen, Otter, Schlange
132-212 Otter, Waldkaninchen, Fledermaus
132-221 Waldkaninchen, Otter, Maus
132-222 Otter, Waldkaninchen, Fledermaus
132-231 Waldkaninchen, Otter, Maus
132-232 Otter, Waldkaninchen, Fledermaus
132-311 Waldkaninchen, Otter, Schlange
132-312 Otter, Waldkaninchen, Fledermaus
132-331↓ Waldkaninchen, Otter, Dachs
133-111↓ Fledermaus, Otter, Schlange
i33-332↓ Otter, Fledermaus, Pavian
141-111 Schlange, Schaf, Waldkaninchen
141-112 Fledermaus, Schlange, Schaf
141-121 Schaf, Waldkaninchen, Fledermaus
141-122 Fledermaus, Schaf, Otter
141-131 Schaf, Waldkaninchen, Fledermaus
141-132 Fledermaus, Schaf, Otter
141-211↓ Schaf, Waldkaninchen, Otter
141-232 Schaf, Otter, Biber
141-311↓ Schaf, Waldkaninchen, Otter
141-331 Schaf, Waldkaninchen, Wildhund
141-332 Wildhund, Schaf, Otter
142-111 Schlange, Schaf, Fledermaus
142-112 Fledermaus, Otter, Schlange
142-121 Schaf, Fledermaus, Waldkaninchen
142-122 Fledermaus, Otter, Schaf
142-131 Schaf, Fledermaus, Waldkaninchen
142-132 Fledermaus, Biber, Otter
142-211↓ Schaf, Waldkaninchen, Otter
142-231 Schaf, Waldkaninchen, Biber
142-232 Biber, Otter, Schaf
142-311↓ Schaf, Waldkaninchen, Otter
142-322 Otter, Schaf, Wildhund
142-331 Schaf, Wildhund, Waldkaninchen
142-332 Wildhund, Biber, Otter
143-111↓ Fledermaus, Otter, Schlange
143-221↓ Otter, Schaf, Fledermaus
143-231 Otter, Biber, Schaf
143-232 Otter, Biber, Fledermaus
143-311 Otter, Schaf, Wildhund
143-312 Otter, Wildhund, Fledermaus
143-321 Otter, Wildhund, Schaf

143-322 Otter, Wildhund, Fledermaus
143-331↓ Wildhund, Otter, Biber
211-111↓ Schlange, Spitzmaus
212-111↓ Schlange, Spitzmaus
213-111↓ Schlange, Spitzmaus
213-112↓ Spitzmaus, Schlange, Fledermaus
213-122 Spitzmaus, Fledermaus, Otter
213-131 Spitzmaus, Schlange, Otter
213-132 Spitzmaus, Fledermaus, Otter
213-211↓ Spitzmaus, Schlange, Otter
221-111↓ Schlange, Fledermaus, Spitzmaus
221-212 Schlange, Spitzmaus, Otter
221-221 Schlange, Waldkaninchen, Spitzmaus
221-222 Spitzmaus, Otter, Schlange
221-231 Schlange, Waldkaninchen, Spitzmaus
221-232 Spitzmaus, Otter, Schlange
221-311 Schlange, Waldkaninchen, Spitzmaus
221-312 Schlange, Spitzmaus, Otter
221-321 Schlange, Waldkaninchen, Spitzmaus
221-322 Spitzmaus, Otter, Schlange
221-331 Waldkaninchen, Spitzmaus, Otter
221-332 Spitzmaus, Otter, Dachs
222-111↓ Schlange, Fledermaus, Otter
222-211 Schlange, Otter, Waldkaninchen
222-212 Schlange, Otter, Spitzmaus
222-221 Schlange, Otter, Waldkaninchen
222-222 Otter, Spitzmaus, Schlange
222-231 Otter, Schlange, Waldkaninchen
222-232 Otter, Spitzmaus, Schlange
222-311 Schlange, Otter, Waldkaninchen
222-312 Otter, Schlange, Spitzmaus
222-321 Otter, Schlange, Waldkaninchen
222-331↓ Otter, Waldkaninchen, Spitzmaus
222-332 Otter, Spitzmaus, Dachs
223-111↓ Schlange, Otter, Fledermaus
223-232↓ Otter, Fledermaus, Pavian
223-311↓ Otter, Schlange
223-322↓ Otter, Fledermaus
231-111 Schlange, Waldkaninchen, Otter
231-112 Schlange, Fledermaus, Otter
231-121 Schlange, Waldkaninchen, Otter
231-122 Fledermaus, Otter, Schlange
231-131 Waldkaninchen, Otter, Schlange
231-132 Fledermaus, Otter, Waldkaninchen
231-211 Waldkaninchen, Otter, Schlange
231-222 Otter, Waldkaninchen, Fledermaus
231-231 Waldkaninchen, Otter, Maus
231-232 Otter, Waldkaninchen, Fledermaus
231-321↓ Waldkaninchen, Otter, Maus
231-322 Otter, Waldkaninchen, Dachs

232-111↓ Schlange, Otter, Fledermaus
232-131↓ Otter, Fledermaus, Waldkaninchen
232-221 Otter, Waldkaninchen, Maus
232-222 Otter, Waldkaninchen, Fledermaus
232-231 Otter, Waldkaninchen, Maus
232-232 Otter, Waldkaninchen, Fledermaus
232-321↓ Otter, Waldkaninchen, Maus
232-322 Otter, Waldkaninchen, Fledermaus
232-331↓ Otter, Waldkaninchen, Dachs
233-111↓ Otter, Fledermaus, Schlange
233-332↓ Otter, Fledermaus, Pavian
241-111 Schlange, Schaf, Waldkaninchen
241-112 Fledermaus, Otter, Schlange
241-121 Schaf, Waldkaninchen, Otter
241-122 Fledermaus, Otter, Schaf
241-131 Schaf, Waldkaninchen, Otter
241-132 Fledermaus, Otter, Schaf
241-211↓ Schaf, Waldkaninchen, Otter
241-232 Otter, Schaf, Biber
241-311↓ Schaf, Waldkaninchen, Otter
241-332 Wildhund, Otter, Dachs
242-111 Schlange, Schaf, Otter
242-112 Fledermaus, Otter, Schlange
242-121↓ Schaf, Otter, Fledermaus
242-132 Fledermaus, Otter, Biber
242-221↓ Schaf, Otter, Waldkaninchen
242-232 Otter, Biber, Schaf
242-311 Schaf, Otter, Waldkaninchen
242-322 Otter, Schaf, Wildhund
243-111↓ Otter, Fledermaus
243-221 Otter, Schaf
243-232↓ Otter, Biber, Fledermaus
243-332↓ Wildhund, Otter, Biber
311-111↓ Spitzmaus, Schlange
312-111↓ Spitzmaus, Schlange
313-111↓ Spitzmaus, Otter
321-111 Schlange, Waldkaninchen, Spitzmaus
321-112 Schlange, Spitzmaus, Otter
321-121 Schlange, Waldkaninchen, Spitzmaus
321-122 Spitzmaus, Otter, Schlange
321-131↓ Waldkaninchen, Spitzmaus, Otter
321-332 Spitzmaus, Otter, Dachs
322-111 Schlange, Otter, Waldkaninchen
322-112 Otter, Schlange, Spitzmaus
322-121 Otter, Schlange, Waldkaninchen
322-122 Otter, Spitzmaus, Schlange
322-131↓ Otter, Waldkaninchen, Spitzmaus
322-332 Otter, Spitzmaus, Dachs
323-111 Otter, Schlange
323-112↓ Otter, Schlange, Fledermaus
323-121 Otter, Schlange, Waldkaninchen
323-122↓ Otter, Fledermaus, Spitzmaus

323-332↓ Otter, Spitzmaus, Dachs
331-111↓ Waldkaninchen, Otter, Schlange
331-221↓ Waldkaninchen, Otter, Spitzmaus
331-322↓ Otter, Waldkaninchen, Dachs
332-111 Otter, Waldkaninchen, Schlange
332-312↓ Otter, Waldkaninchen, Dachs
333-111↓ Otter, Waldkaninchen, Fledermaus
341-111↓ Waldkaninchen, Otter
341-322↓ Otter, Waldkaninchen, Dachs
342-111↓ Otter, Waldkaninchen
342-331↓ Otter, Waldkaninchen, Dachs
343-111↓ Otter, Fledermaus
343-221↓ Otter, Waldkaninchen
343-232↓ Otter, Präriehund, Eule
411-111↓ Spitzmaus, Waldkaninchen, Pfau
412-111↓ Spitzmaus, Waldkaninchen
413-111↓ Spitzmaus, Waldkaninchen, Otter
413-131 Spitzmaus, Waldkaninchen, Wildkatze
413-132 Spitzmaus, Wildkatze, Otter
413-211↓ Spitzmaus, Waldkaninchen, Otter
413-231 Spitzmaus, Waldkaninchen, Wildkatze
413-232 Spitzmaus, Wildkatze, Otter
413-311↓ Spitzmaus, Waldkaninchen, Otter
413-331 Spitzmaus, Waldkaninchen, Wildkatze
413-332 Spitzmaus, Wildkatze, Otter
421-111↓ Waldkaninchen, Wildkatze, Spitzmaus
421-322↓ Waldkaninchen, Seelöwe, Rotwild
422-111↓ Waldkaninchen, Wildkatze, Otter
422-332↓ Waldkaninchen, Seelöwe, Wildkatze
423-111 Waldkaninchen, Otter
423-332↓ Otter, Waldkaninchen, Wildkatze
431-111↓ Waldkaninchen, Otter
431-322↓ Waldkaninchen, Schwan, Otter
432-111↓ Waldkaninchen, Otter
432-312↓ Waldkaninchen, Otter, Schwan
433-111 Waldkaninchen, Otter
433-322↓ Otter, Waldkaninchen, Schwan
441-111↓ Waldkaninchen
442-111↓ Waldkaninchen
443-111↓ Waldkaninchen, Otter

-134-

111-111↓ Schlange, Spitzmaus, Stachelschwein
112-111↓ Schlange, Spitzmaus
112-112↓ Schlange, Spitzmaus, Stachelschwein
113-111↓ Schlange, Spitzmaus, Stachelschwein

113-122 Spitzmaus, Stachelschwein, Fledermaus
113-131 Spitzmaus, Schlange, Stachelschwein
113-132 Spitzmaus, Stachelschwein, Fledermaus
113-231↓ Spitzmaus, Pavian, Otter
113-331↓ Spitzmaus, Pavian, Wildhund
121-111↓ Schlange, Stachelschwein
121-221↓ Schlange, Stachelschwein, Waldkaninchen
121-222 Stachelschwein, Schlange, Spitzmaus
121-231 Schlange, Stachelschwein, Waldkaninchen
121-232 Stachelschwein, Pavian, Schlange
121-311 Schlange, Seelöwe, Waldkaninchen
121-312 Seelöwe, Schlange, Stachelschwein
121-321 Seelöwe, Schlange, Waldkaninchen
121-322 Seelöwe, Stachelschwein
121-331 Seelöwe, Waldkaninchen, Pavian
121-332 Seelöwe, Pavian, Stachelschwein
122-111↓ Schlange, Stachelschwein
122-122↓ Stachelschwein, Schlange, Fledermaus
122-131 Schlange, Stachelschwein, Pavian
122-132↓ Stachelschwein, Schlange, Fledermaus
122-212 Schlange, Stachelschwein, Otter
122-221 Stachelschwein, Schlange, Waldkaninchen
122-222 Stachelschwein, Schlange, Otter
122-231 Pavian, Schlange, Stachelschwein
122-232 Pavian, Stachelschwein, Otter
122-311 Schlange, Seelöwe, Waldkaninchen
122-312 Seelöwe, Schlange, Stachelschwein
122-321 Seelöwe, Schlange, Waldkaninchen
122-322 Seelöwe, Stachelschwein, Otter
122-331 Pavian, Seelöwe, Waldkaninchen
122-332 Pavian, Seelöwe, Stachelschwein
123-111 Schlange, Fledermaus
123-112↓ Schlange, Fledermaus, Stachelschwein
123-122 Fledermaus, Stachelschwein, Otter
123-131 Pavian, Fledermaus, Schlange
123-132 Fledermaus, Pavian, Stachelschwein
123-211 Schlange, Otter, Pavian
123-212 Otter, Schlange, Fledermaus
123-221↓ Otter, Pavian, Schlange
123-332↓ Pavian, Otter, Wildhund
131-111 Schlange, Waldkaninchen
131-112 Schlange, Fledermaus, Stachelschwein

131-121 Schlange, Waldkaninchen, Stachelschwein
131-122 Fledermaus, Stachelschwein, Schlange
131-131 Waldkaninchen, Pavian, Schlange
131-132 Fledermaus, Pavian, Stachelschwein
131-211↓ Waldkaninchen, Schlange, Otter
131-221 Waldkaninchen, Otter, Maus
131-222↓ Otter, Waldkaninchen, Pavian
131-311 Waldkaninchen, Schlange, Otter
131-312 Otter, Waldkaninchen, Pavian
131-321 Waldkaninchen, Otter, Maus
131-322↓ Otter, Waldkaninchen, Pavian
132-111 Schlange, Fledermaus, Waldkaninchen
132-112 Fledermaus, Schlange, Stachelschwein
132-121 Fledermaus, Schlange, Waldkaninchen
132-122 Fledermaus, Stachelschwein, Otter
132-131 Pavian, Fledermaus, Waldkaninchen
132-132 Fledermaus, Pavian, Stachelschwein
132-211 Waldkaninchen, Schlange, Otter
132-212 Otter, Waldkaninchen, Fledermaus
132-221↓ Otter, Waldkaninchen, Otter, Pavian
132-311 Waldkaninchen, Otter, Schlange
132-312↓ Otter, Waldkaninchen, Pavian
132-332 Pavian, Otter, Wildhund
133-111↓ Fledermaus, Schlange, Otter
133-121↓ Fledermaus, Otter, Pavian
133-311↓ Otter, Pavian, Waldkaninchen
133-312 Otter, Pavian, Fledermaus
133-321 Otter, Pavian, Waldkaninchen
i33-332↓ Pavian, Otter, Wildhund
141-111 Schlange, Schaf, Waldkaninchen
141-112 Fledermaus, Hund, Schlange
141-121 Schaf, Waldkaninchen, Hund
141-122 Fledermaus, Hund, Schaf
141-131 Schaf, Waldkaninchen, Pavian
141-132 Fledermaus, Pavian, Wildhund
141-211 Schaf, Waldkaninchen, Hund
141-212 Hund, Schaf, Otter
141-221 Schaf, Waldkaninchen, Hund
141-222 Hund, Schaf, Wildhund
141-231 Schaf, Wildhund, Waldkaninchen
141-232 Wildhund, Pavian, Hund
141-311 Schaf, Wildhund, Waldkaninchen
141-312 Wildhund, Hund, Schaf
141-321 Schaf, Wildhund, Waldkaninchen
141-322↓ Wildhund, Hund, Schaf
142-111 Schlange, Schaf, Fledermaus

142-112 Fledermaus, Hund, Schlange
142-121 Schaf, Fledermaus, Waldkaninchen
142-122 Fledermaus, Hund, Schaf
142-131 Schaf, Pavian, Fledermaus
142-132 Fledermaus, Pavian, Wildhund
142-211 Schaf, Waldkaninchen, Hund
142-212 Hund, Schaf, Otter
142-221 Schaf, Waldkaninchen, Hund
142-222 Hund, Wildhund, Schaf
142-231 Wildhund, Schaf, Pavian
142-232 Wildhund, Pavian, Präriehund
142-311 Wildhund, Schaf, Waldkaninchen
142-312 Wildhund, Hund, Schaf
142-321 Wildhund, Schaf, Waldkaninchen
142-322↓ Wildhund, Hund
143-111↓ Fledermaus, Otter, Schlange
143-121↓ Fledermaus, Otter, Pavian
143-131 Pavian, Fledermaus, Wildhund
143-212 Otter, Wildhund, Fledermaus
143-221↓ Otter, Wildhund, Pavian
211-111↓ Schlange, Spitzmaus
212-111↓ Schlange, Spitzmaus
213-111↓ Schlange, Spitzmaus
213-112↓ Spitzmaus, Schlange, Fledermaus
213-122 Spitzmaus, Fledermaus, Otter
213-131 Spitzmaus, Schlange, Pavian
213-132 Spitzmaus, Fledermaus, Pavian
213-211 Spitzmaus, Schlange
213-232↓ Spitzmaus, Pavian, Otter
221-111↓ Schlange, Fledermaus
221-132↓ Schlange, Fledermaus, Pavian
221-212 Schlange, Spitzmaus, Otter
221-221 Schlange, Waldkaninchen, Spitzmaus
221-222 Schlange, Spitzmaus, Otter
221-231 Schlange, Waldkaninchen, Pavian
221-232 Pavian, Spitzmaus, Otter
221-311 Schlange, Seelöwe, Waldkaninchen
221-312 Seelöwe, Schlange, Spitzmaus
221-321 Seelöwe, Schlange, Waldkaninchen
221-322 Seelöwe, Spitzmaus, Otter
221-331 Seelöwe, Waldkaninchen, Pavian
221-332 Seelöwe, Pavian, Spitzmaus
222-111↓ Schlange, Fledermaus, Otter
222-132↓ Schlange, Fledermaus, Pavian
222-212 Schlange, Otter, Spitzmaus
222-221 Schlange, Otter, Waldkaninchen
222-222 Otter, Schlange, Spitzmaus
222-231 Pavian, Schlange, Otter
222-232 Pavian, Otter, Spitzmaus
222-311 Schlange, Seelöwe, Otter
222-331↓ Pavian, Seelöwe, Otter
223-111↓ Schlange, Fledermaus, Otter
223-131 Pavian, Fledermaus, Schlange

223-132 Fledermaus, Pavian, Otter
223-211 Schlange, Otter, Pavian
223-212 Otter, Schlange, Fledermaus
223-221↓ Otter, Pavian, Schlange
223-312↓ Otter, Pavian, Seelöwe
231-111 Schlange, Waldkaninchen
231-112 Schlange, Fledermaus, Otter
231-121 Schlange, Waldkaninchen, Fledermaus
231-122 Fledermaus, Otter, Schlange
231-131 Waldkaninchen, Pavian, Schlange
231-132 Fledermaus, Pavian, Otter
231-211↓ Waldkaninchen, Schlange, Otter
231-221 Waldkaninchen, Otter, Maus
231-222↓ Otter, Waldkaninchen, Pavian
231-311 Waldkaninchen, Otter, Schlange
231-312 Otter, Waldkaninchen, Pavian
231-321 Waldkaninchen, Otter, Maus
231-322↓ Otter, Waldkaninchen, Pavian
231-332 Pavian, Otter, Dachs
232-111 Schlange, Fledermaus, Otter
232-131 Pavian, Fledermaus, Otter
232-212 Otter, Waldkaninchen, Fledermaus
232-221↓ Otter, Waldkaninchen, Pavian
233-111↓ Fledermaus, Otter, Schlange
233-121↓ Fledermaus, Otter, Pavian
233-332↓ Pavian, Otter, Wildhund
241-111 Schlange, Schaf, Hund
241-112 Hund, Fledermaus, Schlange
241-121 Schaf, Hund, Waldkaninchen
241-122 Hund, Fledermaus, Schaf
241-131 Schaf, Hund, Waldkaninchen
241-132 Hund, Fledermaus, Pavian
241-211 Schaf, Hund, Waldkaninchen
241-212 Hund, Schaf, Otter
241-221 Schaf, Hund, Waldkaninchen
241-222 Hund, Schaf, Otter
241-231 Schaf, Hund, Wildhund
241-232 Wildhund, Hund, Pavian
241-311↓ Schaf, Hund, Wildhund
242-111 Schlange, Schaf, Hund
242-112 Fledermaus, Hund, Otter
242-121 Schaf, Hund, Fledermaus
242-122 Fledermaus, Hund, Otter
242-131 Schaf, Pavian, Präriehund
242-132 Fledermaus, Pavian, Wildhund
242-211↓ Schaf, Hund, Otter
242-222 Hund, Otter, Wildhund
242-231 Wildhund, Schaf, Pavian
242-232 Wildhund, Pavian, Präriehund
242-311 Wildhund, Schaf, Hund
242-312 Wildhund, Hund, Otter
242-321 Wildhund, Schaf, Hund
242-322↓ Wildhund, Hund, Otter

243-111↓ Fledermaus, Otter, Schlange
243-121↓ Fledermaus, Otter, Pavian
243-131　Pavian, Präriehund, Fledermaus
243-132　Fledermaus, Pavian, Wildhund
243-211　Otter, Wildhund, Pavian
243-212　Otter, Wildhund, Fledermaus
243-221↓ Otter, Wildhund, Pavian
243-231↓ Wildhund, Pavian, Präriehund
243-311↓ Wildhund, Otter
311-111↓ Spitzmaus, Schlange
312-111↓ Spitzmaus, Schlange
313-111↓ Spitzmaus, Schlange, Otter
321-111　Schlange, Waldkaninchen
321-112　Schlange, Spitzmaus, Otter
321-121　Schlange, Waldkaninchen, Spitzmaus
321-122　Spitzmaus, Otter, Schlange
321-131　Waldkaninchen, Schlange, Spitzmaus
321-132　Spitzmaus, Otter, Waldkaninchen
321-211　Waldkaninchen, Schlange, Spitzmaus
321-212↓ Spitzmaus, Otter, Waldkaninchen
321-311　Seelöwe, Waldkaninchen, Spitzmaus
321-312　Seelöwe, Spitzmaus, Otter
321-321　Seelöwe, Waldkaninchen, Spitzmaus
321-322　Seelöwe, Spitzmaus, Otter
321-331　Seelöwe, Waldkaninchen, Spitzmaus
321-332　Seelöwe, Spitzmaus, Otter
322-111　Schlange, Otter, Waldkaninchen
322-112　Schlange, Otter, Spitzmaus
322-121　Schlange, Otter, Waldkaninchen
322-122　Otter, Spitzmaus, Schlange
322-131　Otter, Waldkaninchen, Schlange
322-132　Otter, Spitzmaus, Waldkaninchen
322-211　Otter, Waldkaninchen, Schlange
322-212↓ Otter, Spitzmaus, Waldkaninchen
322-311　Seelöwe, Otter, Waldkaninchen
322-312　Seelöwe, Otter, Spitzmaus
322-321　Seelöwe, Otter, Waldkaninchen
322-322　Seelöwe, Otter, Spitzmaus
322-331　Seelöwe, Otter, Waldkaninchen
322-332　Seelöwe, Otter, Spitzmaus
323-111↓ Otter, Schlange
323-122↓ Otter, Fledermaus
323-221　Otter, Waldkaninchen
323-222↓ Otter, Spitzmaus
323-232↓ Otter, Pavian
323-312↓ Otter, Seelöwe
331-111↓ Waldkaninchen, Otter, Schlange

331-331↓ Waldkaninchen, Otter, Dachs
332-111↓ Otter, Waldkaninchen, Schlange
332-322↓ Otter, Waldkaninchen, Seelöwe
332-331↓ Otter, Waldkaninchen, Dachs
333-111↓ Otter, Fledermaus
333-132↓ Otter, Fledermaus, Pavian
341-111↓ Hund, Waldkaninchen, Otter
341-131　Hund, Waldkaninchen, Präriehund
341-132　Hund, Präriehund, Otter
341-211↓ Hund, Waldkaninchen, Otter
341-231　Hund, Waldkaninchen, Präriehund
341-232　Hund, Präriehund, Otter
341-311↓ Hund, Waldkaninchen, Otter
341-331　Hund, Waldkaninchen, Präriehund
341-332　Hund, Wildhund, Präriehund
342-111↓ Hund, Otter, Waldkaninchen
342-122↓ Hund, Otter, Präriehund
342-211↓ Hund, Otter, Waldkaninchen
342-222↓ Hund, Otter, Präriehund
342-311↓ Hund, Otter, Waldkaninchen
342-322　Hund, Otter, Wildhund
342-331↓ Präriehund, Hund, Wildhund
343-111↓ Otter, Präriehund, Hund
343-312↓ Otter, Wildhund, Präriehund
411-111↓ Spitzmaus, Waldkaninchen, Pfau
411-212　Spitzmaus, Pfau, Seelöwe
411-221　Spitzmaus, Waldkaninchen, Pfau
411-222　Spitzmaus, Pfau, Seelöwe
411-231　Spitzmaus, Waldkaninchen, Pfau
411-232　Spitzmaus, Pfau, Seelöwe
411-311　Seelöwe, Spitzmaus, Waldkaninchen
411-312　Seelöwe, Spitzmaus, Pfau
411-321　Seelöwe, Spitzmaus, Waldkaninchen
411-322　Seelöwe, Spitzmaus, Pfau
411-331　Seelöwe, Spitzmaus, Waldkaninchen
411-332　Seelöwe, Spitzmaus, Pfau
412-111↓ Spitzmaus, Waldkaninchen, Seelöwe
413-111↓ Spitzmaus, Waldkaninchen, Seelöwe
413-132　Spitzmaus, Wildkatze, Waldkaninchen
413-211↓ Spitzmaus, Waldkaninchen, Seelöwe
413-232　Spitzmaus, Seelöwe, Wildkatze
413-311　Seelöwe, Spitzmaus, Waldkaninchen
413-312　Seelöwe, Delphin, Spitzmaus
413-321　Seelöwe, Spitzmaus, Waldkaninchen
413-322　Seelöwe, Delphin, Spitzmaus

413-331　Seelöwe, Spitzmaus, Waldkaninchen
413-332　Seelöwe, Delphin, Spitzmaus
421-111↓ Waldkaninchen, Seelöwe
422-111↓ Waldkaninchen, Seelöwe
422-322↓ Seelöwe, Waldkaninchen, Delphin
423-111　Waldkaninchen, Otter
423-132↓ Waldkaninchen, Otter, Wildkatze
423-211↓ Waldkaninchen, Seelöwe, Otter
423-321↓ Seelöwe, Waldkaninchen, Delphin
431-111↓ Waldkaninchen, Seelöwe
2-111↓　Waldkaninchen, Otter
443-322↓ Waldkaninchen, Seelöwe, Otter
433-111↓ Waldkaninchen, Otter
433-332↓ Waldkaninchen, Otter, Seelöwe
441-111↓ Waldkaninchen, Seelöwe
442-111↓ Waldkaninchen, Seelöwe
443-111↓ Waldkaninchen, Otter
443-122↓ Waldkaninchen, Otter, Präriehund
443-322↓ Waldkaninchen, Otter, Seelöwe
443-331　Waldkaninchen, Präriehund, Otter

141-

111-111↓ Spitzmaus, Schlange
112-111↓ Spitzmaus, Schlange
113-111↓ Spitzmaus, Schlange
121-111　Schlange, Stachelschwein
121-112↓ Schlange, Stachelschwein, Spitzmaus
121-331↓ Spitzmaus, Dachs, Stachelschwein
122-111　Schlange, Stachelschwein
122-331↓ Spitzmaus, Dachs, Stachelschwein
123-111↓ Schlange, Stachelschwein, Fledermaus
123-132　Stachelschwein, Fledermaus, Spitzmaus
123-211　Schlange, Spitzmaus, Stachelschwein
123-222↓ Spitzmaus, Stachelschwein, Fledermaus
123-311　Schlange, Spitzmaus, Stachelschwein
123-322　Spitzmaus, Stachelschwein, Fledermaus
123-331↓ Spitzmaus, Dachs, Stachelschwein
131-111　Schlange, Stachelschwein, Maus
131-112　Schlange, Stachelschwein, Fledermaus
131-121　Stachelschwein, Schlange, Maus
131-122　Stachelschwein, Fledermaus, Schlange
131-131　Stachelschwein, Maus, Schlange
131-132　Stachelschwein, Fledermaus, Maus
131-211　Maus, Schlange, Spitzmaus

167

131-222↓ Maus, Spitzmaus, Stachelschwein
131-231↓ Maus, Dachs, Spitzmaus
131-311 Maus, Schlange, Dachs
131-312↓ Maus, Dachs, Spitzmaus
132-111↓ Schlange, Stachelschwein, Fledermaus
132-131↓ Stachelschwein, Fledermaus, Maus
132-212 Maus, Fledermaus, Spitzmaus
132-221 Maus, Spitzmaus, Stachelschwein
132-222 Maus, Fledermaus, Spitzmaus
132-231 Maus, Dachs, Spitzmaus
132-232 Maus, Fledermaus, Dachs
132-311 Maus, Schlange, Dachs
132-312↓ Maus, Dachs, Spitzmaus
133-111↓ Fledermaus, Schlange
133-311↓ Otter, Maus, Fledermaus
133-322 Fledermaus, Otter, Dachs
133-331 Dachs, Otter, Maus
133-332 Dachs, Fledermaus, Otter
141-111 Schlange, Maus, Stachelschwein
141-112 Fledermaus, Schlange, Stachelschwein
141-121↓ Maus, Stachelschwein, Fledermaus
141-211 Maus, Schlange, Spitzmaus
141-222↓ Maus, Spitzmaus, Fledermaus
141-231↓ Maus, Dachs, Spitzmaus
141-322↓ Dachs, Maus, Wildhund
142-111 Schlange, Fledermaus, Maus
142-112 Fledermaus, Schlange, Stachelschwein
142-121↓ Fledermaus, Maus, Stachelschwein
142-211 Maus, Schlange, Spitzmaus
142-212↓ Maus, Fledermaus, Spitzmaus
142-231 Maus, Dachs, Spitzmaus
142-232 Wildhund, Maus, Fledermaus
142-311 Maus, Dachs, Spitzmaus
142-312↓ Wildhund, Maus, Dachs
143-111↓ Fledermaus, Schlange
143-211 Fledermaus, Otter, Maus
143-212 Fledermaus, Otter, Wildhund
143-221 Fledermaus, Otter, Maus
143-222↓ Fledermaus, Otter, Wildhund
143-311 Wildhund, Otter, Maus
143-312 Wildhund, Fledermaus, Otter
143-321 Wildhund, Otter, Maus
143-322 Wildhund, Fledermaus, Otter
143-331↓ Wildhund, Dachs
211-111↓ Spitzmaus, Schlange
212-111↓ Spitzmaus, Schlange
213-111↓ Spitzmaus, Schlange
221-111↓ Schlange, Spitzmaus
222-111↓ Schlange, Spitzmaus
222-331↓ Spitzmaus, Dachs, Maus
223-111 Schlange, Fledermaus

223-112↓ Schlange, Fledermaus, Spitzmaus
223-211 Schlange, Spitzmaus, Otter
223-212 Spitzmaus, Schlange, Fledermaus
223-221 Spitzmaus, Schlange, Otter
223-222↓ Spitzmaus, Fledermaus, Otter
223-311↓ Spitzmaus, Schlange, Otter
223-322 Spitzmaus, Otter, Fledermaus
223-331↓ Spitzmaus, Dachs, Otter
231-111 Schlange, Maus
231-112 Schlange, Fledermaus, Spitzmaus
231-121 Schlange, Maus, Fledermaus
231-122 Fledermaus, Spitzmaus, Schlange
231-131 Maus, Schlange, Fledermaus
231-132 Fledermaus, Spitzmaus, Maus
231-211 Maus, Schlange, Spitzmaus
231-222↓ Spitzmaus, Maus, Fledermaus
231-231↓ Maus, Dachs, Spitzmaus
232-111 Schlange, Fledermaus, Maus
232-112 Fledermaus, Schlange, Spitzmaus
232-121 Fledermaus, Schlange, Maus
232-122 Fledermaus, Spitzmaus, Schlange
232-131 Fledermaus, Maus, Schlange
232-132 Fledermaus, Spitzmaus
232-211 Maus, Schlange, Spitzmaus
232-212 Spitzmaus, Maus, Fledermaus
232-221 Maus, Spitzmaus, Otter
232-222 Spitzmaus, Maus, Fledermaus
232-231↓ Maus, Dachs, Spitzmaus
233-111↓ Fledermaus, Schlange, Otter
233-211↓ Otter, Fledermaus, Maus
233-212 Fledermaus, Otter, Spitzmaus
233-221 Otter, Fledermaus, Maus
233-222 Fledermaus, Otter, Spitzmaus
233-231 Otter, Fledermaus, Maus
233-232 Fledermaus, Otter, Dachs
233-311 Otter, Maus, Fledermaus
233-312 Otter, Fledermaus, Dachs
233-321 Otter, Maus, Fledermaus
233-322 Otter, Fledermaus, Dachs
233-331 Dachs, Otter, Maus
233-332 Dachs, Otter, Fledermaus
241-111 Schlange, Maus, Fledermaus
241-112 Fledermaus, Schlange, Spitzmaus
241-121↓ Fledermaus
241-211 Maus, Spitzmaus
241-222↓ Spitzmaus, Maus, Fledermaus
241-231↓ Maus, Dachs, Spitzmaus
241-331↓ Dachs, Maus, Wildhund
242-111 Schlange, Fledermaus, Maus
242-112 Fledermaus, Schlange, Spitzmaus
242-121 Fledermaus, Maus, Schlange
242-131↓ Fledermaus, Maus, Spitzmaus
242-211 Maus, Spitzmaus, Schlange
242-212 Spitzmaus, Maus, Fledermaus

242-221 Maus, Spitzmaus, Otter
242-222 Spitzmaus, Maus, Fledermaus
242-231 Maus, Dachs, Spitzmaus
242-232 Dachs, Spitzmaus, Wildhund
242-311 Maus, Dachs, Spitzmaus
242-312 Dachs, Spitzmaus, Wildhund
242-321 Maus, Dachs, Spitzmaus
242-322 Dachs, Wildhund, Spitzmaus
242-331↓ Dachs, Wildhund, Maus
243-111↓ Fledermaus, Schlange, Otter
243-211↓ Otter, Fledermaus, Maus
243-212 Fledermaus, Otter, Spitzmaus
243-221 Otter, Fledermaus, Maus
243-222↓ Fledermaus, Otter, Wildhund
243-311 Otter, Wildhund, Maus
243-312 Wildhund, Otter, Fledermaus
243-321 Wildhund, Otter, Maus
243-322 Wildhund, Otter, Fledermaus
243-331↓ Wildhund, Dachs, Otter
311-111↓ Spitzmaus
312-111↓ Spitzmaus
313-111↓ Spitzmaus, Schlange
321-111↓ Spitzmaus, Schlange
321-232↓ Spitzmaus, Dachs
322-111↓ Spitzmaus, Schlange
322-231↓ Spitzmaus, Dachs
323-111↓ Spitzmaus, Schlange, Otter
323-322↓ Spitzmaus, Otter, Dachs
331-111 Spitzmaus, Schlange, Otter
331-131↓ Spitzmaus, Dachs, Otter
331-211 Spitzmaus, Otter, Maus
331-212↓ Spitzmaus, Otter, Dachs
332-111 Spitzmaus, Schlange, Otter
332-112↓ Spitzmaus, Otter, Fledermaus
332-212↓ Spitzmaus, Otter, Dachs
333-111↓ Otter, Fledermaus, Spitzmaus
333-332↓ Dachs, Otter, Spitzmaus
341-111 Spitzmaus, Schlange, Otter
341-112 Spitzmaus, Otter, Fledermaus
341-121 Spitzmaus, Otter, Maus
341-122 Spitzmaus, Otter, Fledermaus
341-131↓ Spitzmaus, Dachs, Otter
341-211 Spitzmaus, Otter, Maus
341-212↓ Spitzmaus, Otter, Dachs
342-111 Spitzmaus, Otter, Schlange
342-112↓ Spitzmaus, Otter, Fledermaus
342-131↓ Spitzmaus, Dachs, Otter
342-211 Spitzmaus, Otter, Maus
342-212↓ Spitzmaus, Otter, Dachs
343-111↓ Otter, Fledermaus, Spitzmaus
343-231↓ Otter, Dachs, Spitzmaus
343-331↓ Dachs, Otter, Wildhund
411-111↓ Spitzmaus
412-111↓ Spitzmaus

413-111↓ Spitzmaus, Schlange
421-111↓ Spitzmaus, Schlange
421-321↓ Spitzmaus, Dachs
422-111↓ Spitzmaus, Schlange
422-331↓ Spitzmaus, Dachs
423-111↓ Spitzmaus, Schlange, Otter
423-331↓ Spitzmaus, Dachs, Otter
431-111 Spitzmaus, Waldkaninchen, Schlange
431-112↓ Spitzmaus, Otter, Waldkaninchen
431-131 Spitzmaus, Waldkaninchen, Dachs
431-132 Spitzmaus, Dachs, Otter
431-211↓ Spitzmaus, Waldkaninchen, Otter
431-231 Dachs, Spitzmaus, Waldkaninchen
431-232 Dachs, Spitzmaus, Otter
431-311 Dachs, Spitzmaus, Waldkaninchen
431-312 Dachs, Spitzmaus, Otter
431-321↓ Dachs, Spitzmaus, Waldkaninchen
432-111↓ Spitzmaus, Waldkaninchen, Otter
432-131 Spitzmaus, Waldkaninchen, Dachs
432-132 Spitzmaus, Dachs, Otter
432-211↓ Spitzmaus, Waldkaninchen, Otter
432-231 Dachs, Spitzmaus, Waldkaninchen
432-232 Dachs, Spitzmaus, Otter
432-311 Dachs, Spitzmaus, Waldkaninchen
432-312 Dachs, Spitzmaus, Otter
432-321 Dachs, Spitzmaus, Waldkaninchen
432-322↓ Dachs, Spitzmaus, Otter
433-111 Otter, Spitzmaus, Waldkaninchen
433-112 Otter, Fledermaus, Spitzmaus
433-121 Otter, Spitzmaus, Waldkaninchen
433-122 Otter, Fledermaus, Spitzmaus
433-131 Otter, Spitzmaus, Waldkaninchen
433-132 Otter, Fledermaus, Spitzmaus
433-231↓ Otter, Dachs, Spitzmaus
441-111↓ Spitzmaus, Waldkaninchen, Otter
441-131 Spitzmaus, Waldkaninchen, Dachs
441-132 Spitzmaus, Dachs, Otter
441-211↓ Spitzmaus, Waldkaninchen, Otter
441-231 Dachs, Spitzmaus, Waldkaninchen
441-232 Dachs, Spitzmaus, Otter
441-311 Dachs, Spitzmaus, Waldkaninchen
441-312 Dachs, Spitzmaus, Otter
441-321 Dachs, Spitzmaus, Waldkaninchen
441-322↓ Dachs, Spitzmaus, Otter
442-111↓ Spitzmaus, Waldkaninchen, Otter
442-131 Spitzmaus, Waldkaninchen, Dachs
442-132 Spitzmaus, Dachs, Otter
442-211↓ Spitzmaus, Waldkaninchen, Otter
442-231 Dachs, Spitzmaus, Waldkaninchen
442-232 Dachs, Spitzmaus, Otter
442-311 Dachs, Spitzmaus, Waldkaninchen
442-312 Dachs, Spitzmaus, Otter
442-321 Dachs, Spitzmaus, Waldkaninchen

442-322↓ Dachs, Spitzmaus, Otter
443-111 Otter, Spitzmaus, Waldkaninchen
443-112 Otter, Fledermaus, Spitzmaus
443-121 Otter, Spitzmaus, Waldkaninchen
443-122 Otter, Fledermaus, Spitzmaus
443-131 Otter, Spitzmaus, Waldkaninchen
443-132 Otter, Fledermaus, Spitzmaus
443-332↓ Dachs, Otter, Wildhund

142-

111-111↓ Spitzmaus
112-111↓ Spitzmaus
113-111↓ Schlange, Spitzmaus, Stachelschwein
121-111↓ Schlange, Spitzmaus, Stachelschwein
121-331↓ Spitzmaus, Dachs
122-111↓ Schlange, Spitzmaus, Stachelschwein
122-321↓ Spitzmaus, Dachs
123-111 Schlange, Spitzmaus, Stachelschwein
123-122 Spitzmaus, Stachelschwein, Fledermaus
123-131 Spitzmaus, Stachelschwein, Otter
123-132 Spitzmaus, Stachelschwein, Fledermaus
123-331↓ Spitzmaus, Dachs, Otter
131-111 Schlange, Spitzmaus, Stachelschwein
131-122 Spitzmaus, Stachelschwein, Fledermaus
131-131↓ Spitzmaus, Dachs, Stachelschwein
131-211 Spitzmaus, Maus, Otter
131-212 Spitzmaus, Otter, Dachs
131-221 Spitzmaus, Maus, Otter
131-222 Spitzmaus, Otter, Dachs
131-231 Dachs, Spitzmaus, Maus
131-232 Dachs, Spitzmaus, Otter
131-311 Dachs, Spitzmaus, Maus
131-312 Dachs, Spitzmaus, Otter
131-321 Dachs, Spitzmaus, Maus
131-322↓ Dachs, Spitzmaus, Otter
132-111 Schlange, Spitzmaus, Otter
132-112 Spitzmaus, Fledermaus, Otter
132-121 Spitzmaus, Otter, Stachelschwein
132-122 Spitzmaus, Fledermaus, Otter
132-131 Spitzmaus, Dachs, Otter
132-132 Spitzmaus, Fledermaus, Dachs
132-221↓ Spitzmaus, Otter, Maus
132-222↓ Spitzmaus, Otter, Dachs
133-111 Otter, Fledermaus, Schlange
133-222↓ Otter, Spitzmaus, Fledermaus
133-332↓ Dachs, Otter, Wildhund

141-111 Spitzmaus, Schlange, Maus
141-112 Spitzmaus, Fledermaus, Otter
141-121 Spitzmaus, Maus, Otter
141-122 Spitzmaus, Fledermaus, Otter
141-131 Spitzmaus, Dachs, Maus
141-132 Spitzmaus, Dachs, Wildhund
141-211 Spitzmaus, Maus, Otter
141-212 Spitzmaus, Otter, Dachs
141-221 Spitzmaus, Maus, Otter
141-222 Spitzmaus, Otter, Dachs
141-231↓ Dachs, Spitzmaus, Wildhund
142-111 Spitzmaus, Schlange, Otter
142-112↓ Spitzmaus, Fledermaus, Otter
142-131 Spitzmaus, Dachs, Otter
142-132 Spitzmaus, Wildhund, Fledermaus
142-211 Spitzmaus, Otter, Maus
142-212 Spitzmaus, Otter, Wildhund
142-221 Spitzmaus, Otter, Maus
142-222 Spitzmaus, Otter, Wildhund
142-231↓ Dachs, Spitzmaus, Wildhund
143-111↓ Otter, Fledermaus, Spitzmaus
143-131↓ Otter, Wildhund, Fledermaus
143-211↓ Otter, Wildhund, Spitzmaus
143-321↓ Wildhund, Otter, Dachs
211-111↓ Spitzmaus
212-111↓ Spitzmaus
213-111↓ Spitzmaus, Schlange
221-111↓ Spitzmaus, Schlange
221-232↓ Spitzmaus, Dachs
222-111↓ Spitzmaus, Schlange
222-231↓ Spitzmaus, Dachs
223-111↓ Spitzmaus, Schlange, Otter
223-322↓ Spitzmaus, Otter, Dachs
231-111↓ Spitzmaus, Schlange, Otter
231-122 Spitzmaus, Otter, Fledermaus
231-212↓ Spitzmaus, Otter, Dachs
232-111 Spitzmaus, Schlange, Otter
232-112↓ Spitzmaus, Otter, Fledermaus
232-131↓ Spitzmaus, Dachs, Otter
232-211 Spitzmaus, Otter, Maus
232-212↓ Spitzmaus, Otter, Dachs
233-111↓ Otter, Fledermaus, Spitzmaus
233-332↓ Dachs, Otter, Spitzmaus
241-111 Spitzmaus, Schlange, Otter
241-112 Spitzmaus, Otter, Fledermaus
241-121 Spitzmaus, Otter, Maus
241-122 Spitzmaus, Otter, Fledermaus
241-131↓ Spitzmaus, Dachs, Otter
241-211 Spitzmaus, Otter, Maus
241-212↓ Spitzmaus, Otter, Dachs
241-232 Dachs, Spitzmaus, Wildhund
241-311 Dachs, Spitzmaus, Otter
241-312↓ Dachs, Spitzmaus, Wildhund
242-111 Spitzmaus, Otter, Schlange

169

242-112↓ Spitzmaus, Otter, Fledermaus
242-131↓ Spitzmaus, Dachs, Otter
242-232 Dachs, Spitzmaus, Wildhund
242-311 Dachs, Spitzmaus, Otter
242-312↓ Dachs, Spitzmaus, Wildhund
243-111↓ Otter, Fledermaus, Spitzmaus
243-131↓ Otter, Wildhund, Fledermaus
243-212↓ Otter, Spitzmaus, Wildhund
243-231↓ Otter, Wildhund, Dachs
311-111↓ Spitzmaus
312-111↓ Spitzmaus
313-111↓ Spitzmaus
321-111↓ Spitzmaus
321-231↓ Spitzmaus, Dachs
322-111↓ Spitzmaus, Schlange
322-132↓ Spitzmaus, Dachs
323-111↓ Spitzmaus, Otter
323-312↓ Spitzmaus, Otter, Dachs
331-111↓ Spitzmaus, Otter
331-122↓ Spitzmaus, Otter, Dachs
332-111 Spitzmaus, Otter
332-112↓ Spitzmaus, Otter, Dachs
333-111 Otter, Spitzmaus
333-122↓ Otter, Spitzmaus, Fledermaus
333-221↓ Otter, Spitzmaus, Dachs
341-111↓ Spitzmaus, Otter
341-131↓ Spitzmaus, Dachs, Otter
342-111↓ Spitzmaus, Otter
342-131↓ Spitzmaus, Dachs, Otter
342-332 Dachs, Spitzmaus, Wolf
343-111↓ Otter, Spitzmaus
343-222↓ Otter, Spitzmaus, Dachs
343-331↓ Dachs, Otter, Wildhund
411-111↓ Spitzmaus
412-111↓ Spitzmaus
413-111↓ Spitzmaus
421-111↓ Spitzmaus
421-331↓ Spitzmaus, Dachs
422-111↓ Spitzmaus, Waldkaninchen
422-222 Spitzmaus, Wildkatze
422-231 Spitzmaus, Waldkaninchen
422-232↓ Spitzmaus, Wildkatze, Dachs
423-111↓ Spitzmaus, Otter
423-331↓ Spitzmaus, Dachs, Otter
431-111 Waldkaninchen, Spitzmaus
431-112↓ Spitzmaus, Waldkaninchen, Otter
431-131↓ Waldkaninchen, Spitzmaus, Dachs
431-211 Waldkaninchen, Spitzmaus, Otter
431-232↓ Dachs, Spitzmaus, Waldkaninchen
432-111↓ Waldkaninchen, Spitzmaus, Otter
432-131 Waldkaninchen, Spitzmaus, Dachs
432-132 Spitzmaus, Dachs, Otter
432-211↓ Waldkaninchen, Spitzmaus, Otter
432-231 Waldkaninchen, Dachs, Spitzmaus

432-232 Dachs, Spitzmaus, Otter
432-311 Waldkaninchen, Dachs, Spitzmaus
432-312 Dachs, Spitzmaus, Otter
432-321 Dachs, Waldkaninchen, Spitzmaus
432-322 Dachs, Spitzmaus, Otter
432-331 Dachs, Waldkaninchen
432-332 Dachs, Spitzmaus
433-111↓ Otter, Waldkaninchen, Spitzmaus
433-231 Otter, Waldkaninchen, Dachs
433-232 Otter, Dachs, Spitzmaus
433-311 Otter, Waldkaninchen, Dachs
433-312 Otter, Dachs, Spitzmaus
433-321 Otter, Dachs, Waldkaninchen
433-322 Otter, Dachs, Spitzmaus
433-331↓ Dachs, Otter, Waldkaninchen
441-111 Waldkaninchen, Spitzmaus, Otter
441-132 Spitzmaus, Dachs, Waldkaninchen
441-211 Waldkaninchen, Spitzmaus, Otter
441-232↓ Dachs, Spitzmaus, Waldkaninchen
442-111↓ Waldkaninchen, Spitzmaus, Otter
442-131 Waldkaninchen, Spitzmaus, Dachs
442-132 Spitzmaus, Dachs, Otter
442-211↓ Waldkaninchen, Spitzmaus, Otter
442-231 Waldkaninchen, Dachs, Spitzmaus
442-232 Dachs, Spitzmaus, Otter
442-311 Waldkaninchen, Dachs, Spitzmaus
442-312 Dachs, Spitzmaus, Otter
442-321 Dachs, Waldkaninchen, Spitzmaus
442-322 Dachs, Spitzmaus, Otter
442-331↓ Dachs, Waldkaninchen
443-111↓ Otter, Waldkaninchen, Spitzmaus
443-231 Otter, Waldkaninchen, Dachs
443-232 Otter, Dachs, Spitzmaus
443-311 Otter, Waldkaninchen, Dachs
443-312 Otter, Dachs, Spitzmaus
443-321 Otter, Dachs, Waldkaninchen
443-322 Otter, Dachs, Spitzmaus
443-331 Dachs, Otter, Waldkaninchen
443-332 Dachs, Otter, Wildhund

-143-
111-111↓ Spitzmaus
112-111↓ Spitzmaus
113-111↓ Schlange, Spitzmaus, Stachelschwein
121-111↓ Schlange, Spitzmaus, Stachelschwein
121-321↓ Spitzmaus, Dachs
122-111↓ Schlange, Spitzmaus, Stachelschwein
122-331↓ Spitzmaus, Dachs
123-111 Schlange, Spitzmaus, Stachelschwein

123-122 Spitzmaus, Stachelschwein, Fledermaus
123-131 Spitzmaus, Stachelschwein, Otter
123-132 Spitzmaus, Stachelschwein, Fledermaus
123-321↓ Spitzmaus, Otter, Dachs
123-331↓ Spitzmaus, Dachs, Wildhund
131-111 Schlange, Spitzmaus, Stachelschwein
131-122 Spitzmaus, Stachelschwein, Fledermaus
131-131↓ Spitzmaus, Dachs, Stachelschwein
131-211 Spitzmaus, Maus, Waldkaninchen
131-212 Spitzmaus, Otter
131-221 Spitzmaus, Maus, Waldkaninchen
131-222 Spitzmaus, Otter, Dachs
131-231 Dachs, Spitzmaus, Maus
131-232 Dachs, Spitzmaus, Otter
131-311 Dachs, Spitzmaus, Maus
131-312 Dachs, Spitzmaus, Otter
131-321↓ Dachs, Spitzmaus, Maus
132-111 Schlange, Spitzmaus, Otter
132-112 Spitzmaus, Fledermaus, Otter
132-121 Spitzmaus, Otter, Stachelschwein
132-122 Spitzmaus, Fledermaus, Otter
132-131 Spitzmaus, Dachs, Otter
132-132 Spitzmaus, Fledermaus, Dachs
132-211 Spitzmaus, Otter, Maus
132-212 Spitzmaus, Otter, Dachs
132-221 Spitzmaus, Otter, Maus
132-222↓ Spitzmaus, Otter, Dachs
133-111 Otter, Fledermaus, Schlange
133-222↓ Otter, Spitzmaus, Fledermaus
133-231 Otter, Dachs, Spitzmaus
133-232 Otter, Wildhund, Dachs
133-311 Otter, Dachs, Spitzmaus
133-312↓ Otter, Wildhund, Dachs
141-111 Spitzmaus, Schlange, Schaf
141-112 Spitzmaus, Fledermaus, Wildhund
141-121 Spitzmaus, Schaf, Maus
141-122 Spitzmaus, Wildhund, Fledermaus
141-131 Wildhund, Spitzmaus, Schaf
141-132 Wildhund, Spitzmaus, Dachs
141-211 Spitzmaus, Schaf, Wildhund
141-212 Spitzmaus, Wildhund, Otter
141-221 Spitzmaus, Schaf, Wildhund
141-222 Spitzmaus, Wildhund, Otter
141-332↓ Wildhund, Dachs, Wolf
142-111 Spitzmaus, Schlange, Schaf
142-112 Spitzmaus, Fledermaus, Wildhund
142-121 Spitzmaus, Schaf, Wildhund
142-122 Spitzmaus, Wildhund, Fledermaus
142-131 Wildhund, Spitzmaus, Schaf
142-132 Wildhund, Spitzmaus, Fledermaus

142-211 Spitzmaus, Wildhund, Schaf
142-212 Wildhund, Spitzmaus, Otter
142-221 Wildhund, Spitzmaus, Schaf
142-222 Wildhund, Spitzmaus, Otter
142-231↓ Wildhund, Dachs, Spitzmaus
143-111↓ Otter, Fledermaus, Wildhund
143-211↓ Wildhund, Otter, Spitzmaus
211-111↓ Spitzmaus
212-111↓ Spitzmaus
213-111↓ Spitzmaus, Schlange
221-111↓ Spitzmaus, Schlange
221-331↓ Spitzmaus, Dachs
222-111↓ Spitzmaus, Schlange
222-232↓ Spitzmaus, Dachs
223-111↓ Spitzmaus, Schlange, Otter
223-331↓ Spitzmaus, Dachs, Otter
223-332 Spitzmaus, Dachs, Wildhund
231-111 Spitzmaus, Schlange, Otter
231-131↓ Spitzmaus, Dachs, Otter
232-111 Spitzmaus, Schlange, Otter
232-112↓ Spitzmaus, Otter, Fledermaus
232-212↓ Spitzmaus, Otter, Dachs
232-332 Dachs, Spitzmaus, Wildhund
233-111↓ Otter, Fledermaus, Spitzmaus
233-231↓ Otter, Dachs, Spitzmaus
233-322 Otter, Dachs, Wildhund
241-111 Spitzmaus, Schlange, Schaf
241-112 Spitzmaus, Otter, Fledermaus
241-121 Spitzmaus, Schaf, Otter
241-122 Spitzmaus, Otter, Wildhund
241-131 Spitzmaus, Wildhund, Dachs
241-212 Spitzmaus, Wildhund, Otter
241-221 Spitzmaus, Schaf, Wildhund
241-222 Spitzmaus, Wildhund, Otter
241-231↓ Wildhund, Dachs, Spitzmaus
241-331↓ Wildhund, Dachs, Wolf
242-111 Spitzmaus, Otter, Schlange
242-112 Spitzmaus, Otter, Fledermaus
242-121 Spitzmaus, Otter, Schaf
242-122 Spitzmaus, Otter, Wildhund
242-131↓ Wildhund, Spitzmaus, Dachs
242-211↓ Spitzmaus, Otter, Wildhund
242-332↓ Wildhund, Dachs, Wolf
243-111↓ Otter, Fledermaus, Wildhund
243-211↓ Otter, Wildhund, Spitzmaus
311-111↓ Spitzmaus
312-111↓ Spitzmaus
313-111↓ Spitzmaus
321-111↓ Spitzmaus
322-111↓ Spitzmaus, Dachs
323-111↓ Spitzmaus, Otter
323-321↓ Spitzmaus, Otter, Dachs
331-111↓ Spitzmaus, Otter
331-131↓ Spitzmaus, Dachs, Otter

331-211 Spitzmaus, Otter, Waldkaninchen
331-212↓ Spitzmaus, Otter, Dachs
332-111↓ Spitzmaus, Otter, Waldkaninchen
332-122↓ Spitzmaus, Otter, Dachs
332-211 Spitzmaus, Otter, Waldkaninchen
332-212↓ Spitzmaus, Otter, Dachs
333-111↓ Otter, Spitzmaus
333-221↓ Otter, Spitzmaus, Dachs
341-111↓ Spitzmaus, Otter, Waldkaninchen
341-131↓ Spitzmaus, Dachs, Otter
341-132 Spitzmaus, Dachs, Wolf
341-221↓ Spitzmaus, Otter, Dachs
341-231 Dachs, Spitzmaus, Wolf
342-111↓ Spitzmaus, Otter, Waldkaninchen
342-212↓ Spitzmaus, Otter, Dachs
342-232 Dachs, Spitzmaus, Wolf
342-311 Dachs, Spitzmaus, Otter
342-332↓ Dachs, Wolf, Wildhund
343-111↓ Otter, Spitzmaus
343-131↓ Otter, Spitzmaus, Wildhund
343-231↓ Otter, Wildhund, Dachs
411-111↓ Spitzmaus
412-111↓ Spitzmaus
413-111↓ Spitzmaus, Waldkaninchen
421-111↓ Spitzmaus, Waldkaninchen
421-331↓ Spitzmaus, Waldkaninchen, Dachs
422-111↓ Spitzmaus, Waldkaninchen
422-331↓ Spitzmaus, Waldkaninchen, Dachs
423-111↓ Spitzmaus, Waldkaninchen, Otter
423-132 Spitzmaus, Otter, Wildkatze
423-211↓ Spitzmaus, Waldkaninchen, Otter
423-232 Spitzmaus, Otter, Wildkatze
423-311↓ Spitzmaus, Waldkaninchen, Otter
423-331 Spitzmaus, Waldkaninchen, Dachs
423-332 Spitzmaus, Dachs, Otter
431-111↓ Waldkaninchen, Spitzmaus
431-322↓ Waldkaninchen, Dachs, Spitzmaus
432-111↓ Waldkaninchen, Spitzmaus, Otter
432-322↓ Waldkaninchen, Dachs, Spitzmaus
433-111 Waldkaninchen, Otter
433-312↓ Otter, Waldkaninchen, Dachs
441-111↓ Waldkaninchen, Spitzmaus
441-322↓ Waldkaninchen, Dachs, Spitzmaus
441-331↓ Waldkaninchen, Dachs, Wolf
442-111↓ Waldkaninchen, Spitzmaus, Otter
442-132↓ Waldkaninchen, Spitzmaus, Dachs
442-212↓ Waldkaninchen, Spitzmaus, Otter
442-322↓ Waldkaninchen, Dachs, Spitzmaus
442-331↓ Waldkaninchen, Dachs, Wolf
443-111 Waldkaninchen, Otter
443-312↓ Otter, Waldkaninchen, Wildhund
443-321 Waldkaninchen, Otter, Dachs
443-322 Otter, Waldkaninchen, Wildhund

443-331 Waldkaninchen, Dachs, Wildhund
443-332 Wildhund, Dachs, Otter

144-
111-111↓ Spitzmaus
112-111↓ Spitzmaus
113-111↓ Spitzmaus, Wildhund
121-111↓ Schlange, Spitzmaus, Stachelschwein
121-331↓ Spitzmaus, Dachs, Wildhund
121-332 Spitzmaus, Wildhund, Adler
122-111↓ Schlange, Spitzmaus, Stachelschwein
122-232 Spitzmaus, Wildhund
122-311 Spitzmaus, Schlange
122-322↓ Spitzmaus, Wildhund, Adler
122-331 Wildhund, Spitzmaus, Dachs
122-332 Wildhund, Spitzmaus, Adler
123-111 Schlange, Spitzmaus, Stachelschwein
123-122 Spitzmaus, Stachelschwein, Fledermaus
123-131↓ Pavian, Spitzmaus, Wildhund
123-211 Spitzmaus, Schlange, Otter
123-212↓ Spitzmaus, Otter, Wildhund
123-231↓ Wildhund, Pavian, Spitzmaus
123-311↓ Wildhund, Spitzmaus, Otter
131-111 Schlange, Spitzmaus, Stachelschwein
131-122 Spitzmaus, Stachelschwein, Fledermaus
131-131 Spitzmaus, Pavian, Stachelschwein
131-132 Spitzmaus, Pavian, Wildhund
131-211 Spitzmaus, Maus, Waldkaninchen
131-212 Spitzmaus, Otter, Wildhund
131-221 Spitzmaus, Maus, Waldkaninchen
131-222 Spitzmaus, Wildhund, Otter
131-231↓ Dachs, Wildhund, Spitzmaus
132-111 Schlange, Spitzmaus, Stachelschwein
132-112 Spitzmaus, Fledermaus, Schlange
132-121↓ Spitzmaus, Stachelschwein, Fledermaus
132-131↓ Pavian, Wildhund, Spitzmaus
132-211 Spitzmaus, Otter, Maus
132-212 Spitzmaus, Otter, Wildhund
132-221 Spitzmaus, Otter, Maus
132-222 Spitzmaus, Wildhund, Otter
132-231↓ Wildhund, Pavian, Dachs
132-311↓ Wildhund, Dachs, Spitzmaus
132-331↓ Wildhund, Dachs, Pavian
133-111 Fledermaus, Otter, Schlange
133-112↓ Fledermaus, Otter, Pavian
133-131↓ Pavian, Wildhund, Fledermaus

171

133-321↓ Wildhund, Otter, Pavian
141-111↓ Wildhund, Schlange, Spitzmaus
141-121↓ Wildhund, Spitzmaus, Schaf
142-111↓ Wildhund, Schlange, Spitzmaus
143-111↓ Wildhund
211-111↓ Spitzmaus
212-111↓ Spitzmaus
213-111↓ Schlange, Spitzmaus
221-111↓ Schlange, Spitzmaus
221-331↓ Spitzmaus, Dachs, Adler
222-111 Schlange, Spitzmaus
222-331↓ Spitzmaus, Dachs, Wildhund
222-332 Spitzmaus, Wildhund, Adler
223-111 Schlange, Spitzmaus, Otter
223-122 Spitzmaus, Otter, Fledermaus
223-131↓ Spitzmaus, Pavian, Wildhund
223-222↓ Spitzmaus, Otter, Wildhund
223-231 Spitzmaus, Wildhund, Pavian
223-312↓ Wildhund, Spitzmaus, Otter
231-111 Schlange, Spitzmaus, Otter
231-131↓ Spitzmaus, Dachs, Pavian
231-221↓ Spitzmaus, Otter, Maus
231-222 Spitzmaus, Otter, Dachs
231-231↓ Dachs, Spitzmaus, Wildhund
232-111 Schlange, Spitzmaus, Otter
232-112↓ Spitzmaus, Otter, Fledermaus
232-131 Spitzmaus, Pavian, Dachs
232-132 Spitzmaus, Pavian, Wildhund
232-211 Spitzmaus, Otter, Maus
232-212 Spitzmaus, Otter, Wildhund
232-221 Spitzmaus, Otter, Maus
232-222 Spitzmaus, Otter, Wildhund
232-231↓ Dachs, Wildhund, Spitzmaus
233-111 Otter, Fledermaus, Schlange
233-112↓ Otter, Fledermaus, Pavian
233-131↓ Pavian, Wildhund, Otter
241-111↓ Wildhund, Spitzmaus, Schlange
242-111↓ Wildhund, Spitzmaus
243-111↓ Wildhund
311-111↓ Spitzmaus
312-111↓ Spitzmaus
313-111↓ Spitzmaus
321-111↓ Spitzmaus
321-331↓ Spitzmaus, Dachs, Adler
322-111↓ Spitzmaus, Adler, Dachs
323-111↓ Spitzmaus, Otter
323-331↓ Spitzmaus, Dachs, Adler
331-111↓ Spitzmaus, Otter, Waldkaninchen
331-131↓ Spitzmaus, Dachs, Otter
331-221↓ Spitzmaus, Otter, Waldkaninchen
331-222↓ Spitzmaus, Otter, Dachs
332-111↓ Spitzmaus, Otter, Waldkaninchen
332-131↓ Spitzmaus, Dachs, Otter
332-211 Spitzmaus, Otter, Waldkaninchen

332-212 Spitzmaus, Otter, Dachs
332-221 Spitzmaus, Otter, Waldkaninchen
332-222↓ Spitzmaus, Otter, Dachs
333-111↓ Otter, Spitzmaus
333-231↓ Otter, Dachs, Spitzmaus
333-232 Otter, Dachs, Wildhund
333-311 Otter, Dachs, Spitzmaus
333-312↓ Otter, Dachs, Wildhund
341-111↓ Spitzmaus, Hund, Otter
341-122 Spitzmaus, Hund, Wildhund
341-131↓ Wildhund, Spitzmaus, Dachs
341-211↓ Spitzmaus, Hund, Wildhund
341-231↓ Wildhund, Dachs, Spitzmaus
341-322↓ Wildhund, Dachs, Wolf
342-111 Spitzmaus, Otter, Hund
342-112↓ Spitzmaus, Otter, Wildhund
342-131↓ Wildhund, Spitzmaus, Dachs
342-211↓ Spitzmaus, Wildhund, Otter
342-322↓ Wildhund, Dachs
343-111↓ Otter, Wildhund, Spitzmaus
411-111↓ Spitzmaus
412-111↓ Spitzmaus
413-111↓ Spitzmaus, Waldkaninchen, Seelöwe
421-111↓ Spitzmaus, Waldkaninchen, Seelöwe
422-111↓ Spitzmaus, Waldkaninchen, Seelöwe
423-111↓ Spitzmaus, Waldkaninchen, Otter
423-132 Spitzmaus, Otter, Wildkatze
423-211 Spitzmaus, Waldkaninchen, Seelöwe
423-212 Spitzmaus, Seelöwe, Otter
423-221 Spitzmaus, Waldkaninchen, Seelöwe
423-222 Spitzmaus, Seelöwe, Otter
423-231 Spitzmaus, Waldkaninchen, Seelöwe
423-232 Spitzmaus, Seelöwe, Otter
423-311 Seelöwe, Spitzmaus, Waldkaninchen
423-312 Seelöwe, Delphin, Spitzmaus
423-321 Seelöwe, Spitzmaus, Waldkaninchen
423-322 Seelöwe, Delphin, Spitzmaus
423-331 Seelöwe, Spitzmaus, Waldkaninchen
423-332 Seelöwe, Delphin, Spitzmaus
431-111↓ Waldkaninchen, Spitzmaus
431-232↓ Waldkaninchen, Dachs, Spitzmaus
431-312↓ Waldkaninchen, Seelöwe, Dachs
432-111↓ Waldkaninchen, Spitzmaus
432-232↓ Waldkaninchen, Dachs, Spitzmaus
432-322↓ Waldkaninchen, Seelöwe, Dachs

433-111 Waldkaninchen, Otter
433-232↓ Otter, Waldkaninchen, Dachs
433-311 Waldkaninchen, Otter, Seelöwe
433-332 Dachs, Otter, Wildhund
441-111↓ Waldkaninchen, Spitzmaus
441-132↓ Waldkaninchen, Spitzmaus, Wildhund
441-232↓ Waldkaninchen, Wildhund, Dachs
441-312↓ Waldkaninchen, Wildhund, Seelöwe
441-322↓ Waldkaninchen, Wildhund, Dachs
441-332 Wildhund, Dachs, Wolf
442-111↓ Waldkaninchen, Spitzmaus, Otter
442-132↓ Waldkaninchen, Wildhund, Spitzmaus
442-212↓ Waldkaninchen, Spitzmaus, Otter
442-222↓ Waldkaninchen, Spitzmaus, Wildhund
442-232↓ Waldkaninchen, Wildhund, Dachs
442-312 Waldkaninchen, Wildhund, Seelöwe
442-321 Waldkaninchen, Wildhund, Dachs
443-111 Waldkaninchen, Otter
443-122↓ Otter, Waldkaninchen, Wildhund
443-132 Wildhund, Otter, Präriehund
443-211↓ Waldkaninchen, Otter, Wildhund

151-
111-111↓ Krokodil, Spitzmaus
111-231↓ Krokodil, Spitzmaus, Dachs
112-111↓ Krokodil, Spitzmaus
112-231↓ Krokodil, Spitzmaus, Dachs
113-111↓ Krokodil, Warzenschwein
113-321↓ Krokodil, Warzenschwein, Spitzmaus
113-331↓ Dachs, Krokodil, Warzenschwein
121-111 Krokodil, Stachelschwein, Dachs
121-112 Krokodil, Stachelschwein, Warzenschwein
121-132↓ Dachs, Stachelschwein, Warzenschwein
121-211↓ Krokodil, Dachs, Warzenschwein
122-111↓ Krokodil, Stachelschwein, Warzenschwein
122-121↓ Stachelschwein, Warzenschwein, Dachs
122-211↓ Krokodil, Dachs, Warzenschwein
123-111↓ Warzenschwein, Krokodil
123-121↓ Warzenschwein, Stachelschwein
123-311↓ Warzenschwein, Dachs, Krokodil
131-111↓ Dachs, Krokodil, Stachelschwein
132-111 Dachs, Krokodil, Stachelschwein
132-112↓ Dachs, Krokodil, Warzenschwein
133-111↓ Warzenschwein, Dachs, Krokodil

141-111↓ Dachs, Krokodil
142-111↓ Dachs, Krokodil
143-111↓ Dachs, Warzenschwein, Krokodil
211-111↓ Spitzmaus, Dachs
212-111↓ Spitzmaus, Dachs
213-111↓ Spitzmaus, Dachs
221-111↓ Dachs, Schlange, Spitzmaus
222-111↓ Dachs, Schlange, Spitzmaus
223-111↓ Dachs, Schlange, Spitzmaus
223-122↓ Dachs, Spitzmaus, Warzenschwein
231-111↓ Dachs
232-111↓ Dachs
233-111↓ Dachs
241-111↓ Dachs
242-111↓ Dachs
243-111↓ Dachs
311-111↓ Spitzmaus, Dachs
312-111↓ Spitzmaus, Dachs
313-111↓ Spitzmaus, Dachs
321-111↓ Dachs, Spitzmaus
322-111↓ Dachs, Spitzmaus
323-111↓ Dachs, Spitzmaus
331-111↓ Dachs
332-111↓ Dachs
333-111↓ Dachs, Otter
341-111↓ Dachs
342-111↓ Dachs
343-111↓ Spitzmaus, Dachs
411-111↓ Spitzmaus, Dachs
412-111↓ Spitzmaus, Dachs
413-111↓ Spitzmaus, Dachs
421-111↓ Dachs, Spitzmaus
422-111↓ Dachs, Spitzmaus
423-111↓ Dachs, Spitzmaus
431-111↓ Dachs
432-111↓ Dachs
433-111↓ Dachs
441-111↓ Dachs
442-111↓ Dachs
443-111↓ Dachs

152-

111-111↓ Krokodil, Spitzmaus
111-231↓ Krokodil, Spitzmaus, Dachs
112-111↓ Krokodil, Spitzmaus
112-231↓ Krokodil, Spitzmaus, Dachs
113-111↓ Krokodil, Warzenschwein
113-321↓ Krokodil, Warzenschwein, Spitzmaus
113-331↓ Dachs, Krokodil, Warzenschwein
121-111↓ Krokodil, Dachs, Warzenschwein
122-111↓ Krokodil, Warzenschwein, Dachs
123-111↓ Warzenschwein, Krokodil
123-311↓ Warzenschwein, Dachs, Krokodil

131-111↓ Dachs, Krokodil
132-111↓ Dachs, Krokodil
132-112↓ Dachs, Krokodil, Warzenschwein
133-111↓ Warzenschwein, Dachs, Krokodil
141-111↓ Dachs, Krokodil
142-111↓ Dachs, Krokodil
143-111↓ Dachs, Warzenschwein, Krokodil
211-111↓ Spitzmaus, Dachs
212-111↓ Spitzmaus, Dachs
213-111↓ Spitzmaus, Dachs
221-111↓ Dachs, Spitzmaus
222-111↓ Dachs, Spitzmaus
223-111↓ Dachs, Spitzmaus
231-111↓ Dachs
232-111↓ Dachs
233-111↓ Dachs
241-111↓ Dachs
242-111↓ Dachs
243-111↓ Dachs
311-111↓ Spitzmaus, Dachs
312-111↓ Spitzmaus, Dachs
313-111↓ Spitzmaus, Dachs
321-111↓ Dachs, Spitzmaus
322-111↓ Dachs, Spitzmaus
323-111↓ Dachs, Spitzmaus
331-111↓ Dachs
332-111↓ Dachs
333-111↓ Dachs, Otter
341-111↓ Dachs
342-111↓ Dachs
343-111↓ Spitzmaus, Dachs
411-111↓ Spitzmaus, Dachs
412-111↓ Spitzmaus, Dachs
413-111↓ Spitzmaus, Dachs
421-111↓ Dachs, Spitzmaus
422-111↓ Dachs, Spitzmaus
423-111↓ Dachs, Spitzmaus
431-111↓ Dachs
432-111↓ Dachs
433-111↓ Dachs
441-111↓ Dachs
442-111↓ Dachs
443-111↓ Dachs

153-

111-111↓ Krokodil, Spitzmaus
111-231↓ Krokodil, Spitzmaus, Dachs
112-111↓ Krokodil, Spitzmaus
112-231↓ Krokodil, Spitzmaus, Dachs
113-111↓ Krokodil, Warzenschwein
113-321↓ Krokodil, Warzenschwein, Spitzmaus
113-331↓ Dachs, Krokodil, Warzenschwein
121-111↓ Krokodil, Dachs, Warzenschwein

122-111↓ Krokodil, Warzenschwein, Dachs
123-111↓ Warzenschwein, Krokodil
123-311↓ Warzenschwein, Dachs, Krokodil
131-111↓ Dachs, Krokodil
132-111↓ Dachs, Krokodil
132-112↓ Dachs, Krokodil, Warzenschwein
133-111↓ Warzenschwein, Dachs, Krokodil
141-111↓ Dachs, Krokodil
142-111↓ Dachs, Krokodil
143-111↓ Dachs, Warzenschwein, Krokodil
211-111↓ Spitzmaus, Dachs
212-111↓ Spitzmaus, Dachs
213-111↓ Spitzmaus, Dachs
221-111↓ Dachs, Spitzmaus
222-111↓ Dachs, Spitzmaus
223-111↓ Dachs, Spitzmaus
231-111↓ Dachs
232-111↓ Dachs
233-111↓ Dachs
241-111↓ Dachs
242-111↓ Dachs
243-111↓ Dachs
311-111↓ Spitzmaus, Dachs
312-111↓ Spitzmaus, Dachs
313-111↓ Spitzmaus, Dachs
321-111↓ Dachs, Spitzmaus
322-111↓ Dachs, Spitzmaus
323-111↓ Dachs, Spitzmaus
331-111↓ Dachs
332-111↓ Dachs
333-111↓ Dachs, Otter
341-111↓ Dachs
342-111↓ Dachs
343-111↓ Spitzmaus, Dachs
411-111↓ Spitzmaus, Dachs
412-111↓ Spitzmaus, Dachs
413-111↓ Spitzmaus, Dachs
421-111↓ Dachs, Spitzmaus
422-111↓ Dachs, Spitzmaus
423-111↓ Dachs, Spitzmaus
431-111↓ Dachs
432-111↓ Dachs
433-111↓ Dachs
441-111↓ Dachs
442-111↓ Dachs
443-111↓ Dachs

154-

111-111↓ Krokodil, Spitzmaus
111-231↓ Krokodil, Spitzmaus, Dachs
112-111↓ Krokodil, Spitzmaus
112-231↓ Krokodil, Spitzmaus, Dachs
113-111↓ Krokodil, Warzenschwein

173

113-321↓ Krokodil, Warzenschwein,
 Spitzmaus
113-331↓ Dachs, Krokodil, Warzenschwein
121-111↓ Krokodil, Dachs, Warzenschwein
122-111↓ Krokodil, Warzenschwein, Dachs
123-111↓ Warzenschwein, Krokodil
123-311↓ Warzenschwein, Dachs, Krokodil
131-111↓ Dachs, Krokodil
132-111↓ Dachs, Krokodil
132-112↓ Dachs, Krokodil, Warzenschwein
133-111↓ Warzenschwein, Dachs, Krokodil
141-111↓ Dachs, Krokodil
142-111↓ Dachs, Krokodil, Wildhund
143-111↓ Wildhund, Dachs, Warzenschwein
211-111↓ Spitzmaus, Dachs
212-111↓ Spitzmaus, Dachs
213-111↓ Spitzmaus, Dachs
221-111↓ Dachs, Spitzmaus
222-111↓ Dachs, Spitzmaus
223-111↓ Dachs, Spitzmaus
231-111↓ Dachs
232-111↓ Dachs
233-111↓ Dachs
241-111↓ Dachs
242-111↓ Dachs, Wildhund
243-111↓ Dachs, Wildhund
311-111↓ Spitzmaus, Dachs
312-111↓ Spitzmaus, Dachs
313-111↓ Spitzmaus, Dachs
321-111↓ Dachs, Spitzmaus
322-111↓ Dachs, Spitzmaus
323-111↓ Dachs, Spitzmaus
331-111↓ Dachs
332-111↓ Dachs
333-111↓ Dachs
341-111↓ Dachs
342-111↓ Dachs
343-111↓ Dachs
411-111↓ Spitzmaus, Dachs
412-111↓ Spitzmaus, Dachs
413-111↓ Spitzmaus, Dachs
421-111↓ Dachs, Spitzmaus
422-111↓ Dachs, Spitzmaus
423-111↓ Dachs, Spitzmaus
431-111↓ Dachs
432-111↓ Dachs
433-111↓ Dachs
441-111↓ Dachs
442-111↓ Dachs
443-111↓ Dachs

211-
111-111↓ Maulwurf
112-111↓ Maulwurf

113-111↓ Maulwurf
121-111↓ Maulwurf
122-111↓ Maulwurf
123-111↓ Maulwurf
131-111↓ Maulwurf, Maus
132-111↓ Maulwurf, Maus
133-111↓ Maulwurf, Maus
141-111↓ Maulwurf, Maus
141-332↓ Maulwurf, Maus, Biber
142-111↓ Maulwurf, Maus
142-332↓ Maulwurf, Biber, Maus
143-111↓ Maulwurf, Maus
143-322↓ Maulwurf, Maus, Biber
211-111↓ Maulwurf, Maus, Bergziege
212-111↓ Maulwurf, Maus, Bergziege
213-111↓ Maulwurf, Maus, Bergziege
221-111↓ Maulwurf, Maus, Bergziege
222-111↓ Maulwurf, Maus, Bergziege
223-111↓ Maulwurf, Maus, Bergziege
231-111↓ Maulwurf, Maus
232-111↓ Maulwurf, Maus
233-111↓ Maulwurf, Maus
241-111↓ Maus, Maulwurf
242-111↓ Maus, Maulwurf
243-111↓ Maus, Maulwurf, Biber
311-111↓ Maulwurf, Maus, Bergziege
312-111↓ Maulwurf, Maus, Bergziege
313-111↓ Maulwurf, Maus, Bergziege
321-111↓ Maulwurf, Maus
322-111↓ Maulwurf, Maus, Bergziege
323-111↓ Maulwurf, Maus
331-111↓ Maulwurf, Maus
331-312↓ Maus, Schwan
332-111↓ Maulwurf, Maus
332-322↓ Maus, Schwan, Maulwurf
333-111 Maulwurf, Maus
333-132↓ Maulwurf, Maus, Fledermaus
333-312↓ Maus, Schwan
341-111 Maus, Maulwurf
341-122↓ Maus, Maulwurf, Hund
341-131↓ Maus, Maulwurf, Biber
341-212↓ Maus, Hund, Maulwurf
341-232↓ Maus, Biber, Hund
341-312↓ Maus, Hund, Schwan
341-332↓ Maus, Biber, Hund
342-111 Maus, Maulwurf
342-122↓ Maus, Maulwurf, Hund
342-131↓ Maus, Maulwurf, Biber
342-211 Maus, Maulwurf, Hund
342-212↓ Maus, Hund, Biber
342-231↓ Maus, Biber, Präriehund
343-111 Maus, Maulwurf, Pinguin
343-112 Maus, Maulwurf, Präriehund
343-121 Maus, Maulwurf, Pinguin

343-122 Präriehund, Maus, Maulwurf
343-131↓ Präriehund, Biber, Maus
411-111↓ Maulwurf, Pfau
411-232↓ Maulwurf, Pfau, Schwan
411-311 Rotwild, Schwan, Maulwurf
411-312 Schwan, Rotwild, Pfau
411-321 Rotwild, Schwan, Maulwurf
411-322 Schwan, Rotwild, Pfau
411-331 Rotwild, Schwan, Maulwurf
411-332 Schwan, Rotwild, Pfau
412-111↓ Maulwurf, Schwan, Rotwild
412-222↓ Maulwurf, Wildkatze, Schwan
412-311 Rotwild, Schwan, Maulwurf
412-332 Schwan, Rotwild, Wildkatze
413-111↓ Maulwurf, Wildkatze
413-232↓ Wildkatze, Maulwurf, Schwan
413-311 Rotwild, Schwan, Maulwurf
413-312 Schwan, Rotwild, Wildkatze
413-321 Rotwild, Schwan, Maulwurf
413-322 Schwan, Rotwild, Wildkatze
413-331 Rotwild, Schwan, Maulwurf
413-332 Schwan, Rotwild, Wildkatze
421-111↓ Maulwurf, Schwan, Rotwild
421-232 Maulwurf, Schwan, Wildkatze
421-331↓ Schwan, Rotwild, Maulwurf
422-111↓ Maulwurf, Schwan, Maus
422-212↓ Maulwurf, Schwan, Rotwild
422-222↓ Maulwurf, Schwan, Wildkatze
422-331↓ Schwan, Rotwild, Maulwurf
423-111↓ Maulwurf, Wildkatze
423-212↓ Maulwurf, Schwan, Wildkatze
423-321↓ Schwan, Rotwild, Maulwurf
423-322 Schwan, Rotwild, Wildkatze
423-331 Schwan, Rotwild, Maulwurf
423-332 Schwan, Rotwild, Wildkatze
431-111 Maulwurf, Maus
431-132↓ Maulwurf, Schwan, Maus
432-111 Maulwurf, Maus
432-132↓ Maulwurf, Schwan, Maus
433-111 Maulwurf, Maus
433-122↓ Maulwurf, Schwan, Maus
433-132 Maulwurf, Schwan, Wildkatze
433-231↓ Schwan, Maus, Maulwurf
441-111↓ Maulwurf, Maus, Schwan
441-212 Schwan, Maus, Hund
441-221 Schwan, Maus, Maulwurf
441-222 Schwan, Maus, Hund
441-231↓ Schwan, Maus, Maulwurf
442-111↓ Maulwurf, Maus, Schwan
442-132 Schwan, Maulwurf, Biber
442-211 Schwan, Maus, Maulwurf
442-212 Schwan, Maus, Hund
442-221 Schwan, Maus, Maulwurf
442-222 Schwan, Maus, Hund

442-231 Schwan, Maus, Biber
442-232 Schwan, Biber, Rappenantilope
442-331↓ Schwan, Rappenantilope, Maus
443-111 Maulwurf, Pinguin, Maus
443-112 Schwan, Maulwurf, Präriehund
443-121 Maulwurf, Pinguin, Maus
443-122 Schwan, Präriehund, Maulwurf
443-131 Präriehund, Maulwurf, Pinguin
443-132 Präriehund, Biber, Schwan
443-211↓ Schwan, Maus, Präriehund
443-231↓ Präriehund, Biber, Schwan
443-321↓ Schwan, Maus
443-331↓ Schwan, Präriehund,
        Rappenantilope

212-

111-111↓ Maulwurf
112-111↓ Maulwurf
113-111↓ Maulwurf
121-111↓ Maulwurf
122-111↓ Maulwurf
123-111↓ Maulwurf
131-111↓ Maulwurf, Maus
132-111↓ Maulwurf, Maus
133-111↓ Maulwurf, Maus
141-111↓ Maulwurf, Biber
141-222↓ Maulwurf, Schaf, Biber
141-321 Maulwurf, Schaf, Maus
141-322↓ Maulwurf, Schaf, Biber
142-111↓ Maulwurf, Biber
142-212↓ Maulwurf, Biber, Schaf
142-311 Maulwurf, Schaf, Maus
142-312↓ Maulwurf, Biber, Schaf
143-111↓ Maulwurf, Biber
143-212↓ Biber, Maulwurf, Schaf
211-111↓ Maulwurf, Maus, Bergziege
212-111↓ Maulwurf, Maus, Bergziege
212-332↓ Maulwurf, Maus, Biber
213-111↓ Maulwurf, Biber
213-331↓ Maulwurf, Maus, Biber
221-111↓ Maulwurf, Maus, Bergziege
222-111↓ Maulwurf, Maus, Bergziege
222-232↓ Maulwurf, Maus, Biber
223-111↓ Maulwurf, Maus, Bergziege
223-232↓ Maulwurf, Biber, Maus
231-111↓ Maulwurf, Maus
231-332 Maus, Biber
232-111↓ Maulwurf, Maus
232-222↓ Maus, Maulwurf, Biber
233-111 Maulwurf, Maus
233-122↓ Maulwurf, Maus, Fledermaus
233-131↓ Maulwurf, Maus, Biber
241-111 Schaf, Maus, Maulwurf
241-112 Schaf, Biber, Maus

241-121 Schaf, Maus, Maulwurf
241-122↓ Schaf, Biber, Maus
242-111 Schaf, Maus, Maulwurf
242-211↓ Schaf, Maus, Biber
243-111↓ Schaf, Biber, Maus
311-111↓ Maulwurf, Pfau
311-311 Maulwurf, Rotwild, Maus
311-312 Rotwild, Maulwurf, Schwan
311-321 Maulwurf, Rotwild, Maus
311-322 Rotwild, Maulwurf, Schwan
311-331 Maulwurf, Rotwild, Maus
311-332↓ Rotwild, Maulwurf, Schwan
312-111↓ Maulwurf, Wildkatze
312-311 Maulwurf, Rotwild, Maus
312-312 Rotwild, Maulwurf, Schwan
312-321 Maulwurf, Rotwild, Maus
312-322 Rotwild, Maulwurf, Schwan
312-331 Maulwurf, Rotwild, Maus
312-332↓ Rotwild, Maulwurf, Schwan
313-111↓ Maulwurf, Wildkatze
313-232↓ Maulwurf, Wildkatze, Präriehund
313-311 Maulwurf, Rotwild, Maus
313-312 Rotwild, Maulwurf, Schwan
313-321 Maulwurf, Rotwild, Maus
313-322 Rotwild, Maulwurf, Schwan
313-331 Maulwurf, Rotwild, Maus
313-332↓ Rotwild, Wildkatze, Maulwurf
321-111↓ Maulwurf, Maus
321-311↓ Maulwurf, Maus, Rotwild
321-312 Rotwild, Schwan, Maulwurf
321-321 Maulwurf, Maus, Rotwild
321-322 Rotwild, Schwan, Maulwurf
321-331 Maulwurf, Maus, Rotwild
321-332↓ Rotwild, Schwan, Maulwurf
322-111↓ Maulwurf, Maus
322-232↓ Maulwurf, Maus, Wildkatze
322-311 Maulwurf, Maus, Rotwild
322-312 Rotwild, Schwan, Maulwurf
322-321 Maulwurf, Maus, Rotwild
322-322 Rotwild, Schwan, Maulwurf
322-331 Maulwurf, Maus, Rotwild
322-332↓ Rotwild, Schwan, Maulwurf
323-111↓ Maulwurf, Maus
323-222↓ Maulwurf, Wildkatze, Maus
323-232 Maulwurf, Wildkatze, Präriehund
323-311 Maulwurf, Maus, Rotwild
323-312 Rotwild, Schwan, Maulwurf
323-321 Maulwurf, Maus, Rotwild
323-322 Rotwild, Schwan, Maulwurf
323-331 Maulwurf, Maus, Rotwild
323-332 Rotwild, Schwan, Wildkatze
331-111↓ Maulwurf, Maus
331-311 Maus, Schwan
332-111↓ Maulwurf, Maus

332-212↓ Maus, Schwan, Maulwurf
332-232↓ Maus, Biber, Schwan
333-111 Maulwurf, Maus
333-122↓ Maulwurf, Maus, Fledermaus
333-131 Maulwurf, Maus, Präriehund
333-132 Maulwurf, Präriehund, Biber
333-212↓ Maus, Schwan, Maulwurf
333-222 Maus, Schwan, Präriehund
333-231↓ Maus, Präriehund, Biber
333-311 Maus, Schwan
333-332 Schwan, Präriehund, Biber
341-111 Schaf, Hund, Maus
341-112 Hund, Schaf, Biber
341-121 Schaf, Hund, Maus
341-122↓ Hund, Schaf, Biber
341-132 Biber, Hund, Präriehund
341-211 Schaf, Hund, Maus
341-212 Hund, Schaf, Biber
341-221 Schaf, Hund, Maus
341-222↓ Hund, Schaf, Biber
341-232 Biber, Hund, Präriehund
341-311 Schaf, Hund, Maus
341-312 Hund, Schwan, Schaf
341-321 Schaf, Hund, Maus
341-322 Hund, Schwan, Schaf
341-331 Biber, Schaf, Hund
341-332 Biber, Hund, Präriehund
342-111 Schaf, Hund, Pinguin
342-112↓ Hund, Biber, Schaf
342-131 Biber, Schaf, Präriehund
342-132 Biber, Präriehund, Hund
342-211 Schaf, Hund, Maus
342-212↓ Hund, Biber, Schaf
342-231 Biber, Schaf, Präriehund
342-232 Biber, Präriehund, Hund
342-311 Schaf, Hund, Maus
342-312 Hund, Biber, Schwan
342-321 Schaf, Hund, Biber
342-322 Hund, Biber, Schwan
342-331 Biber, Schaf, Präriehund
342-332 Biber, Präriehund, Hund
343-111 Pinguin, Schaf, Präriehund
343-211↓ Schaf, Präriehund, Biber
343-212 Präriehund, Biber, Hund
343-221↓ Präriehund, Biber, Schaf
343-312 Präriehund, Biber, Hund
343-321 Präriehund, Biber, Schaf
343-322↓ Präriehund, Biber, Hund
411-111 Maulwurf, Pfau, Pfau, Maulwurf,
        Wildkatze
411-211↓ Pfau, Rotwild, Schwan
412-111↓ Maulwurf, Rotwild, Wildkatze
412-211 Rotwild, Schwan, Maulwurf
412-212↓ Rotwild, Schwan, Wildkatze

413-111↓ Wildkatze, Maulwurf, Rotwild
413-321↓ Rotwild, Schwan, Wildkatze
421-111↓ Maulwurf, Schwan, Rotwild
142-113↓ Maulwurf, Schwan, Wildkatze
421-221↓ Schwan, Rotwild, Maulwurf
421-222 Schwan, Rotwild, Wildkatze
421-231↓ Schwan, Rotwild, Maulwurf
422-111↓ Maulwurf, Schwan, Rotwild
422-132↓ Wildkatze, Maulwurf, Schwan
422-211 Schwan, Rotwild, Maulwurf
422-212↓ Schwan, Rotwild, Wildkatze
423-111 Maulwurf, Wildkatze
423-132↓ Wildkatze, Maulwurf, Schwan
423-211↓ Schwan, Rotwild, Wildkatze
431-111↓ Schwan, Maulwurf,
    Waldkaninchen
432-111↓ Schwan, Maulwurf,
    Waldkaninchen
432-232↓ Schwan, Wildkatze
432-321↓ Schwan, Rotwild
433-111↓ Schwan, Maulwurf,
    Waldkaninchen
433-131↓ Schwan, Maulwurf, Wildkatze
441-111↓ Schwan, Hund, Schaf
441-131↓ Schwan, Hund, Biber
441-231↓ Schwan, Hund, Rappenantilope
442-111↓ Schwan, Hund, Schaf
442-131↓ Schwan, Biber, Präriehund
442-221↓ Schwan, Hund, Schaf
442-231 Schwan, Biber, Präriehund
442-232↓ Schwan, Biber, Rappenantilope
443-111↓ Pinguin, Schwan, Präriehund
443-131 Präriehund, Pinguin, Biber
443-132 Präriehund, Biber, Schwan
443-211↓ Schwan, Präriehund, Hund
443-231↓ Präriehund, Biber, Schwan
443-331↓ Schwan, Präriehund,
    Rappenantilope

213-

111-111↓ Maulwurf
112-111↓ Maulwurf
113-111↓ Maulwurf
121-111↓ Maulwurf
122-111↓ Maulwurf
123-111↓ Maulwurf
131-111↓ Maulwurf, Maus
132-111↓ Maulwurf, Maus
133-111↓ Maulwurf, Maus
133-332 Maulwurf, Biber
141-111↓ Maulwurf, Schaf
141-222↓ Schaf, Maulwurf, Biber
142-111↓ Maulwurf, Schaf
142-222↓ Schaf, Maulwurf, Biber

143-111 Maulwurf, Schaf
143-122↓ Maulwurf, Schaf, Biber
143-331↓ Biber, Schaf, Präriehund
211-111↓ Maulwurf, Maus, Bergziege
211-312↓ Maulwurf, Rotwild, Maus
212-111↓ Maulwurf, Maus, Bergziege
212-312↓ Maulwurf, Rotwild, Maus
213-111↓ Maulwurf, Biber
213-311 Maulwurf, Maus, Bergziege
213-312↓ Maulwurf, Rotwild, Maus
213-332↓ Maulwurf, Rotwild, Biber
221-111↓ Maulwurf, Maus
221-311↓ Maulwurf, Maus, Bergziege
221-312↓ Maulwurf, Rotwild, Maus
222-111↓ Maulwurf, Maus, Bergziege
222-312↓ Maulwurf, Rotwild, Maus
223-111↓ Maulwurf, Maus
223-232↓ Maulwurf, Biber, Maus
223-311 Maulwurf, Maus, Bergziege
223-312↓ Maulwurf, Rotwild, Maus
223-332 Maulwurf, Rotwild, Biber
231-111↓ Maulwurf, Maus
231-332↓ Maus, Schaf, Biber
232-111↓ Maulwurf, Maus
232-132↓ Maulwurf, Maus, Biber
232-211↓ Maus, Schaf, Maulwurf
232-332↓ Maus, Biber, Schaf
233-111 Maulwurf, Maus
233-132↓ Maulwurf, Biber, Maus
233-211↓ Maus, Schaf, Maulwurf
233-231 Maus, Biber, Schaf
233-232 Biber, Maus, Pavian
233-322↓ Maus, Schaf, Biber
233-332 Biber, Maus, Pavian
241-111↓ Schaf, Hund
241-332↓ Schaf, Biber, Hund
242-111↓ Schaf, Biber, Hund
242-221 Schaf, Biber, Maus
242-222 Schaf, Biber, Hund
242-231 Schaf, Biber, Maus
242-232↓ Biber, Schaf, Präriehund
243-111↓ Schaf, Biber
243-322↓ Schaf, Biber, Präriehund
311-111↓ Maulwurf, Pfau
311-331↓ Rotwild, Maulwurf, Pfau
312-111↓ Maulwurf, Rotwild
312-232↓ Maulwurf, Rotwild, Wildkatze
313-111↓ Maulwurf, Präriehund
313-222↓ Maulwurf, Rotwild, Präriehund
321-111↓ Maulwurf, Maus, Rotwild
322-111↓ Maulwurf, Maus, Rotwild
323-111↓ Maulwurf, Präriehund
323-211 Maulwurf, Maus, Rotwild
323-212 Maulwurf, Rotwild, Präriehund

323-221 Maulwurf, Maus, Rotwild
323-222 Maulwurf, Rotwild, Präriehund
323-231 Maulwurf, Präriehund, Maus
323-321↓ Rotwild, Maulwurf, Maus
323-331↓ Rotwild, Präriehund, Maulwurf
331-111 Maulwurf, Maus
331-132↓ Maulwurf, Maus, Hund
331-211 Maus, Schaf, Maulwurf
331-212 Maus, Hund, Schwan
331-221 Maus, Schaf, Maulwurf
331-222 Maus, Hund, Schwan
331-231 Maus, Schaf, Maulwurf
331-232 Maus, Hund, Schwan
331-311↓ Maus, Schwan, Rotwild
332-111 Maulwurf, Maus
332-132↓ Maulwurf, Maus, Präriehund
332-211 Maus, Schaf, Maulwurf
332-212 Maus, Hund, Schwan
332-221 Maus, Schaf, Maulwurf
332-222 Maus, Hund, Schwan
332-231 Maus, Schaf, Maulwurf
332-232 Maus, Präriehund, Hund
332-311↓ Maus, Schwan, Rotwild
333-111 Maulwurf, Maus
333-112↓ Maulwurf, Präriehund, Maus
333-211 Maus, Schaf, Präriehund
333-212 Präriehund, Maus, Hund
333-221 Maus, Präriehund, Schaf
333-222 Präriehund, Maus, Hund
333-231 Präriehund, Maus, Biber
333-232 Präriehund, Fuchs
333-311 Maus, Schwan, Rotwild
333-312 Schwan, Rotwild, Präriehund
333-321 Maus, Schwan, Präriehund
333-322 Schwan, Präriehund, Rotwild
333-331 Präriehund, Maus, Schwan
333-332 Präriehund, Schwan, Fuchs
341-111 Schaf, Hund
341-332↓ Hund, Präriehund, Schaf
342-111 Schaf, Hund
342-122↓ Hund, Schaf, Präriehund
342-132 Präriehund, Hund, Biber
342-222↓ Hund, Schaf, Präriehund
342-232 Präriehund, Hund, Biber
342-322↓ Hund, Schaf, Präriehund
342-332 Präriehund, Hund, Biber
343-111↓ Schaf, Präriehund, Hund
343-131↓ Präriehund, Biber
343-211↓ Schaf, Präriehund, Hund
343-231 Präriehund, Biber, Schaf
343-232 Präriehund, Biber, Hund
343-311↓ Schaf, Präriehund, Hund
343-331↓ Präriehund, Biber
411-111↓ Pfau, Maulwurf, Rotwild

412-111↓ Maulwurf, Rotwild, Pfau
412-231↓ Rotwild, Pfau, Wildkatze
413-111↓ Maulwurf, Rotwild, Wildkatze
413-222↓ Rotwild, Wildkatze, Schwan
421-111 Maulwurf, Rotwild,
 Waldkaninchen
421-112 Rotwild, Maulwurf, Schwan
421-121 Maulwurf, Rotwild,
 Waldkaninchen
421-122 Rotwild, Maulwurf, Schwan
421-131 Maulwurf, Rotwild,
 Waldkaninchen
421-132↓ Rotwild, Maulwurf, Schwan
422-111 Maulwurf, Rotwild,
 Waldkaninchen
422-112 Rotwild, Maulwurf, Schwan
422-121 Maulwurf, Rotwild,
 Waldkaninchen
422-122 Rotwild, Maulwurf, Wildkatze
422-221↓ Rotwild, Schwan, Waldkaninchen
422-222↓ Rotwild, Schwan, Wildkatze
423-111 Maulwurf, Rotwild,
 Waldkaninchen
423-112↓ Rotwild, Wildkatze, Maulwurf
423-221↓ Rotwild, Wildkatze, Schwan
431-111 Waldkaninchen, Schwan,
 Maulwurf
431-112 Schwan, Rotwild, Waldkaninchen
431-121 Waldkaninchen, Schwan,
 Maulwurf
431-122 Schwan, Rotwild, Waldkaninchen
431-131 Waldkaninchen, Schwan,
 Maulwurf
431-132↓ Schwan, Rotwild, Waldkaninchen
432-111 Waldkaninchen, Schwan,
 Maulwurf
432-112 Schwan, Rotwild, Waldkaninchen
432-121 Waldkaninchen, Schwan,
 Maulwurf
432-122 Schwan, Rotwild, Waldkaninchen
432-131 Waldkaninchen, Schwan,
 Maulwurf
432-132 Schwan, Rotwild, Waldkaninchen
433-111 Waldkaninchen, Schwan,
 Maulwurf
433-112 Schwan, Rotwild, Waldkaninchen
433-121 Waldkaninchen, Schwan,
 Maulwurf
433-122 Schwan, Rotwild, Waldkaninchen
433-131 Waldkaninchen, Schwan,
 Präriehund
433-132 Schwan, Wildkatze, Präriehund
433-231↓ Schwan, Waldkaninchen, Rotwild
441-111 Hund, Schaf, Waldkaninchen

441-112 Hund, Schwan
441-121 Hund, Schaf, Waldkaninchen
441-122 Hund, Schwan, Schaf
441-131 Hund, Schaf, Präriehund
441-132 Hund, Schwan, Präriehund
441-211↓ Hund, Schaf, Schwan
441-232 Schwan, Hund, Präriehund
441-311↓ Schwan, Hund, Rotwild
441-331↓ Schwan, Rappenantilope, Hund
442-111 Hund, Schaf, Waldkaninchen
442-112 Hund, Schwan, Schaf
442-121 Hund, Schaf, Waldkaninchen
442-122 Hund, Schwan, Präriehund
442-131 Präriehund, Hund, Schaf
442-132 Präriehund, Hund, Schwan
442-211↓ Hund, Schaf, Schwan
442-222 Schwan, Hund, Präriehund
442-231 Präriehund, Hund, Schaf
442-232 Schwan, Präriehund, Hund
442-311↓ Schwan, Hund, Rotwild
442-331↓ Schwan, Rappenantilope,
 Präriehund
443-111 Präriehund, Hund, Pinguin
443-112 Präriehund, Hund, Schwan
443-121 Präriehund, Hund, Pinguin
443-122↓ Präriehund, Hund, Schwan
443-211 Präriehund, Hund, Schaf
443-212 Präriehund, Schwan, Hund
443-221 Präriehund, Hund, Schaf
443-222↓ Präriehund, Schwan, Hund

214-

111-111↓ Maulwurf
112-111↓ Maulwurf
113-111↓ Maulwurf
121-111↓ Maulwurf
122-111↓ Maulwurf
123-111↓ Maulwurf
131-111↓ Maulwurf, Maus
132-111↓ Maulwurf, Maus
133-111↓ Maulwurf, Pavian
133-232↓ Maulwurf, Pavian, Präriehund
141-111 Maulwurf, Schaf
141-132↓ Maulwurf, Hund, Schaf
141-232 Hund, Schaf, Präriehund
141-311 Schaf, Hund, Maulwurf
141-332 Hund, Schaf, Präriehund
142-111 Maulwurf, Schaf
142-122↓ Maulwurf, Hund, Schaf
142-132 Maulwurf, Präriehund, Hund
142-211↓ Schaf, Maulwurf, Hund
142-231 Schaf, Maulwurf, Präriehund
142-232 Präriehund, Hund, Biber
142-321↓ Schaf, Hund, Maulwurf

142-322↓ Hund, Schaf, Präriehund
142-332 Präriehund, Hund, Biber
143-111 Maulwurf, Schaf, Präriehund
143-112 Maulwurf, Präriehund, Hund
143-121 Maulwurf, Schaf, Präriehund
143-122 Maulwurf, Präriehund, Hund
143-131 Präriehund, Maulwurf, Schaf
143-132 Präriehund, Maulwurf, Hund
143-211 Schaf, Präriehund, Maulwurf
143-212 Präriehund, Hund, Schaf
143-221 Schaf, Präriehund, Maulwurf
143-222 Präriehund, Hund, Schaf
143-231↓ Präriehund, Schaf, Biber
143-311↓ Schaf, Präriehund, Hund
143-331↓ Präriehund, Schaf, Biber
211-111↓ Maulwurf, Hund
211-222↓ Maulwurf, Hund, Maus
211-311 Maulwurf, Maus, Bergziege
211-312 Maulwurf, Rotwild, Seelöwe
211-321 Maulwurf, Maus, Rotwild
211-322 Maulwurf, Rotwild, Seelöwe
211-331 Maulwurf, Maus, Rotwild
211-332↓ Maulwurf, Rotwild, Seelöwe
212-111↓ Maulwurf, Hund
212-232↓ Maulwurf, Präriehund, Hund
212-311 Maulwurf, Maus, Bergziege
212-312 Maulwurf, Rotwild, Seelöwe
212-321 Maulwurf, Maus, Rotwild
212-322 Maulwurf, Rotwild, Seelöwe
212-331 Maulwurf, Maus, Rotwild
212-332↓ Maulwurf, Rotwild, Seelöwe
213-111↓ Maulwurf, Präriehund, Pavian
213-212↓ Maulwurf, Präriehund, Hund
213-222↓ Maulwurf, Präriehund, Pavian
213-311 Maulwurf, Maus, Bergziege
213-312 Maulwurf, Delphin, Rotwild
213-321 Maulwurf, Maus, Präriehund
213-322 Maulwurf, Präriehund, Delphin
213-331↓ Präriehund, Maulwurf, Pavian
221-111↓ Maulwurf, Maus
221-232↓ Maulwurf, Maus, Hund
221-311 Maulwurf, Maus, Bergziege
221-312 Maulwurf, Rotwild, Seelöwe
221-321 Maulwurf, Maus, Rotwild
221-322 Maulwurf, Rotwild, Seelöwe
221-331 Maulwurf, Maus, Rotwild
221-332↓ Maulwurf, Rotwild, Seelöwe
222-111↓ Maulwurf, Maus
222-232↓ Maulwurf, Pavian, Maus
222-311 Maulwurf, Maus, Bergziege
222-312 Maulwurf, Rotwild, Seelöwe
222-321 Maulwurf, Maus, Rotwild
222-322 Maulwurf, Rotwild, Seelöwe
222-331 Maulwurf, Maus, Rotwild

222-332↓ Maulwurf, Rotwild, Pavian
223-111↓ Maulwurf, Pavian, Präriehund
223-211 Maulwurf, Maus
223-212 Maulwurf, Pavian, Präriehund
223-221 Maulwurf, Maus, Pavian
223-222↓ Maulwurf, Pavian, Präriehund
223-311 Maulwurf, Maus, Bergziege
223-312 Maulwurf, Delphin, Rotwild
223-321 Maulwurf, Maus, Pavian
223-322↓ Pavian, Maulwurf, Präriehund
231-111 Maulwurf, Maus
231-132↓ Maulwurf, Maus, Hund
231-211 Maus, Schaf, Maulwurf
231-212 Maus, Hund, Schaf
231-221 Maus, Schaf, Maulwurf
231-222 Maus, Hund, Schaf
231-231 Maus, Schaf, Maulwurf
231-232 Maus, Hund, Pavian
231-311↓ Maus, Schaf, Hund
231-332 Maus, Hund, Pavian
232-111 Maulwurf, Maus
232-122↓ Maulwurf, Maus, Hund
232-131↓ Maulwurf, Maus, Pavian
232-211 Maus, Schaf, Maulwurf
232-212 Maus, Hund, Schaf
232-221 Maus, Schaf, Maulwurf
232-222 Maus, Hund, .Schaf
232-231 Maus, Pavian, Schaf
232-232 Pavian, Maus, Präriehund
232-311↓ Maus, Schaf, Hund
232-331 Maus, Pavian, Schaf
232-332 Pavian, Maus, Präriehund
233-111 Maulwurf, Maus, Pavian
233-112 Maulwurf, Pavian, Präriehund
233-121 Maulwurf, Maus, Pavian
233-122↓ Pavian, Maulwurf, Präriehund
233-211 Maus, Pavian, Schaf
233-212↓ Pavian, Präriehund, Maus
233-311 Maus, Pavian, Schaf
233-312↓ Pavian, Präriehund, Maus
241-111 Schaf, Hund
241-332↓ Hund, Präriehund, Schaf
242-111 Schaf, Hund
242-122↓ Hund, Schaf, Präriehund
242-132 Präriehund, Hund, Biber
242-222↓ Hund, Schaf, Präriehund
242-232 Präriehund, Hund, Biber
242-322↓ Hund, Schaf, Präriehund
242-332 Präriehund, Hund, Biber
243-111↓ Schaf, Präriehund, Hund
243-232 Präriehund, Hund, Biber
243-311↓ Schaf, Präriehund, Hund
311-111↓ Maulwurf, Hund, Pfau
311-132 Maulwurf, Hund, Präriehund

311-211↓ Maulwurf, Hund, Pfau
311-231 Maulwurf, Hund, Präriehund
311-232 Hund, Präriehund, Pfau
311-311↓ Rotwild, Seelöwe, Hund
312-111↓ Maulwurf, Hund
312-132↓ Maulwurf, Präriehund, Hund
312-211 Maulwurf, Hund, Rotwild
312-232 Präriehund, Hund, Maulwurf
312-311↓ Rotwild, Seelöwe, Hund
312-331↓ Rotwild, Seelöwe, Präriehund
313-111↓ Maulwurf, Präriehund, Hund
313-311 Rotwild, Seelöwe, Präriehund
313-312 Delphin, Rotwild, Seelöwe
313-321 Präriehund, Rotwild, Seelöwe
313-332↓ Präriehund, Delphin, Rotwild
321-111↓ Maulwurf, Hund
321-132↓ Maulwurf, Hund, Präriehund
321-211 Maulwurf, Hund, Maus
321-212 Hund, Maulwurf, Rotwild
321-221 Maulwurf, Hund, Maus
321-222 Hund, Maulwurf, Rotwild
321-231↓ Maulwurf, Hund, Präriehund
321-311↓ Rotwild, Seelöwe, Hund
322-111↓ Maulwurf, Hund
322-132↓ Maulwurf, Präriehund, Hund
322-211 Maulwurf, Hund, Maus
322-212 Hund, Maulwurf, Rotwild
322-221 Maulwurf, Hund, Maus
322-222 Hund, Maulwurf, Rotwild
322-231↓ Maulwurf, Präriehund, Hund
322-311↓ Rotwild, Seelöwe, Hund
322-331↓ Rotwild, Seelöwe, Präriehund
323-111↓ Maulwurf, Präriehund, Hund
323-311 Rotwild, Seelöwe, Präriehund
323-312 Delphin, Rotwild, Seelöwe
323-321 Präriehund, Rotwild, Seelöwe
323-332↓ Präriehund, Delphin, Rotwild
331-111↓ Hund, Maulwurf, Maus
331-131↓ Hund, Maulwurf, Präriehund
331-231↓ Hund, Präriehund, Maus
331-322 Hund, Schwan
331-331↓ Hund, Präriehund, Maus
332-111↓ Hund, Maulwurf, Maus
332-131↓ Präriehund, Hund, Maulwurf
332-231↓ Präriehund, Hund, Maus
332-312 Hund, Schwan
332-331↓ Präriehund, Hund, Maus
332-332 Präriehund, Hund, Schwan
333-111↓ Präriehund, Hund, Maulwurf
333-232↓ Präriehund, Hund, Pavian
341-111↓ Hund, Präriehund
342-111↓ Hund, Präriehund
343-111↓ Präriehund, Hund
411-111 Pfau, Maulwurf, Rotwild

411-112 Pfau, Rotwild, Seelöwe
411-121 Pfau, Maulwurf, Rotwild
411-122 Pfau, Rotwild, Seelöwe
411-131 Pfau, Maulwurf, Rotwild
411-132↓ Pfau, Rotwild, Seelöwe
412-111 Maulwurf, Rotwild, Seelöwe
412-112 Rotwild, Seelöwe, Pfau
412-121 Maulwurf, Rotwild, Seelöwe
412-122 Rotwild, Seelöwe, Pfau
412-131↓ Maulwurf, Rotwild, Seelöwe
413-111↓ Maulwurf, Rotwild, Seelöwe
413-112 Delphin, .Rotwild, Seelöwe
413-121 Maulwurf, Rotwild, Seelöwe
413-122 Delphin, Rotwild, Seelöwe
413-131 Präriehund, Maulwurf, Rotwild
413-132 Präriehund, Delphin, Rotwild
413-211↓ Rotwild, Seelöwe, Delphin
413-231 Rotwild, Seelöwe, .Präriehund
413-232↓ Delphin, Rotwild, ;Seelöwe
421-111↓ Maulwurf, Rotwild, Seelöwe
422-111↓ Maulwurf, Rotwild, Seelöwe
422-332↓ Rotwild, Seelöwe, Schwan
423-111 Maulwurf, Rotwild, Seelöwe
423-112 Delphin, Rotwild, Seelöwe
423-121 Maulwurf, Rotwild, Seelöwe
423-122 Delphin, Rotwild, Seelöwe
423-131 Präriehund, Maulwurf, Rotwild
423-132 Präriehund, Delphin, Rotwild
423-211↓ Rotwild, Seelöwe, Delphin
423-231 Rotwild, Seelöwe, Präriehund
423-232↓ Delphin, Rotwild, Seelöwe
431-111 Waldkaninchen, Hund, Schwan
431-112 Schwan, Hund, Rotwild
431-121 Waldkaninchen, Hund, Schwan
431-122 Schwan, Hund, Rotwild
431-131 Waldkaninchen, Hund, Schwan
431-132 Schwan, Hund, Präriehund
431-211 Waldkaninchen, Schwan, Hund
431-212 Schwan, Hund, Rotwild
431-221 Waldkaninchen, Schwan, Hund
431-222 Schwan, Hund, Rotwild
431-231 Waldkaninchen, Schwan, Hund
431-232 Schwan, Hund, Rotwild
431-311↓ Schwan, Rotwild, Seelöwe
432-111 Waldkaninchen, Hund, Schwan
432-112 Schwan, Hund, Rotwild
432-121 Waldkaninchen, Hund, Schwan
432-122 Schwan, Hund, Rotwild
432-131 Waldkaninchen, Präriehund, Hund
432-132 Schwan, Präriehund, Hund
432-211 Waldkaninchen, Schwan, Hund
432-212 Schwan, Hund, Rotwild
432-221 Waldkaninchen, Schwan, Hund
432-222 Schwan, Hund, Rotwild

432-231 Waldkaninchen, Schwan, Präriehund
432-232 Schwan, Präriehund, Hund
432-311↓ Schwan, Rotwild, Seelöwe
433-111 Waldkaninchen, Präriehund, Hund
433-112 Schwan, Präriehund, Hund
433-121 Präriehund, Waldkaninchen, Hund
433-122 Präriehund, Schwan, Hund
433-211↓ Waldkaninchen, Schwan, Präriehund
433-212 Schwan, Präriehund, Delphin
433-221 Präriehund, Waldkaninchen, Schwan
433-222 Schwan, Präriehund, Delphin
433-231↓ Präriehund, Waldkaninchen, Schwan
433-311 Schwan, Rotwild, Seelöwe
433-312 Schwan, Delphin, Rotwild
433-321 Schwan, Rotwild, Seelöwe
433-322 Schwan, Delphin, Rotwild
433-331 Schwan, Präriehund, Rotwild
433-332 Schwan, Präriehund, Delphin
441-111↓ Hund, Präriehund
441-331↓ Hund, Präriehund, Schwan
442-111↓ Hund, Präriehund
442-312↓ Hund, Schwan, Präriehund
443-111↓ Präriehund, Hund
443-322↓ Präriehund, Hund, Schwan

221-
111-111↓ Stachelschwein, Maulwurf, Schlange
111-311↓ Bergziege, Stachelschwein, Maulwurf
112-111↓ Stachelschwein, Maulwurf, Schlange
112-311↓ Bergziege, Stachelschwein, Maulwurf
113-111↓ Stachelschwein, Maulwurf, Schlange
113-311↓ Bergziege, Stachelschwein, Maulwurf
113-332 Stachelschwein, Maulwurf, Biber
121-111↓ Stachelschwein, Maulwurf, Schlange
121-321↓ Bergziege, Stachelschwein, Maulwurf
122-111↓ Stachelschwein, Maulwurf, Schlange
122-211↓ Bergziege, Stachelschwein, Maulwurf
123-111↓ Stachelschwein, Maulwurf, Schlange

123-132↓ Stachelschwein, Maulwurf, Fledermaus
123-211 Bergziege, Stachelschwein, Maulwurf
123-232 Stachelschwein, Maulwurf, Biber
123-321↓ Bergziege, Stachelschwein, Maulwurf
123-332 Stachelschwein, Maulwurf, Biber
131-111↓ Stachelschwein, Maulwurf, Schlange
131-231↓ Stachelschwein, Maulwurf, Bergziege
131-232 Stachelschwein, Biber, Maulwurf
131-321↓ Bergziege, Stachelschwein, Maulwurf
131-332 Stachelschwein, Biber, Maulwurf
132-111 Stachelschwein, Maulwurf, Schlange
132-132↓ Stachelschwein, Maulwurf, Fledermaus
132-211 Bergziege, Stachelschwein, Maulwurf
132-231↓ Stachelschwein, Maulwurf, Biber
132-311↓ Bergziege, Stachelschwein, Maulwurf
132-322 Stachelschwein, Bergziege, Biber
132-331↓ Biber, Stachelschwein, Maulwurf
133-111↓ Stachelschwein, Maulwurf, Fledermaus
133-211 Bergziege, Stachelschwein, Maulwurf
133-212 Fledermaus, Stachelschwein, Bergziege
133-221 Stachelschwein, Maulwurf, Fledermaus
133-222 Fledermaus, Stachelschwein, Biber
133-231 Biber, Stachelschwein, Maulwurf
133-232 Biber, Fledermaus, Stachelschwein
133-311 Bergziege, Stachelschwein, Maulwurf
133-312 Bergziege, Fledermaus, Stachelschwein
133-321 Bergziege, Stachelschwein, Maulwurf
133-322 Fledermaus, Stachelschwein, Biber
133-331 Biber, Stachelschwein, Maulwurf
133-332 Biber, Fledermaus, Stachelschwein
141-111 Schaf, Stachelschwein, Maulwurf
141-112 Stachelschwein, Schaf, Biber
141-121 Schaf, Stachelschwein, Maulwurf
141-122↓ Stachelschwein, Biber, Schaf
141-211 Schaf, Biber, Bergziege
142-111↓ Schaf, Biber, Stachelschwein
143-111↓ Biber, Schaf, Fledermaus

143-112 Biber, Fledermaus, Stachelschwein
143-121 Biber, Schaf, Fledermaus
143-122↓ Biber, Fledermaus, Stachelschwein
143-211↓ Biber, Schaf
211-111 Schlange, Bergziege
211-112↓ Schlange, Bergziege, Geier
211-121 Schlange, Bergziege, Stachelschwein
211-122 Geier, Schlange, Bergziege
211-131 Schlange, Bergziege, Stachelschwein
211-132 Geier, Stachelschwein, Schlange
211-211↓ Bergziege, Schlange
211-332↓ Bergziege, Pfau, Biber
212-111 Schlange, Bergziege
212-112↓ Schlange, Bergziege, Geier
212-121 Schlange, Bergziege, Stachelschwein
212-122 Geier, Schlange, Bergziege
212-131 Schlange, Bergziege, Stachelschwein
212-132 Geier, Stachelschwein, Schlange
212-222↓ Bergziege, Geier, Schlange
212-232↓ Bergziege, Biber, Geier
212-332 Bergziege, Biber, Rotwild
213-111 Schlange, Bergziege
213-112↓ Schlange, Bergziege, Fledermaus
213-122 Fledermaus, Geier, Schlange
213-131 Schlange, Bergziege, Fledermaus
213-132 Fledermaus, Geier, Stachelschwein
213-211↓ Bergziege, Schlange
213-332↓ Biber, Bergziege, Fledermaus
221-111 Schlange, Bergziege
221-112↓ Schlange, Bergziege, Stachelschwein
221-232 Bergziege, Biber, Stachelschwein
221-311↓ Bergziege, Schlange
221-322↓ Bergziege, Rotwild
221-332 Bergziege, Biber
222-111 Schlange, Bergziege
222-112↓ Schlange, Bergziege, Stachelschwein
222-231 Bergziege, Schlange, Biber
222-232 Bergziege, Biber, Stachelschwein
222-322↓ Bergziege, Rotwild, Schlange
222-331 Bergziege, Biber, Schlange
222-332 Bergziege, Biber, Rotwild
223-111↓ Schlange, Bergziege, Fledermaus
223-132 Fledermaus, Stachelschwein, Biber
223-212↓ Bergziege, Schlange, Fledermaus
223-222↓ Bergziege, Fledermaus, Biber
223-312↓ Bergziege, Schlange, Fledermaus
223-332↓ Biber, Bergziege, Fledermaus
231-111↓ Schlange, Bergziege, Fledermaus

179

Code	Animals	Code	Animals	Code	Animals
231-132	Fledermaus, Biber, Stachelschwein	313-111	Schlange, Bergziege	332-312↓	Schwan, Bergziege, Rotwild
231-211	Bergziege, Schlange, Schaf	313-112↓	Schlange, Bergziege, Fledermaus	332-331	Schwan, Biber, Bergziege
231-212	Bergziege, Schlange, Fledermaus	313-122	Fledermaus, Wiesel, Geier	332-332	Schwan, Biber, Rotwild
231-221	Bergziege, Schaf, Schlange	313-131	Schlange, Bergziege, Fledermaus	333-111↓	Fledermaus, Schlange, Bergziege
231-222	Bergziege, Fledermaus, Biber	313-132	Fledermaus, Wildkatze, Wiesel	333-121↓	Fledermaus, Pinguin, Schlange
231-231	Bergziege, Biber, Schaf	313-222↓	Wiesel, Bergziege, Wildkatze	333-131↓	Fledermaus, Präriehund, Biber
231-232↓	Biber, Bergziege, Fledermaus	313-231	Bergziege, Wiesel, Präriehund	333-211	Bergziege, Fledermaus, Schlange
231-322↓	Bergziege, Biber, Schaf	313-232	Wildkatze, Wiesel, Präriehund	333-212↓	Fledermaus, Bergziege, Schwan
232-111↓	Schlange, Bergziege, Fledermaus	313-311↓	Bergziege, Rotwild, Wiesel	333-222	Fledermaus, Schwan, Präriehund
232-131	Biber, Fledermaus, Schlange	313-322	Rotwild, Wiesel, Schwan	333-231↓	Präriehund, Biber, Fledermaus
232-132	Fledermaus, Biber, Stachelschwein	313-331	Bergziege, Rotwild, Wiesel	333-311↓	Schwan, Bergziege, Fledermaus
232-211	Bergziege, Schlange, Schaf	313-332	Rotwild, Wildkatze, Wiesel	333-322	Schwan, Fledermaus, Präriehund
232-212	Bergziege, Fledermaus, Schlange	321-111↓	Schlange, Bergziege	333-331↓	Schwan, Präriehund, Biber
232-221	Bergziege, Schaf, Biber	321-121↓	Schlange, Bergziege, Stachelschwein	341-111	Hund, Schaf, Pinguin
232-222	Bergziege, Biber, Fledermaus			341-112↓	Hund, Schaf, Biber
232-231	Biber, Bergziege, Schaf	321-212↓	Bergziege, Schlange, Schwan	341-311↓	Hund, Schaf, Schwan
232-232	Biber, Fledermaus, Bergziege	321-222↓	Bergziege, Schwan, Rotwild	341-321	Hund, Schaf, Biber
232-311	Bergziege, Schlange	322-111	Schlange, Bergziege	341-322	Hund, Schwan, Biber
232-312	Bergziege, Biber, Fledermaus	322-112↓	Schlange, Bergziege, Stachelschwein	341-331	Biber, Hund, Schaf
232-321	Bergziege, Schaf, Biber			341-332	Biber, Hund, Präriehund
232-322	Bergziege, Biber, Fledermaus	322-212↓	Bergziege, Schlange, Schwan	342-111↓	Hund, Schaf, Biber
232-331	Biber, Bergziege, Schaf	322-221	Bergziege, Schlange, Rotwild	342-131↓	Biber, Präriehund, Hund
232-332	Biber, Bergziege, Fledermaus	322-222	Bergziege, Schwan, Wildkatze	342-211↓	Hund, Schaf, Biber
233-111↓	Fledermaus, Schlange, Bergziege	322-231	Bergziege, Schlange, Biber	342-231↓	Biber, Präriehund, Hund
233-131↓	Fledermaus, Biber, Schlange	322-232	Bergziege, Wildkatze, Biber	342-311	Hund, Schaf, Biber
233-211	Bergziege, Fledermaus, Schlange	322-311	Bergziege, Rotwild, Schlange	342-312	Hund, Biber, Schwan
233-212↓	Fledermaus, Bergziege, Biber	322-312↓	Bergziege, Schwan, Rotwild	342-321	Hund, Schaf, Biber
241-111	Schaf, Biber	323-111↓	Schlange, Bergziege, Fledermaus	342-322	Hund, Biber, Schwan
241-211↓	Schaf, Biber, Bergziege	323-132	Fledermaus, Wildkatze	342-331↓	Biber, Präriehund, Hund
242-111↓	Schaf, Biber, Schlange	323-212↓	Bergziege, Schlange, Fledermaus	343-111↓	Pinguin, Präriehund, Biber
242-112	Biber, Schaf, Fledermaus	323-222	Bergziege, Fledermaus, Wildkatze	343-332↓	Präriehund, Biber, Hund
242-121	Schaf, Biber, Hund	323-231	Bergziege, Präriehund, Biber	411-111↓	Pfau, Schwan, Rotwild
242-211↓	Schaf, Biber, Bergziege	323-232	Wildkatze, Präriehund, Biber	412-111	Pfau, Schlange, Bergziege
243-111↓	Biber, Schaf, Fledermaus	323-311↓	Bergziege, Schwan, Rotwild	412-112	Pfau, Schwan, Wildkatze
243-131	Biber, Schaf, Präriehund	323-332	Schwan, Rotwild, Wildkatze	412-121	Pfau, Wildkatze, Rotwild
243-132	Biber, Fledermaus, Präriehund	331-111	Schlange, Bergziege	412-122	Pfau, Wildkatze, Schwan
243-211	Biber, Schaf, Bergziege	331-112↓	Schlange, Bergziege, Fledermaus	412-131	Pfau, Wildkatze, Rotwild
243-321↓	Biber, Schaf, Präriehund	331-122	Fledermaus, Schwan, Hund	412-132	Wildkatze, Pfau, Schwan
311-111↓	Schlange, Bergziege, Pfau	331-131	Schlange, Bergziege, Fledermaus	412-211↓	Pfau, Rotwild, Schwan
311-122	Pfau, Wiesel, Geier	331-132	Fledermaus, Schwan, Biber	412-222	Pfau, Schwan, Wildkatze
311-131	Pfau, Schlange, Bergziege	331-211	Bergziege, Schlange, Schwan	412-231	Pfau, Wildkatze, Rotwild
311-132	Pfau, Wiesel, Geier	331-212↓	Bergziege, Schwan, Hund	412-232	Wildkatze, Pfau, Schwan
311-312↓	Bergziege, Pfau, Rotwild	331-231	Schwan, Bergziege, Biber	412-311	Rotwild, Schwan, Pfau
312-111	Schlange, Bergziege	331-232	Schwan, Biber, Hund	412-332	Schwan, Rotwild, Wildkatze
312-112↓	Schlange, Bergziege, Wiesel	331-311↓	Schwan, Bergziege	413-111	Pfau, Wildkatze, Schlange
312-122	Wiesel, Geier, Schlange	331-322↓	Schwan, Rotwild	413-112	Wildkatze, Pfau, Schwan
312-131	Schlange, Bergziege, Wiesel	332-111↓	Schlange, Bergziege, Fledermaus	413-121	Wildkatze, Pfau, Rotwild
312-132	Wiesel, Geier, Stachelschwein	332-122	Fledermaus, Schwan, Hund	413-122	Wildkatze, Pfau, Schwan
312-211	Bergziege, Schlange	332-131	Biber, Fledermaus, Schlange	413-211↓	Pfau, Rotwild, Wildkatze
312-222↓	Wiesel, Bergziege, Pfau	332-132	Fledermaus, Biber, Schwan	413-212	Wildkatze, Schwan, Pfau
312-312↓	Bergziege, Rotwild, Wiesel	332-211	Bergziege, Schlange, Schwan	413-221	Wildkatze, Pfau, Rotwild
312-322	Rotwild, Wiesel, Schwan	332-212↓	Bergziege, Schwan, Hund	413-222	Wildkatze, Schwan, Pfau
312-331	Bergziege, Rotwild, Wiesel	332-231	Biber, Schwan, Bergziege	413-231	Wildkatze, Pfau, Rotwild
312-332	Rotwild, Wiesel, Schwan	332-232	Biber, Schwan, Präriehund	413-232	Wildkatze, Schwan, Pfau

413-322↓ Schwan, Rotwild, Wildkatze
421-111 Schlange, Schwan, Bergziege
421-112↓ Schwan, Rotwild, Pfau
421-122↓ Schwan, Rotwild, Wildkatze
421-211 Schwan, Rotwild, Bergziege
421-212↓ Schwan, Rotwild, Pfau
421-332↓ Schwan, Rotwild, Wildkatze
422-111 Schlange, Schwan, Bergziege
422-112↓ Schwan, Wildkatze, Rotwild
423-111 Wildkatze, Schlange, Schwan
423-211↓ Schwan, Rotwild, Wildkatze
431-111↓ Schwan, Waldkaninchen
431-311↓ Schwan, Rotwild
432-111↓ Schwan, Waldkaninchen
432-231↓ Schwan, Waldkaninchen, Wildkatze
432-311↓ Schwan, Rotwild
433-111↓ Schwan, Waldkaninchen, Fledermaus
433-122 Schwan, Fledermaus, Wildkatze
433-131 Schwan, Wildkatze, Waldkaninchen
433-132↓ Schwan, Wildkatze, Fledermaus
433-221↓ Schwan, Waldkaninchen, Wildkatze
433-311↓ Schwan, Rotwild
441-111↓ Schwan, Hund, Schaf
441-231↓ Schwan, Hund, Biber
441-232↓ Schwan, Rappenantilope, Hund
442-111↓ Schwan, Hund, Schaf
442-131↓ Schwan, Biber, Präriehund
442-222↓ Schwan, Hund, Biber
442-231 Schwan, Biber, Präriehund
442-332↓ Schwan, Rappenantilope, Biber
443-111↓ Pinguin, Schwan, Präriehund
443-131 Präriehund, Biber, Pinguin
443-132 Präriehund, Biber, Schwan
443-211↓ Schwan, Präriehund, Hund
443-231↓ Präriehund, Biber, Schwan
443-331↓ Schwan, Präriehund, Rappenantilope

222-
111-111 Stachelschwein, Maulwurf, Schlange
111-112↓ Stachelschwein, Geier, Maulwurf
111-211↓ Bergziege, Stachelschwein, Pfau
111-221 Stachelschwein, Pfau, Maulwurf
111-222 Stachelschwein, Pfau, Geier
111-231 Stachelschwein, Pfau, Maulwurf
111-232 Stachelschwein, Pfau, Geier
111-311 Bergziege, Pfau, Stachelschwein
111-331 Pfau, Stachelschwein, Maulwurf
111-332 Pfau, Stachelschwein, Rotwild
112-111 Stachelschwein, Maulwurf, Schlange

112-112↓ Stachelschwein, Geier, Maulwurf
112-211 Bergziege, Stachelschwein, Maulwurf
112-212 Stachelschwein, Bergziege, Geier
112-221 Stachelschwein, Maulwurf, Bergziege
112-222 Stachelschwein, Geier, Maulwurf
112-231 Stachelschwein, Maulwurf, Biber
112-232 Stachelschwein, Biber, Geier
112-311↓ Bergziege, Stachelschwein, Rotwild
112-321 Bergziege, Stachelschwein, Maulwurf
112-322 Stachelschwein, Rotwild, Geier
112-331 Biber, Stachelschwein, Maulwurf
112-332 Biber, Stachelschwein, Rotwild
113-111 Stachelschwein, Maulwurf, Schlange
113-112↓ Stachelschwein, Geier, Maulwurf
113-131 Stachelschwein, Maulwurf, Biber
113-132 Stachelschwein, Geier, Maulwurf
113-211 Bergziege, Stachelschwein, Maulwurf
113-212 Stachelschwein, Bergziege, Geier
113-221 Stachelschwein, Maulwurf, Bergziege
113-222 Stachelschwein, Biber, Geier
113-231↓ Biber, Stachelschwein, Maulwurf
113-311 Bergziege, Stachelschwein, Maulwurf
113-312 Bergziege, Stachelschwein, Rotwild
113-321 Bergziege, Stachelschwein, Maulwurf
113-322 Stachelschwein, Rotwild, Biber
113-331 Biber, Stachelschwein, Maulwurf
113-332 Biber, Stachelschwein, Rotwild
121-111↓ Stachelschwein, Maulwurf, Schlange
121-211↓ Bergziege, Stachelschwein, Maulwurf
121-232 Stachelschwein, Biber, Maulwurf
121-311↓ Bergziege, Stachelschwein, Rotwild
121-321 Bergziege, Stachelschwein, Maulwurf
121-322 Stachelschwein, Rotwild, Bergziege
121-331 Stachelschwein, Maulwurf, Bergziege
121-332 Stachelschwein, Rotwild, Biber
122-111↓ Stachelschwein, Maulwurf, Schlange
122-131↓ Stachelschwein, Maulwurf, Biber

122-211 Bergziege, Stachelschwein, Maulwurf
122-231↓ Stachelschwein, Maulwurf, Biber
122-311↓ Bergziege, Stachelschwein, Rotwild
122-321 Bergziege, Stachelschwein, Maulwurf
122-322 Stachelschwein, Rotwild, Bergziege
122-331 Biber, Stachelschwein, Maulwurf
122-332 Biber, Stachelschwein, Rotwild
123-111↓ Stachelschwein, Maulwurf, Schlange
123-122↓ Stachelschwein, Maulwurf, Fledermaus
123-131↓ Stachelschwein, Maulwurf, Biber
123-211 Bergziege, Stachelschwein, Maulwurf
123-222 Stachelschwein, Biber, Maulwurf
123-311↓ Bergziege, Stachelschwein, Rotwild
123-321 Bergziege, Stachelschwein, Maulwurf
123-322 Stachelschwein, Rotwild, Biber
123-331 Biber, Stachelschwein, Maulwurf
123-332 Biber, Stachelschwein, Rotwild
131-111↓ Stachelschwein, Maulwurf, Schaf
131-131↓ Stachelschwein, Maulwurf, Biber
131-211↓ Schaf, Bergziege, Stachelschwein
131-221 Schaf, Stachelschwein, Maulwurf
131-222↓ Schaf, Stachelschwein, Biber
131-312↓ Schaf, Bergziege, Biber
131-322↓ Schaf, Biber, Stachelschwein
132-111 Stachelschwein, Maulwurf, Schaf
132-112 Stachelschwein, Maulwurf, Biber
132-121 Stachelschwein, Maulwurf, Schaf
132-122 Stachelschwein, Biber, Maulwurf
132-212 Biber, Schaf, Stachelschwein
132-311 Schaf, Bergziege, Biber
132-322↓ Biber, Schaf, Stachelschwein
133-111 Stachelschwein, Maulwurf, Fledermaus
133-112 Fledermaus, Stachelschwein, Biber
133-121 Stachelschwein, Maulwurf, Fledermaus
133-122 Fledermaus, Stachelschwein, Biber
133-131 Biber, Stachelschwein, Maulwurf
133-132 Biber, Fledermaus, Stachelschwein
133-211 Schaf, Biber, Bergziege
133-212 Biber, Fledermaus, Schaf
133-221 Biber, Schaf, Stachelschwein
133-222↓ Biber, Fledermaus, Schaf
133-232 Biber, Pavian, Fledermaus
133-311↓ Schaf, Biber, Bergziege

141-111↓ Schaf, Biber
142-111↓ Schaf, Biber
143-111↓ Schaf, Biber
211-111 Schlange, Bergziege, Geier
211-131↓ Geier, Pfau, Schlange
211-212↓ Pfau, Bergziege, Geier
211-221 Pfau, Bergziege, Schaf
211-222 Pfau, Geier, Wiesel
211-231 Pfau, Bergziege, Biber
211-232 Pfau, Geier, Biber
211-331↓ Pfau, Bergziege, Rotwild
211-332 Pfau, Rotwild, Biber
212-111↓ Schlange, Bergziege, Geier
212-122 Geier, Wiesel, Schlange
212-131↓ Geier, Biber, Schlange
212-211 Bergziege, Schlange, Schaf
212-212 Bergziege, Geier, Wiesel
212-221 Bergziege, Schaf, Geier
212-222 Geier, Wiesel, Bergziege
212-231 Biber, Bergziege, Schaf
212-232 Biber, Geier, Wiesel
212-311↓ Bergziege, Rotwild, Wiesel
212-321 Bergziege, Rotwild, Schaf
212-322 Rotwild, Wiesel, Geier
212-331 Biber, Bergziege, Rotwild
212-332 Biber, Rotwild, Wiesel
213-111↓ Schlange, Bergziege, Geier
213-211↓ Bergziege, Geier, Biber
213-221 Bergziege, Biber, Schaf
213-222 Biber, Geier, Wiesel
213-312↓ Bergziege, Rotwild, Biber
213-322 Rotwild, Biber, Wiesel
213-331↓ Biber, Bergziege, Rotwild
221-111 Schlange, Bergziege, Schaf
221-112 Schlange, Bergziege, Stachelschwein
221-121 Schlange, Bergziege, Schaf
221-122 Schlange, Bergziege, Stachelschwein
221-131 Schlange, Bergziege, Biber
221-132 Biber, Stachelschwein, Schlange
221-211↓ Bergziege, Schlange, Schaf
221-222↓ Bergziege, Schaf, Biber
221-321↓ Bergziege, Rotwild, Schaf
221-332 Rotwild, Biber, Bergziege
222-111 Schlange, Bergziege, Schaf
222-112 Schlange, Bergziege, Stachelschwein
222-121 Schlange, Bergziege, Schaf
222-122↓ Schlange, Bergziege, Biber
222-132 Biber, Stachelschwein, Schlange
222-211 Bergziege, Schlange, Schaf
222-212 Bergziege, Schlange, Biber
222-221↓ Bergziege, Schaf, Biber

222-311 Bergziege, Rotwild, Schaf
222-312 Bergziege, Rotwild, Biber
222-321 Bergziege, Rotwild, Schaf
222-322↓ Rotwild, Bergziege, Biber
223-111↓ Schlange, Bergziege, Fledermaus
223-122 Fledermaus, Biber, Schlange
223-211 Bergziege, Schlange, Schaf
223-212 Bergziege, Biber, Schlange
223-221 Bergziege, Biber, Schaf
223-222 Biber, Bergziege, Fledermaus
223-231 Biber, Bergziege, Schaf
223-232 Biber, Wildkatze, Pavian
223-311 Bergziege, Rotwild, Schaf
223-312↓ Bergziege, Rotwild, Biber
223-332 Biber, Rotwild, Wildkatze
231-111↓ Schaf, Schlange, Bergziege
231-121 Schaf, Biber, Schlange
231-132↓ Biber, Schaf, Fledermaus
231-211↓ Schaf, Bergziege, Biber
231-322↓ Schaf, Biber, Rotwild
232-111 Schaf, Schlange, Bergziege
232-112↓ Biber, Fledermaus, Schaf
232-211↓ Schaf, Bergziege, Biber
233-111↓ Fledermaus, Schaf, Biber
233-211 Schaf, Biber, Bergziege
233-212↓ Biber, Fledermaus, Schaf
233-231 Biber, Schaf, Pavian
233-232 Biber, Pavian, Präriehund
233-311 Schaf, Biber, Bergziege
233-331 Biber, Schaf, Pavian
233-332 Biber, Pavian, Präriehund
241-111↓ Schaf, Biber, Hund
242-111↓ Schaf, Biber, Hund
243-111 Schaf, Biber, Pinguin
243-112 Biber, Schaf, Präriehund
243-121 Biber, Schaf, Pinguin
243-211↓ Schaf, Biber, Präriehund
311-111 Pfau, Schlange, Bergziege
311-122↓ Pfau, Wiesel, Geier
311-222↓ Pfau, Wiesel, Rotwild
311-311 Pfau, Rotwild, Bergziege
311-332↓ Pfau, Rotwild, Wiesel
312-111 Schlange, Bergziege, Wiesel
312-112↓ Wiesel, Geier, Pfau
312-211↓ Bergziege, Wiesel, Pfau
312-221↓ Wiesel, Pfau, Rotwild
312-232 Wiesel, Pfau, Wildkatze
312-311 Rotwild, Bergziege, Wiesel
312-312↓ Rotwild, Wiesel, Schwan
313-111 Schlange, Bergziege, Wiesel
313-112 Wiesel, Geier, Schlange
313-121↓ Wiesel, Geier, Wildkatze
313-131 Wiesel, Präriehund, Biber
313-132 Wildkatze, Wiesel, Geier

313-211↓ Bergziege, Wiesel, Pfau
313-221↓ Wiesel, Wildkatze, Pfau
313-231 Wiesel, Präriehund, Biber
313-232 Wildkatze, Wiesel, Präriehund
313-311 Rotwild, Bergziege, Wiesel
313-312↓ Rotwild, Wiesel, Schwan
313-331 Rotwild, Wiesel, Präriehund
313-332 Rotwild, Wildkatze, Wiesel
321-111 Schlange, Bergziege
321-112↓ Schlange, Bergziege, Rotwild
321-122 Rotwild, Schwan, Pfau
321-131 Schlange, Bergziege, Rotwild
321-132 Wildkatze, Rotwild, Schwan
321-211 Bergziege, Rotwild, Schlange
321-212↓ Bergziege, Rotwild, Schwan
321-232 Rotwild, Schwan, Wildkatze
321-311↓ Rotwild, Schwan, Bergziege
322-111↓ Schlange, Bergziege, Rotwild
322-122 Wildkatze, Rotwild, Schwan
322-131 Biber, Wildkatze, Schlange
322-132 Wildkatze, Biber, Rotwild
322-211 Bergziege, Rotwild, Schlange
322-212 Bergziege, Rotwild, Schwan
322-231↓ Rotwild, Biber, Wildkatze
322-311↓ Rotwild, Schwan, Bergziege
322-322 Rotwild, Schwan, Wildkatze
322-331 Rotwild, Schwan, Biber
322-332 Rotwild, Schwan, Wildkatze
323-111 Schlange, Bergziege, Pinguin
323-112 Schlange, Bergziege, Fledermaus
323-121 Wildkatze, Pinguin, Schlange
323-122 Wildkatze, Fledermaus, Präriehund
323-131↓ Präriehund, Biber, Wildkatze
323-211↓ Bergziege, Rotwild, Wildkatze
323-222 Wildkatze, Rotwild, Schwan
323-231↓ Präriehund, Biber, Wildkatze
323-311↓ Rotwild, Schwan, Bergziege
323-321↓ Rotwild, Schwan, Wildkatze
323-331 Rotwild, Schwan, Präriehund
323-332 Rotwild, Schwan, Wildkatze
331-111 Schaf, Schlange, Schwan
331-112↓ Schwan, Hund, Schaf
331-131 Biber, Schaf, Schwan
331-132 Schwan, Biber, Hund
331-211 Schwan, Schaf, Bergziege
331-212↓ Schwan, Hund, Schaf
331-231 Schwan, Biber, Schaf
331-232 Schwan, Biber, Hund
331-331↓ Schwan, Rotwild, Biber
332-111 Schaf, Schlange, Schwan
332-112 Schwan, Hund, Biber
332-121 Schaf, Schwan, Hund
332-122 Schwan, Hund, Biber
332-131 Biber, Schaf, Schwan

332-132 Biber, Schwan, Präriehund
332-211 Schwan, Schaf, Bergziege
332-212 Schwan, Hund, Biber
332-221 Schwan, Schaf, Hund
332-222 Schwan, Hund, Biber
332-231 Biber, Schwan, Schaf
332-232 Biber, Schwan, Präriehund
332-331↓ Schwan, Biber, Rotwild
333-111 Pinguin, Fledermaus, Schaf
333-112 Fledermaus, Schwan, Präriehund
333-121 Pinguin, Fledermaus, Präriehund
333-122 Fledermaus, Präriehund, Biber
333-131 Präriehund, Biber, Pinguin
333-132 Präriehund, Biber, Fledermaus
333-211 Schwan, Schaf, Präriehund
333-212↓ Schwan, Präriehund, Biber
333-321↓ Schwan, Präriehund, Rotwild
333-331↓ Schwan, Präriehund, Biber
341-111 Schaf, Hund
341-112↓ Hund, Schaf, Biber
341-132 Biber, Hund, Präriehund
341-211 Schaf, Hund, Biber
341-232 Biber, Hund, Präriehund
341-311↓ Schaf, Hund, Schwan
341-321 Schaf, Hund, Biber
341-322 Hund, Schwan, Schaf
341-331 Biber, Schaf, Hund
341-332 Biber, Hund, Präriehund
342-111↓ Schaf, Hund, Biber
342-131 Biber, Schaf, Präriehund
342-132 Biber, Präriehund, Hund
342-211↓ Schaf, Hund, Biber
342-231 Biber, Schaf, Präriehund
342-232 Biber, Präriehund, Hund
342-311 Schaf, Hund, Biber
342-312 Hund, Biber, Schwan
342-321 Schaf, Hund, Biber
342-322 Hund, Biber, Schwan
342-331 Biber, Schaf, Präriehund
342-332 Biber, Präriehund, Hund
343-111 Pinguin, Schaf, Präriehund
343-112↓ Präriehund, Biber, Pinguin
343-211 Schaf, Präriehund, Biber
343-212 Präriehund, Biber, Hund
343-221 Präriehund, Biber, Schaf
343-222 Präriehund, Biber, Hund
343-231 Präriehund, Biber, Schaf
343-232 Präriehund, Biber, Hund
343-311 Schaf, Präriehund, Biber
343-312 Präriehund, Biber, Hund
343-321 Präriehund, Biber, Schaf
343-322 Präriehund, Biber, Hund
343-331 Präriehund, Biber, Schaf
343-332 Präriehund, Biber, Hund

411-111↓ Pfau, Rotwild
411-311↓ Pfau, Rotwild, Schwan
412-111 Pfau, Rotwild
412-112↓ Pfau, Rotwild, Schwan
412-121↓ Pfau, Rotwild, Wildkatze
412-211↓ Pfau, Rotwild, Schwan
412-231↓ Pfau, Rotwild, Wildkatze
412-311↓ Rotwild, Schwan, Pfau
413-111↓ Pfau, Wildkatze, Rotwild
413-321↓ Rotwild, Schwan, Wildkatze
421-111↓ Schwan, Rotwild, Pfau
421-131↓ Schwan, Rotwild, Wildkatze
421-211↓ Schwan, Rotwild, Pfau
421-231↓ Schwan, Rotwild, Wildkatze
422-111↓ Schwan, Rotwild, Wildkatze
423-111↓ Wildkatze, Schwan, Rotwild
431-111↓ Schwan, Waldkaninchen
432-111↓ Schwan, Waldkaninchen, Rotwild
432-131↓ Schwan, Waldkaninchen, Wildkatze
432-211↓ Schwan, Waldkaninchen, Rotwild
432-232 Schwan, Wildkatze
432-311↓ Schwan, Rotwild
433-111 Schwan, Waldkaninchen
433-131↓ Schwan, Wildkatze, Waldkaninchen
433-132 Schwan, Wildkatze, Präriehund
433-211↓ Schwan, Waldkaninchen, Rotwild
433-231↓ Schwan, Wildkatze, Waldkaninchen
433-311↓ Schwan, Rotwild
441-111↓ Schwan, Hund, Schaf
441-131↓ Schwan, Hund, Biber
441-232↓ Schwan, Rappenantilope, Hund
442-111↓ Schwan, Hund, Schaf
442-122 Schwan, Hund, Biber
442-131↓ Schwan, Biber, Präriehund
442-211 Schwan, Hund, Schaf
442-212 Schwan, Hund, Biber
442-221 Schwan, Hund, Schaf
442-222 Schwan, Hund, Biber
442-231 Schwan, Biber, Präriehund
442-232↓ Schwan, Biber, Rappenantilope
443-111↓ Pinguin, Schwan, Präriehund
443-131 Präriehund, Biber, Pinguin
443-132 Präriehund, Biber, Schwan
443-211↓ Schwan, Präriehund, Hund
443-231 Präriehund, Biber, Schwan
443-331↓ Schwan, Präriehund, Rappenantilope

223-
111-111 Stachelschwein, Maulwurf, Pfau
111-112 Stachelschwein, Pfau, Geier

111-121 Stachelschwein, Maulwurf, Pfau
111-122 Stachelschwein, Pfau, Geier
111-131 Stachelschwein, Maulwurf, Pfau
111-132 Stachelschwein, Pfau, Geier
111-211 Pfau, Bergziege, Schaf
111-221↓ Pfau, Schaf, Stachelschwein
111-331↓ Pfau, Rotwild, Schaf
112-111 Stachelschwein, Maulwurf, Schlange
112-112↓ Stachelschwein, Geier, Maulwurf
112-211 Bergziege, Schaf, Stachelschwein
112-212 Stachelschwein, Bergziege, Pfau
112-221 Schaf, Stachelschwein, Maulwurf
112-222 Stachelschwein, Pfau, Schaf
112-231 Schaf, Stachelschwein, Maulwurf
112-232 Stachelschwein, Biber, Pfau
112-311 Bergziege, Rotwild, Schaf
112-312 Rotwild, Bergziege, Pfau
112-321 Rotwild, Schaf, Pfau
112-322 Rotwild, Pfau, Stachelschwein
112-331 Rotwild, Schaf, Biber
112-332 Rotwild, Biber, Pfau
113-111 Stachelschwein, Maulwurf, Schlange
113-112↓ Stachelschwein, Geier, Maulwurf
113-131 Stachelschwein, Maulwurf, Biber
113-132 Stachelschwein, Geier, Maulwurf
113-211↓ Bergziege, Schaf, Stachelschwein
113-221 Schaf, Stachelschwein, Maulwurf
113-222↓ Stachelschwein, Schaf, Pfau
13-232 Biber, Stachelschwein, Pavian
113-311 Bergziege, Rotwild, Schaf
113-312 Rotwild, Bergziege, Stachelschwein
113-321 Rotwild, Schaf, Bergziege
113-322 Rotwild, Stachelschwein
113-331 Rotwild, Biber, Schaf
113-332 Rotwild, Biber, Stachelschwein
121-111↓ Stachelschwein, Maulwurf, Schlange
121-131↓ Stachelschwein, Maulwurf, Schaf
121-211↓ Bergziege, Schaf, Stachelschwein
121-221 Schaf, Stachelschwein, Maulwurf
121-222 Stachelschwein, Schaf, Rotwild
121-231 Schaf, Stachelschwein, Maulwurf
121-232 Stachelschwein, Schaf, Rotwild
121-311 Bergziege, Rotwild, Schaf
121-312 Rotwild, Bergziege, Stachelschwein
121-321 Rotwild, Schaf, Bergziege
121-331↓ Rotwild, Schaf, Stachelschwein
122-111↓ Stachelschwein, Maulwurf, Schlange
122-121↓ Stachelschwein, Maulwurf, Schaf

183

122-211↓ Bergziege, Schaf, Stachelschwein
122-221 Schaf, Stachelschwein, Maulwurf
122-222 Stachelschwein, Schaf, Rotwild
122-231 Schaf, Stachelschwein, Biber
122-232 Stachelschwein, Biber, Schaf
122-311 Bergziege, Rotwild, Schaf
122-312 Rotwild, Bergziege, Stachelschwein
122-321 Rotwild, Schaf, Bergziege
122-322 Rotwild, Stachelschwein, Schaf
122-331 Rotwild, Schaf, Biber
122-332 Rotwild, Biber, Stachelschwein
123-111↓ Stachelschwein, Maulwurf, Schlange
123-131↓ Stachelschwein, Maulwurf, Biber
123-211↓ Bergziege, Schaf, Stachelschwein
123-221 Schaf, Stachelschwein, Maulwurf
123-222↓ Stachelschwein, Schaf, Biber
123-232 Biber, Stachelschwein, Pavian
123-311 Bergziege, Rotwild, Schaf
123-312 Rotwild, Bergziege, Stachelschwein
123-321 Rotwild, Schaf, Bergziege
123-322 Rotwild, Stachelschwein
123-331 Rotwild, Biber, Schaf
123-332 Rotwild, Biber, Pavian
131-111 Schaf, Stachelschwein, Maulwurf
131-232↓ Schaf, Biber, Stachelschwein
131-332↓ Schaf, Biber, Rotwild
132-111 Schaf, Stachelschwein, Maulwurf
132-122↓ Stachelschwein, Schaf, Biber
132-211 Schaf, Bergziege
132-232↓ Biber, Schaf, Pavian
132-332↓ Biber, Schaf, Rotwild
133-111 Schaf, Stachelschwein, Maulwurf
133-112 Fledermaus, Stachelschwein, Schaf
133-121 Schaf, Stachelschwein, Maulwurf
133-122 Fledermaus, Stachelschwein, Schaf
133-131 Biber, Schaf, Pavian
133-132 Biber, Pavian, Fledermaus
133-322↓ Schaf, Biber, Pavian
141-111↓ Schaf, Biber
141-212↓ Schaf, Hund, Biber
142-111↓ Schaf, Biber
142-332↓ Biber, Schaf, Präriehund
143-111↓ Schaf, Biber
143-122↓ Schaf, Biber, Präriehund
211-111 Pfau, Schlange, Bergziege
211-131↓ Pfau, Geier, Schaf
211-211↓ Pfau, Bergziege, Schaf
211-331↓ Pfau, Rotwild, Schaf
212-111↓ Schlange, Bergziege, Geier
212-121 Geier, Schaf, Schlange
212-122 Geier, Pfau, Schaf

212-131 Geier, Schaf, Biber
212-132 Geier, Biber, Pfau
212-211↓ Bergziege, Schaf, Pfau
212-222 Pfau, Schaf, Geier
212-231↓ Schaf, Biber, Pfau
212-311 Bergziege, Rotwild, Schaf
212-312 Rotwild, Bergziege, Pfau
212-321↓ Rotwild, Schaf, Pfau
212-331 Rotwild, Schaf, Biber
212-332 Rotwild, Biber, Pfau
213-111↓ Schlange, Bergziege, Geier
213-121↓ Geier, Schaf, Schlange
213-131 Biber, Geier, Schaf
213-132 Geier, Biber, Präriehund
213-212↓ Bergziege, Schaf, Geier
213-221 Schaf, Bergziege, Biber
213-222 Schaf, Biber, Geier
213-231 Biber, Schaf, Präriehund
213-232 Biber, Präriehund, Pavian
213-311↓ Bergziege, Rotwild, Schaf
213-331 Rotwild, Biber, Schaf
213-332 Rotwild, Biber, Präriehund
221-111↓ Schlange, Bergziege, Schaf
221-132 Schaf, Biber, Rotwild
221-211 Bergziege, Schaf, Schlange
221-212 Bergziege, Schaf, Rotwild
221-332↓ Rotwild, Schaf, Biber
222-111↓ Schlange, Bergziege, Schaf
222-131 Schaf, Biber, Schlange
222-132 Biber, Schaf, Rotwild
222-211 Bergziege, Schaf, Schlange
222-212 Bergziege, Schaf, Rotwild
222-231 Schaf, Biber, Bergziege
222-232 Biber, Schaf, Rotwild
222-311 Bergziege, Rotwild, Schaf
222-331↓ Rotwild, Schaf, Biber
223-111 Schlange, Bergziege, Schaf
223-112 Schlange, Bergziege, Fledermaus
223-121 Schaf, Schlange, Bergziege
223-122 Fledermaus, Schaf, Biber
223-131 Biber, Schaf, Pavian
223-132 Biber, Pavian, Präriehund
223-211 Bergziege, Schaf, Schlange
223-212 Bergziege, Schaf, Rotwild
223-221 Schaf, Bergziege, Biber
223-222 Schaf, Biber, Rotwild
223-231 Biber, Schaf, Pavian
223-232 Biber, Pavian, Präriehund
223-311 Bergziege, Rotwild, Schaf
223-322↓ Rotwild, Schaf, Biber
223-332 Rotwild, Biber, Pavian
231-111 Schaf, Schlange, Bergziege
231-132↓ Schaf, Biber, Hund
231-212↓ Schaf, Hund, Bergziege

231-232↓ Schaf, Biber, Hund
231-311 Schaf, Bergziege, Rotwild
231-322↓ Schaf, Rotwild, Hund
231-331↓ Schaf, Biber, Rotwild
232-111 Schaf, Schlange, Bergziege
232-122↓ Schaf, Biber, Hund
232-131 Schaf, Biber, Pavian
232-222↓ Schaf, Biber, Hund
232-231 Schaf, Biber, Pavian
232-312↓ Schaf, Rotwild, Biber
233-111↓ Schaf, Fledermaus, Biber
233-131 Biber, Schaf, Pavian
233-132 Biber, Pavian, Präriehund
233-211 Schaf, Biber, Bergziege
233-212↓ Schaf, Biber, Pavian
233-311 Schaf, Biber, Bergziege
233-312 Schaf, Biber, Rotwild
233-321↓ Schaf, Biber, Pavian
241-111 Schaf, Hund
241-122↓ Schaf, Hund, Biber
242-111↓ Schaf, Biber, Hund
242-131↓ Schaf, Biber, Präriehund
242-322↓ Schaf, Biber, Hund
242-331↓ Schaf, Biber, Präriehund
243-111↓ Schaf, Biber, Präriehund
311-111↓ Pfau, Rotwild
312-111 Pfau, Schlange, Bergziege
312-112 Pfau, Wiesel, Geier
312-121 Pfau, Wiesel, Rotwild
312-122 Pfau, Wiesel, Geier
312-131 Pfau, Wiesel, Rotwild
312-132 Pfau, Wiesel, Geier
312-211 Pfau, Rotwild, Bergziege
312-322↓ Rotwild, Pfau, Wiesel
313-111 Pfau, Schlange, Bergziege
313-112 Pfau, Wiesel, Geier
313-121 Pfau, Wiesel, Präriehund
313-122 Pfau, Wiesel, Geier
313-131 Präriehund, Pfau, Wiesel
313-132 Präriehund, Pfau, Wildkatze
313-211 Pfau, Rotwild, Bergziege
313-212↓ Pfau, Rotwild, Wiesel
313-231↓ Präriehund, Pfau, Rotwild
321-111 Schlange, Bergziege, Rotwild
321-112 Rotwild, Pfau, Hund
321-121 Rotwild, Schaf, Pfau
321-122 Rotwild, Pfau, Hund
321-131 Rotwild, Schaf, Pfau
321-132 Rotwild, Pfau, Hund
321-211 Rotwild, Bergziege, Schaf
321-212 Rotwild, Pfau, Hund
321-221 Rotwild, Schaf, Pfau
321-222 Rotwild, Pfau, Hund
321-231 Rotwild, Schaf, Pfau

321-232 Rotwild, Pfau, Hund
321-311↓ Rotwild, Schwan, Bergziege
322-111 Schlange, Bergziege, Rotwild
322-112 Rotwild, Hund, Schlange
322-121 Rotwild, Schaf, Hund
322-122 Rotwild, Hund, Wildkatze
322-131 Rotwild, Schaf, Präriehund
322-132 Rotwild, Präriehund, Hund
322-211 Rotwild, Bergziege, Schaf
322-212 Rotwild, Hund, Bergziege
322-221 Rotwild, Schaf, Hund
322-222 Rotwild, Hund, Schwan
322-231 Rotwild, Schaf, Präriehund
322-232 Rotwild, Präriehund, Hund
322-311↓ Rotwild, Schwan, Bergziege
323-111 Schlange, Bergziege, Rotwild
323-112 Rotwild, Präriehund, Hund
323-121 Präriehund, Rotwild, Schaf
323-132↓ Präriehund, Wildkatze, Rotwild
323-211 Rotwild, Bergziege, Schaf
323-212 Rotwild, Präriehund, Hund
323-221 Rotwild, Präriehund, Schaf
323-222 Rotwild, Präriehund, Wildkatze
323-231 Präriehund, Rotwild, Biber
323-232 Präriehund, Rotwild, Wildkatze
323-311 Rotwild, Schwan, Bergziege
323-312 Rotwild, Schwan, Delphin
323-321↓ Rotwild, Schwan, Präriehund
331-111 Schaf, Hund, Waldkaninchen
331-112 Hund, Schaf, Schwan
331-121 Schaf, Hund, Waldkaninchen
331-122 Hund, Schaf, Schwan
331-131↓ Schaf, Hund, Präriehund
331-211 Schaf, Hund, Waldkaninchen
331-212 Hund, Schwan, Schaf
331-221 Schaf, Hund, Waldkaninchen
331-222 Hund, Schwan, Schaf
331-231 Schaf, Hund, Präriehund
331-232 Hund, Schwan, Präriehund
331-311 Schwan, Rotwild, Schaf
331-312 Schwan, Rotwild, Hund
331-321 Schwan, Rotwild, Schaf
331-322 Schwan, Rotwild, Hund
331-331 Schwan, Rotwild, Schaf
331-332 Schwan, Rotwild, .Hund
332-111 Schaf, Hund, Waldkaninchen
332-112 Hund, Schaf, Schwan
332-121 Schaf, Hund, Waldkaninchen
332-122 Hund, Schaf, Schwan
332-131 Schaf, Präriehund, Hund
332-132 Präriehund, Hund, Biber
332-211 Schaf, Hund, Waldkaninchen
332-212 Hund, Schwan, Schaf
332-221 Schaf, Hund, Waldkaninchen

332-222 Hund, Schwan, Schaf
332-231 Schaf, Präriehund, Hund
332-232 Präriehund, Hund, Biber
332-311 Schwan, Rotwild, Schaf
332-312 Schwan, Rotwild, Hund
332-321 Schwan, Rotwild, Schaf
332-322 Schwan, Rotwild, .Hund
332-331 Schwan, Rotwild, Schaf
332-332 Schwan, Rotwild, Präriehund
333-111 Schaf, Präriehund, Hund
333-112 Präriehund, Hund, Pferd
333-121 Präriehund, Schaf, Hund
333-122 Präriehund, Hund, Pferd
333-131 Präriehund, Biber, Schaf
333-132 Präriehund, Fuchs, Biber
333-211 Schaf, Präriehund, Hund
333-212 Präriehund, Hund, Pferd
333-221 Präriehund, Schaf, Hund
333-222 Präriehund, Hund, Pferd
333-231 Präriehund, Biber, Schaf
333-232 Präriehund, Fuchs, Biber
333-311 Schwan, Rotwild, .Schaf
333-312↓ Schwan, Rotwild, Präriehund
341-111 Schaf, Hund
341-312↓ Hund, Schaf, Schwan
341-321↓ Schaf, Hund, Präriehund
342-111 Schaf, Hund, Präriehund
342-132 Präriehund, Hund, Biber
342-211 Schaf, Hund, Präriehund
342-232 Präriehund, Hund, Biber
342-311 Schaf, Hund, Präriehund
342-332 Präriehund, Hund, Biber
343-111↓ Schaf, Präriehund, Hund
343-131 Präriehund, Biber, Schaf
343-132 Präriehund, Biber, Hund
343-211↓ Schaf, Präriehund, Hund
343-231 Präriehund, Biber, Schaf
343-232 Präriehund, Biber, Hund
343-311↓ Schaf, Präriehund, Hund
343-331 Präriehund, Biber, Schaf
343-332 Präriehund, Biber, Hund
411-111↓ Pfau, Rotwild
411-332↓ Pfau, Rotwild, Schwan
412-111↓ Pfau, Rotwild
412-222↓ Pfau, Rotwild, Schwan
412-231↓ Pfau, Rotwild, Wildkatze
412-311↓ Rotwild, Pfau, Schwan
413-111↓ Pfau, Rotwild
413-121↓ Pfau, Rotwild, Wildkatze
413-312↓ Rotwild, Schwan, Pfau
421-111 Rotwild, Pfau, Waldkaninchen
421-112 Rotwild, Pfau, Schwan
421-121 Rotwild, Pfau, Waldkaninchen
421-122 Rotwild, Pfau, Schwan

421-131 Rotwild, Pfau, Waldkaninchen
422-111↓ Rotwild, Waldkaninchen, Schwan
422-112 Rotwild, Schwan, Wildkatze
422-121 Rotwild, Waldkaninchen, Schwan
422-122 Rotwild, Schwan, Wildkatze
422-131 Rotwild, Wildkatze, Waldkaninchen
422-132 Rotwild, Wildkatze, Schwan
422-211 Rotwild, Schwan, Waldkaninchen
422-212 Rotwild, Schwan, Wildkatze
422-221 Rotwild, Schwan, Waldkaninchen
422-222↓ Rotwild, Schwan, Wildkatze
423-111 Rotwild, Waldkaninchen
423-112 Rotwild, Wildkatze, Schwan
423-121 Rotwild, Wildkatze, Waldkaninchen
423-122 Rotwild, Wildkatze, Schwan
423-131 Rotwild, Wildkatze, Waldkaninchen
423-132 Wildkatze, Rotwild, Schwan
423-211 Rotwild, Schwan, Waldkaninchen
423-212↓ Rotwild, Schwan, Wildkatze
431-111↓ Waldkaninchen, Schwan, Rotwild
432-111↓ Waldkaninchen, Schwan, Rotwild
433-111↓ Waldkaninchen, Schwan, Rotwild
433-131 Waldkaninchen, Schwan, Präriehund
433-132 Schwan, Präriehund, Wildkatze
433-211↓ Schwan, Waldkaninchen, Rotwild
433-232 Schwan, Rotwild, Präriehund
433-331↓ Schwan, Rotwild, Waldkaninchen
441-111 Hund, Schaf, Waldkaninchen
441-112 Hund, Schwan, Schaf
441-121 Hund, Schaf, Waldkaninchen
441-122 Hund, Schwan
441-131 Hund, Schaf, Präriehund
441-132 Hund, Schwan, Präriehund
441-211↓ Hund, Schaf, Schwan
441-232 Schwan, Hund, Präriehund
441-311↓ Schwan, Hund, Rotwild
441-332 Schwan, Rappenantilope, Hund
442-111 Hund, Schaf, Waldkaninchen
442-112 Hund, Schwan, Schaf
442-121 Hund, Schaf, Waldkaninchen
442-122 Hund, Schwan, Präriehund
442-131 Präriehund, Hund, Schaf
442-132 Präriehund, Hund, Schwan
442-211↓ Hund, Schaf, Schwan
442-222 Schwan, Hund, Präriehund
442-231 Präriehund, Hund, Schaf
442-232 Schwan, Präriehund, Hund
442-311↓ Schwan, Hund, Rotwild
442-331 Schwan, Präriehund, Hund

442-332 Schwan, Rappenantilope,
Präriehund
443-111 Präriehund, Hund, Schaf
443-112 Präriehund, Hund, Schwan
443-121 Präriehund, Hund, Schaf
443-132↓ Präriehund, Hund, Biber
443-211 Präriehund, Hund, Schaf
443-212 Präriehund, Schwan, Hund
443-221 Präriehund, Hund, Schaf
443-222 Präriehund, Schwan, Hund
443-231 Präriehund, Hund, Biber
443-232 Präriehund, Schwan, Hund
443-332 Präriehund, Schwan,
Rappenantilope

224-

111-111↓ Stachelschwein, Maulwurf, Pfau
111-211↓ Pfau, Bergziege, Schaf
111-231↓ Pfau, Schaf, Stachelschwein
111-311 Pfau, Bergziege, Rotwild
111-312 Pfau, Rotwild, Seelöwe
111-321 Pfau, Rotwild, Schaf
111-322 Pfau, Rotwild, Seelöwe
111-331 Pfau, Rotwild, Schaf
111-332 Pfau, Rotwild, Seelöwe
112-111 Stachelschwein, Maulwurf,
Schlange
112-112 Stachelschwein, Maulwurf, Geier
112-121 Stachelschwein, Maulwurf, Schaf
112-122 Stachelschwein, Maulwurf, Geier
112-131 Stachelschwein, Maulwurf, Schaf
112-132 Stachelschwein, Maulwurf, Geier
112-211 Bergziege, Schaf, Stachelschwein
112-212 Stachelschwein, Bergziege, Pfau
112-221 Schaf, Stachelschwein, Maulwurf
112-222 Stachelschwein, Pfau, Hund
112-231 Schaf, Stachelschwein, Maulwurf
112-232 Stachelschwein, Pavian,
Präriehund
112-311 Bergziege, Rotwild, Schaf
112-312 Rotwild, Seelöwe, Bergziege
112-321 Rotwild, Schaf, Seelöwe
112-322 Rotwild, Seelöwe, Pfau
112-331 Rotwild, Schaf, Seelöwe
112-332 Rotwild, Seelöwe, Pavian
113-111 Stachelschwein, Maulwurf,
Schlange
113-112 Stachelschwein, Maulwurf, Geier
113-121 Stachelschwein, Maulwurf, Schaf
113-122 Stachelschwein, Maulwurf, Geier
113-131 Stachelschwein, Maulwurf, Pavian
113-132 Stachelschwein, Pavian,
Präriehund
113-211 Bergziege, Schaf, Stachelschwein

113-212 Stachelschwein, Pavian,
Präriehund
113-221 Schaf, Pavian, Präriehund
113-222 Pavian, Präriehund,
Stachelschwein
113-231 Pavian, Präriehund, Schaf
113-232 Pavian, Präriehund, Biber
113-311 Bergziege, Rotwild, Schaf
113-312 Rotwild, Delphin, Seelöwe
113-321 Rotwild, Schaf, Pavian
113-322 Rotwild, Delphin, Pavian
113-331↓ Pavian, Präriehund, Rotwild
121-111↓ Stachelschwein, Maulwurf,
Schlange
121-131↓ Stachelschwein, Maulwurf, Schaf
121-211 Bergziege, Schaf, Stachelschwein
121-212 Stachelschwein, Bergziege, Hund
121-221 Schaf, Stachelschwein, Maulwurf
121-222 Stachelschwein, Hund, Schaf
121-231 Schaf, Stachelschwein, Maulwurf
121-232 Stachelschwein, Pavian, Hund
121-311 Bergziege, Rotwild, Schaf
121-312 Rotwild, Seelöwe, Bergziege
121-321 Rotwild, Schaf, Seelöwe
121-322 Rotwild, Seelöwe, Hund
121-331 Rotwild, Schaf, Seelöwe
121-332 Rotwild, Seelöwe, Pavian
122-111↓ Stachelschwein, Maulwurf,
Schlange
122-131↓ Stachelschwein, Maulwurf, Schaf
122-132 Stachelschwein, Maulwurf, Pavian
122-211 Bergziege, Schaf, Stachelschwein
122-212 Stachelschwein, Bergziege, Hund
122-221 Schaf, Stachelschwein, Maulwurf
122-222 Stachelschwein, Hund, Schaf
122-231 Schaf, Pavian, Stachelschwein
122-232 Pavian, Stachelschwein,
Präriehund
122-311 Bergziege, Rotwild, Schaf
122-312 Rotwild, Seelöwe, Bergziege
122-321 Rotwild, Schaf, Seelöwe
122-322 Rotwild, Seelöwe, Hund
122-331 Rotwild, Schaf, Pavian
122-332 Rotwild, Pavian, Seelöwe
123-111 Stachelschwein, Maulwurf,
Schlange
123-112↓ Stachelschwein, Maulwurf, Pavian
123-211 Bergziege, Pavian, Schaf
123-212 Pavian, Stachelschwein,
Präriehund
123-221 Pavian, Schaf, Präriehund
123-222↓ Pavian, Präriehund,
Stachelschwein
123-311 Bergziege, Rotwild, Pavian

123-312 Rotwild, Delphin, Pavian
123-321 Pavian, Rotwild, Schaf
123-322 Pavian, Rotwild, Delphin
123-331↓ Pavian, Präriehund, Rotwild
131-111↓ Schaf, Hund, Stachelschwein
131-131 Schaf, .Pavian, Hund
131-132 Pavian, Hund, Stachelschwein
131-222↓ Hund, Schaf, Pavian
131-322↓ Hund, Schaf, Rotwild
131-331↓ Schaf, Pavian, Hund
132-111↓ Schaf, Hund, Stachelschwein
132-131 Schaf, Pavian, Präriehund
132-132 Pavian, Präriehund, Hund
132-212↓ Hund, Schaf, Pavian
132-231 Schaf, Pavian, Präriehund
132-232 Pavian, Präriehund, Hund
132-312↓ Hund, Schaf, Pavian
132-331 Schaf, Pavian, Präriehund
132-332 Pavian, Präriehund, Hund
133-111 Pavian, Schaf, Präriehund
133-112 Pavian, Präriehund, Fledermaus
133-121↓ Pavian, Schaf, Präriehund
133-212 Pavian, Präriehund, Hund
133-221 Pavian, Schaf, Präriehund
133-232↓ Pavian, Präriehund, Biber
133-311 Pavian, Schaf, Präriehund
133-312 Pavian, Präriehund, Hund
133-321 Pavian, Schaf, Präriehund
133-322↓ Pavian, Präriehund, Hund
141-111 Schaf, Hund
141-332↓ Hund, Schaf, Präriehund
142-111 Schaf, Hund
142-122↓ Hund, Schaf, Präriehund
142-132 Präriehund, Hund, Biber
142-212↓ Hund, Schaf, Präriehund
142-232 Präriehund, Hund, Biber
142-322↓ Hund, Schaf, Präriehund
142-332 Präriehund, Hund, Biber
143-111↓ Schaf, Präriehund, Hund
143-131↓ Präriehund, Schaf, Biber
143-211↓ Schaf, Präriehund, Hund
143-231 Präriehund, Schaf, Biber
143-232 Präriehund, Biber, Hund
143-311↓ Schaf, Präriehund, Hund
143-331 Präriehund, Schaf, Biber
143-332 Präriehund, Wildhund, Biber
211-111 Pfau, Schlange, Bergziege
211-112 Pfau, Geier, Hund
211-121 Pfau, Schaf, Hund
211-122 Pfau, Geier, Hund
211-131 Pfau, Schaf, Hund
211-132 Pfau, Geier, Hund
211-211 Pfau, Bergziege, Schaf
211-231↓ Pfau, Schaf, Hund

211-311 Pfau, Bergziege, Rotwild
211-312 Pfau, Rotwild, Seelöwe
211-321 Pfau, Rotwild, Schaf
211-322 Pfau, Rotwild, Seelöwe
211-331 Pfau, Rotwild, Schaf
211-332 Pfau, Rotwild, Seelöwe
212-111 Schlange, Bergziege, Schaf
212-112 Geier, Hund, Schlange
212-121 Schaf, Hund, Geier
212-122 Geier, Hund, Pfau
212-131 Schaf, Präriehund, Hund
212-132 Geier, Präriehund, Hund
212-211 Bergziege, Schaf, Hund
212-212 Hund, Bergziege, Pfau
212-221↓ Schaf, Hund, Pfau
212-231 Schaf, Präriehund, Hund
212-232 Präriehund, Hund, Pavian
212-311 Bergziege, Rotwild, Schaf
212-312 Rotwild, Seelöwe, Hund
212-321 Rotwild, Schaf, Seelöwe
212-322 Rotwild, Seelöwe, Hund
212-331 Rotwild, Schaf, Seelöwe
212-332 Rotwild, Seelöwe, Präriehund
213-111 Schlange, Bergziege, Schaf
213-112 Geier, Präriehund, Hund
213-121 Präriehund, Schaf, Pavian
213-122↓ Präriehund, Geier, Pavian
213-211 Bergziege, Schaf, Präriehund
213-212 Präriehund, Hund, Pavian
213-221 Präriehund, Schaf, Pavian
213-222↓ Präriehund, Pavian, Hund
213-311 Bergziege, Rotwild, Schaf
213-312 Rotwild, Delphin, Präriehund
213-321 Präriehund, Rotwild, Schaf
213-322 Präriehund, Rotwild, Delphin
213-331↓ Präriehund, Pavian, Rotwild
221-111 Schlange, Bergziege, Schaf
221-112 Hund, Schlange, Bergziege
221-131↓ Schaf, Hund, Pavian
221-132 Hund, Pavian, Präriehund
221-211↓ Bergziege, Schaf, Hund
221-222 Hund, Schaf, Rotwild
221-231 Schaf, Hund, Pavian
221-232 Hund, Pavian, Präriehund
221-311 Bergziege, Rotwild, Schaf
221-312 Rotwild, Seelöwe, Hund
221-321 Rotwild, Schaf, Seelöwe
221-322 Rotwild, Seelöwe, Hund
221-331 Rotwild, Schaf, Seelöwe
221-332 Rotwild, Seelöwe, Hund
222-111 Schlange, Bergziege, Schaf
222-112 Hund, Schlange, Bergziege
222-121 Schaf, Hund, Schlange
222-122 Hund, Schaf, Pavian

222-131 Schaf, Pavian, Präriehund
222-132 Pavian, Präriehund, Hund
222-211↓ Bergziege, Schaf, Hund
222-222 Hund, Schaf, Rotwild
222-231 Schaf, Pavian, Präriehund
222-232 Pavian, Präriehund, Hund
222-311 Bergziege, Rotwild, Schaf
222-312 Rotwild, Seelöwe, Hund
222-321 Rotwild, Schaf, Seelöwe
222-322 Rotwild, Seelöwe, Hund
222-331 Rotwild, Schaf, Pavian
222-332 Rotwild, Pavian, Seelöwe
223-111 Schlange, Bergziege, Pavian
223-112 Pavian, Präriehund, Hund
223-121 Pavian, Präriehund, Schaf
223-122↓ Pavian, Präriehund, Hund
223-211 Bergziege, Pavian, Schaf
223-212 Pavian, Präriehund, Hund
223-221 Pavian, Präriehund, Schaf
223-222 Pavian, Präriehund, Hund
223-231 Pavian, Präriehund, Schaf
223-232 Pavian, Präriehund, Hund
223-311 Bergziege, Rotwild, Pavian
223-312 Rotwild, Delphin, Pavian
223-332↓ Pavian, Präriehund, Rotwild
231-111 Schaf, Hund
231-322↓ Hund, Schaf, Rotwild
231-331 Schaf, Hund, Pavian
231-332 Hund, Pavian, Präriehund
232-111 Schaf, Hund
232-112↓ Hund, Schaf, Pavian
232-131 Schaf, Pavian, Präriehund
232-132 Pavian, Präriehund, Hund
232-211 Schaf, Hund, Bergziege
232-212 Hund, Schaf, Pavian
232-231 Schaf, Pavian, Präriehund
232-232 Pavian, Präriehund, Hund
232-312↓ Hund, Schaf, Pavian
232-331 Schaf, Pavian, Präriehund
232-332 Pavian, Präriehund, Hund
233-111 Pavian, Schaf, Präriehund
233-112 Pavian, Präriehund, Hund
233-121 Pavian, Präriehund, Schaf
233-122 Pavian, Präriehund, Hund
233-131 Pavian, Präriehund, Schaf
233-132 Pavian, Präriehund, Hund
233-211 Pavian, Schaf, Präriehund
233-212 Pavian, Präriehund, Hund
233-221 Pavian, Präriehund, Schaf
233-222 Pavian, Präriehund, Hund
233-231 Pavian, Präriehund, Schaf
233-232 Pavian, Präriehund, Hund
233-311 Pavian, Schaf, Präriehund
233-312 Pavian, Präriehund, Hund

233-321 Pavian, Präriehund, Schaf
233-322 Pavian, Präriehund, Hund
233-331 Pavian, Präriehund, Schaf
233-332 Pavian, Präriehund, Wildhund
241-111 Schaf, Hund
241-312↓ Hund, Schaf, Präriehund
242-111↓ Schaf, Hund, Präriehund
243-111↓ Schaf, Präriehund, Hund
243-132 Präriehund, Hund, Biber
243-211↓ Schaf, Präriehund, Hund
243-232 Präriehund, Hund, Biber
243-311↓ Schaf, Präriehund, Hund
243-332 Präriehund, Wildhund, Hund
311-111↓ Pfau, Hund
311-311↓ Pfau, Rotwild, Seelöwe
312-111↓ Hund, Pfau, Schlange
312-121↓ Hund, Pfau, Präriehund
312-211↓ Hund, Pfau, Rotwild
312-231↓ Präriehund, Hund, Pfau
312-311↓ Rotwild, Seelöwe, Hund
312-331↓ Rotwild, Seelöwe, Präriehund
313-111↓ Präriehund, Hund, Pferd
313-311 Rotwild, Präriehund, Seelöwe
313-312 Rotwild, Delphin, Präriehund
313-321 Präriehund, Rotwild, Seelöwe
313-332↓ Präriehund, Rotwild, Delphin
321-111↓ Hund, Rotwild
321-131↓ Hund, Präriehund
321-212↓ Hund, Rotwild, Seelöwe
321-231↓ Hund, Präriehund, Rotwild
321-311↓ Rotwild, Seelöwe, Hund
322-111↓ Hund, Präriehund, Rotwild
322-211 Hund, Rotwild, Bergziege
322-212 Hund, Rotwild, Seelöwe
322-221↓ Hund, Rotwild, Präriehund
322-311↓ Rotwild, Seelöwe, Hund
322-331↓ Rotwild, Seelöwe, Präriehund
323-111↓ Präriehund, Hund, Pferd
323-131↓ Präriehund, Hund, Pavian
323-211↓ Präriehund, Hund, Pferd
323-231↓ Präriehund, Hund, Pavian
323-311 Rotwild, Präriehund, Seelöwe
323-312 Rotwild, Delphin, Präriehund
323-321 Präriehund, Rotwild, Seelöwe
323-322 Präriehund, .Rotwild, Delphin
323-331 Präriehund, Rotwild, Seelöwe
323-332 Präriehund, Rotwild, Delphin
331-111↓ Hund, Präriehund, Schaf
331-312↓ Hund, Schwan, Rotwild
331-332↓ Hund, Präriehund, Schwan
332-111 Hund, Präriehund, Schaf
332-112 Hund, Präriehund, Pferd
332-121 Hund, Präriehund, Schaf
332-122 Hund, Präriehund, Pferd

332-131 Präriehund, Hund, Schaf
332-132 Präriehund, Hund, Pavian
332-211 Hund, Präriehund, Schaf
332-212 Hund, Präriehund, Pferd
332-221 Hund, Präriehund, Schaf
332-222 Hund, Präriehund, Pferd
332-231 Präriehund, Hund, Schaf
332-232 Präriehund, Hund, Pavian
332-311 Hund, Präriehund, Rotwild
332-312 Hund, Schwan, Präriehund
332-321 Hund, Präriehund, Rotwild
332-322 Hund, Präriehund, Schwan
332-331 Präriehund, Hund, Rotwild
332-332 Präriehund, Hund, Schwan
333-111↓ Präriehund, Hund, Pferd
333-131↓ Präriehund, Hund, Pavian
333-211↓ Präriehund, Hund, Pferd
333-231↓ Präriehund, Hund, Pavian
333-311↓ Präriehund, Hund, Pferd
333-331↓ Präriehund, Hund, Pavian
341-111↓ Hund, Schaf, Präriehund
342-111↓ Hund, Präriehund, Schaf
343-111↓ Präriehund, Hund, Schaf
411-111↓ Pfau, Rotwild
411-311↓ Pfau, Rotwild, Seelöwe
412-111↓ Pfau, Rotwild, Seelöwe
413-111 Pfau, Rotwild, Seelöwe
413-112 Pfau, Rotwild, Delphin
413-121 Pfau, Rotwild, Seelöwe
413-122 Pfau, Rotwild, Delphin
413-131↓ Pfau, Präriehund, Rotwild
413-211 Pfau, Rotwild, Seelöwe
413-212 Pfau, Rotwild, Delphin
413-221 Pfau, Rotwild, Seelöwe
413-222 Pfau, Rotwild, Delphin
413-231 Pfau, Rotwild, Präriehund
413-232 Pfau, Rotwild, Delphin
413-311↓ Rotwild, Seelöwe, Delphin
421-111↓ Rotwild, Pfau, Seelöwe
421-311↓ Rotwild, Seelöwe, Schwan
422-111 Rotwild, Seelöwe, Waldkaninchen
422-112 Rotwild, Seelöwe, Schwan
422-121 Rotwild, Seelöwe, Waldkaninchen
422-122 Rotwild, Seelöwe, Schwan
422-131 Rotwild, Seelöwe, Waldkaninchen
422-132 Rotwild, Seelöwe, Wildkatze
422-211 Rotwild, Seelöwe, Waldkaninchen
422-212 Rotwild, Seelöwe, Schwan
422-221 Rotwild, Seelöwe, Waldkaninchen
422-222 Rotwild, Seelöwe, Schwan
422-231 Rotwild, Seelöwe, Waldkaninchen
422-232↓ Rotwild, .Seelöwe, Schwan
423-111↓ Rotwild, Seelöwe, Delphin
423-131 Präriehund, Rotwild, Seelöwe

423-132 Präriehund, Rotwild, Delphin
423-211↓ Rotwild, Seelöwe, Delphin
423-231 Rotwild, Präriehund, Seelöwe
423-232 Rotwild, Delphin, Präriehund
423-311↓ Rotwild, Seelöwe, Delphin
431-111 Waldkaninchen, Hund, Schwan
431-112 Schwan, Hund, Rotwild
431-121 Waldkaninchen, Hund, Schwan
431-122 Schwan, Hund, Rotwild
431-131 Waldkaninchen, Hund, Schwan
431-132 Schwan, Hund, Präriehund
431-211 Waldkaninchen, Schwan, Hund
431-212 Schwan, Hund, Rotwild
431-221 Waldkaninchen, Schwan, Hund
431-222 Schwan, Hund, Rotwild
431-231 Waldkaninchen, Schwan, Hund
431-232 Schwan, Hund, Rotwild
431-311↓ Schwan, Rotwild, Seelöwe
432-111 Waldkaninchen, Hund, Schwan
432-112 Schwan, Hund, Rotwild
432-121 Waldkaninchen, Hund, Schwan
432-122 Schwan, Hund, Rotwild
432-131 Waldkaninchen, Präriehund, Hund
432-132 Schwan, Präriehund, Hund
432-211 Waldkaninchen, Schwan, Hund
432-212 Schwan, Hund, Rotwild
432-221 Waldkaninchen, Schwan, Hund
432-222 Schwan, Hund, Rotwild
432-231 Waldkaninchen, Schwan, Präriehund
432-232 Schwan, Präriehund, Hund
432-311↓ Schwan, Rotwild, Seelöwe
433-111 Waldkaninchen, Präriehund, Hund
433-112 Schwan, Präriehund, Hund
433-121 Präriehund, Waldkaninchen, Hund
433-122 Präriehund, Schwan, Hund
433-131 Präriehund, Waldkaninchen
433-132 Präriehund, Schwan, Hund
433-211 Waldkaninchen, Schwan, Präriehund
433-212 Schwan, Präriehund, Hund
433-221 Präriehund, Waldkaninchen, Schwan
433-222 Schwan, Präriehund, Hund
433-231 Präriehund, Waldkaninchen, Schwan
433-232 Präriehund, Schwan, Hund
433-311 Schwan, Rotwild, Seelöwe
433-312 Schwan, Rotwild, Delphin
433-321 Schwan, Rotwild, Seelöwe
433-322 Schwan, Rotwild, Delphin
433-331↓ Schwan, Präriehund, Rotwild
441-111↓ Hund, Präriehund
441-212↓ Hund, Präriehund, Schwan

441-221 Hund, Präriehund, Schaf
441-322↓ Hund, Schwan, Präriehund
442-111↓ Hund, Präriehund
442-222↓ Hund, Präriehund, Schwan
442-231 Präriehund, Hund, Schaf
442-232↓ Präriehund, Hund, Schwan
443-111↓ Präriehund, Hund
443-311↓ Präriehund, Hund, Schwan

231-
111-111↓ Stachelschwein, Krokodil
112-111↓ Stachelschwein, Maulwurf
112-211↓ Stachelschwein, Krokodil
112-221↓ Stachelschwein, Maulwurf
113-111↓ Stachelschwein, Krokodil
121-111↓ Stachelschwein, Bergziege, Maulwurf
122-111↓ Stachelschwein, Bergziege
123-111↓ Stachelschwein, Bergziege, Maulwurf
131-111↓ Stachelschwein
132-111↓ Stachelschwein
132-121↓ Stachelschwein, Maulwurf
132-211↓ Stachelschwein, Bergziege
133-111↓ Stachelschwein, Pavian
141-111↓ Stachelschwein, Schaf
141-311↓ Stachelschwein, Schaf, Biber
142-111↓ Stachelschwein, Biber
142-311↓ Stachelschwein, Schaf, Biber
142-322 Stachelschwein, Biber, Wildhund
142-331 Biber, Stachelschwein, Schaf
142-332 Biber, Stachelschwein, Wildhund
143-111↓ Stachelschwein, Pinguin
143-312↓ Wildhund, Stachelschwein, Biber
211-111↓ Stachelschwein, Geier, Schlange
211-121↓ Stachelschwein, Geier, Wiesel
211-211 Bergziege, Wiesel, Stachelschwein
211-212↓ Wiesel, Geier, Stachelschwein
211-312↓ Wiesel, Bergziege, Geier
211-321 Wiesel, Bergziege, Stachelschwein
211-322 Wiesel, Geier, Stachelschwein
211-331 Wiesel, Stachelschwein, Pfau
211-332 Wiesel, Geier, Stachelschwein
212-111 Stachelschwein, Geier, Schlange
212-112 Geier, Stachelschwein, Wiesel
212-211 Bergziege, Wiesel, Stachelschwein
212-212↓ Wiesel, Geier, Stachelschwein
212-311 Bergziege, Wiesel, Stachelschwein
212-312 Wiesel, Bergziege, Geier
212-321 Wiesel, Bergziege, Stachelschwein
212-322↓ Wiesel, Geier, Stachelschwein
213-111↓ Stachelschwein, Geier, Schlange
213-121↓ Stachelschwein, Geier, Wiesel
213-211 Bergziege, Wiesel, Stachelschwein

213-212↓ Wiesel, Geier, Stachelschwein
213-312↓ Wiesel, Bergziege, Geier
213-321 Wiesel, Bergziege, Stachelschwein
213-322 Wiesel, Geier, Stachelschwein
213-331 Wiesel, Stachelschwein, Wildkatze
213-332 Wiesel, Wildkatze, Geier
221-111↓ Stachelschwein, Schlange, Bergziege
222-111↓ Stachelschwein, Schlange, Bergziege
222-232↓ Stachelschwein, Wildkatze, Bergziege
223-111↓ Stachelschwein, Schlange, Bergziege
223-122 Stachelschwein, Fledermaus
223-131 Stachelschwein, Pavian
223-132 Stachelschwein, Fledermaus, Wildkatze
223-211 Bergziege, Stachelschwein, Schlange
223-212↓ Stachelschwein, Bergziege, Wildkatze
223-231↓ Stachelschwein, Pavian, Wildkatze
223-321↓ Bergziege, Stachelschwein, Wildkatze
223-331↓ Pavian, Stachelschwein, Wildkatze
231-111↓ Stachelschwein, Schlange, Bergziege
231-122↓ Stachelschwein, Fledermaus
231-211 Bergziege, Stachelschwein
231-232 Stachelschwein, Pavian, Biber
231-321↓ Bergziege, Stachelschwein, Schaf
231-322↓ Stachelschwein, Bergziege, Pavian
231-332 Stachelschwein, Pavian, Biber
232-111 Stachelschwein, Schlange, Bergziege
232-112↓ Stachelschwein, Fledermaus, Schlange
232-131 Stachelschwein, Pavian, Biber
232-132 Stachelschwein, Fledermaus, Pavian
232-211 Bergziege, Stachelschwein, Schlange
232-212 Stachelschwein, Bergziege, Fledermaus
232-221↓ Stachelschwein, Bergziege, Pavian
232-231↓ Stachelschwein, Pavian, Biber
232-321↓ Bergziege, Stachelschwein, Pavian
232-331↓ Pavian, Biber, Stachelschwein
233-111 Stachelschwein, Fledermaus, Schlange
233-112 Fledermaus, Stachelschwein, Pavian

233-121 Stachelschwein, Fledermaus, Pinguin
233-122↓ Fledermaus, Stachelschwein, Pavian
233-211 Bergziege, Pavian, Stachelschwein
233-212↓ Fledermaus, Pavian, Stachelschwein
233-231 Pavian, Biber, Stachelschwein
233-232 Pavian, Biber, Fledermaus
233-311 Bergziege, Pavian, Otter
233-312 Pavian, Bergziege, Fledermaus
233-321 Pavian, Otter, Bergziege
233-322 Pavian, Fledermaus, Otter
233-332↓ Pavian, Wildhund, Biber
241-111↓ Schaf, Pinguin, Stachelschwein
241-122 Stachelschwein, Biber, Schaf
241-131 Biber, Schaf, Pinguin
241-322↓ Biber, Schaf, Wildhund
241-332 Biber, Wildhund, Rappenantilope
242-11 i Pinguin, Schaf, Biber
242-112 Biber, Pinguin, Stachelschwein
242-121 Pinguin, Schaf, Biber
242-122 Biber, Pinguin, Stachelschwein
242-131 Biber, Pinguin, Schaf
242-132 Biber, Pinguin, Stachelschwein
242-221↓ Schaf, Biber, Pinguin
242-222 Biber, Schaf, Hund
242-331↓ Biber, Schaf, Wildhund
242-332 Biber, Wildhund, Rappenantilope
243-111↓ Pinguin, Biber, Fledermaus
243-121 Pinguin, Biber, Schaf
243-132↓ Biber, Pinguin, Eule
243-221↓ Pinguin, Biber, Schaf
243-222↓ Biber, Pinguin, Eule
243-232 Biber, Eule, Wildhund
243-311 Biber, Pinguin, Wildhund
243-332↓ Wildhund, Biber, Eule
311-111 Wiesel, Stachelschwein, Pfau
311-112 Wiesel, Geier, Stachelschwein
311-121 Wiesel, Stachelschwein, Pfau
311-122 Wiesel, Geier, Stachelschwein
311-131 Wiesel, Stachelschwein, Pfau
311-132 Wiesel, Geier, Stachelschwein
311-311↓ Wiesel, Pfau, Bergziege
312-111↓ Wiesel, Stachelschwein, Geier
312-211 Wiesel, Bergziege, Spitzmaus
312-212 Wiesel, Spitzmaus, Geier
312-221↓ Wiesel, Spitzmaus, Wildkatze
313-111↓ Wiesel, Stachelschwein, Geier
313-131 Wiesel, Stachelschwein, Wildkatze
313-222↓ Wiesel, Wildkatze, Spitzmaus
313-311↓ Wiesel, Bergziege
313-322↓ Wiesel, Wildkatze

321-111↓ Stachelschwein, Schlange, Bergziege
321-212↓ Stachelschwein, Bergziege, Wildkatze
321-222 Stachelschwein, Wildkatze, Wiesel
321-231 Wildkatze, Stachelschwein, Bergziege
321-232 Wildkatze, Stachelschwein, Wiesel
321-312↓ Seelöwe, Bergziege, Stachelschwein
321-321 Seelöwe, Bergziege, Wildkatze
321-322↓ Wildkatze, Seelöwe, Stachelschwein
321-332 Wildkatze, Seelöwe, Adler
322-111 Stachelschwein, Schlange, Bergziege
322-211↓ Bergziege, Stachelschwein, Wildkatze
322-222 Wildkatze, Stachelschwein, Wiesel
322-231 Wildkatze, Stachelschwein, Bergziege
322-232 Wildkatze, Stachelschwein, Wiesel
322-311↓ Bergziege, Seelöwe, Wildkatze
322-322↓ Wildkatze, Seelöwe, Stachelschwein
322-332 Wildkatze, Seelöwe, Adler
323-111 Stachelschwein, Schlange, Pinguin
323-211↓ Bergziege, Wildkatze, Stachelschwein
323-221↓ Wildkatze, Stachelschwein, Otter
323-232 Wildkatze, Stachelschwein, Fuchs
323-311 Bergziege, Wildkatze, Seelöwe
323-312↓ Wildkatze, Delphin, Seelöwe
331-111↓ Stachelschwein, Schlange, Bergziege
331-121↓ Stachelschwein, Pinguin
331-132 Stachelschwein, Wildkatze
331-211 Bergziege, Stachelschwein, Otter
331-212 Stachelschwein, Bergziege, Schwan
331-221 Stachelschwein, Bergziege, Wildkatze
331-222 Stachelschwein, Wildkatze, Schwan
331-231 Wildkatze, Stachelschwein, Otter
331-232 Wildkatze, Stachelschwein, Schwan
331-311↓ Schwan, Bergziege, Seelöwe
331-331↓ Schwan, Wildkatze, Rappenantilope
332-111 Stachelschwein, Pinguin, Schlange
332-112 Stachelschwein, Pinguin, Fledermaus

189

332-121↓ Stachelschwein, Pinguin,
        Wildkatze
332-211 Bergziege, Stachelschwein, Otter
332-212↓ Wildkatze, Stachelschwein, Otter
332-311↓ Schwan, Bergziege, Otter
332-321↓ Schwan, Wildkatze, Otter
332-331↓ Schwan, Wildkatze,
        Rappenantilope
333-111 Pinguin, Otter
333-112↓ Pinguin, Fledermaus, Otter
333-121 Pinguin, Otter, Stachelschwein
333-122 Pinguin, Fledermaus, Otter
333-131 Pinguin, Otter, Pavian
333-132 Pinguin, Fuchs, Fledermaus
333-211 Otter, Pinguin, Bergziege
333-212↓ Otter, Wildkatze, Pinguin
333-222 Otter, Wildkatze, Fuchs
333-231 Otter, Pavian, Fuchs
333-232 Fuchs, Wildkatze, Otter
333-311 Otter, Schwan, Pinguin
333-312↓ Otter, Schwan, Wildkatze
333-331 Otter, Pavian, Fuchs
333-332 Fuchs, Wildkatze, Otter
341-111↓ Pinguin, Hund
341-132↓ Pinguin, Biber, Hund
341-211 Pinguin, Hund, Schaf
341-222↓ Hund, Pinguin, Biber
341-232 Biber, Rappenantilope, Hund
341-311 Hund, Schaf, Pinguin
341-312 Rappenantilope, Hund, Wolf
341-321 Rappenantilope, Hund, Schaf
341-322 Rappenantilope, Wolf, Hund
341-331↓ Rappenantilope, Wolf, Biber
342-111↓ Pinguin, Hund
342-132↓ Pinguin, Biber, Eule
342-211 Pinguin, Hund, Schaf
342-212 Hund, Pinguin, Biber
342-221 Pinguin, Hund, Schaf
342-222 Hund, Pinguin, Biber
342-231 Biber, Pinguin, Eule
342-232 Biber, Eule, Rappenantilope
342-311 Pinguin, Hund, Schaf
342-312 Rappenantilope, Hund, Wolf
342-321 Pinguin, Rappenantilope, Hund
342-322 Rappenantilope, Wolf, Hund
342-331↓ Rappenantilope, Biber, Wolf
343-111↓ Pinguin, Eule
343-212↓ Pinguin, Eule, Präriehund
343-232 Eule, Präriehund, Biber
343-322↓ Eule, Pinguin, Wildhund
343-331 Eule, Pinguin, Präriehund
343-332 Eule, Wildhund, Präriehund
411-111↓ Pfau, Wildkatze
412-111↓ Pfau, Wildkatze, Wiesel

412-312↓ Wildkatze, Seelöwe, Pfau
413-111↓ Wildkatze, Pfau, Wiesel
413-311↓ Wildkatze, Seelöwe, Delphin
421-111↓ Wildkatze, Stachelschwein, Pfau
421-232↓ Wildkatze, Pfau, Seelöwe
421-311↓ Seelöwe, Schwan, Wildkatze
422-111 Wildkatze, Stachelschwein
422-112↓ Wildkatze, Stachelschwein,
        Seelöwe
422-311↓ Seelöwe, Wildkatze, Schwan
423-111↓ Wildkatze, Delphin
423-311↓ Wildkatze, Seelöwe, Delphin
431-111↓ Schwan, Wildkatze,
        Stachelschwein
431-232↓ Wildkatze, Schwan,
        Rappenantilope
431-322↓ Schwan, Wildkatze, Seelöwe
431-332 Schwan, Wildkatze,
        Rappenantilope
432-111↓ Wildkatze, Schwan,
        Stachelschwein
432-231↓ Wildkatze, Schwan,
        Rappenantilope
432-311↓ Schwan, Seelöwe, Wildkatze
432-331↓ Schwan, Wildkatze,
        Rappenantilope
433-111↓ Wildkatze, Pinguin, Schwan
433-321↓ Schwan, Wildkatze, Seelöwe
433-332↓ Wildkatze, Schwan,
        Rappenantilope
441-111↓ Pinguin, Rappenantilope, Schwan
442-111↓ Pinguin, Rappenantilope, Schwan
442-122↓ Rappenantilope, Pinguin,
        Wildkatze
442-211 Rappenantilope, Schwan, Pinguin
442-212↓ Rappenantilope, Schwan,
        Wildkatze
443-111↓ Pinguin, Wildkatze
443-212↓ Rappenantilope, Pinguin,
        Wildkatze
443-231 Rappenantilope, Pinguin, Eule
443-232 Rappenantilope, Wildkatze, Eule
443-321↓ Rappenantilope, Schwan, Pinguin

232-
111-111↓ Stachelschwein, Geier, Krokodil
111-231↓ Stachelschwein, Geier, Pfau
111-321↓ Stachelschwein, Krokodil, Pfau
112-111↓ Stachelschwein, Geier, Krokodil
112-321↓ Stachelschwein, Krokodil, Wiesel
113-111↓ Stachelschwein, Geier, Krokodil
113-232 Stachelschwein, Geier,
        Warzenschwein
113-321↓ Stachelschwein, Krokodil, Wiesel

113-322 Stachelschwein, Krokodil,
        Warzenschwein
113-331 Stachelschwein, Krokodil, Wiesel
113-332↓ Stachelschwein, Warzenschwein,
        Krokodil
121-111↓ Stachelschwein
122-111↓ Stachelschwein
122-211↓ Stachelschwein, Bergziege
122-232↓ Stachelschwein, Wildkatze
123-111↓ Stachelschwein, Warzenschwein
123-221↓ Stachelschwein, Warzenschwein,
        Wildkatze
123-231 Stachelschwein, Pavian,
        Warzenschwein
123-322↓ Stachelschwein, Warzenschwein,
        Wildkatze
123-331 Stachelschwein, Pavian,
        Warzenschwein
123-332↓ Stachelschwein, Warzenschwein,
        Wildkatze
131-111↓ Stachelschwein, Pavian
132-111↓ Stachelschwein, Schaf
132-231↓ Stachelschwein, Pavian, Biber
133-111↓ Stachelschwein, Pavian
133-222↓ Stachelschwein, Pavian,
        Warzenschwein
133-231↓ Pavian, Stachelschwein, Biber
133-311↓ Stachelschwein, Pavian,
        Warzenschwein
133-331 Pavian, Stachelschwein, Biber
133-332 Pavian, Wildhund, Stachelschwein
141-111 Schaf, Stachelschwein, Pinguin
141-112 Stachelschwein, Schaf, Biber
141-121 Schaf, Stachelschwein, Pinguin
141-122↓ Stachelschwein, Schaf, Biber
141-331↓ Biber, Schaf, Wildhund
141-332 Biber, Wildhund, Rappenantilope
142-111 Schaf, Stachelschwein, Pinguin
142-112 Stachelschwein, Biber, Schaf
142-121 Schaf, Stachelschwein, Pinguin
142-322↓ Biber, Schaf, Wildhund
143-111 Pinguin, Schaf, Stachelschwein
143-112 Pinguin, Stachelschwein, Biber
143-121↓ Pinguin, Biber, Schaf
143-231 Biber, Schaf, Eule
143-232 Biber, Wildhund, Eule
143-311↓ Schaf, Biber, Wildhund
211-111 Geier, Wiesel
211-132↓ Geier, Wiesel, Pfau
212-111↓ Geier, Wiesel, Stachelschwein
212-211↓ Wiesel, Geier, Bergziege
212-212↓ Wiesel, Geier, Spitzmaus
212-332↓ Wiesel, Geier, Wildkatze
213-111 Geier, Wiesel

213-322↓ Wiesel, Geier, Wildkatze
221-111 Stachelschwein, Schlange, Bergziege
221-122↓ Stachelschwein, Geier, Wildkatze
221-212↓ Stachelschwein, Bergziege, Wildkatze
221-222 Stachelschwein, Wildkatze, Wiesel
221-231 Wildkatze, Stachelschwein, Pavian
221-232 Wildkatze, Stachelschwein, Hahn
221-312↓ Seelöwe, Bergziege, Stachelschwein
221-321 Seelöwe, Bergziege, Wildkatze
221-322↓ Wildkatze, Seelöwe, Stachelschwein
221-332 Wildkatze, Seelöwe, Adler
222-111 Stachelschwein, Schlange, Bergziege
222-112↓ Stachelschwein, Geier, Wildkatze
222-211↓ Bergziege, Stachelschwein, Wildkatze
222-222 Wildkatze, Stachelschwein, Wiesel
222-231↓ Wildkatze, Stachelschwein, Pavian
222-311↓ Bergziege, Seelöwe, Wildkatze
222-322 Wildkatze, Seelöwe, Stachelschwein
222-331↓ Wildkatze, Pavian, Seelöwe
223-111 Stachelschwein, Schlange, Pinguin
223-112 Stachelschwein, Wildkatze, Geier
223-121 Stachelschwein, Wildkatze, Pinguin
223-122 Stachelschwein, Wildkatze, Geier
223-131↓ Pavian, Stachelschwein, Wildkatze
223-211 Bergziege, Wildkatze, Pavian
223-212↓ Wildkatze, Pavian, Stachelschwein
223-231 Pavian, Wildkatze, Biber
223-312 Wildkatze, Delphin, Pavian
223-321 Wildkatze, Pavian, Seelöwe
223-322 Wildkatze, Pavian, Delphin
223-331 Pavian, Wildkatze, Biber
223-332 Wildkatze, Pavian, Wildhund
231-111 Stachelschwein, Schaf, Schlange
231-112 Stachelschwein, Geier
231-121 Stachelschwein, Schaf, Pinguin
231-122 Stachelschwein, Geier, Pavian
231-131↓ Stachelschwein, Pavian, Biber
231-211 Schaf, Bergziege, Stachelschwein
231-212↓ Schaf, Stachelschwein, Pavian
231-232 Pavian, Biber, Wildkatze
231-311 Schaf, Bergziege, Pavian
231-312 Schaf, Pavian, Seelöwe
231-321 Schaf, Pavian, Biber
231-332 Pavian, Biber, Wolf
232-111 Stachelschwein, Pinguin, Schaf
232-112 Stachelschwein, Geier, Pavian

232-121 Stachelschwein, Pinguin, Schaf
232-122 Stachelschwein, Pavian, Geier
232-131↓ Pavian, Biber, Stachelschwein
232-211 Schaf, Bergziege, Pavian
232-212 Pavian, Biber, Wildkatze
232-221 Schaf, Pavian, Biber
232-222 Pavian, Biber, Wildkatze
232-231 Pavian, Biber, Schaf
232-232 Pavian, Biber, Wildkatze
232-311 Schaf, Bergziege, Pavian
232-312 Pavian, Biber, Wildkatze
232-321 Schaf, Pavian, Biber
232-322 Pavian, Biber, Wildkatze
232-331 Pavian, Biber, Schaf
232-332 Pavian, Biber, Wildkatze
233-111 Pinguin, Pavian, Otter
233-112 Pavian, Pinguin, Fledermaus
233-121 Pinguin, Pavian, Otter
233-122 Pavian, Pinguin, Fledermaus
233-131 Pavian, Pinguin, Biber
233-132 Pavian, Biber, Fuchs
233-211 Pavian, Otter, Pinguin
233-212 Pavian, Otter, Biber
233-221 Pavian, Otter, Pinguin
233-222 Pavian, Otter, Biber
233-231↓ Pavian, Biber, Fuchs
233-311 Pavian, Otter, Schaf
233-312 Pavian, Otter, Wildhund
233-321 Pavian, Otter, Biber
233-322 Pavian, Otter, Wildhund
233-331↓ Pavian, Biber, Wildhund
241-111↓ Schaf, Pinguin, Biber
241-212 Schaf, Biber, Hund
241-221 Schaf, Biber, Pinguin
241-331↓ Biber, Schaf, Wolf
241-332 Biber, Wolf, Wildhund
242-111↓ Pinguin, Schaf, Biber
242-212 Biber, Schaf, Hund
242-221 Schaf, Biber, Pinguin
242-321↓ Schaf, Biber, Wildhund
243-111↓ Pinguin, Schaf, Biber
243-122↓ Pinguin, Biber, Eule
243-212 Biber, Pinguin, Schaf
243-231 Biber, Eule, Pinguin
243-232 Biber, Eule, Wildhund
243-311 Schaf, Biber, Pinguin
243-312 Wildhund, Biber, Schaf
243-331 Biber, Wildhund, Eule
311-111↓ Wiesel, Pfau, Geier
311-332↓ Wiesel, Pfau, Spitzmaus
312-111↓ Wiesel, Geier, Spitzmaus
312-122↓ Wiesel, Geier, Wildkatze
312-211 Wiesel, Spitzmaus, Pfau
312-212 Wiesel, Spitzmaus, Geier

312-221 Wiesel, Spitzmaus, Wildkatze
312-312↓ Wiesel, Spitzmaus, Pfau
312-321↓ Wiesel, Spitzmaus, Wildkatze
313-111 Wiesel, Geier
313-112↓ Wiesel, Geier, Wildkatze
313-211↓ Wiesel, Spitzmaus, Wildkatze
321-111↓ Stachelschwein, Wiesel, Wildkatze
321-211 Wiesel, Wildkatze, Pfau
321-232 Wildkatze, Hahn, Wiesel
321-311 Seelöwe, Zebra, Rotwild
321-312↓ Seelöwe, Zebra, Wildkatze
322-111↓ Wildkatze, Stachelschwein, Wiesel
322-132 Wildkatze, Hahn, Stachelschwein
322-211 Wildkatze, Wiesel, Bergziege
322-231↓ Wildkatze, Wiesel, Hahn
322-311 Seelöwe, Wildkatze, Zebra
323-111 Pinguin, Wildkatze, Otter
323-132 Wildkatze, Fuchs, Pinguin
323-211 Wildkatze, Otter, Pinguin
323-212 Wildkatze, Otter, Wiesel
323-221 Wildkatze, Otter, Pinguin
323-222 Wildkatze, Otter, Wiesel
323-231↓ Wildkatze, Fuchs, Otter
323-311↓ Wildkatze, Seelöwe, Delphin
323-331 Wildkatze, Seelöwe, Fuchs
323-332 Wildkatze, Fuchs, Delphin
331-111↓ Pinguin, Stachelschwein, Otter
331-121 Pinguin, Wildkatze, Stachelschwein
331-132 Wildkatze, Pinguin, Hahn
331-211 Otter, Schwan, Wiesel
331-212↓ Schwan, Otter, Wildkatze
331-231 Wildkatze, Otter, Pavian
331-232 Wildkatze, Schwan, Hahn
331-322↓ Schwan, Wildkatze, Seelöwe
331-331↓ Schwan, Wolf, Wildkatze
332-111↓ Pinguin, Otter, Wildkatze
332-212 Wildkatze, Otter, Schwan
332-221 Wildkatze, Otter, Pinguin
332-222 Wildkatze, Otter, Schwan
332-231 Wildkatze, Otter, Pavian
332-232 Wildkatze, Otter, Fuchs
332-311 Schwan, Otter, Seelöwe
332-312↓ Schwan, Wildkatze, Otter
332-331↓ Schwan, Wildkatze, Wolf
333-111 Pinguin, Otter
333-112↓ Pinguin, Otter, Wildkatze
333-131 Pinguin, Fuchs, Otter
333-132 Fuchs, Pinguin, Wildkatze
333-211 Otter, Pinguin, Wildkatze
333-212 Otter, Wildkatze, Fuchs
333-221 Otter, Pinguin, Wildkatze
333-222 Otter, Wildkatze, Fuchs
333-231 Fuchs, Otter, Pavian

333-232 Fuchs, Wildkatze, Otter
333-311 Otter, Schwan, Pinguin
333-312↓ Otter, Schwan, Wildkatze
333-331 Fuchs, Otter, Pavian
333-332 Fuchs, Wildkatze, Otter
341-111↓ Pinguin, Hund
341-121↓ Pinguin, Schaf, Hund
341-132↓ Pinguin, Biber, Hund
341-211↓ Pinguin, Schaf, Hund
341-231 Pinguin, Biber, Schaf
341-232 Biber, Wolf, Rappenantilope
341-311 Schaf, Hund, Pinguin
341-312 Wolf, Rappenantilope, Hund
341-321 Schaf, Wolf, Schaf
341-322 Wolf, Rappenantilope, Hund
341-331↓ Wolf, Rappenantilope, Biber
342-111 Pinguin, Schaf
342-112 Pinguin, Hund, Biber
342-121 Pinguin, Schaf
342-122 Pinguin, Hund, Biber
342-131↓ Pinguin, Biber, Eule
342-211 Pinguin, Schaf, Hund
342-212 Hund, Pinguin, Biber
342-221 Pinguin, Schaf, Hund
342-222 Hund, Pinguin, Biber
342-231 Biber, Pinguin, Eule
342-232 Biber, Eule, Wolf
342-311 Pinguin, Schaf, Hund
342-312 Wolf, Rappenantilope, Hund
342-321 Pinguin, Schaf, Wolf
342-322 Wolf, Rappenantilope, Hund
342-331↓ Wolf, Rappenantilope, Biber
343-111↓ Pinguin, Eule
343-312↓ Eule, Pinguin, Wildhund
343-321 Pinguin, Eule, Präriehund
343-322 Eule, Pinguin, Wildhund
343-331 Eule, Pinguin, Präriehund
343-332 Eule, Wildhund, Präriehund
411-111↓ Pfau, Wildkatze
411-321↓ Pfau, Seelöwe, Wildkatze
412-111↓ Pfau, Wildkatze, Wiesel
412-312 Pfau, Wildkatze, Seelöwe
413-111↓ Wildkatze, Pfau, Wiesel
413-311↓ Wildkatze, Seelöwe, Delphin
421-111↓ Wildkatze, Pfau, Seelöwe
421-311 Seelöwe, Schwan, Rotwild
421-312↓ Seelöwe, Schwan, Wildkatze
422-111↓ Wildkatze, Seelöwe
422-311↓ Seelöwe, Wildkatze, Schwan
423-111↓ Wildkatze, Seelöwe, Delphin
431-111↓ Schwan, Wildkatze, Pfau
431-321↓ Schwan, Seelöwe, Wildkatze
431-331↓ Schwan, Wildkatze,
        Rappenantilope

432-111 Wildkatze, Schwan,
        Waldkaninchen
432-112↓ Wildkatze, Schwan, Seelöwe
432-331↓ Schwan, Wildkatze,
        Rappenantilope
433-111↓ Wildkatze, Pinguin, Schwan
433-311↓ Schwan, Wildkatze, Seelöwe
433-312 Schwan, Wildkatze, Delphin
433-321 Schwan, Wildkatze, Seelöwe
433-322 Schwan, Wildkatze, Delphin
433-331↓ Wildkatze, Schwan,
        Rappenantilope
441-111 Pinguin, Rappenantilope
441-112↓ Rappenantilope, Schwan, Pinguin
442-111↓ Pinguin, Rappenantilope, Schwan
442-121↓ Pinguin, Rappenantilope,
        Wildkatze
442-211 Rappenantilope, Schwan, Pinguin
442-212↓ Rappenantilope, Schwan,
        Wildkatze
443-111↓ Pinguin, Wildkatze, Eule
443-131↓ Pinguin, Eule, Rappenantilope
443-212↓ Rappenantilope, Pinguin,
        Wildkatze
443-231 Rappenantilope, Eule, Pinguin
443-232 Rappenantilope, Eule, Wildkatze
443-321↓ Rappenantilope, Schwan, Pinguin
443-322 Rappenantilope, Schwan,
        Wildkatze
443-331↓ Rappenantilope, Eule, Schwan

233-

111-111↓ Stachelschwein, Geier, Krokodil
111-131↓ Stachelschwein, Geier, Pfau
111-211↓ Krokodil, Pfau, Stachelschwein
111-232↓ Pfau, Stachelschwein, Geier
111-311↓ Krokodil, Pfau, Stachelschwein
112-111↓ Stachelschwein, Geier, Krokodil
112-321↓ Stachelschwein, Krokodil, Wiesel
113-111↓ Stachelschwein, Geier, Krokodil
113-231↓ Stachelschwein, Pavian, .Geier
113-321↓ Stachelschwein, Krokodil, Wiesel
113-322 Stachelschwein, Krokodil,
        Warzenschwein
113-331 Stachelschwein, Pavian, Krokodil
113-332↓ Stachelschwein, Pavian,
        Warzenschwein
121-111↓ Stachelschwein, Seelöwe
122-111↓ Stachelschwein, Pavian
122-232↓ Stachelschwein, Pavian, Wildkatze
122-322 Stachelschwein, Seelöwe, Rotwild
123-111↓ Stachelschwein, Pavian
123-212↓ Stachelschwein, Warzenschwein,
        Pavian

123-312 Stachelschwein, Warzenschwein,
        Delphin
123-321↓ Stachelschwein, Pavian,
        Warzenschwein
131-111↓ Stachelschwein, Schaf
131-311↓ Stachelschwein, Schaf, Pavian
132-111↓ Stachelschwein, Schaf
132-221↓ Stachelschwein, Schaf, Pavian
133-111↓ Stachelschwein, Pavian
133-232↓ Pavian, Stachelschwein, Fuchs
133-311 Pavian, Stachelschwein, Schaf
133-312↓ Pavian, Stachelschwein, Wildhund
141-111↓ Schaf, Stachelschwein
141-331↓ Schaf, Wildhund, Biber
141-332 Wildhund, Schaf, Wolf
142-111 Schaf, Stachelschwein
142-122↓ Schaf, Stachelschwein, Biber
142-232↓ Biber, Schaf, Wildhund
143-111 Schaf, Pinguin
143-112↓ Schaf, Pinguin, Stachelschwein
143-121↓ Schaf, Pinguin, Biber
143-132 Biber, Eule, Pavian
143-212↓ Schaf, Biber, Wildhund
143-221 Schaf, Biber, Eule
143-222 Schaf, Biber, Wildhund
143-231 Biber, Schaf, Eule
143-232 Biber, Wildhund, Eule
143-312↓ Wildhund, Schaf, Biber
143-332 Wildhund, Biber, Eule
211-111↓ Geier, Pfau, Wiesel
212-111 Geier, Wiesel
212-132↓ Geier, Wiesel, Stachelschwein
212-211↓ Wiesel, Geier, Pfau
213-111↓ Geier, Wiesel
213-122↓ Geier, Wiesel, Stachelschwein
213-131↓ Geier, Pavian, Wiesel
213-211↓ Wiesel, Geier, Pfau
213-221↓ Wiesel, Geier, Pavian
213-311 Wiesel, Geier, Seelöwe
213-312 Wiesel, Geier, Delphin
213-321 Wiesel, Geier, Pavian
213-322 Wiesel, Geier, Delphin
213-331↓ Pavian, Wiesel, Wildhund
221-111 Stachelschwein, Schlange,
        Bergziege
221-122↓ Stachelschwein, Geier, Pfau
221-131↓ Stachelschwein, Pavian, Hahn
221-211 Bergziege, Schaf, Pfau
221-212 Pfau, Stachelschwein, Bergziege
221-221 Schaf, Pfau, Stachelschwein
221-222 Pfau, Stachelschwein, Wildkatze
221-231 Pavian, Hahn, Schaf
221-232 Hahn, Pavian, Wildkatze
221-311 Seelöwe, Bergziege, Rotwild

221-312 Seelöwe, Rotwild, Pfau
221-321 Seelöwe, Rotwild, Schaf
221-322 Seelöwe, Rotwild, Pfau
221-331 Seelöwe, Pavian, Adler
221-332 Seelöwe, Adler, Hahn
222-111 Stachelschwein, Schlange, Bergziege
222-112 Stachelschwein, Geier, Wildkatze
222-121 Stachelschwein, Geier, Schaf
222-122 Stachelschwein, Geier, Wildkatze
222-131↓ Stachelschwein, Pavian, Wildkatze
222-211 Bergziege, Schaf, Stachelschwein
222-212 Wildkatze, Stachelschwein, Bergziege
222-221 Schaf, Wildkatze, Pavian
222-222 Wildkatze, Pavian, Stachelschwein
222-231↓ Pavian, Wildkatze, Hahn
222-311 Seelöwe, Bergziege, Rotwild
222-312 Seelöwe, Rotwild, Wildkatze
222-321 Seelöwe, Rotwild, Schaf
222-322 Seelöwe, Rotwild, Wildkatze
222-331↓ Pavian, Seelöwe, Wildkatze
223-111 Stachelschwein, Pavian, Schlange
223-112 Stachelschwein, Pavian, Wildkatze
223-211 Pavian, Bergziege, Wildkatze
223-212 Pavian, Wildkatze, Stachelschwein
223-221 Pavian, Wildkatze, Schaf
223-222↓ Pavian, Wildkatze, Fuchs
223-311↓ Pavian, Seelöwe, Delphin
223-322 Pavian, Delphin, Wildkatze
223-331↓ Pavian, Wildhund, Wildkatze
231-111 Schaf, Stachelschwein, Pavian
231-222↓ Pavian, Schaf, Pfau
231-231↓ Pavian, Schaf, Biber
231-311↓ Schaf, Pavian, Seelöwe
231-332 Pavian, Wolf, Wildhund
232-111↓ Schaf, Pavian, Stachelschwein
232-131 Pavian, Schaf, Biber
232-132 Pavian, Biber, Stachelschwein
232-211 Schaf, Pavian, Bergziege
232-212↓ Pavian, Schaf, Biber
232-311 Schaf, Pavian, Seelöwe
232-332 Pavian, Wildhund, Biber
233-111 Pavian, Pinguin, Schaf
233-412 Pavian, Fuchs, Pinguin
233-121 Pavian, Pinguin, Schaf
233-122↓ Pavian, Fuchs, Pinguin
233-211 Pavian, Schaf, Otter
233-212 Pavian, Fuchs, Otter
233-312↓ Pavian, Wildhund, Fuchs
233-321 Pavian, Wildhund, Schaf
233-322↓ Pavian, Wildhund, Fuchs
241-111↓ Schaf, Hund
241-121↓ Schaf, Pinguin, Hund

241-222↓ Schaf, Hund, Biber
241-232↓ Schaf, Biber, Wolf
241-312↓ Schaf, Wolf, Wildhund
242-111↓ Schaf, Pinguin, Biber
242-132 Biber, Schaf, Eule
242-211↓ Schaf, Biber, Hund
242-231 Schaf, Biber, Eule
242-232↓ Biber, Schaf, Wildhund
242-332 Wildhund, Biber, Wolf
243-111↓ Pinguin, Schaf, Eule
243-131 Pinguin, Eule, Biber
243-132 Eule, Biber, Pavian
243-211 Schaf, Pinguin, Eule
243-212 Schaf, Eule, Biber
243-221 Schaf, Eule, Pinguin
243-222↓ Eule, Schaf, Biber
243-232 Eule, Biber, Wildhund
243-311 Schaf, Wildhund, Eule
243-331↓ Wildhund, Eule, Biber
311-111 Pfau, Wiesel
311-332↓ Pfau, Wiesel, Seelöwe
312-111↓ Wiesel, Pfau, Geier
312-211↓ Wiesel, Pfau, Spitzmaus
312-222↓ Wiesel, Pfau, Wildkatze
312-311↓ Wiesel, Pfau, Seelöwe
313-111↓ Wiesel, Geier, Pfau
313-122↓ Wiesel, Geier, Wildkatze
313-212↓ Wiesel, Pfau, Wildkatze
313-311↓ Wiesel, Seelöwe, Delphin
313-322 Wiesel, Delphin, Wildkatze
313-331 Wiesel, Wildkatze, Seelöwe
313-332 Wiesel, Wildkatze, Delphin
321-111 Pfau, Stachelschwein, Wiesel
321-112↓ Pfau, Stachelschwein, Wildkatze
321-122↓ Pfau, Wildkatze, Hahn
321-211 Pfau, Seelöwe, Wiesel
321-212↓ Pfau, Seelöwe, Wildkatze
321-231↓ Hahn, Pfau, Wildkatze
321-311↓ Seelöwe, Rotwild, Pfau
321-331 Seelöwe, Adler, Rotwild
321-332 Seelöwe, Adler, Hahn
322-111 Wildkatze, Stachelschwein, Wiesel
322-112↓ Wildkatze, Stachelschwein, Hahn
322-211 Wildkatze, Seelöwe, Wiesel
322-212↓ Wildkatze, Seelöwe, Hahn
322-311↓ Seelöwe, Rotwild, Wildkatze
322-331↓ Seelöwe, Wildkatze, Adler
323-111 Pinguin, Wildkatze, Otter
323-112↓ Wildkatze, Fuchs, Pinguin
323-131↓ Wildkatze, Fuchs, Pavian
323-211 Wildkatze, Seelöwe, Otter
323-212 Wildkatze, Fuchs, Delphin
323-221 Wildkatze, Fuchs, Pavian
323-222 Wildkatze, Fuchs, Delphin

323-231↓ Wildkatze, Fuchs, Pavian
323-311 Seelöwe, Delphin, Rotwild
323-312 Delphin, Seelöwe, Wildkatze
323-331 Wildkatze, Seelöwe, Fuchs
323-332 Wildkatze, Fuchs, Delphin
331-111 Pinguin, Schaf, Pfau
331-112 Pfau, Hund, Pinguin
331-121 Pinguin, Schaf, Pfau
331-122 Pfau, Hund, Wildkatze
331-131 Pavian, Pinguin, Hahn
331-132 Hahn, Pavian, Fuchs
331-211 Schaf, Pfau, Hund
331-212 Pfau, Hund, Seelöwe
331-221 Schaf, Pfau, Hund
331-222 Pfau, Hund, Wildkatze
331-231 Pavian, Hahn, Schaf
331-232 Hahn, Pavian, Fuchs
331-311↓ Seelöwe, Schwan, Rotwild
331-331↓ Wolf, Seelöwe, Schwan
332-111 Pinguin, Schaf, Hund
332-112 Pinguin, Hund, Wildkatze
332-121 Pinguin, Schaf, Wildkatze
332-122 Wildkatze, Pinguin, Fuchs
332-131 Pavian, Pinguin, Fuchs
332-132 Fuchs, Pavian, Wildkatze
332-211 Schaf, Hund, Otter
332-212 Hund, Wildkatze, Otter
332-221 Schaf, Wildkatze, Hund
332-222 Wildkatze, Fuchs, Hund
332-231 Pavian, Fuchs, Wildkatze
332-331 Wolf, Pavian, Seelöwe
332-332 Wolf, Fuchs, Pavian
333-111 Pinguin, Otter, Pferd
333-112 Fuchs, Pinguin, Otter
333-121 Pinguin, Fuchs, Pavian
333-132 Fuchs, Pavian, Eule
333-211↓ Otter, Pferd, Fuchs
333-221↓ Fuchs, Pavian, Otter
333-231↓ Fuchs, Pavian, Eule
333-311↓ Otter, Pferd, Fuchs
333-321↓ Fuchs, Pavian, Otter
333-331↓ Fuchs, Pavian, Eule
341-111↓ Pinguin, Schaf, Hund
341-132 Hund, Eule, Wolf
341-211 Schaf, Hund, Pinguin
341-212 Hund, Schaf, Wolf
341-221 Schaf, Hund, Pinguin
341-222↓ Hund, Schaf, Wolf
341-332 Wolf, Rappenantilope, Hund
342-111↓ Pinguin, Schaf, Hund
342-122 Pinguin, Hund, Eule
342-131 Pinguin, Eule, Schaf
342-132 Eule, Präriehund, Pinguin
342-211 Schaf, Hund, Pinguin

342-212	Hund, Schaf, Eule
342-221	Schaf, Hund, Pinguin
342-222	Hund, Eule, Schaf
342-231	Eule, Schaf, Präriehund
342-232	Eule, Wolf, Präriehund
342-311↓	Schaf, Hund, Wolf
342-322	Wolf, Hund, Eule
342-331	Wolf, Eule, Schaf
342-332	Wolf, Eule, Rappenantilope
343-111	Pinguin, Eule
343-112↓	Pinguin, Eule, Präriehund
343-211	Pinguin, Eule, Schaf
343-212↓	Eule, Präriehund, Pinguin
343-311	Eule, Pinguin, Schaf
343-312	Eule, Wildhund, Präriehund
343-321	Eule, Pinguin, Präriehund
343-322↓	Eule, Wildhund, Präriehund
411-111↓	Pfau, Seelöwe
412-111↓	Pfau, Wildkatze
412-211↓	Pfau, Wildkatze, Seelöwe
412-311↓	Pfau, Seelöwe, Rotwild
412-331↓	Pfau, Seelöwe, Wildkatze
413-111↓	Pfau, Wildkatze
413-211↓	Pfau, Wildkatze, Seelöwe
413-212	Pfau, Wildkatze, Delphin
413-221	Pfau, Wildkatze, Seelöwe
413-222	Wildkatze, Pfau, Delphin
413-231	Wildkatze, Pfau, Seelöwe
413-232	Wildkatze, Pfau, Delphin
413-311	Seelöwe, Delphin, Pfau
413-322↓	Delphin, Wildkatze, Seelöwe
421-111↓	Pfau, Seelöwe, Wildkatze
421-332↓	Seelöwe, Rotwild, Wildkatze
422-111↓	Wildkatze, Seelöwe, Rotwild
423-111↓	Wildkatze, Seelöwe, Delphin
423-311	Seelöwe, Delphin, Rotwild
423-312↓	Delphin, Seelöwe, Wildkatze
431-111	Pfau, Waldkaninchen, Schwan
431-112	Pfau, Schwan, Wildkatze
431-121	Pfau, Waldkaninchen, Wildkatze
431-122	Pfau, Wildkatze, Schwan
431-131	Pfau, Wildkatze, Waldkaninchen
431-132	Wildkatze, Pfau, Schwan
431-211	Pfau, Schwan, Seelöwe
431-222↓	Schwan, Pfau, Wildkatze
431-311↓	Schwan, Seelöwe, Rotwild
432-111	Wildkatze, Waldkaninchen, Schwan
432-112	Wildkatze, Schwan, Seelöwe
432-121	Wildkatze, Waldkaninchen, Schwan
432-122	Wildkatze, Schwan, Seelöwe
432-131	Wildkatze, Waldkaninchen, Schwan
432-132	Wildkatze, Schwan, Seelöwe

432-311↓	Schwan, Seelöwe, Rotwild
432-331↓	Schwan, Seelöwe, Wildkatze
433-111	Wildkatze, Pinguin, Waldkaninchen
433-112	Wildkatze, Schwan, Delphin
433-121	Wildkatze, Pinguin, Waldkaninchen
433-122	Wildkatze, Schwan, Delphin
433-131	Wildkatze, Fuchs, Pinguin
433-132	Wildkatze, Fuchs, Schwan
433-211	Wildkatze, Schwan, Seelöwe
433-212	Wildkatze, Schwan, Delphin
433-221	Wildkatze, Schwan, Seelöwe
433-222	Wildkatze, Schwan, Delphin
433-231↓	Wildkatze, Fuchs, Schwan
433-311↓	Schwan, Seelöwe, Delphin
433-322	Schwan, Delphin, Wildkatze
433-331	Wildkatze, Schwan, Seelöwe
433-332	Wildkatze, Schwan, Delphin
441-111	Pinguin, Pfau, Hund
441-112	Pfau, Hund, Rappenantilope
441-121	Pinguin, Pfau, Hund
441-122	Rappenantilope, Pfau, Hund
441-131	Rappenantilope, Pinguin, Pfau
441-132↓	Rappenantilope, Pfau, Hund
441-212	Rappenantilope, Schwan, Pfau
441-221	Rappenantilope, Pfau, Hund
441-222	Rappenantilope, Schwan, Pfau
441-231	Rappenantilope, Pfau, Hund
441-232	Rappenantilope, Wolf, Schwan
441-311↓	Rappenantilope, Schwan, Seelöwe
441-332	Rappenantilope, Wolf, Schwan
442-111	Pinguin, Hund
442-112↓	Pinguin, Hund, Rappenantilope
442-121	Pinguin, Hund, Schaf
442-122	Rappenantilope, Pinguin, Hund
442-131	Pinguin, Rappenantilope, Eule
442-132	Rappenantilope, Eule, Wildkatze
442-211	Hund, Rappenantilope, Schaf
442-212	Rappenantilope, Schwan, Hund
442-221	Rappenantilope, Hund, Schaf
442-222	Rappenantilope, Schwan, Hund
442-231↓	Rappenantilope, Eule, Wildkatze
442-311↓	Rappenantilope, Schwan, Seelöwe
442-331↓	Rappenantilope, Wolf, Schwan
443-111↓	Pinguin, Eule
443-121↓	Pinguin, Eule, Wildkatze
443-131↓	Pinguin, Eule, Präriehund
443-212	Eule, Rappenantilope, Präriehund
443-221	Eule, Pinguin, Präriehund
443-222	Eule, Wildkatze, Rappenantilope
443-231↓	Eule, Präriehund, Rappenantilope
443-311↓	Rappenantilope, Schwan, Eule
443-331↓	Rappenantilope, Eule, Präriehund

234-

111-111↓	Stachelschwein, Geier, Pfau
111-231↓	Pfau, Stachelschwein, Pavian
111-311↓	Seelöwe, Pfau, Krokodil
111-321↓	Seelöwe, Pfau, Stachelschwein
112-111↓	Stachelschwein, Geier
112-212↓	Stachelschwein, Krokodil, Geier
112-221	Stachelschwein, Krokodil, Seelöwe
112-222	Stachelschwein, Geier, Krokodil
112-232↓	Stachelschwein, Pavian, Geier
112-322↓	Seelöwe, Stachelschwein, Delphin
112-331↓	Seelöwe, Pavian, Stachelschwein
113-111↓	Stachelschwein, Geier
113-132↓	Stachelschwein, Pavian, Geier
113-211↓	Stachelschwein, Krokodil, Pavian
113-311	Seelöwe, Delphin, Krokodil
113-322	Delphin, Pavian, Seelöwe
113-332↓	Pavian, Wildhund, Delphin
121-111↓	Stachelschwein, Seelöwe
121-331↓	Seelöwe, Pavian, Stachelschwein
122-111↓	Stachelschwein, Seelöwe
122-321↓	Seelöwe, Stachelschwein, Pavian
123-111↓	Stachelschwein, Pavian
123-311↓	Seelöwe, Delphin, Pavian
123-332	Pavian, Wildhund, Delphin
131-111↓	Stachelschwein, Pavian
131-311↓	Stachelschwein, Seelöwe, Pavian
131-322↓	Pavian, Seelöwe, Wildhund
132-111↓	Stachelschwein, Pavian, Walroß
132-322↓	Pavian, Seelöwe, Wildhund
133-111↓	Pavian, Stachelschwein
133-312↓	Pavian, Wildhund
141-111	Schaf, Hund, Stachelschwein
141-132	Pavian, Wildhund, Hund
141-222↓	Hund, Schaf, Wildhund
141-231	Schaf, Wildhund, Pavian
141-232	Wildhund, Pavian, Hund
141-311↓	Schaf, Wildhund, Hund
142-111	Schaf, Hund
142-112↓	Hund, Schaf, Stachelschwein
142-121	Schaf, Hund, Pavian
142-132	Pavian, Wildhund, Präriehund
142-212↓	Hund, Schaf, Wildhund
142-231	Wildhund, Schaf, Pavian
142-232	Pavian, Wildhund, Präriehund
142-311↓	Wildhund, Schaf, Hund
143-111	Pavian, Schaf, Wildhund
143-112	Pavian, Wildhund, Präriehund
143-121	Pavian, Wildhund, Schaf
143-122↓	Pavian, Wildhund, Präriehund
143-211	Wildhund, Pavian, Schaf
143-212	Pavian, Wildhund, Präriehund
143-221	Wildhund, Pavian, Schaf
143-222↓	Wildhund, Pavian, Präriehund

211-111↓ Pfau, Geier, Wiesel
211-131↓ Pfau, Geier, Pavian
211-222 Pfau, Wiesel, Geier
211-231↓ Pfau, Pavian
211-331↓ Seelöwe, Pfau, Adler
212-111↓ Geier, Wiesel
212-131↓ Geier, Pavian, Wiesel
212-211↓ Wiesel, Seelöwe, Geier
212-221 Wiesel, Seelöwe, Pavian
212-222 Wiesel, Geier, Seelöwe
212-231 Pavian, Wiesel, Seelöwe
212-232 Pavian, Wiesel, Geier
212-311↓ Seelöwe, Wiesel, Adler
212-331↓ Seelöwe, Pavian, Adler
213-111↓ Geier, Pavian, Wiesel
213-211 Pavian, Wiesel, Seelöwe
213-212↓ Pavian, Delphin, Wiesel
213-311↓ Seelöwe, Delphin, Pavian
213-332↓ Pavian, Wildhund, Delphin
221-111 Stachelschwein, Pavian, Walroß
221-112 Stachelschwein, Pavian, Seelöwe
221-121 Pavian, Stachelschwein, Walroß
221-122↓ Pavian, Stachelschwein, Seelöwe
221-322↓ Seelöwe, Adler, Pavian
222-111 Pavian, Stachelschwein, Walroß
222-112 Pavian, Stachelschwein, Seelöwe
222-121 Pavian, Stachelschwein, Walroß
222-132↓ Pavian, Stachelschwein, Seelöwe
222-211 Pavian, Seelöwe, Bergziege
222-212 Pavian, Seelöwe, Delphin
222-221 Pavian, Seelöwe, Schaf
222-222↓ Pavian, Seelöwe, Adler
222-311↓ Seelöwe, Pavian, Delphin
222-321↓ Seelöwe, Pavian, Adler
223-111↓ Pavian, Pferd
223-211↓ Pavian, Seelöwe, Pferd
223-212↓ Pavian, Delphin, Seelöwe
223-331 Pavian, Wildhund, Seelöwe
223-332 Pavian, Wildhund, Delphin
231-111 Pavian, Walroß, Schaf
231-112 Pavian, Walroß, Hund
231-121 Pavian, Walroß, Schaf
231-122↓ Pavian, Walroß, Hund
231-221↓ Pavian, Schaf, Hund
231-222↓ Pavian, Hund, Seelöwe
231-311 Pavian, Seelöwe, Schaf
231-312 Pavian, Seelöwe, Wildhund
231-321 Pavian, Seelöwe, Schaf
231-332↓ Pavian, Wildhund, Seelöwe
232-111 Pavian, Walroß, Schaf
232-112 Pavian, Walroß, Hund
232-121 Pavian, Walroß, Schaf
232-122↓ Pavian, Walroß, Hund
232-211 Pavian, Schaf, Hund

232-212 Pavian, Hund, Pferd
232-221↓ Pavian, Schaf, Hund
232-311↓ Pavian, Seelöwe, Wildhund
233-111↓ Pavian, Pferd
233-311↓ Pavian, Wildhund, Pferd
241-111 Schaf, Hund
241-212↓ Hund, Schaf, Wildhund
241-332 Wildhund, Hund, Pavian
242-111 Schaf, Hund
242-112↓ Hund, Schaf, Pavian
242-131 Schaf, Pavian, Präriehund
242-132 Pavian, Wildhund, Präriehund
242-211↓ Schaf, Hund, Wildhund
242-231 Wildhund, Schaf, Pavian
242-232 Wildhund, Pavian, Präriehund
242-311↓ Wildhund, Schaf, Hund
242-331 Wildhund, Schaf, Pavian
242-332 Wildhund, Pavian, Präriehund
243-111 Pinguin, Pavian, Schaf
243-112 Pavian, Wildhund, Präriehund
243-121 Pavian, Präriehund, Pinguin
243-122↓ Pavian, Wildhund, Präriehund
243-211 Wildhund, Pavian, Schaf
243-212↓ Wildhund, Pavian, Präriehund
243-311 Wildhund, Pavian, Schaf
243-312↓ Wildhund, Pavian, Präriehund
311-111↓ Pfau, Wiesel
311-232↓ Pfau, Wiesel, Seelöwe
311-331↓ Seelöwe, Pfau, Adler
312-111 Wiesel, Pfau, Seelöwe
312-112 Wiesel, Pfau, Geier
312-121 Wiesel, Pfau, Seelöwe
312-122 Wiesel, Pfau, Geier
312-131 Wiesel, Pfau, Seelöwe
312-132 Wiesel, Pfau, Geier
312-312↓ Seelöwe, Wiesel, Delphin
312-321 Seelöwe, Wiesel, Pfau
312-322↓ Seelöwe, Wiesel, Adler
313-111 Wiesel, Seelöwe, Pferd
313-112 Wiesel, Delphin, Geier
313-121 Wiesel, Pavian, Seelöwe
313-122 Wiesel, Delphin, Geier
313-131↓ Pavian, Wiesel, Präriehund
313-211↓ Wiesel, Seelöwe, Delphin
313-231 Pavian, Wiesel, Präriehund
313-232 Pavian, Delphin, Wiesel
313-321↓ Seelöwe, Delphin, Wiesel
313-332 Delphin, Seelöwe, Adler
321-111↓ Seelöwe, Pfau, Hund
321-131 Seelöwe, Pavian, Adler
321-132↓ Seelöwe, Adler, Hahn
321-212↓ Seelöwe, Pfau, Hund
321-222 Seelöwe, Adler, Pfau
321-231 Seelöwe, Adler, Pavian

321-232↓ Seelöwe, Adler, Hahn
321-332↓ Seelöwe, Adler, Delphin
322-111↓ Seelöwe, Hund, Pferd
322-121 Seelöwe, Hund, Pavian
322-122 Seelöwe, Wildkatze, Hund
322-131↓ Pavian, Seelöwe, Adler
322-211 Seelöwe, Hund, Pferd
322-212 Seelöwe, Delphin, Hund
322-221 Seelöwe, Hund, Pavian
322-222 Seelöwe, Adler, Delphin
322-231↓ Seelöwe, Pavian, Adler
322-311↓ Seelöwe, Delphin, Adler
323-111 Pferd, Pavian, Seelöwe
323-112 Pferd, Delphin, Pavian
323-121 Pavian, Pferd, Seelöwe
323-122 Pavian, Pferd, Delphin
323-131↓ Pavian, Präriehund, Pferd
323-211↓ Seelöwe, Pferd, Delphin
323-221 Pavian, Seelöwe, Pferd
323-222 Delphin, Pavian, Seelöwe
323-231 Pavian, Präriehund, Seelöwe
323-232 Pavian, Delphin, Präriehund
323-311 Seelöwe, Delphin, Pferd
323-322 Delphin, Seelöwe, Adler
323-331 Seelöwe, Delphin, Pavian
323-332 Delphin, Seelöwe, Adler
331-111↓ Hund, Pferd, Pavian
331-131↓ Pavian, Hund, Präriehund
331-211↓ Hund, Seelöwe, Pferd
331-221↓ Hund, Seelöwe, Pavian
331-322 Seelöwe, Hund, Adler
331-331↓ Seelöwe, Pavian, Adler
332-111↓ Hund, Pferd, Pavian
332-131↓ Pavian, Präriehund, Hund
332-211↓ Hund, Pferd, Pavian
332-231↓ Pavian, Präriehund, Hund
332-311↓ Seelöwe, Hund, Pferd
332-321↓ Seelöwe, Hund, Pavian
332-331↓ Pavian, Seelöwe, Adler
333-111 Pferd, Pavian, Pinguin
333-112↓ Pferd, Pavian, Präriehund
333-311 Pferd, Pavian, Seelöwe
333-312 Pferd, Delphin, Pavian
333-321 Pavian, Pferd, Seelöwe
333-322 Pavian, Pferd, Delphin
333-331 Pavian, Präriehund, Pferd
333-332 Pavian, Wildhund, Präriehund
341-111↓ Hund, Präriehund, Schaf
341-232↓ Hund, Präriehund, Wolf
341-321 Hund, Präriehund, Schaf
341-322 Hund, Wolf, Wildhund
341-331 Hund, Präriehund, Wolf
341-332 Hund, Wolf, Wildhund
342-111↓ Hund, Pinguin, Präriehund

342-132↓ Präriehund, Hund, Eule
342-232↓ Präriehund, Hund, Wildhund
343-111↓ Pinguin, Präriehund, Hund
343-122 Präriehund, Hund, Eule
343-131 Präriehund, Eule, Pinguin
343-132↓ Präriehund, Eule, Hund
343-232 Präriehund, Eule, Wildhund
343-311↓ Präriehund, Hund, Wildhund
343-331 Präriehund, Wildhund, Eule
411-111↓ Pfau, Seelöwe
412-111↓ Pfau, Seelöwe
412-122↓ Pfau, Seelöwe, Wildkatze
412-211↓ Seelöwe, Pfau, Delphin
412-231↓ Seelöwe, Pfau, Wildkatze
412-311↓ Seelöwe, Pfau, Delphin
413-111 Seelöwe, Delphin, Pfau
413-132 Delphin, Wildkatze, Seelöwe
413-211 Seelöwe, Delphin, Pfau
413-332↓ Delphin, Seelöwe, Wildkatze
421-111 Seelöwe, Pfau
421-132↓ Seelöwe, Pfau, Wildkatze
421-211↓ Seelöwe, Pfau, Delphin
421-231↓ Seelöwe, Pfau, Wildkatze
422-111↓ Seelöwe, Delphin, Wildkatze
423-111↓ Seelöwe, Delphin, Wildkatze
431-111↓ Seelöwe, Pfau
431-212↓ Seelöwe, Pfau, Schwan
431-221 Seelöwe, Pfau, Waldkaninchen
431-232↓ Seelöwe, Pfau, Wildkatze
431-311↓ Seelöwe, Schwan, Delphin
432-111↓ Seelöwe, Delphin, Wildkatze
432-121 Seelöwe, Wildkatze,
         Waldkaninchen
432-122 Seelöwe, Wildkatze, Delphin
432-131 Seelöwe, Wildkatze, Pavian
432-132 Seelöwe, Wildkatze, Delphin
432-211 Seelöwe, Delphin, Waldkaninchen
432-212 Seelöwe, Delphin, Schwan
432-221↓ Seelöwe, Delphin, Wildkatze
432-332↓ Seelöwe, Delphin, Schwan
433-111 Seelöwe, Delphin, Pferd
433-122 Delphin, Seelöwe, Wildkatze
433-131 Pavian, Seelöwe, Delphin
433-132 Delphin, Pavian, Wildkatze
433-211 Seelöwe, Delphin, Pferd
433-222 Delphin, Seelöwe, Wildkatze
433-231 Seelöwe, Delphin, Pavian
433-312 Delphin, Seelöwe, Schwan
433-331 Seelöwe, Delphin, Pavian
441-111↓ Hund, Präriehund
441-132↓ Hund, Präriehund, Rappenantilope
441-231↓ Hund, Präriehund, Seelöwe
441-232 Hund, Präriehund, Rappenantilope
441-312↓ Seelöwe, Hund, Rappenantilope

442-111↓ Hund, Pinguin
442-122↓ Hund, Präriehund, Seelöwe
442-131 Präriehund, Hund, Pinguin
442-132 Präriehund, Hund, Rappenantilope
442-212↓ Hund, Seelöwe, Präriehund
442-232 Präriehund, Hund, Rappenantilope
442-312↓ Seelöwe, Hund, Rappenantilope
442-331 Seelöwe, Rappenantilope,
         Präriehund
443-111↓ Pinguin, Präriehund, Hund
443-122 Präriehund, Hund, Eule
443-131 Präriehund, Eule, Pinguin
443-132↓ Präriehund, Eule, Hund
443-212 Präriehund, Hund, Delphin
443-221↓ Präriehund, Hund, Eule
443-311 Seelöwe, Delphin, Präriehund
443-332 Präriehund, Wildhund,
         Rappenantilope

241-

111-111↓ Stachelschwein, Krokodil
111-212↓ Krokodil, Stachelschwein, Wiesel
112-111↓ Stachelschwein, Krokodil
112-212↓ Krokodil, Stachelschwein, Wiesel
113-111↓ Stachelschwein, Krokodil
113-212↓ Krokodil, Stachelschwein, Wiesel
113-232 Stachelschwein, Wiesel,
         Warzenschwein
113-311↓ Krokodil, Wiesel, Stachelschwein
113-322 Krokodil, Wiesel, Warzenschwein
113-331 Wiesel, Krokodil, Stachelschwein
113-332 Wiesel, Warzenschwein, Krokodil
121-111↓ Stachelschwein, Maulwurf
121-311↓ Stachelschwein, Krokodil
122-111↓ Stachelschwein, Maulwurf
122-211↓ Stachelschwein, Maulwurf,
         Krokodil
122-212 Stachelschwein, Krokodil,
         Warzenschwein
122-221 Stachelschwein, Maulwurf
122-222 Stachelschwein, Warzenschwein
122-231 Stachelschwein, Maulwurf
122-232↓ Stachelschwein, Warzenschwein
122-312↓ Stachelschwein, Krokodil
123-111↓ Stachelschwein, Warzenschwein
123-331↓ Stachelschwein, Warzenschwein,
         Wildhund
131-111↓ Stachelschwein, Krokodil
131-332↓ Stachelschwein, Wildhund
132-111↓ Stachelschwein, Maulwurf
132-222↓ Stachelschwein, Warzenschwein
132-311↓ Stachelschwein, Krokodil
132-331↓ Stachelschwein, Wildhund
133-111↓ Stachelschwein, Warzenschwein

133-231↓ Stachelschwein, Warzenschwein,
         Wildhund
141-111↓ Stachelschwein, Wildhund,
         Krokodil
141-231↓ Wildhund, Stachelschwein, Wolf
142-111↓ Stachelschwein, Wildhund
142-211↓ Stachelschwein, Wildhund, Schaf
142-222↓ Stachelschwein, Wildhund, Biber
142-312↓ Wildhund, Wolf, Stachelschwein
143-111↓ Stachelschwein, Pinguin,
         Wildhund
143-132 Wildhund, Stachelschwein, Biber
143-211↓ Wildhund, Stachelschwein,
         Warzenschwein
211-111↓ Wiesel, Geier
212-111↓ Wiesel, Geier, Spitzmaus
212-121 Wiesel, Spitzmaus, Stachelschwein
212-122↓ Wiesel, Geier, Spitzmaus
212-211↓ Wiesel, Spitzmaus, Krokodil
213-111↓ Wiesel, Geier
213-212↓ Wiesel, Spitzmaus
221-111↓ Stachelschwein, Schlange,
         Bergziege
221-211↓ Bergziege, Wiesel, Stachelschwein
221-222↓ Wiesel, Stachelschwein, Hahn
221-311 Zebra, Bergziege, Wiesel
221-312↓ Zebra, Wiesel, Stachelschwein
221-331 Zebra, Adler, Wiesel
222-111 Stachelschwein, Schlange,
         Bergziege
222-132↓ Stachelschwein, Wiesel, Hahn
222-211↓ Bergziege, Wiesel, Stachelschwein
222-222↓ Wiesel, Stachelschwein, Hahn
222-311 Zebra, Bergziege, Wiesel
222-312↓ Zebra, Wiesel, Stachelschwein
222-331 Zebra, Adler, Wiesel
223-111↓ Stachelschwein, Schlange,
         Bergziege
223-211↓ Bergziege, Wiesel, Stachelschwein
223-212↓ Wiesel, Stachelschwein,
         Warzenschwein
223-231 Wiesel, Stachelschwein, Hahn
223-232 Wiesel, Hahn, Wildhund
223-311 Zebra, Bergziege, Wiesel
223-312↓ Zebra, Wiesel, Wildhund
223-331↓ Wildhund, Zebra, Adler
231-111 Stachelschwein, Flußpferd,
         Schlange
231-112 Stachelschwein, Wiesel
231-121 Stachelschwein, Flußpferd
231-122 Stachelschwein, Wiesel
231-131 Stachelschwein, Flußpferd
231-132 Stachelschwein, Wiesel, Hahn
231-211↓ Bergziege, Wiesel, Stachelschwein

231-221 Wiesel, Stachelschwein, Flußpferd
231-222↓ Wiesel, Stachelschwein, Hahn
231-311 Zebra, Bergziege, Wiesel
231-312↓ Zebra, Wiesel, Wildhund
231-331 Wildhund, Wolf, Zebra
231-332 Wildhund, Wolf, Adler
232-111 Stachelschwein, Flußpferd,
         Schlange
232-122↓ Stachelschwein, Wiesel, Flußpferd
232-132 Stachelschwein, Wiesel, Hahn
232-211↓ Bergziege, Wiesel, Stachelschwein
232-221 Wiesel, Stachelschwein, Flußpferd
232-222↓ Wiesel, Stachelschwein, Wildhund
232-232 Wildhund, Wiesel, Hahn
232-311 Zebra, Bergziege, Wiesel
232-312↓ Zebra, Wildhund, Wiesel
232-332 Wildhund, Wolf, Adler
233-111 Stachelschwein, Flußpferd,
         Fledermaus
233-112 Stachelschwein, Fledermaus, Wiesel
233-121 Stachelschwein, Flußpferd,
         Fledermaus
233-122 Stachelschwein, Fledermaus,
         Pavian
233-131↓ Pavian, Stachelschwein, Wildhund
233-211 Bergziege, Wiesel, Wildhund
233-212↓ Wildhund, Wiesel, Pavian
233-231↓ Wildhund, Pavian, Löwe
241-111 Pinguin, Schaf, Stachelschwein
241-112 Stachelschwein, Wildhund,
         Pinguin
241-121 Pinguin, Schaf, Stachelschwein
241-122 Wildhund, Stachelschwein, Wolf
241-131 Wildhund, Wolf, Pinguin
241-132 Wildhund, Wolf, Biber
241-211 Schaf, Wildhund, Wolf
241-212 Wildhund, Wolf, Wiesel
241-221 Wildhund, Schaf, Wolf
241-222↓ Wildhund, Wolf, Biber
241-311↓ Wildhund, Wolf, Schaf
242-111 Pinguin, Schaf, Wildhund
242-112 Wildhund, Pinguin,
         Stachelschwein
242-121 Pinguin, Wildhund, Schaf
242-122↓ Wildhund, Pinguin, Biber
242-132 Wildhund, Biber, Wolf
242-211 Wildhund, Schaf, Biber
242-212 Wildhund, Wolf, Biber
242-221 Wildhund, Schaf, Biber
242-222↓ Wildhund, Wolf, Biber
243-111↓ Pinguin, Wildhund
243-222↓ Wildhund, Biber
311-111↓ Wiesel, Spitzmaus
312-111↓ Wiesel, Spitzmaus

313-111↓ Wiesel, Spitzmaus
321-111↓ Wiesel, Stachelschwein
321-122↓ Wiesel, Stachelschwein, Hahn
321-212↓ Wiesel, Zebra, Hahn
321-232 Wiesel, Hahn, Adler
321-312↓ Zebra, Wiesel, Adler
322-111 Wiesel, Stachelschwein
322-112↓ Wiesel, Stachelschwein, Hahn
322-211 Wiesel, Zebra, Spitzmaus
322-212↓ Wiesel, Zebra, Hahn
322-232 Wiesel, Hahn, Adler
322-312↓ Zebra, Wiesel, Adler
323-111↓ Wiesel, Stachelschwein
323-121↓ Wiesel, Stachelschwein, Wildkatze
323-131 Wiesel, Hahn, Stachelschwein
323-132 Wiesel, Hahn, Wildkatze
323-212↓ Wiesel, Zebra, Wildkatze
323-222↓ Wiesel, Wildkatze, Hahn
323-312↓ Zebra, Wiesel, Adler
331-111↓ Wiesel, Stachelschwein, Flußpferd
331-122↓ Wiesel, Stachelschwein, Hahn
331-211↓ Wiesel, Zebra
331-231↓ Wiesel, Hahn, Wolf
331-311↓ Zebra, Wiesel, Wolf
331-331↓ Wolf, Zebra, Adler
332-111↓ Wiesel, Stachelschwein, Pinguin
332-122↓ Wiesel, Stachelschwein, Hahn
332-222↓ Wiesel, Hahn, Zebra
332-231↓ Wiesel, Hahn, Wolf
332-311↓ Zebra, Wiesel, Wolf
332-331↓ Wolf, Zebra, Adler
333-111 Pinguin, Wiesel, Otter
333-132 Löwe, Wiesel, Hahn
333-211 Wiesel, Otter, Pinguin
333-212↓ Wiesel, Otter, Löwe
333-231↓ Löwe, Wiesel, Hahn
333-311↓ Zebra, Wiesel, Wildhund
333-331↓ Wildhund, Löwe, Wolf
341-111↓ Pinguin, Wolf, Wiesel
341-332 Wolf, Wildhund
342-111↓ Pinguin, Wolf, Wiesel
342-132↓ Wolf, Pinguin, Wildhund
342-211 Wolf, Pinguin, Wiesel
342-212 Wolf, Wiesel, Wildhund
342-221 Wolf, Pinguin, Wiesel
342-222↓ Wolf, Wiesel, Wildhund
343-111↓ Pinguin, Wildhund, Eule
343-222↓ Wildhund, Wolf, Pinguin
343-232 Wildhund, Wolf, Eule
343-321↓ Wildhund, Wolf, Pinguin
411-111↓ Wiesel, Pfau
411-222↓ Wiesel, Pfau, Spitzmaus
412-111↓ Wiesel, Wildkatze, Spitzmaus
413-111↓ Wiesel, Wildkatze

421-111↓ Wiesel, Wildkatze, Stachelschwein
421-211 Wiesel, Wildkatze, Seelöwe
421-231↓ Wildkatze, Wiesel, Hahn
421-311 Seelöwe, Zebra, Wiesel
421-312↓ Seelöwe, Zebra, Wildkatze
422-111↓ Wildkatze, Wiesel, Stachelschwein
422-232↓ Wildkatze, Wiesel, Hahn
422-311 Seelöwe, Wildkatze, Zebra
423-111↓ Wildkatze, Wiesel
423-311↓ Wildkatze, Seelöwe, Delphin
423-331↓ Wildkatze, Tiger
431-111↓ Wiesel, Wildkatze, Schwan
431-321↓ Schwan, Seelöwe, Wildkatze
431-331↓ Schwan, Wildkatze,
         Rappenantilope
432-111↓ Wildkatze, Wiesel, Schwan
432-321↓ Schwan, Wildkatze, Seelöwe
432-331↓ Schwan, Wildkatze, Tiger
433-111↓ Wildkatze, Pinguin, Wiesel
433-131↓ Wildkatze, Tiger
433-211↓ Wildkatze, Schwan, Wiesel
433-311↓ Schwan, Tiger, Wildkatze
441-111 Pinguin, Rappenantilope
442-111↓ Pinguin, Rappenantilope, Wolf
442-122↓ Rappenantilope, Pinguin,
         Wildkatze
442-131 Pinguin, Rappenantilope, Wolf
442-132 Rappenantilope, Wolf, Wildkatze
442-211 Rappenantilope, Wolf, Pinguin
442-212↓ Rappenantilope, Wolf, Schwan
443-111↓ Pinguin, Wildkatze
443-212↓ Rappenantilope, Pinguin,
         Wildkatze
443-222 Wildkatze, Rappenantilope, Wolf
443-231 Rappenantilope, Pinguin, Wolf
443-232↓ Rappenantilope, Wolf, Wildhund

242-

111-111↓ Krokodil, Wiesel, Stachelschwein
112-111↓ Krokodil, Wiesel
112-112↓ Krokodil, Wiesel, Stachelschwein
113-111↓ Krokodil, Wiesel, Stachelschwein
113-122 Krokodil, Wiesel, Warzenschwein
113-131 Wiesel, Krokodil, Stachelschwein
i 13-212↓ Krokodil, Wiesel, Warzenschwein
121-111↓ Stachelschwein, Krokodil
121-211↓ Krokodil, Stachelschwein,
         Warzenschwein
121-231 Stachelschwein, Warzenschwein,
         Wiesel
121-232 Stachelschwein, Warzenschwein,
         Hahn
121-311↓ Krokodil, Stachelschwein,
         Warzenschwein

121-332 Warzenschwein, Stachelschwein, Adler
122-111 Stachelschwein, Krokodil
122-112↓ Stachelschwein, Krokodil, Warzenschwein
122-232 Warzenschwein, Stachelschwein, Hahn
122-311↓ Krokodil, Warzenschwein, Stachelschwein
122-331 Warzenschwein, Stachelschwein, Zebra
122-332↓ Warzenschwein, Stachelschwein, Adler
123-111 Stachelschwein, Warzenschwein
123-112↓ Warzenschwein, Stachelschwein, Krokodil
123-331↓ Warzenschwein, Wildhund
131-111↓ Stachelschwein, Krokodil
131-211↓ Krokodil, Stachelschwein, Warzenschwein
131-232↓ Stachelschwein, Warzenschwein, Hahn
131-311↓ Krokodil, Stachelschwein, Warzenschwein
131-322 Warzenschwein, Stachelschwein, Wildhund
131-331 Wildhund, Wolf, Stachelschwein
131-332 Wildhund, Wolf, Warzenschwein
132-111↓ Stachelschwein, Krokodil
132-211↓ Krokodil, Stachelschwein, Warzenschwein
132-232 Warzenschwein, Stachelschwein, Wildhund
132-311↓ Krokodil, Warzenschwein, Stachelschwein
132-321↓ Warzenschwein, Stachelschwein, Wildhund
132-331↓ Wildhund, Warzenschwein, Wolf
133-111 Stachelschwein, Warzenschwein
133-132↓ Warzenschwein, Stachelschwein, Pavian
133-211↓ Warzenschwein, Krokodil
133-222↓ Warzenschwein, Stachelschwein, Wildhund
133-231↓ Warzenschwein, Wildhund, Pavian
133-311↓ Warzenschwein, Wildhund, Krokodil
141-111 Stachelschwein, Schaf, Pinguin
141-112 Stachelschwein, Krokodil, Wildhund
141-121 Stachelschwein, Schaf, Pinguin
141-131↓ Wildhund, Stachelschwein, Biber
141-132 Wildhund, Stachelschwein, Wolf
141-211 Schaf, Krokodil, Wildhund

141-212 Wildhund, Krokodil, Wolf
141-221↓ Schaf, Wildhund, Wolf
141-231↓ Wildhund, Wolf, Biber
141-311↓ Wildhund, Wolf, Schaf
142-111 Stachelschwein, Pinguin, Schaf
142-112 Stachelschwein, Wildhund, Krokodil
142-121 Stachelschwein, Pinguin, Schaf
142-122↓ Stachelschwein, Wildhund, Biber
142-211 Wildhund, Schaf, Krokodil
142-212 Wildhund, Krokodil, Wolf
142-221 Wildhund, Schaf, Biber
142-222↓ Wildhund, Wolf, Biber
143-111 Pinguin, Wildhund, Stachelschwein
143-122↓ Wildhund, Pinguin, Warzenschwein
143-131↓ Wildhund, Pinguin, Biber
211-111↓ Wiesel, Geier, Spitzmaus
212-111↓ Wiesel, Spitzmaus, Geier
213-111↓ Wiesel, Geier, Spitzmaus
213-332↓ Wiesel, Wildhund, Spitzmaus
221-111↓ Wiesel, Stachelschwein, Flußpferd
221-112↓ Wiesel, Stachelschwein, Hahn
221-232↓ Hahn, Wiesel, Adler
221-312↓ Zebra, Wiesel, Adler
221-332 Adler, Hahn, Zebra
222-111 Wiesel, Stachelschwein, Flußpferd
222-112↓ Wiesel, Stachelschwein, Hahn
222-212↓ Wiesel, Hahn, Zebra
222-232 Hahn, Wiesel, Adler
222-312↓ Zebra, Wiesel, Adler
222-332 Adler, Hahn, Zebra
223-111↓ Wiesel, Stachelschwein, Warzenschwein
223-131 Wiesel, Hahn, Pavian
223-132 Hahn, Wiesel, Wildkatze
223-212↓ Wiesel, Warzenschwein, Hahn
223-231 Wiesel, Hahn, Wildhund
223-322 Zebra, Wildhund, Wiesel
223-331 Wildhund, Zebra, Adler
223-332 Wildhund, Adler, Hahn
231-111 Flußpferd, Wiesel
231-122↓ Wiesel, Flußpferd, Stachelschwein
231-131↓ Flußpferd, Wiesel, Hahn
231-222 Wiesel, Hahn, Zebra
231-231 Wiesel, Hahn, Wolf
231-322 Zebra, Wolf, Wiesel
231-331 Wolf, Wildhund, Zebra
231-332 Wolf, Wildhund, Adler
232-111 Flußpferd, Wiesel
232-112↓ Wiesel, Flußpferd, Stachelschwein
232-131↓ Flußpferd, Wiesel, Hahn
232-212 Wiesel, Hahn, Zebra

232-221 Wiesel, Flußpferd, Hahn
232-222↓ Wiesel, Hahn, Wildhund
232-311↓ Zebra, Wiesel, Wildhund
232-322↓ Wildhund, Zebra, Wolf
232-332 Wildhund, Wolf, Adler
233-111 Flußpferd, Pinguin, Wiesel
233-112 Wiesel, Pavian, Wildhund
233-121 Flußpferd, Pinguin, Pavian
233-122 Pavian, Wildhund, Wiesel
233-131 Pavian, Wildhund, Flußpferd
233-132 Pavian, Wildhund, Löwe
233-211 Wiesel, Wildhund, Pavian
233-231↓ Wildhund, Pavian, Löwe
233-321↓ Wildhund, Pavian, Zebra
233-331↓ Wildhund, Pavian, Wolf
241-111 Pinguin, Schaf, Flußpferd
241-112 Wolf, Wildhund, Pinguin
241-121 Pinguin, Schaf, Flußpferd
241-122↓ Wolf, Wildhund, Pinguin
241-132 Wolf, Wildhund, Biber
241-211↓ Schaf, Wolf, Wildhund
241-231↓ Wolf, Wildhund, Biber
241-311↓ Wolf, Wildhund, Schaf
242-111 Pinguin, Schaf, Wildhund
242-112 Wildhund, Pinguin, Wolf
242-121 Pinguin, Schaf, Wildhund
242-122 Wildhund, Wolf, Pinguin
242-131 Wildhund, Biber, Pinguin
242-132 Wildhund, Wolf, Biber
242-211 Wildhund, Schaf, Wolf
242-212 Wildhund, Wolf, Biber
242-221 Wildhund, Schaf, Wolf
242-331↓ Wildhund, Wolf, Biber
243-111 Pinguin, Wildhund
243-122↓ Wildhund, Pinguin, Biber
243-212 Wildhund, Biber, Wolf
243-221 Wildhund, Pinguin, Biber
243-222↓ Wildhund, Biber, Wolf
311-111↓ Wiesel, Spitzmaus
312-111↓ Wiesel, Spitzmaus
313-111↓ Wiesel, Spitzmaus
321-111↓ Wiesel, Hahn, Spitzmaus
321-132↓ Hahn, Wiesel, Adler
321-211↓ Wiesel, Zebra, Hahn
321-232 Hahn, Wiesel, Adler
321-312↓ Zebra, Wiesel, Adler
321-332 Adler, Hahn, Zebra
322-111↓ Wiesel, Hahn, Spitzmaus
322-122↓ Wiesel, Hahn, Wildkatze
322-212↓ Wiesel, Hahn, Zebra
322-232 Hahn, Wiesel, Adler
322-311↓ Zebra, Wiesel, Adler
322-332 Adler, Hahn, Zebra
323-111↓ Wiesel, Hahn, Wildkatze

323-212↓ Wiesel, Hahn, Zebra
323-222↓ Wiesel, Hahn, Wildkatze
323-312↓ Zebra, Wiesel, Adler
323-332 Adler, Hahn, Zebra
331-111 Wiesel, Flußpferd
331-212↓ Wiesel, Hahn, Zebra
331-231 Wiesel, Hahn, Wolf
331-322 Zebra, Wolf, Wiesel
331-331 Wolf, Zebra, Adler
331-332 Wolf, Adler, Hahn
332-111 Wiesel, Pinguin, Flußpferd
332-112 Wiesel, Hahn, Spitzmaus
332-121 Wiesel, Pinguin, Hahn
332-122 Wiesel, Hahn, Wildkatze
332-131 Wiesel, Hahn, Pinguin
332-132 Hahn, Wiesel, Wolf
332-211↓ Wiesel, Zebra, Hahn
332-231 Wiesel, Hahn, Wolf
332-322 Zebra, Wolf, Wiesel
332-331 Wolf, Zebra, Adler
332-332 Wolf, Adler, Hahn
333-111 Pinguin, Wiesel, Otter
333-132 Löwe, Hahn, Wiesel
333-211 Wiesel, Otter, Pinguin
333-212↓ Wiesel, Otter, Löwe
333-231↓ Löwe, Wiesel, Hahn
333-311↓ Zebra, Wiesel, Wildhund
333-322 Zebra, Wildhund, Wolf
333-331↓ Wildhund, Wolf, Löwe
341-111 Pinguin, Wolf
341-221↓ Wolf, Wiesel, Pinguin
341-222↓ Wolf, Wiesel, Wildhund
342-111↓ Pinguin, Wolf, Wiesel
342-132 Wolf, Pinguin, Wildhund
342-211 Wolf, Pinguin, Wiesel
342-212 Wolf, Wiesel, Wildhund
342-221 Wolf, Pinguin, Wiesel
342-222 Wolf, Wiesel, Wildhund
342-231↓ Wolf, Wildhund, Pinguin
343-111↓ Pinguin, Wildhund, Eule
343-211↓ Pinguin, Wildhund, Wolf
343-231↓ Wildhund, Wolf, Eule
343-321↓ Wildhund, Wolf, Pinguin
343-322↓ Wildhund, Wolf, Eule
411-111↓ Wiesel, Pfau
411-322↓ Wiesel, Pfau, Spitzmaus
412-111↓ Wiesel, Spitzmaus, Wildkatze
413-111↓ Wiesel, Wildkatze
421-111↓ Wiesel, Wildkatze, Pfau
421-131↓ Wildkatze, Wiesel, Hahn
421-211 Wiesel, Wildkatze, Seelöwe
421-232 Wildkatze, Hahn, Wiesel
421-311 Seelöwe, Zebra, Wiesel
421-312↓ Seelöwe, Zebra, Wildkatze

422-111↓ Wildkatze, Wiesel
422-122↓ Wildkatze, Wiesel, Hahn
422-211↓ Wildkatze, Wiesel, Seelöwe
422-231↓ Wildkatze, Wiesel, Hahn
422-311 Seelöwe, Wildkatze, Zebra
423-111↓ Wildkatze, Wiesel
423-231↓ Wildkatze, Wiesel, Hahn
423-311↓ Wildkatze, Seelöwe, Delphin
423-331 Wildkatze, Tiger, Seelöwe
423-332 Wildkatze, Tiger, Delphin
431-111 Wiesel, Wildkatze, Schwan
431-132 Wildkatze, Hahn, Wiesel
431-211↓ Schwan, Wiesel, Wildkatze
431-322↓ Wildkatze, Schwan, Seelöwe
431-331↓ Schwan, Wolf, Wildkatze
432-111↓ Wildkatze, Wiesel, Schwan
432-132 Wildkatze, Hahn
432-211↓ Wildkatze, Schwan, Wiesel
432-232 Wildkatze, Schwan, Hahn
432-311↓ Schwan, Seelöwe, Wildkatze
432-331↓ Schwan, Wildkatze, Tiger
433-111↓ Wildkatze, Pinguin, Wiesel
433-131↓ Wildkatze, Tiger
433-211 Wildkatze, Schwan, Wiesel
433-212↓ Wildkatze, Schwan, Tiger
433-231↓ Wildkatze, Tiger, Löwe
433-311↓ Schwan, Tiger, Wildkatze
441-111↓ Pinguin, Wolf, Rappenantilope
442-111↓ Pinguin, Wolf, Rappenantilope
442-132 Wolf, Rappenantilope, Wildkatze
442-211 Wolf, Rappenantilope, Pinguin
442-212 Wolf, Rappenantilope, Schwan
442-232↓ Wolf, Rappenantilope, Wildkatze
442-332↓ Wolf, Rappenantilope, Wildhund
443-111↓ Pinguin, Wildkatze
443-132↓ Pinguin, Eule, Wolf
443-211↓ Pinguin, Wolf, Rappenantilope
443-221 Pinguin, Wolf, Wildkatze
443-222 Wolf, Wildkatze, Rappenantilope
443-231 Wolf, Rappenantilope, Eule
443-232↓ Wolf, Rappenantilope, Wildhund

-243-

111-111↓ Krokodil, Wiesel, Stachelschwein
112-111↓ Krokodil, Wiesel
113-111↓ Krokodil, Wiesel, Stachelschwein
113-122 Krokodil, Wiesel, Warzenschwein
113-131 Wiesel, Krokodil, Stachelschwein
113-132↓ Wiesel, Warzenschwein, Krokodil
413-331 Wiesel, Krokodil, Wildhund
113-332 Wildhund, Wiesel, Warzenschwein
121-111↓ Stachelschwein, Hahn
121-211↓ Krokodil, Stachelschwein,
　　　　　Warzenschwein

121-222↓ Stachelschwein, Warzenschwein,
　　　　　Hahn
121-311↓ Krokodil, Stachelschwein,
　　　　　Warzenschwein
121-321 Stachelschwein, Warzenschwein,
　　　　　Adler
121-332 Adler, Hahn, Wildhund
122-111↓ Stachelschwein, Krokodil,
　　　　　Warzenschwein
122-132↓ Stachelschwein, Hahn,
　　　　　Warzenschwein
122-211↓ Krokodil, Stachelschwein,
　　　　　Warzenschwein
122-222↓ Warzenschwein, Stachelschwein,
　　　　　Hahn
122-311↓ Krokodil, Warzenschwein,
　　　　　Stachelschwein
122-321↓ Warzenschwein, Stachelschwein,
　　　　　Adler
122-331↓ Adler, Hahn, Wildhund
123-111 Stachelschwein, Warzenschwein
123-132↓ Stachelschwein, Stachelschwein,
　　　　　Hahn
123-212↓ Warzenschwein, Krokodil,
　　　　　Stachelschwein
123-232 Warzenschwein, Wildhund, Hahn
123-311↓ Warzenschwein, Krokodil,
　　　　　Wildhund
131-111↓ Stachelschwein, Krokodil
131-132 Stachelschwein, Hahn
131-211↓ Krokodil, Stachelschwein,
　　　　　Warzenschwein
131-222 Stachelschwein, Warzenschwein,
　　　　　Hahn
131-231↓ Hahn, Stachelschwein, Wildhund
131-311 Krokodil, Wildhund,
　　　　　Stachelschwein
131-312 Wildhund, Krokodil, Wolf
131-321 Wildhund, Wolf, Stachelschwein
131-322 Wildhund, Wolf, Warzenschwein
131-331↓ Wildhund, Wolf, Adler
132-111↓ Stachelschwein, Krokodil
132-132↓ Stachelschwein, Hahn, Pavian
132-211↓ Krokodil, Stachelschwein,
　　　　　Warzenschwein
132-221 Stachelschwein, Warzenschwein,
　　　　　Wildhund
132-232 Wildhund, Hahn, Pavian
132-311↓ Wildhund, Krokodil,
　　　　　Warzenschwein
132-321↓ Wildhund, Wolf, Warzenschwein
133-111 Stachelschwein, Warzenschwein,
　　　　　Pavian
133-132↓ Pavian, Wildhund, Warzenschwein

199

141-111↓ Schaf, Stachelschwein, Wildhund
141-122 Wildhund, Wolf, Stachelschwein
141-211↓ Schaf, Wildhund, Wolf
142-111↓ Schaf, Wildhund, Stachelschwein
142-122 Wildhund, Wolf, Stachelschwein
142-211↓ Wildhund, Schaf, Wolf
143-111↓ Wildhund, Pinguin, Schaf
211-111↓ Wiesel, Geier, Spitzmaus
211-231↓ Wiesel, Spitzmaus, Hahn
211-332 Wiesel, Adler, Hahn
212-111 Wiesel, Spitzmaus
212-112↓ Wiesel, Geier, Spitzmaus
212-131 Wiesel, Spitzmaus, Hahn
212-132 Wiesel, Hahn, Geier
212-231↓ Wiesel, Spitzmaus, Hahn
212-331↓ Wiesel, Adler, Spitzmaus
212-332↓ Wiesel, Adler, Hahn
213-111↓ Wiesel, Geier, Spitzmaus
213-231↓ Wiesel, Spitzmaus, Hahn
213-332↓ Wiesel, .Wildhund, Adler
221-111 Wiesel, Hahn, Stachelschwein
221-222↓ Hahn, Wiesel, Adler
221-311 Zebra, Wiesel, Adler
221-312↓ Adler, Zebra, Hahn
221-332↓ Adler, Hahn, Wolf
222-111 Wiesel, Hahn, Stachelschwein
222-212↓ Hahn, Wiesel, Adler
222-311 Zebra, Wiesel, Adler
222-312↓ Adler, Zebra, Hahn
222-331↓ Adler, Hahn, Wildhund
223-111 Wiesel, Hahn, Stachelschwein
223-112 Hahn, Wiesel, Warzenschwein
223-121↓ Hahn, Wiesel, Pavian
223-131↓ Hahn, Pavian, Wildhund
223-211 Wiesel, Hahn, Wildhund
223-311 Wildhund, Zebra, Wiesel
223-312↓ Wildhund, Adler, Zebra
223-322↓ Wildhund, Adler, Hahn
231-111↓ Flußpferd, Wiesel, Hahn
231-131 Hahn, Flußpferd, Pavian
231-132 Hahn, Pavian, Wolf
231-211 Wiesel, Hahn, Schaf
231-212 Hahn, Wiesel, Wolf
231-2↓ Hahn, Wiesel, Schaf
231-222 Hahn, Wiesel, Wolf
231-231↓ Hahn, Wolf, Wildhund
231-311 Wolf, Wildhund, Zebra
231-312↓ Wolf, Wildhund, Adler
232-111↓ Flußpferd, Wiesel, Hahn
232-122 Hahn, Wiesel, Pavian
232-131 Hahn, Pavian, Flußpferd
232-132 Hahn, Pavian, Wildhund
232-211 Wiesel, Hahn, Wildhund
232-231↓ Hahn, Wildhund, Pavian

232-311 Wildhund, Wolf, Zebra
232-312↓ Wildhund, Wolf, Adler
233-111 Pavian, Wildhund, Flußpferd
233-322↓ Wildhund, Pavian, Wolf
241-111↓ Schaf, Wolf, Wildhund
242-111 Schaf, Wildhund, Pinguin
242-112↓ Wildhund, Wolf, Schaf
242-132 Wildhund, Wolf, Biber
242-211↓ Wildhund, Schaf, Wolf
243-111↓ Wildhund, Pinguin, Schaf
243-122↓ Wildhund, Pinguin, Eule
243-132 Wildhund, Eule, Wolf
243-211 Wildhund, Schaf
243-231↓ Wildhund, Wolf, Eule
311-111↓ Wiesel, Spitzmaus
311-131↓ Wiesel, Spitzmaus, Hahn
311-322↓ Wiesel, Spitzmaus, Adler
311-332 Wiesel, Adler, Hahn
312-111↓ Wiesel, Spitzmaus
312-131↓ Wiesel, Spitzmaus, Hahn
312-331↓ Wiesel, Adler, Spitzmaus
312-332 Wiesel, Adler, Hahn
313-111↓ Wiesel, Spitzmaus
313-131↓ Wiesel, Spitzmaus, Hahn
313-322↓ Wiesel, Spitzmaus, Adler
313-332↓ Wiesel, Adler, Hahn
321-111 Wiesel, Hahn
321-211↓ Wiesel, Hahn, Zebra
321-212↓ Hahn, Wiesel, Adler
321-311 Zebra, Wiesel, Adler
321-312↓ Adler, Zebra, Hahn
321-332 Adler, Hahn, Wolf
322-111 Wiesel, Hahn
322-112↓ Hahn, Wiesel, Spitzmaus
322-122↓ Hahn, Wiesel, Adler
322-211 Wiesel, Hahn, Zebra
322-212↓ Hahn, Wiesel, Adler
322-311 Zebra, Wiesel, Adler
322-312↓ Adler, Zebra, Hahn
322-332 Adler, Hahn, Wolf
323-111 Wiesel, Hahn
323-122↓ Hahn, Wiesel, Wildkatze
323-131↓ Hahn, Wiesel, Löwe
323-211 Wiesel, Hahn, Zebra
323-212 Hahn, Wiesel, Adler
323-221 Hahn, Wiesel, Löwe
323-222 Hahn, Wiesel, Adler
323-231 Hahn, Wiesel, Löwe
323-232 Hahn, Adler, Wiesel
323-311 Zebra, Wiesel, Adler
323-312↓ Adler, Zebra, Hahn
323-331↓ Adler, Hahn, Wildhund
331-111 Wiesel, Hahn, Bär
331-131↓ Hahn, Wolf, Wiesel

331-232 Hahn, Wolf, Adler
331-311 Wolf, Zebra, Wiesel
331-312↓ Wolf, Adler, Zebra
331-322↓ Wolf, Adler, Hahn
332-111 Wiesel, Hahn, Bär
332-122 Hahn, Wiesel, Wolf
332-131↓ Hahn, Löwe, Wolf
332-211 Wiesel, Hahn, Wolf
332-311 Wolf, Zebra, Wiesel
332-312↓ Wolf, Adler, Zebra
332-322↓ Wolf, Adler, Hahn
333-111 Pinguin, Löwe, Wiesel
333-112 Löwe, Hahn, Wiesel
333-121 Löwe, Pinguin, Hahn
333-122↓ Löwe, Hahn, Fuchs
333-211↓ Löwe, Wiesel, Hahn
333-222↓ Löwe, Hahn, Fuchs
333-311↓ Wildhund, Wolf, Löwe
341-111↓ Wolf, Pinguin, Schaf
341-222↓ Wolf, Wildhund
342-111↓ Wolf, Pinguin, Schaf
342-122↓ Wolf, Pinguin, Wildhund
342-132 Wolf, Wildhund, Eule
342-211 Wolf, Wildhund, Schaf
342-212 Wolf, Wildhund, Hund
342-231↓ Wolf, Wildhund, Eule
343-111↓ Pinguin, Wildhund, Eule
343-132 Wildhund, Eule, Wolf
343-211 Wildhund, Wolf, Pinguin
343-312↓ Wildhund, Wolf, Eule
411-111↓ Pfau, Wiesel
412-111↓ Wiesel, Pfau
413-111↓ Wiesel, Wildkatze
413-232↓ Wiesel, Wildkatze, Hahn
413-311↓ Wiesel, Seelöwe, Delphin
413-322 Wiesel, Delphin, Wildkatze
413-331 Wiesel, Wildkatze, Seelöwe
413-332 Wiesel, Wildkatze, Delphin
421-111 Pfau, Wiesel, Seelöwe
421-112↓ Pfau, Wildkatze, Hahn
421-212↓ Seelöwe, Pfau, Wildkatze
421-222↓ Wildkatze, Seelöwe, Hahn
421-322↓ Seelöwe, Rotwild, Wildkatze
421-331↓ Seelöwe, Adler, Hahn
422-111 Wildkatze, Wiesel, Seelöwe
422-132↓ Wildkatze, Hahn, Wiesel
422-211 Wildkatze, Seelöwe, Wiesel
422-212↓ Wildkatze, Seelöwe, Hahn
422-311↓ Seelöwe, Rotwild, Wildkatze
422-331↓ Seelöwe, Wildkatze, Adler
423-111 Wildkatze, Wiesel, Seelöwe
423-112↓ Wildkatze, Delphin, Hahn
423-211↓ Wildkatze, Seelöwe, Delphin
423-231 Wildkatze, Hahn, Seelöwe

423-232 Wildkatze, Hahn, Delphin
423-311↓ Seelöwe, Delphin, Wildkatze
431-111 Pfau, Wiesel, Seelöwe
431-112↓ Pfau, Wildkatze, Hahn
431-211↓ Seelöwe, Pfau, Schwan
431-221 Seelöwe, Pfau, Wildkatze
431-222 Seelöwe, Seelöwe, Schwan
431-231↓ Hahn, Wildkatze, Wolf
431-311 Seelöwe, Schwan, Rotwild
431-312↓ Seelöwe, Schwan, Wolf
432-111 Wildkatze, Wiesel, Seelöwe
432-131↓ Wildkatze, Hahn, Löwe
432-132 Wildkatze, Hahn, Wolf
432-211↓ Wildkatze, Seelöwe, Schwan
432-231↓ Wildkatze, Hahn, Wolf
432-311 Seelöwe, Schwan, Rotwild
432-312↓ Seelöwe, Schwan, Wolf
433-111 Wildkatze, Pinguin, Löwe
433-112 Wildkatze, Löwe, Delphin
433-131↓ Wildkatze, Löwe, Hahn
433-211 Wildkatze, Seelöwe, Löwe
433-212 Wildkatze, Delphin, Seelöwe
433-221 Wildkatze, Löwe, Seelöwe
433-222 Wildkatze, Löwe, Delphin
433-231↓ Wildkatze, Löwe, Tiger
433-311 Seelöwe, Delphin, Schwan
433-322 Delphin, Wildkatze, Tiger
433-331↓ Tiger, Wolf, Wildkatze
441-111 Wolf, Pinguin, Pfau
441-121↓ Wolf, Pinguin, Rappenantilope
442-111 Pinguin, Wolf
442-322↓ Wolf, Rappenantilope, Wildhund
443-111↓ Pinguin, Eule, Wolf
443-132 Eule, Wolf, Wildhund
443-211 Wolf, Pinguin, Eule
443-212↓ Wolf, Wildhund, Eule
443-311↓ Wolf, Wildhund, Rappenantilope

244-

111-111↓ Krokodil, Stachelschwein
111-121↓ Krokodil, Stachelschwein, Wiesel
111-231↓ Wiesel, Krokodil, Adler
111-331↓ Adler, Wiesel, Wildhund
112-111↓ Krokodil, Stachelschwein
112-121↓ Krokodil, Stachelschwein, Wiesel
112-231↓ Wiesel, Krokodil, Adler
112-331↓ Adler, Wildhund, Wiesel
113-111↓ Krokodil, Stachelschwein
113-121↓ Krokodil, Stachelschwein, Wiesel
113-131↓ Wildhund, Stachelschwein, Pavian
113-211↓ Krokodil, Wiesel, Warzenschwein
113-231↓ Wildhund, Pavian, Wiesel
113-321↓ Wildhund, Krokodil, Wiesel
113-331↓ Wildhund, Adler

121-111↓ Stachelschwein, Adler
121-132↓ Stachelschwein, Adler, Hahn
121-211↓ Stachelschwein, Krokodil, Adler
121-221↓ Stachelschwein, Adler,
         Warzenschwein
121-231 Adler, Hahn, Stachelschwein
121-232 Adler, Hahn, Wildhund
121-311↓ Adler, Seelöwe, Wildhund
122-111↓ Stachelschwein, Pavian
122-132 Stachelschwein, Adler, Hahn
122-211↓ Stachelschwein, Krokodil,
         Warzenschwein
122-221↓ Stachelschwein, Adler,
         Warzenschwein
122-231 Adler, Wildhund, Pavian
122-232 Adler, Wildhund, Hahn
122-311↓ Adler, Wildhund, Seelöwe
123-111↓ Stachelschwein, Warzenschwein,
         Pavian
123-131↓ Pavian, Wildhund, Stachelschwein
123-211↓ Warzenschwein, Wildhund, Pavian
123-332↓ Wildhund, Adler, Pavian
131-111↓ Stachelschwein, Pavian, Walroß
131-122↓ Stachelschwein, Pavian, Wildhund
131-231↓ Wildhund, Pavian, Adler
132-111↓ Stachelschwein, Pavian, Wildhund
132-332 Wildhund, Adler, Pavian
133-111↓ Pavian, Wildhund, Stachelschwein
133-131↓ Pavian, Wildhund, Löwe
141-111↓ Wildhund, Schaf
142-111↓ Wildhund
143-111↓ Wildhund
211-111↓ Wiesel, Adler
212-111↓ Wiesel, Adler, Hahn
212-312↓ Wiesel, Adler, Wildhund
213-111↓ Wiesel, Wildhund
213-231↓ Wildhund, Wiesel, Pavian
213-232↓ Wildhund, Wiesel, Adler
221-111↓ Adler, Hahn, Wiesel
221-131↓ Adler, Hahn, Pavian
221-211↓ Adler, Hahn, Wiesel
221-232↓ Adler, Hahn, Wildhund
222-111↓ Adler, Hahn, Wiesel
222-121↓ Adler, Hahn, Pavian
222-211 Adler, Hahn, Wiesel
222-212↓ Adler, Hahn, Wildhund
222-311↓ Adler, Wildhund, Seelöwe
222-331↓ Adler, Wildhund, Hahn
223-111↓ Pavian, Wildhund, Löwe
223-312↓ Wildhund, Adler, Delphin
223-321↓ Wildhund, Adler, Pavian
231-111 Pavian, Walroß, Wildhund
231-112 Pavian, Wildhund, Löwe
231-121 Pavian, Wildhund, Walroß

231-122↓ Pavian, Wildhund, Löwe
231-322↓ Wildhund, Adler, Pavian
232-111 Pavian, Wildhund, Walroß
232-112↓ Pavian, Wildhund, Löwe
232-312↓ Wildhund, Adler, Pavian
233-111↓ Pavian, Wildhund, Löwe
241-111↓ Wildhund, Schaf, Hund
241-222↓ Wildhund, Wolf, Hund
242-111↓ Wildhund, Hund
242-211↓ Wildhund, Schaf
243-111↓ Wildhund
311-111↓ Wiesel, Adler
311-132↓ Wiesel, Adler, Hahn
311-222↓ Wiesel, Adler, Spitzmaus
311-231↓ Wiesel, Adler, Hahn
312-111↓ Wiesel, Spitzmaus
312-122↓ Wiesel, Spitzmaus, Adler
312-131↓ Wiesel, Adler, Hahn
312-212↓ Wiesel, Spitzmaus, Adler
312-332↓ Adler, Wiesel, Hahn
313-111↓ Wiesel, Löwe, Adler
313-132↓ Wiesel, Adler, Hahn
313-222↓ Wiesel, Adler, Spitzmaus
313-231 Wiesel, Adler, Löwe
313-322↓ Wiesel, Adler, Wildhund
321-111↓ Adler, Hahn, Wiesel
321-231↓ Adler, Hahn, Löwe
321-312↓ Adler, Seelöwe, Hahn
322-111↓ Adler, Hahn, Wiesel
322-131↓ Adler, Hahn, Löwe
322-211↓ Adler, Hahn, Wiesel
322-231↓ Adler, Hahn, Löwe
322-311 Adler, Seelöwe, Zebra
322-312↓ Adler, Seelöwe, Hahn
323-111↓ Löwe, Adler, Hahn
323-312 Adler, Delphin, Wildhund
323-321 Adler, Wildhund, Seelöwe
323-322 Adler, Wildhund, Delphin
323-331↓ Adler, Wildhund, Löwe
331-111↓ Löwe, Adler, Hahn
331-321↓ Adler, Wolf, Wildhund
332-111↓ Löwe, Adler, Hahn
332-311 Adler, Wildhund, Seelöwe
332-312 Adler, Wildhund, Wolf
332-321 Adler, Wildhund, Löwe
332-322 Adler, Wildhund, Wolf
332-331 Adler, Wildhund, Löwe
332-332 Adler, Wildhund, Wolf
333-111 Löwe, Pavian
333-112↓ Löwe, Pavian, Wildhund
333-311↓ Wildhund, Löwe, Adler
341-111↓ Hund, Wolf, Wildhund
341-332↓ Wolf, Wildhund, Adler
342-111 Hund, Wildhund, Wolf

342-231↓ Wildhund, Wolf, Präriehund
342-311↓ Wildhund, Wolf, Hund
343-111↓ Wildhund, Pinguin, Präriehund
343-212↓ Wildhund, Präriehund, Wolf
343-221 Wildhund, Präriehund, Löwe
343-222 Wildhund, Präriehund, Wolf
343-231 Wildhund, Präriehund, Löwe
343-232↓ Wildhund, Präriehund, Wolf
411-111 Pfau, Wiesel
411-132↓ Pfau, Wiesel, Seelöwe
411-331↓ Seelöwe, Pfau, Adler
412-111↓ Wiesel, Seelöwe, Pfau
412-322↓ Seelöwe, Wiesel, Adler
413-111↓ Wiesel, Seelöwe, Delphin
413-132 Wiesel, Delphin, Wildkatze
413-211↓ Wiesel, Seelöwe, Delphin
413-331↓ Seelöwe, Delphin, Adler
421-111↓ Seelöwe, Adler
421-131↓ Seelöwe, Adler, Hahn
421-222 Seelöwe, Adler, Delphin
421-231↓ Seelöwe, Adler, Hahn
421-332↓ Seelöwe, Adler, Delphin
422-111↓ Seelöwe, Delphin
422-122↓ Seelöwe, Wildkatze, Adler
422-131↓ Seelöwe, Adler, Hahn
422-212↓ Seelöwe, Delphin, Adler
422-231↓ Seelöwe, Adler, Hahn
422-311↓ Seelöwe, Delphin, Adler
423-111↓ Seelöwe, Delphin, Wildkatze
423-231 Seelöwe, Delphin, Löwe
423-312↓ Delphin, Seelöwe, Adler
431-111↓ Seelöwe, Löwe, Adler
431-322↓ Seelöwe, Adler, Delphin
432-111 Seelöwe, Löwe
432-112↓ Seelöwe, Löwe, Delphin
432-121↓ Seelöwe, Löwe, Wildkatze
432-131↓ Löwe, Seelöwe, Adler
432-212 Seelöwe, Delphin
432-222↓ Seelöwe, Löwe, Adler
432-312↓ Seelöwe, Delphin, Adler
433-111↓ Löwe, Seelöwe, Delphin
433-232 Löwe, Delphin, Wildhund
433-322↓ Delphin, Seelöwe, Wildhund
433-331 Seelöwe, Löwe, Delphin
433-332 Delphin, Wildhund, Seelöwe
441-111 Hund, Wolf, Seelöwe
441-112↓ Hund, Wolf, Wildhund
441-211 Hund, Wolf, Seelöwe
441-212↓ Wolf, Hund, Wildhund
441-311↓ Wolf, Seelöwe, Wildhund
442-111↓ Hund, Wolf, Wildhund
442-131↓ Wolf, Wildhund, Präriehund
442-211↓ Hund, Wolf, Wildhund
442-332↓ Wolf, Wildhund, Rappenantilope

443-111 Wildhund, Pinguin, Präriehund
443-112 Wildhund, Präriehund, Löwe
443-121 Wildhund, Pinguin, Präriehund
443-232↓ Wildhund, Präriehund, Wolf

251-
111-111↓ Krokodil, Warzenschwein
112-111↓ Krokodil, Warzenschwein
113-111↓ Krokodil, Warzenschwein
121-111↓ Krokodil, Warzenschwein,
         Stachelschwein
122-111↓ Krokodil, Warzenschwein
123-111↓ Warzenschwein, Krokodil
131-111↓ Krokodil, Warzenschwein,
         Stachelschwein
132-111↓ Krokodil, Warzenschwein
133-111↓ Warzenschwein, Krokodil
141-111↓ Krokodil, Warzenschwein
142-111↓ Krokodil, Warzenschwein
143-111↓ Warzenschwein, Krokodil
211-111↓ Krokodil, Wiesel
212-111↓ Krokodil, Wiesel
212-222↓ Krokodil, Wiesel, Warzenschwein
213-111↓ Krokodil, Warzenschwein
221-111↓ Krokodil, Warzenschwein,
         Stachelschwein
221-321↓ Warzenschwein, Krokodil, Dachs
222-111 Krokodil, Warzenschwein
222-321↓ Warzenschwein, Krokodil, Dachs
223-111↓ Warzenschwein, Krokodil
223-331↓ Warzenschwein, Dachs
231-111↓ Krokodil, Bär, Warzenschwein
231-131↓ Dachs, Bär, Warzenschwein
231-211↓ Krokodil, Bär, Warzenschwein
231-221↓ Bär, Dachs, Warzenschwein
231-311↓ Dachs, Krokodil, Bär
232-111↓ Krokodil, Warzenschwein, Bär
232-131↓ Dachs, Warzenschwein, Bär
232-211↓ Krokodil, Warzenschwein, Bär
232-221↓ Warzenschwein, Bär, Dachs
232-311↓ Dachs, Krokodil, Warzenschwein
232-322↓ Dachs, Warzenschwein, Bär
232-332 Dachs, Tiger
233-111↓ Warzenschwein, Krokodil
233-131↓ Warzenschwein, Dachs
233-211↓ Warzenschwein, Krokodil
233-231↓ Warzenschwein, Dachs, Tiger
241-111 Krokodil, Bär, Pinguin
241-112 Krokodil, Bär, Warzenschwein
241-121 Bär, Pinguin, Krokodil
241-122 Bär, Warzenschwein, Krokodil
241-131↓ Dachs, Bär, Wildhund
241-211↓ Krokodil, Bär, Dachs
241-222 Bär, Dachs, Warzenschwein

241-231 Dachs, Wildhund, Bär
241-232 Dachs, Wildhund, Wolf
241-311↓ Dachs, Krokodil, Wildhund
241-321↓ Dachs, Wildhund, Wolf
242-111 Krokodil, Bär, Pinguin
242-112 Krokodil, Bär, Warzenschwein
242-121 Bär, Pinguin, Warzenschwein
242-122 Bär, Warzenschwein, Krokodil
242-131↓ Dachs, Wildhund, Bär
242-211↓ Krokodil, Bär, Warzenschwein
242-221↓ Bär, Dachs, Warzenschwein
242-231 Dachs, Wildhund, Bär
242-232 Dachs, Wildhund, Wolf
242-311↓ Dachs, Wildhund, Krokodil
242-321↓ Dachs, Wildhund, Wolf
243-111 Pinguin, Warzenschwein, Krokodil
243-112↓ Warzenschwein, Wildhund,
         Pinguin
243-132 Wildhund, Warzenschwein, Tiger
243-211↓ Warzenschwein, Wildhund,
         Krokodil
243-231↓ Wildhund, Warzenschwein, Dachs
243-232 Wildhund, Warzenschwein, Tiger
243-311 Wildhund, Warzenschwein, Dachs
243-312 Wildhund, Warzenschwein, Tiger
243-321↓ Wildhund, Dachs, Warzenschwein
243-331↓ Wildhund, Dachs, Tiger
311-111↓ Krokodil, Wiesel
312-111↓ Krokodil, Wiesel
313-111↓ Krokodil, Wiesel
313-121↓ Wiesel, Krokodil, Warzenschwein
313-331 Wiesel, Krokodil, Dachs
313-332 Wiesel, Tiger, Warzenschwein
321-111 Krokodil, Bär, Wiesel
321-112 Krokodil, Bär, Warzenschwein
321-121↓ Bär, Wiesel, Warzenschwein
321-131 Dachs, Bär, Wiesel
321-132 Dachs, Bär, Warzenschwein
321-211 Krokodil, Bär, Wiesel
321-212 Krokodil, Bär, Warzenschwein
321-221 Bär, Dachs, Wiesel
321-232↓ Dachs, Bär, Warzenschwein
321-311↓ Dachs, Krokodil, Bär
322-111↓ Krokodil, Warzenschwein, Bär
322-121↓ Warzenschwein, Bär, Wiesel
322-131↓ Dachs, Warzenschwein, Bär
322-211↓ Krokodil, Warzenschwein, Bär
322-221↓ Warzenschwein, Bär, Dachs
322-311↓ Dachs, Krokodil, Warzenschwein
322-321↓ Dachs, Warzenschwein, Bär
322-332 Dachs, Tiger
323-111↓ Warzenschwein, Krokodil
323-131↓ Warzenschwein, Dachs
323-211↓ Warzenschwein, Krokodil

323-231↓ Warzenschwein, Dachs, Tiger
331-111↓ Bär, Dachs
332-111↓ Bär, Dachs
332-322↓ Dachs, Bär, Tiger
333-111 Bär, Warzenschwein, Dachs
333-112 Warzenschwein, Bär, Tiger
333-121 Bär, Warzenschwein, Dachs
333-122 Warzenschwein, Bär, Tiger
333-131 Dachs, Tiger, Bär
333-132 Tiger, Dachs, Warzenschwein
333-211 Bär, Warzenschwein, Dachs
333-212 Warzenschwein, Bär, Tiger
333-221 Bär, Dachs, Warzenschwein
333-222 Warzenschwein, Tiger, Bär
333-231 Dachs, Tiger, Bär
333-232 Tiger, Dachs, Warzenschwein
333-311 Dachs, Tiger, Bär
333-312 Tiger, Dachs, Warzenschwein
333-321↓ Dachs, Tiger, Bär
341-111↓ Bär, Pinguin, Dachs
341-221↓ Bär, Dachs, Wolf
342-111↓ Bär, Pinguin, Dachs
342-222↓ Bär, Dachs, Wolf
343-111 Pinguin, Bär
343-112↓ Pinguin, Bär, Warzenschwein
343-131↓ Pinguin, Dachs, Tiger
343-211 Pinguin, Bär, Dachs
343-212 Bär, Tiger, Warzenschwein
343-221 Pinguin, Bär, Dachs
343-222 Tiger, Bär, Dachs
343-231 Dachs, Tiger, Wildhund
411-111↓ Krokodil, Wiesel
411-321↓ Wiesel, Krokodil, Tiger
412-111↓ Krokodil, Wiesel
412-312↓ Krokodil, Wiesel, Tiger
413-111↓ Krokodil, Wiesel
413-121↓ Wiesel, Krokodil, Warzenschwein
413-131↓ Tiger, Wiesel, Wildkatze
413-212↓ Krokodil, Wiesel, Tiger
413-231↓ Tiger, Wiesel, Wildkatze
413-311↓ Krokodil, Tiger, Wiesel
421-111 Krokodil, Bär, Wildkatze
421-112 Krokodil, Wildkatze, Tiger
421-121↓ Wildkatze, Tiger, Bär
421-131↓ Tiger, Wildkatze, Dachs
421-211 Krokodil, Tiger, Bär
421-212 Tiger, Krokodil, Wildkatze
421-221↓ Tiger, Wildkatze, Bär
421-231↓ Tiger, Dachs, Wildkatze
421-311↓ Tiger, Dachs, Seelöwe
422-111↓ Krokodil, Wildkatze, Tiger
422-121↓ Wildkatze, Tiger, Warzenschwein
422-211↓ Tiger, Krokodil, Wildkatze
422-221↓ Tiger, Wildkatze, Warzenschwein

423-111↓ Tiger, Warzenschwein, Wildkatze
431-111↓ Bär, Tiger, Dachs
432-111↓ Tiger, Bär, Dachs
433-111↓ Bär, Tiger, Pinguin
441-111 Bär, Tiger, Pinguin
441-112 Tiger, Bär, Dachs
441-121 Tiger, Bär, Pinguin
441-122↓ Tiger, Bär, Dachs
441-132↓ Tiger, Dachs, Rappenantilope
442-111↓ Tiger, Bär, Pinguin
442-221↓ Tiger, Bär, Dachs
443-111↓ Tiger, Pinguin

252-

111-111↓ Krokodil, Warzenschwein
112-111↓ Krokodil, Warzenschwein
113-111↓ Krokodil, Warzenschwein
121-111↓ Krokodil, Warzenschwein
122-111↓ Krokodil, Warzenschwein
123-111↓ Warzenschwein, Krokodil
131-111↓ Krokodil, Warzenschwein
132-111↓ Krokodil, Warzenschwein
133-111↓ Warzenschwein, Krokodil
141-111↓ Krokodil, Warzenschwein
141-322↓ Warzenschwein, Krokodil, Dachs
142-111↓ Krokodil, Warzenschwein
143-111↓ Warzenschwein, Krokodil
211-111↓ Krokodil, Wiesel
212-111↓ Krokodil, Wiesel
212-322↓ Krokodil, Wiesel, Warzenschwein
213-111↓ Krokodil, Warzenschwein
213-322↓ Krokodil, Warzenschwein, Wiesel
221-111↓ Krokodil, Warzenschwein
221-321↓ Warzenschwein, Krokodil, Dachs
222-111↓ Krokodil, Warzenschwein
222-312↓ Krokodil, Warzenschwein, Dachs
222-332 Dachs, Warzenschwein, Tiger
223-111↓ Warzenschwein, Krokodil
223-331↓ Warzenschwein, Dachs, Tiger
231-111↓ Krokodil, Bär, Warzenschwein
231-131↓ Dachs, Bär, Warzenschwein
231-211↓ Krokodil, Bär, Warzenschwein
231-221↓ Bär, Dachs, Warzenschwein
231-311↓ Dachs, Krokodil, Bär
232-111↓ Krokodil, Bär, Warzenschwein
232-132 Dachs, Warzenschwein, Bär
232-211↓ Krokodil, Bär, Warzenschwein
232-221↓ Bär, Warzenschwein, Dachs
232-311 Dachs, Krokodil, Bär
232-312 Dachs, Krokodil, Warzenschwein
232-321↓ Dachs, Bär, Warzenschwein
232-331 Dachs, Tiger, Bär
232-332 Dachs, Tiger, Warzenschwein
233-111↓ Warzenschwein, Krokodil

233-121↓ Warzenschwein, Bär
233-131 Warzenschwein, Dachs
233-132 Warzenschwein, Tiger
233-211↓ Warzenschwein, Krokodil, Bär
233-221 Warzenschwein, Bär, Dachs
233-222 Warzenschwein, Bär, Tiger
233-231↓ Warzenschwein, Dachs, Tiger
241-111 Krokodil, Bär, Pinguin
241-112 Krokodil, Bär, Warzenschwein
241-121 Bär, Pinguin, Krokodil
241-122 Bär, Warzenschwein, Krokodil
241-131↓ Dachs, Bär, Wolf
241-211↓ Krokodil, Bär, Dachs
241-222 Bär, Dachs, Warzenschwein
241-231 Dachs, Bär, Wolf
241-232 Dachs, Wolf, Wildhund
241-311 Dachs, Krokodil, Bär
241-312 Dachs, Krokodil, Wolf
241-321↓ Dachs, Wolf, Wildhund
242-111 Krokodil, Bär, Pinguin
242-112 Krokodil, Bär, Warzenschwein
242-121 Bär, Pinguin, Warzenschwein
242-122 Bär, Warzenschwein, Krokodil
242-131↓ Dachs, Bär, Wildhund
242-211↓ Krokodil, Bär, Warzenschwein
242-221↓ Bär, Dachs, Warzenschwein
242-231 Dachs, Wildhund, Bär
242-232 Dachs, Wildhund, Wolf
242-311↓ Dachs, Wildhund, Krokodil
242-321↓ Dachs, Wildhund, Wolf
243-111 Pinguin, Warzenschwein, Krokodil
243-112↓ Warzenschwein, Wildhund, Pinguin
243-132 Wildhund, Warzenschwein, Tiger
243-211↓ Warzenschwein, Wildhund, Krokodil
243-221↓ Warzenschwein, Wildhund, Bär
243-311↓ Wildhund, Warzenschwein, Dachs
243-312 Wildhund, Warzenschwein, Tiger
243-321 Wildhund, Dachs, Warzenschwein
243-322 Wildhund, Warzenschwein, Tiger
243-331↓ Wildhund, Dachs, Tiger
311-111↓ Krokodil, Wiesel
312-111↓ Krokodil, Wiesel
312-331↓ Wiesel, Krokodil, Dachs
313-111↓ Krokodil, Wiesel
313-121↓ Wiesel, Krokodil, Warzenschwein
313-331 Wiesel, Krokodil, Dachs
313-332 Wiesel, Tiger, Warzenschwein
321-111 Krokodil, Bär, Wiesel
321-112 Krokodil, Bär, Warzenschwein
321-121↓ Bär, Wiesel, Warzenschwein
321-131 Dachs, Bär, Wiesel
321-132 Dachs, Bär, Hahn

203

321-211 Krokodil, Bär, Wiesel
321-212 Krokodil, Bär, Warzenschwein
321-221 Bär, Dachs, Wiesel
321-222 Bär, Warzenschwein, Dachs
321-231 Dachs, Bär, Wiesel
321-232 Dachs, Bär, Hahn
321-311↓ Dachs, Krokodil, Bär
322-111↓ Krokodil, Bär, Warzenschwein
322-121 Bär, Warzenschwein, Wiesel
322-132 Dachs, Warzenschwein, Bär
322-211↓ Krokodil, Bär, Warzenschwein
322-221↓ Bär, Warzenschwein, Dachs
322-311 Dachs, Krokodil, Bär
322-312 Dachs, Krokodil, Warzenschwein
322-321↓ Dachs, Bär, Warzenschwein
322-331 Dachs, Tiger, Bär
322-332 Dachs, Tiger, Warzenschwein
323-111↓ Warzenschwein, Krokodil
323-121↓ Warzenschwein, Bär
323-131 Warzenschwein, Dachs
323-132 Warzenschwein, Tiger
323-211↓ Warzenschwein, Krokodil, Bär
323-221 Warzenschwein, Bär, Dachs
323-222 Warzenschwein, Bär, Tiger
323-231↓ Warzenschwein, Dachs, Tiger
331-111↓ Bär, Dachs
332-111↓ Bär, Dachs
332-132↓ Dachs, Bär, Tiger
332-222↓ Bär, Dachs, Warzenschwein
332-312↓ Dachs, Bär, Tiger
333-111 Bär, Warzenschwein, Dachs
333-112 Bär, Warzenschwein, Tiger
333-121 Bär, Warzenschwein, Dachs
333-122 Bär, Warzenschwein, Tiger
333-131 Dachs, Tiger, Bär
333-212 Bär, Warzenschwein, Tiger
333-221 Bär, Dachs, Warzenschwein
333-222 Bär, Warzenschwein, Tiger
333-231 Dachs, Tiger, Bär
341-111↓ Bär, Pinguin, Dachs
341-222↓ Bär, Dachs, Wolf
342-111 Bär, Pinguin
342-131↓ Dachs, Bär, Pinguin
342-332↓ Dachs, Wolf, Tiger
343-111 Pinguin, Bär
343-122↓ Pinguin, Bär, Warzenschwein
343-131↓ Pinguin, Dachs, Tiger
343-211 Bär, Pinguin, Dachs
343-212 Bär, Tiger, Warzenschwein
343-221 Bär, Pinguin, Dachs
343-222↓ Bär, Tiger, Dachs
343-232 Tiger, Dachs, Wildhund
343-311 Dachs, Tiger, Bär
343-312 Tiger, Dachs, Wildhund

411-111↓ Krokodil, Wiesel
411-321↓ Wiesel, Krokodil, Tiger
412-111↓ Krokodil, Wiesel
412-321↓ Wiesel, Krokodil, Tiger
413-111 Krokodil, Wiesel
413-212↓ Krokodil, Wiesel, Tiger
413-231↓ Tiger, Wiesel, Wildkatze
413-311↓ Krokodil, Tiger, Wiesel
421-111↓ Krokodil, Bär, Wildkatze
421-121↓ Bär, Wildkatze, Tiger
421-131↓ Tiger, Wildkatze, Dachs
421-211↓ Krokodil, Bär, Tiger
421-221↓ Tiger, Bär, Wildkatze
421-231↓ Tiger, Bär, Wildkatze
421-311↓ Tiger, Dachs, Seelöwe
422-111 Krokodil, Wildkatze, Bär
422-112 Wildkatze, Tiger, Krokodil
422-121 Wildkatze, Tiger, Bär
422-122 Wildkatze, Tiger, Warzenschwein
422-211↓ Tiger, Krokodil, Wildkatze
422-221 Tiger, Wildkatze, Bär
422-222 Tiger, Wildkatze, Warzenschwein
422-322↓ Tiger, Dachs, Wildkatze
423-111↓ Tiger, Warzenschwein, Wildkatze
431-111↓ Bär, Tiger, Dachs
432-111 Bär, Tiger
432-221↓ Tiger, Bär, Dachs
433-111↓ Bär, Tiger, Pinguin
441-111 Bär, Tiger, Pinguin
441-112 Bär, Tiger, Dachs
441-121 Bär, Tiger, Pinguin
441-122↓ Tiger, Bär, Dachs
441-312↓ Tiger, Dachs, Rappenantilope
442-111↓ Bär, Tiger, Pinguin
442-131↓ Tiger, Dachs, Bär
443-111↓ Tiger, Pinguin, Bär

253-

111-111↓ Krokodil
112-111↓ Krokodil
113-111↓ Krokodil, Warzenschwein
121-111↓ Krokodil, Warzenschwein
122-111↓ Krokodil, Warzenschwein
123-111↓ Warzenschwein, Krokodil
131-111↓ Krokodil, Warzenschwein
131-331↓ Warzenschwein, Krokodil, Dachs
132-111↓ Krokodil, Warzenschwein
132-331↓ Warzenschwein, Krokodil, Dachs
133-111↓ Warzenschwein, Krokodil
141-111↓ Krokodil, Warzenschwein
142-111↓ Krokodil, Warzenschwein
142-331↓ Wildhund, Warzenschwein, Wolf
143-111↓ Warzenschwein, Krokodil

143-311↓ Warzenschwein, Wildhund, Krokodil
211-111↓ Krokodil, Wiesel
212-111↓ Krokodil, Wiesel
212-232↓ Krokodil, Wiesel, Warzenschwein
213-111↓ Krokodil, Warzenschwein
221-111↓ Krokodil, Bär, Warzenschwein
221-132 Warzenschwein, Bär, Hahn
221-211↓ Krokodil, Bär, Warzenschwein
221-232 Warzenschwein, Bär, Hahn
221-311↓ Krokodil, Bär, Warzenschwein
221-332 Dachs, Warzenschwein, Bär
222-111↓ Krokodil, Warzenschwein, Bär
222-131↓ Warzenschwein, Bär, Hahn
222-211↓ Krokodil, Warzenschwein, Bär
222-231↓ Warzenschwein, Bär, Hahn
222-311↓ Krokodil, Warzenschwein, Bär
222-331↓ Dachs, Warzenschwein, Bär
223-111↓ Warzenschwein, Krokodil
223-221↓ Warzenschwein, Bär, Krokodil
223-332↓ Warzenschwein, Tiger, Dachs
231-111↓ Bär, Krokodil
231-311↓ Bär, Dachs, Krokodil
232-111 Bär, Krokodil
232-112↓ Bär, Krokodil, Warzenschwein
232-132↓ Bär, Dachs, Warzenschwein
232-212↓ Bär, Krokodil, Warzenschwein
232-232↓ Bär, Dachs, Warzenschwein
232-332↓ Dachs, Bär, Tiger
233-111↓ Warzenschwein, Bär, Krokodil
233-222↓ Warzenschwein, Bär, Tiger
233-231 Warzenschwein, Bär, Dachs
233-232 Warzenschwein, Bär, Tiger
233-311 Warzenschwein, Bär, Dachs
233-312 Warzenschwein, Bär, Tiger
233-321 Warzenschwein, Bär, Dachs
233-322 Warzenschwein, Bär, Tiger
233-331 Dachs, Tiger, Wildhund
241-111↓ Bär, Krokodil
241-131↓ Bär, Wolf, Wildhund
241-211↓ Bär, Krokodil
241-222↓ Bär, Wolf, Wildhund
241-331↓ Wolf, Wildhund, Dachs
242-111↓ Bär, Krokodil
242-131↓ Bär, Wildhund, Wolf
242-331↓ Wildhund, Wolf, Dachs
243-111 Bär, Wildhund, Pinguin
243-112 Wildhund, Bär, Warzenschwein
243-121 Wildhund, Bär, Pinguin
243-211↓ Wildhund, Bär, Warzenschwein
243-332 Wildhund, Wolf
311-111↓ Krokodil, Wiesel
312-111↓ Krokodil, Wiesel
313-111↓ Krokodil, Wiesel

313-121↓ Wiesel, Krokodil, Warzenschwein
313-331 Wiesel, Krokodil, Dachs
313-332 Wiesel, Tiger, Warzenschwein
321-111↓ Bär, Nashorn, Krokodil
321-131↓ Bär, Hahn, Nashorn
321-231↓ Bär, Hahn, Dachs
321-311↓ Bär, Dachs, Nashorn
321-331↓ Dachs, Bär, Adler
322-111↓ Bär, Nashorn, Krokodil
322-122↓ Bär, Nashorn, Warzenschwein
322-131↓ Bär, Hahn, Nashorn
322-211↓ Bär, Nashorn, Krokodil
322-221↓ Bär, Nashorn, Warzenschwein
322-231↓ Bär, Hahn, Dachs
322-311↓ Bär, Dachs, Nashorn
322-331↓ Dachs, Bär, Adler
323-111↓ Warzenschwein, Bär, Nashorn
323-131↓ Warzenschwein, Bär, Hahn
323-211↓ Warzenschwein, Bär, Nashorn
323-231↓ Warzenschwein, Bär, Hahn
323-311 Warzenschwein, Bär, Dachs
323-312 Warzenschwein, Bär, Tiger
323-321 Warzenschwein, Bär, Dachs
323-322 Warzenschwein, Bär, Tiger
323-331 Dachs, Tiger, Warzenschwein
331-111↓ Bär, Dachs
332-111↓ Bär, Dachs
332-322↓ Bär, Dachs, Tiger
333-111↓ Bär, Warzenschwein
333-132↓ Bär, Tiger, Dachs
333-212 Bär, Warzenschwein, Tiger
333-221 Bär, Dachs, Warzenschwein
333-222 Bär, Warzenschwein, Tiger
333-231↓ Bär, Dachs, Tiger
341-111↓ Bär, Wolf, Dachs
342-111↓ Bär, Wolf, Dachs
342-332 Wolf, Dachs, Wildhund
343-111↓ Bär, Pinguin
343-121↓ Bär, Pinguin, Eule
343-132↓ Bär, Eule, Wildhund
343-222 Bär, Wildhund, Wolf
343-231 Bär, Wildhund, Eule
343-232↓ Wildhund, Wolf, Bär
343-331 Wildhund, Wolf, Dachs
343-332 Wildhund, Wolf, Tiger
411-111↓ Krokodil, Wiesel
411-321↓ Wiesel, Krokodil, Seelöwe
411-322↓ Wiesel, Krokodil, Tiger
412-111↓ Krokodil, Wiesel
412-321↓ Wiesel, Krokodil, Tiger
413-111↓ Krokodil, Wiesel
413-121↓ Wiesel, Krokodil, Warzenschwein
413-131↓ Tiger, Wiesel, Wildkatze
413-212↓ Krokodil, Wiesel, Tiger

413-231↓ Tiger, Wiesel, Wildkatze
413-311↓ Krokodil, Tiger, Wiesel
421-111↓ Bär, Nashorn, Krokodil
421-122↓ Bär, Nashorn, Wildkatze
421-131↓ Bär, Tiger, Hahn
421-211 Bär, Nashorn, Krokodil
421-212↓ Bär, Nashorn, Tiger
421-231↓ Tiger, Bär, Hahn
421-311 Seelöwe, Tiger, Bär
421-332 Tiger, Dachs
422-111 Bär, Nashorn, Krokodil
422-112↓ Bär, Nashorn, Wildkatze
422-122↓ Bär, Wildkatze, Tiger
422-211↓ Bär, Nashorn, Tiger
422-221↓ Bär, Tiger, Wildkatze
422-311↓ Tiger, Seelöwe, Bär
422-331↓ Tiger, Dachs
423-111↓ Tiger, Warzenschwein, Bär
423-122↓ Tiger, Warzenschwein, Wildkatze
423-211↓ Tiger, Warzenschwein, Bär
423-222↓ Tiger, Warzenschwein, Wildkatze
431-111↓ Bär, Tiger
431-231↓ Tiger, Bär, Dachs
432-111↓ Bär, Tiger
432-332↓ Tiger, Dachs, Bär
433-111↓ Tiger, Bär
441-111↓ Bär, Tiger
442-111↓ Bär, Tiger
442-331↓ Tiger, Wolf, Dachs
443-111↓ Tiger, Bär, Pinguin

254-
111-111↓ Krokodil
112-111↓ Krokodil
113-111↓ Krokodil, Warzenschwein
121-111↓ Krokodil, Warzenschwein
122-111↓ Krokodil, Warzenschwein
123-111↓ Warzenschwein, Krokodil
131-111↓ Krokodil, Warzenschwein
131-331↓ Warzenschwein, Wildhund, Krokodil
132-111↓ Krokodil, Warzenschwein
133-111↓ Warzenschwein, Krokodil
141-111↓ Krokodil, Warzenschwein, Wildhund
142-111↓ Krokodil, Warzenschwein, Wildhund
143-111↓ Warzenschwein, Wildhund, Krokodil
211-111↓ Krokodil, Wiesel
211-331↓ Krokodil, Adler, Wiesel
212-111↓ Krokodil, Wiesel
212-331↓ Krokodil, Adler, Wiesel
212-332↓ Krokodil, Adler, Wildhund

213-111↓ Krokodil, Warzenschwein
213-231↓ Krokodil, Warzenschwein, Wildhund
221-111↓ Krokodil, Bär, Warzenschwein
221-131↓ Bär, Warzenschwein, Adler
221-211↓ Krokodil, Bär, Warzenschwein
221-231↓ Adler, Bär, Warzenschwein
221-311↓ Krokodil, Adler, Bär
221-321↓ Adler, Bär, Warzenschwein
221-331↓ Adler, Dachs, Wildhund
222-111↓ Krokodil, Warzenschwein, Bär
222-131↓ Warzenschwein, Bär, Adler
222-211↓ Krokodil, Warzenschwein, Bär
222-231↓ Warzenschwein, Adler, Bär
222-311↓ Krokodil, Warzenschwein, Adler
222-321↓ Adler, Warzenschwein, Bär
222-331↓ Adler, Wildhund, Dachs
223-111↓ Warzenschwein, Krokodil
223-131↓ Warzenschwein, Pavian
223-211↓ Warzenschwein, Krokodil
223-231↓ Warzenschwein, Pavian, Wildhund
223-321↓ Warzenschwein, Wildhund, Adler
231-111↓ Bär, Pavian
231-231↓ Bär, Dachs, Pavian
231-232↓ Bär, Wildhund, Dachs
232-111↓ Bär, Pavian
232-132↓ Bär, Pavian, Wildhund
232-222 Bär, Warzenschwein, Wildhund
232-231↓ Bär, Pavian, Wildhund
232-311↓ Bär, Wildhund, Dachs
233-111 Bär, Warzenschwein, Pavian
233-132 Pavian, Wildhund, Warzenschwein
233-211 Bär, Warzenschwein, Pavian
233-212 Warzenschwein, Bär, Wildhund
233-221 Bär, Pavian, Warzenschwein
233-222 Warzenschwein, Wildhund, Bär
233-231 Pavian, Wildhund, Löwe
233-232 Wildhund, Pavian, Warzenschwein
233-311↓ Wildhund, Bär, Warzenschwein
233-321↓ Wildhund, Bär, Pavian
241-111↓ Bär, Wildhund
242-111↓ Wildhund, Bär
243-111↓ Wildhund
311-111↓ Krokodil, Wiesel
311-121↓ Wiesel, Krokodil, Bär
311-231↓ Wiesel, Adler, Krokodil
312-111↓ Krokodil, Wiesel
312-121↓ Wiesel, Krokodil, Bär
312-312↓ Krokodil, Wiesel, Adler
313-111↓ Krokodil, Wiesel
313-121↓ Wiesel, Krokodil, Warzenschwein
313-231 Wiesel, Adler, Krokodil
313-232 Wiesel, Adler, Warzenschwein
313-311↓ Krokodil, Wiesel, Adler

205

313-331↓ Adler, Wiesel, Wildhund
321-111↓ Bär, Nashorn
321-122↓ Bär, Nashorn, Adler
321-131↓ Bär, Adler, Hahn
321-212↓ Bär, Nashorn, Adler
321-231↓ Adler, Bär, Hahn
321-311↓ Adler, Bär, Seelöwe
321-321↓ Adler, Bär, Dachs
322-111↓ Bär, Nashorn
322-131↓ Bär, Adler, Hahn
322-212↓ Bär, Nashorn, Adler
322-231↓ Adler, Bär, Hahn
322-311↓ Adler, Bär, Seelöwe
322-332↓ Adler, Dachs, Bär
323-111 Bär, Warzenschwein, Nashorn
323-132 Warzenschwein, Löwe, Bär
323-211 Bär, Warzenschwein, Nashorn
323-232 Adler, Warzenschwein, Löwe
323-311↓ Adler, Bär, Warzenschwein
323-331 Adler, Dachs, Wildhund
323-332 Adler, Wildhund, Tiger
331-111↓ Bär, Dachs
331-322↓ Bär, Dachs, Adler
332-111↓ Bär, Dachs
332-322↓ Bär, Dachs, Adler
333-111↓ Bär, Löwe
333-231↓ Löwe, Bär, Dachs
333-232 Löwe, Bär, Wildhund
333-311 Bär, Dachs, Wildhund
333-312 Bär, Wildhund, Tiger
333-321 Bär, Dachs, Wildhund
333-322 Bär, Wildhund, Tiger
333-331↓ Dachs, Wildhund, Tiger
341-111↓ Bär, Wolf, Wildhund
341-331↓ Wolf, Wildhund, Dachs
342-111↓ Bär, Wildhund
342-131↓ Bär, Wildhund, Wolf
342-331↓ Wildhund, Wolf, Dachs
343-111↓ Bär, Wildhund, Pinguin
343-332 Wildhund, Wolf
411-111↓ Krokodil, Wiesel, Seelöwe
411-231↓ Wiesel, Seelöwe, Adler
411-311↓ Seelöwe, Krokodil
411-332↓ Seelöwe, Adler, Tiger
412-111↓ Krokodil, Wiesel, Seelöwe
412-231↓ Wiesel, Seelöwe, Adler
412-312↓ Seelöwe, Krokodil, Delphin
412-321↓ Seelöwe, Wiesel
412-331↓ Seelöwe, Adler, Tiger
413-111 Krokodil, Wiesel, Seelöwe
413-112 Krokodil, Wiesel, Delphin
413-121 Wiesel, Krokodil, Seelöwe
413-122 Wiesel, Delphin, Krokodil
413-131 Tiger, Wiesel, Seelöwe

413-132 Tiger, Wiesel, Delphin
413-211 Krokodil, Wiesel, Seelöwe
413-212 Krokodil, Delphin, Wiesel
413-221↓ Wiesel, Seelöwe, Delphin
413-231 Tiger, Wiesel, Seelöwe
413-232 Tiger, Delphin, Wiesel
413-311 Seelöwe, Delphin, Krokodil
413-312↓ Delphin, Seelöwe, Tiger
421-111↓ Seelöwe, Bär, Nashorn
421-131↓ Seelöwe, Bär, Adler
421-232↓ Seelöwe, Adler, Tiger
422-111↓ Seelöwe, Bär, Nashorn
422-122 Seelöwe, Bär, Wildkatze
422-131↓ Seelöwe, Bär, Tiger
422-231↓ Seelöwe, Tiger, Adler
422-322↓ Seelöwe, Tiger, Delphin
422-331↓ Seelöwe, Tiger, Adler
423-111 Seelöwe, Delphin, Bär
423-112↓ Delphin, Tiger, Seelöwe
423-132 Tiger, Delphin, Wildkatze
423-211↓ Seelöwe, Delphin, Tiger
431-111↓ Bär, Tiger, Dachs
431-211↓ Bär, Seelöwe
431-231↓ Bär, Tiger, Dachs
431-312↓ Seelöwe, Tiger, Bär
431-332 Tiger, Dachs
432-111↓ Bär, Tiger
432-221↓ Bär, Tiger, Seelöwe
432-331↓ Tiger, Dachs
433-111↓ Bär, Tiger, Löwe
441-111↓ Bär, Wolf, Tiger
441-331↓ Wolf, Tiger, Wildhund
442-111↓ Bär, Tiger
442-131↓ Bär, Tiger, Wolf
443-111 Bär, Tiger, Pinguin
443-112↓ Tiger, Bär, Wildhund

311-

111-111↓ Maulwurf
112-111↓ Maulwurf
113-111↓ Maulwurf
121-111↓ Maulwurf
122-111↓ Maulwurf
123-111↓ Maulwurf
131-111↓ Maulwurf
132-111↓ Maulwurf
132-221↓ Maulwurf, Maus
133-111↓ Maulwurf
141-111↓ Maulwurf
141-332↓ Maulwurf, Maus, Biber
142-111↓ Maulwurf, Biber
142-332↓ Maulwurf, Biber, Maus
143-111↓ Maulwurf, Biber
143-322↓ Maulwurf, Biber, Maus

143-332 Biber, Maulwurf, Eule
211-111 Maulwurf, Bergziege
211-312↓ Bergziege, Maulwurf, Geier
211-321 Maulwurf, Bergziege, Maus
211-322 Maulwurf, Bergziege, Geier
211-331 Maulwurf, Bergziege, Maus
211-332↓ Maulwurf, Geier, Bergziege
212-111 Maulwurf, Bergziege
212-321↓ Maulwurf, Bergziege, Maus
212-322 Maulwurf, Bergziege, Geier
212-331 Maulwurf, Bergziege, Maus
212-332↓ Maulwurf, Geier, Bergziege
213-111 Maulwurf, Bergziege
213-312↓ Bergziege, Maulwurf, Geier
213-321 Maulwurf, Bergziege, Maus
213-322 Maulwurf, Bergziege, Geier
213-331 Maulwurf, Bergziege, Maus
213-332↓ Maulwurf, Geier, Bergziege
221-111↓ Maulwurf, Bergziege
221-311↓ Bergziege, Maulwurf, Maus
222-111↓ Maulwurf, Bergziege
222-321↓ Maulwurf, Bergziege, Maus
223-111↓ Maulwurf, Bergziege
223-311↓ Bergziege, Maulwurf, Maus
231-111 Maulwurf, Maus
232-111↓ Maulwurf, Maus, Bergziege
233-111↓ Maulwurf, Maus
241-111↓ Maulwurf, Maus, Bergziege
241-122↓ Maulwurf, Maus, Biber
241-311↓ Maus, Bergziege, Schaf
241-322↓ Maus, Biber, Schaf
241-332 Maus, Biber, Rappenantilope
242-111↓ Maulwurf, Maus, Bergziege
242-122↓ Maulwurf, Maus, Biber
242-211 Maus, Bergziege, Maulwurf
242-212 Maus, Biber, Bergziege
242-222↓ Maus, Biber, Maulwurf
242-332↓ Biber, Maus, Rappenantilope
243-111 Maulwurf, Maus, Pinguin
243-112 Maulwurf, Maus, Biber
243-121 Maulwurf, Maus, Pinguin
243-122 Maulwurf, Biber, Maus
243-211 Maus, Bergziege, Biber
243-212 Maus, Biber, Eule
243-221 Maus, Biber, Maulwurf
243-222↓ Biber, Maus, Eule
243-311 Maus, Bergziege, Biber
243-322↓ Biber, Maus, Eule
311-111 Maulwurf, Bergziege
311-312↓ Bergziege, Maulwurf, Geier
311-321 Maulwurf, Bergziege, Maus
311-322 Maulwurf, Bergziege, Geier
311-331 Maulwurf, Bergziege, Maus
311-332↓ Maulwurf, Geier, Bergziege

312-111 Maulwurf, Bergziege
312-321↓ Maulwurf, Bergziege, Maus
312-322 Maulwurf, Bergziege, Geier
312-331 Maulwurf, Bergziege, Maus
312-332↓ Maulwurf, Geier, Bergziege
313-111 Maulwurf, Bergziege
313-312↓ Bergziege, Maulwurf, Geier
313-321 Maulwurf, Bergziege, Maus
313-322 Maulwurf, Bergziege, Geier
313-331 Maulwurf, Bergziege, Maus
313-332↓ Maulwurf, Geier, Bergziege
321-111↓ Maulwurf, Bergziege
321-311↓ Bergziege, Maulwurf, Maus
322-111↓ Maulwurf, Bergziege
322-212↓ Bergziege, Maulwurf, Maus
323-111↓ Maulwurf, Bergziege
323-211↓ Bergziege, Maulwurf, Maus
323-232 Maulwurf, Fuchs, Maus
323-311↓ Bergziege, Maulwurf, Maus
323-332↓ Maulwurf, Fuchs, Maus
331-111 Maulwurf, Maus
331-311↓ Maus, Bergziege, Maulwurf
331-312↓ Maus, Bergziege, Schwan
332-111↓ Maulwurf, Maus, Bergziege
332-312↓ Maus, Bergziege, Schwan
332-321 Maus, Maulwurf
332-332↓ Maus, Schwan, Rappenantilope
333-111 Maulwurf, Maus
333-132↓ Maulwurf, Fuchs, Maus
333-311 Maus, Bergziege, Maulwurf
333-312↓ Maus, Bergziege, Schwan
333-322 Maus, Schwan, Fuchs
333-331 Maus, Fuchs, Maulwurf
333-332 Fuchs, Maus, Schwan
341-111 Maulwurf, Maus, Pinguin
341-112 Maulwurf, Maus, Hund
341-121 Maulwurf, Maus, Pinguin
341-122 Maulwurf, Maus, Hund
341-131 Maulwurf, Maus, Pinguin
341-132 Maulwurf, Maus, Biber
341-211 Maus, Bergziege, Maulwurf
341-212 Maus, Hund, Bergziege
341-221 Maus, Maulwurf, Hund
341-222 Maus, Hund, Rappenantilope
341-231↓ Maus, Biber, Rappenantilope
341-311 Maus, Rappenantilope, Bergziege
341-312 Rappenantilope, Maus, Hund
341-331↓ Rappenantilope, Maus, Biber
342-111↓ Maulwurf, Maus, Pinguin
342-132 Biber, Eule, Maulwurf
342-211 Maus, Bergziege, Maulwurf
342-212 Maus, Hund, Biber
342-221 Maus, Maulwurf, Hund
342-222 Maus, Hund, Biber

342-231 Maus, Biber, Eule
342-232 Biber, Eule, Rappenantilope
342-311 Maus, Rappenantilope, Bergziege
342-312 Rappenantilope, Maus, Hund
342-331 Rappenantilope, Maus, Biber
342-332 Rappenantilope, Biber, Eule
343-111↓ Pinguin, Maulwurf, Eule
343-122↓ Pinguin, Eule, Präriehund
343-212↓ Eule, Pinguin, Maus
343-222↓ Eule, Präriehund, Biber
343-311 Eule, Maus, Pinguin
343-312 Eule, Rappenantilope, Maus
343-321 Eule, Maus, Pinguin
343-322↓ Eule, Rappenantilope, Präriehund
411-111 Maulwurf, Pfau
411-132↓ Maulwurf, Pfau, Giraffe
411-311 Pfau, Giraffe, Bergziege
411-312 Pfau, Schwan, Giraffe
411-321 Pfau, Giraffe, Rotwild
411-322 Pfau, Schwan, Giraffe
411-331 Pfau, Giraffe, Rotwild
411-332 Pfau, Schwan, Giraffe
412-111↓ Maulwurf, Giraffe, Geier
412-211 Maulwurf, Giraffe, Bergziege
412-212 Giraffe, Maulwurf, Pfau
412-311 Giraffe, Bergziege, Rotwild
412-312↓ Schwan, Giraffe, Rotwild
413-111↓ Maulwurf, Giraffe, Geier
413-132 Maulwurf, Giraffe, Wildkatze
413-211 Maulwurf, Giraffe, Bergziege
413-222↓ Giraffe, Wildkatze, Maulwurf
413-311 Giraffe, Bergziege, Rotwild
413-312 Schwan, Giraffe, Delphin
413-321 Giraffe, Rotwild, Schwan
413-322 Schwan, Giraffe, Delphin
413-331 Giraffe, Rotwild, Schwan
413-332 Schwan, Giraffe, Delphin
421-111↓ Maulwurf, Giraffe
421-211↓ Maulwurf, Giraffe, Bergziege
421-232↓ Giraffe, Maulwurf, Schwan
421-311 Schwan, Giraffe, Bergziege
421-312↓ Schwan, Giraffe, Rotwild
422-111↓ Maulwurf, Giraffe
422-211↓ Maulwurf, Giraffe, Bergziege
422-232↓ Giraffe, Maulwurf, Wildkatze
422-311 Schwan, Giraffe, Bergziege
422-312↓ Schwan, Giraffe, Rotwild
423-111↓ Maulwurf, Giraffe
423-132↓ Maulwurf, Giraffe, Wildkatze
423-211 Maulwurf, Giraffe, Bergziege
423-212 Giraffe, Maulwurf, Schwan
423-221↓ Maulwurf, Giraffe, Wildkatze
423-311 Schwan, Giraffe, Bergziege
423-312 Schwan, Giraffe, Delphin

423-321 Schwan, Giraffe, Rotwild
423-322 Schwan, Giraffe, Delphin
423-331 Schwan, Giraffe, Rotwild
423-332 Schwan, Giraffe, Delphin
431-111 Maulwurf, Maus
431-112 Maulwurf, Schwan, Giraffe
431-121 Maulwurf, Maus
431-122 Maulwurf, Schwan, Giraffe
431-131 Maulwurf, Maus
431-132 Maulwurf, Schwan, Giraffe
431-211 Schwan, Maus, Maulwurf
431-212 Schwan, Giraffe
431-221 Schwan, Maus, Maulwurf
431-222 Schwan, Giraffe
431-231 Schwan, Maus, Maulwurf
431-232↓ Schwan, Rappenantilope, Giraffe
432-111 Maulwurf, Maus, Schwan
432-112 Maulwurf, Schwan, Giraffe
432-121 Maulwurf, Maus
432-122 Maulwurf, Schwan, Giraffe
432-131 Maulwurf, Maus, Schwan
432-132 Maulwurf, Schwan, Giraffe
432-211 Schwan, Maus, Maulwurf
432-212 Schwan, Giraffe
432-221 Schwan, Maus, Maulwurf
432-222 Schwan, Giraffe
432-231 Schwan, Maus, Maulwurf
432-232↓ Schwan, Rappenantilope, Giraffe
433-111 Maulwurf, Maus
433-112 Maulwurf, Schwan, Giraffe
433-121 Maulwurf, Maus
433-122 Maulwurf, Schwan, Giraffe
433-131 Maulwurf, Maus
433-132 Maulwurf, Schwan, Fuchs
433-211 Schwan, Maus, Maulwurf
433-212 Schwan, Giraffe
433-221 Schwan, Maus, Maulwurf
433-222 Schwan, Giraffe
433-231 Schwan, Maus, Maulwurf
433-232↓ Schwan, Rappenantilope, Fuchs
441-111 Maulwurf, Rappenantilope, Maus
441-112 Rappenantilope, Schwan, Maulwurf
441-121 Rappenantilope, Maulwurf, Maus
441-122↓ Rappenantilope, Schwan, Maulwurf
441-221↓ Rappenantilope, Schwan, Maus
442-111 Maulwurf, Rappenantilope, Pinguin
442-112 Schaf, Schwan, Maulwurf
442-121 Rappenantilope, Maulwurf, Pinguin
442-122↓ Rappenantilope, Schwan, Maulwurf

207

442-221↓ Rappenantilope, Schwan, Maus
443-111 Pinguin, Maulwurf
443-112↓ Pinguin, Schaf, Eule
443-212 Rappenantilope, Schwan, Eule
443-221 Rappenantilope, Eule, Pinguin
443-222 Rappenantilope, Eule, Schwan
443-231↓ Rappenantilope, Eule, Präriehund
443-311↓ Rappenantilope, Schwan

312-

111-111↓ Maulwurf
112-111↓ Maulwurf
113-111↓ Maulwurf
121-111↓ Maulwurf
122-111↓ Maulwurf
123-111↓ Maulwurf
131-111↓ Maulwurf
132-111↓ Maulwurf
133-111↓ Maulwurf, Biber
141-111↓ Maulwurf, Biber
141-222↓ Maulwurf, Schaf, Biber
141-312 Maulwurf, Schaf, Bison
141-321 Maulwurf, Schaf, Maus
141-322↓ Maulwurf, Schaf, Biber
141-332↓ Biber, Rappenantilope, Maulwurf
142-111↓ Maulwurf, Biber
142-212↓ Maulwurf, Biber, Schaf
142-332 Biber, Rappenantilope
143-111↓ Maulwurf, Biber
143-132↓ Biber, Maulwurf, Eule
143-211↓ Maulwurf, Schaf, Biber
143-232 Biber, Eule
143-311↓ Maulwurf, Schaf, Biber
143-332 Biber, Eule
211-111↓ Geier, Maulwurf
211-231↓ Geier, Maulwurf, Bergziege
212-111↓ Geier, Maulwurf, Bergziege
213-111↓ Geier, Maulwurf, Gorilla
213-231↓ Geier, Maulwurf, Bergziege
221-111↓ Bergziege, Maulwurf
221-232↓ Maulwurf, Maus, Bergziege
222-111↓ Maulwurf, Bergziege
222-312↓ Bergziege, Maulwurf, Maus
223-111↓ Maulwurf, Gorilla
223-211↓ Bergziege, Maulwurf, Gorilla
223-221↓ Maulwurf, Bergziege, Maus
223-232 Maulwurf, Fuchs, Biber
223-311 Bergziege, Maulwurf, Maus
223-312 Bergziege, Maulwurf, Gorilla
223-321↓ Maulwurf, Bergziege, Maus
223-332 Maulwurf, Fuchs, Biber
231-111↓ Maulwurf, Maus, Bergziege
231-232↓ Maus, Maulwurf, Biber
231-312↓ Maus, Bergziege, Maulwurf

231-332 Maus, Biber, Rappenantilope
232-111↓ Maulwurf, Maus, Bergziege
232-132↓ Maulwurf, Maus, Biber
233-111↓ Maulwurf, Maus, Gorilla
233-131 Maulwurf, Maus, Biber
233-132 Maulwurf, Fuchs, Biber
233-222↓ Maus, Fuchs, Maulwurf
233-231 Maus, Biber, Maulwurf
233-232 Fuchs, Biber, Maus
233-312↓ Maus, Bergziege, Fuchs
233-321 Maus, Maulwurf
233-322↓ Maus, Fuchs, Biber
241-111 Schaf, Maulwurf, Maus
241-112 Schaf, Bison, Biber
241-121 Schaf, Maulwurf, Maus
241-122 Schaf, Biber, Bison
241-131 Biber, Schaf, Maulwurf
241-132 Biber, Schaf, Bison
241-211 Schaf, Maus
241-212 Schaf, Bison, Biber
241-221 Schaf, Maus, Biber
241-222 Schaf, .Biber, Bison
241-311↓ Schaf, Maus, Biber
241-312 Schaf, Bison, Biber
241-321 Schaf, Maus, Biber
241-322 Schaf, Biber, Bison
241-331↓ Biber, Schaf, Rappenantilope
242-111 Schaf, Maulwurf, Biber
242-112 Biber, Schaf, Bison
242-121 Schaf, Biber, Maulwurf
242-211 Schaf, Biber, Maus
242-212 Biber, Schaf, Bison
242-221↓ Schaf, Biber, Maus
242-312 Biber, Schaf, Bison
242-321 Schaf, Biber, Maus
242-322 Biber, Schaf, Bison
242-331↓ Biber, Schaf, Rappenantilope
243-111 Pinguin, Schaf, Biber
243-112 Biber, Pinguin, Eule
243-121 Pinguin, Biber, Schaf
243-211↓ Schaf, Biber, Eule
311-111↓ Geier, Maulwurf
311-211↓ Bergziege, Geier, Maulwurf
311-212 Geier, Pfau, Bergziege
311-221↓ Geier, Maulwurf, Pfau
311-311↓ Bergziege, Pfau, Geier
311-321 Pfau, Geier, Maulwurf
311-322 Geier, Pfau, Rotwild
311-331 Pfau, Geier, Maulwurf
311-332 Geier, Pfau, Rotwild
312-111↓ Geier, Maulwurf, Bergziege
312-312 Geier, Bergziege, Rotwild
312-321 Geier, Maulwurf, Bergziege
312-322 Geier, Rotwild, Giraffe

312-331 Geier, Maulwurf, Rotwild
312-332 Geier, Rotwild, Giraffe
313-111↓ Geier, Maulwurf, Gorilla
313-231↓ Geier, Maulwurf, Fuchs
313-311 Bergziege, Geier, Maulwurf
313-312 Geier, Bergziege, Rotwild
313-321 Geier, Maulwurf, Bergziege
313-322 Geier, Rotwild, Giraffe
313-331 Geier, Maulwurf, Fuchs
313-332 Geier, Fuchs, Rotwild
321-111↓ Maulwurf, Bergziege
321-212↓ Bergziege, Maulwurf, Giraffe
321-221 Maulwurf, Bergziege, Maus
321-222 Maulwurf, Giraffe, Bergziege
321-231↓ Maulwurf, Maus, Giraffe
321-311 Bergziege, Maulwurf, Rotwild
321-312 Bergziege, Rotwild, Schwan
321-321 Maulwurf, Bergziege, Rotwild
321-322 Rotwild, Schwan, Giraffe
321-331 Maulwurf, Rotwild, Maus
321-332 Rotwild, Schwan, Giraffe
322-111↓ Maulwurf, Bergziege
322-211↓ Bergziege, Maulwurf, Maus
322-212 Bergziege, Maulwurf, Giraffe
322-221 Maulwurf, Bergziege, Maus
322-222 Maulwurf, Giraffe, Bergziege
322-231 Maulwurf, Maus, Giraffe
322-232 Maulwurf, Giraffe, Fuchs
322-311 Bergziege, Maulwurf, Rotwild
322-312 Bergziege, Rotwild, Schwan
322-321 Maulwurf, Bergziege, Rotwild
322-322 Rotwild, Schwan, Giraffe
322-331 Maulwurf, Rotwild, Maus
322-332 Rotwild, Schwan, Giraffe
323-111↓ Maulwurf, Gorilla, Bergziege
323-132 Maulwurf, Fuchs
323-211↓ Bergziege, Maulwurf, Gorilla
323-221 Maulwurf, Bergziege, Maus
323-222 Fuchs, Maulwurf, Giraffe
323-231↓ Maulwurf, Fuchs, Maus
323-311 Bergziege, Maulwurf, Rotwild
323-312 Bergziege, Rotwild, Schwan
323-321 Maulwurf, Bergziege, Rotwild
323-322 Fuchs, Rotwild, Schwan
323-331↓ Fuchs, Maulwurf, Rotwild
331-111↓ Maulwurf, Maus, Bergziege
331-132↓ Maulwurf, Maus, Fuchs
331-211 Maus, Bergziege, Maulwurf
331-212 Maus, Schwan, Bergziege
331-222↓ Maus, Schwan, Maulwurf
331-232 Maus, Schwan, Fuchs
331-331↓ Maus, Schwan, Rappenantilope
332-111 Maulwurf, Maus
332-132↓ Maulwurf, Fuchs, Maus

332-211 Maus, Bergziege, Maulwurf
332-212 Maus, Schwan, Bergziege
332-222↓ Maus, Schwan, Maulwurf
332-231 Maus, Maulwurf, Fuchs
332-232 Fuchs, Maus, Biber
332-331↓ Maus, Schwan, Rappenantilope
332-332 Schwan, Rappenantilope, Fuchs
333-111 Maulwurf, Pinguin, Maus
333-112 Fuchs, Maulwurf, Gorilla
333-121 Maulwurf, Pinguin, Maus
333-122↓ Fuchs, Maulwurf, Pinguin
333-132 Fuchs, Eule
333-211 Maus, Fuchs, Bergziege
333-212 Fuchs, Maus, Pferd
333-231↓ Fuchs, Eule, Maus
333-311↓ Maus, Schwan, Fuchs
333-322 Fuchs, Schwan, Eule
333-331↓ Fuchs, Eule, Maus
341-111↓ Pinguin, Schaf, Hund
341-131 Pinguin, Biber, Schaf
341-132 Biber, Eule, Rappenantilope
341-211 Schaf, Hund, Maus
341-212 Hund, Schaf, Rappenantilope
341-221 Schaf, Hund, Maus
341-222 Hund, Rappenantilope, Schaf
341-231 Biber, Schaf, Rappenantilope
341-232 Rappenantilope, Biber, Eule
341-311 Schaf, Rappenantilope, Hund
341-312 Rappenantilope, Hund, Schwan
341-321↓ Rappenantilope, Schaf, Hund
341-331↓ Rappenantilope, Biber
342-111 Pinguin, Schaf, Hund
342-112 Pinguin, Hund, Eule
342-121 Pinguin, Schaf, Hund
342-122 Pinguin, Hund, Eule
342-131↓ Pinguin, Eule, Biber
342-211 Schaf, Hund, Pinguin
342-212 Hund, Eule, Biber
342-221 Schaf, Hund, Eule
342-222 Hund, Eule, Biber
342-231 Eule, Biber, Schaf
342-232 Eule, Biber, Rappenantilope
342-311 Schaf, Rappenantilope, Hund
342-312 Rappenantilope, Hund, Eule
342-321 Rappenantilope, Schaf, Hund
342-322 Rappenantilope, Hund, Eule
342-331↓ Rappenantilope, Eule, Biber
343-111↓ Pinguin, Eule
343-332 Eule, Rappenantilope
411-111 Pfau, Giraffe, Maulwurf
411-112 Pfau, Giraffe, Geier
411-121 Pfau, Giraffe, Maulwurf
411-122 Pfau, Giraffe, Geier
411-131 Pfau, Giraffe, Maulwurf

411-311↓ Pfau, Rotwild, Giraffe
411-312 Pfau, Rotwild, Schwan
411-321 Pfau, Rotwild, Giraffe
411-322 Pfau, Rotwild, Schwan
411-331 Pfau, Rotwild, Giraffe
411-332 Pfau, Rotwild, Schwan
412-111 Giraffe, Maulwurf, Geier
412-112 Giraffe, Geier, Pfau
412-121 Giraffe, Maulwurf, Geier
412-122 Giraffe, Geier, Pfau
412-131 Giraffe, Maulwurf, Geier
412-132 Giraffe, Geier, Pfau
412-222↓ Giraffe, Pfau, Rotwild
412-231↓ Giraffe, Pfau, Wildkatze
412-311↓ Rotwild, Giraffe, Schwan
413-111 Giraffe, Maulwurf, Geier
413-112 Giraffe, Geier, Wildkatze
413-121 Giraffe, Maulwurf, Geier
413-122 Giraffe, Geier, Wildkatze
413-131 Giraffe, Maulwurf, Wildkatze
413-132 Giraffe, Wildkatze, Geier
413-211 Giraffe, Pfau, Rotwild
413-231↓ Giraffe, Wildkatze, Pfau
413-311↓ Rotwild, Giraffe, Schwan
421-111↓ Giraffe, Maulwurf
421-311↓ Schwan, Rotwild, Giraffe
422-111↓ Giraffe, Maulwurf
422-131↓ Giraffe, Maulwurf, Wildkatze
422-212↓ Giraffe, Schwan, Rotwild
422-232 Giraffe, Wildkatze, Schwan
422-311↓ Schwan, Rotwild, Giraffe
423-111 Giraffe, Maulwurf
423-112↓ Giraffe, Wildkatze, Maulwurf
423-221↓ Giraffe, Wildkatze, Schwan
423-311↓ Schwan, Rotwild, Giraffe
431-111↓ Schwan, Giraffe, Maulwurf
431-231↓ Schwan, Giraffe, Rappenantilope
432-111↓ Schwan, Giraffe, Maulwurf
432-231↓ Schwan, Giraffe, Rappenantilope
433-111↓ Schwan, Giraffe, Maulwurf
433-122↓ Schwan, Giraffe, Fuchs
441-111↓ Rappenantilope, Pinguin, Schwan
441-112 Rappenantilope, Schwan, Hund
442-111↓ Rappenantilope, Pinguin, Schwan
443-111 Pinguin, Eule
443-112↓ Pinguin, Eule, Rappenantilope
443-311↓ Rappenantilope, Schwan, Eule

313·

111-111↓ Maulwurf
112-111↓ Maulwurf
113-111↓ Maulwurf
121-111↓ Maulwurf
122-111↓ Maulwurf

123-111↓ Maulwurf
131-111↓ Maulwurf
132-111↓ Maulwurf
133-111↓ Maulwurf, Fuchs
133-332↓ Maulwurf, Fuchs, Biber
141-111 Maulwurf, Schaf
141-222↓ Schaf, Bison, Maulwurf
141-231 Schaf, Maulwurf, Biber
141-232 Schaf, Bison, Biber
141-311↓ Schaf, Maulwurf, Bison
141-331 Schaf, Maulwurf, Biber
141-332 Schaf, Bison, Biber
142-111 Maulwurf, Schaf
142-222↓ Schaf, Bison, Maulwurf
142-231 Schaf, Maulwurf, Biber
142-232 Biber, Schaf, Bison
142-312↓ Schaf, Bison, Maulwurf
142-322 Schaf, Bison, Biber
142-331 Schaf, Biber, Maulwurf
142-332 Biber, Schaf, Bison
143-111 Maulwurf, Schaf
143-122↓ Maulwurf, Eule, Schaf
143-131↓ Maulwurf, Eule, Biber
143-211 Schaf, Maulwurf, Eule
143-212 Schaf, Eule, Bison
143-221 Schaf, Maulwurf, Eule
143-222↓ Eule, Schaf, Biber
143-311 Schaf, Eule, Maulwurf
143-312 Schaf, Eule, Bison
143-321 Schaf, Eule, Maulwurf
143-322↓ Eule, Schaf, Biber
211-111↓ Geier, Maulwurf, Bergziege
211-212 Geier, Bergziege, Pfau
211-221↓ Geier, Maulwurf, Pfau
211-311 Bergziege, Geier, Maulwurf
211-312 Geier, Bergziege, Pfau
211-321↓ Geier, Maulwurf, Pfau
212-111↓ Geier, Maulwurf, Bergziege
213-111↓ Geier, Maulwurf, Gorilla
213-211↓ Bergziege, Geier, Maulwurf
213-231↓ Geier, Maulwurf, Fuchs
221-111↓ Maulwurf, Bergziege
221-311↓ Bergziege, Maulwurf, Maus
221-312 Bergziege, Maulwurf, Rotwild
221-321 Maulwurf, Bergziege, Maus
221-322 Maulwurf, Rotwild, Bergziege
221-331 Maulwurf, Maus, Bergziege
221-332↓ Maulwurf, Rotwild, Maus
222-111↓ Bergziege, Maulwurf
222-312↓ Bergziege, Maulwurf, Rotwild
222-321 Maulwurf, Bergziege, Maus
222-322 Maulwurf, Rotwild, Bergziege
222-331 Maulwurf, Maus, Bergziege
222-332 Maulwurf, Rotwild, Maus

223-111 Maulwurf, Gorilla	243-212 Eule, Schaf, Bison	331-231 Maus, Fuchs, Schaf
223-112↓ Maulwurf, Gorilla, Bergziege	243-311↓ Schaf, Eule, Biber	331-232 Fuchs, Maus, Hund
223-132 Maulwurf, Fuchs	243-312 Eule, Schaf, Bison	331-311↓ Maus, Schwan, Rotwild
223-211↓ Bergziege, Maulwurf, Gorilla	243-321↓ Schaf, Eule, Biber	331-331 Maus, Schwan, Fuchs
223-221 Maulwurf, Bergziege, Maus	311-111↓ Geier, Maulwurf, Pfau	331-332 Schwan, Fuchs, Schaf
223-222 Maulwurf, Fuchs, Bergziege	311-311 Pfau, Rotwild, Bergziege	332-111 Maulwurf, Maus, Bergziege
223-231↓ Maulwurf, Fuchs, Maus	311-332↓ Pfau, Rotwild, Geier	332-122↓ Maulwurf, Fuchs, Maus
223-311 Bergziege, Maulwurf, Maus	312-111↓ Geier, Maulwurf, Bergziege	332-132 Fuchs, Maulwurf, Eule
223-312 Bergziege, Maulwurf, Gorilla	312-212 Geier, Pfau, Bergziege	332-211 Maus, Bergziege, Schaf
223-321 Maulwurf, Bergziege, Maus	312-221↓ Geier, Maulwurf, Pfau	332-212 Fuchs, Maus, Hund
223-322 Maulwurf, Fuchs, Rotwild	312-311 Rotwild, Bergziege, Geier	332-221 Maus, Schaf, Maulwurf
223-331↓ Maulwurf, Fuchs, Maus	312-312 Rotwild, Geier, Pfau	332-222 Fuchs, Maus, Hund
231-111 Maulwurf, Maus	312-321 Rotwild, Geier, Maulwurf	332-231↓ Fuchs, Maus, Eule
231-112↓ Maulwurf, Maus, Bergziege	312-322 Rotwild, Geier, Pfau	332-311 Maus, Schwan, Rotwild
231-211↓ Maus, Bergziege, Schaf	312-331 Rotwild, Geier, Maulwurf	332-312 Schwan, Rotwild, Fuchs
231-221↓ Maus, Schaf, Maulwurf	312-332 Rotwild, Geier, Pfau	332-321 Maus, Schwan, Rotwild
231-332↓ Maus, Schaf, Bison	313-111↓ Geier, Maulwurf, Gorilla	332-322 Schwan, Fuchs, Rotwild
232-111↓ Maulwurf, Maus, Bergziege	313-131↓ Geier, Maulwurf, Fuchs	332-331 Fuchs, Maus, Schwan
232-132↓ Maulwurf, Maus, Fuchs	313-211 Bergziege, Geier, Maulwurf	332-332 Fuchs, Schwan, Rappenantilope
232-211↓ Maus, Bergziege, Schaf	313-212 Geier, Fuchs, Bergziege	333-111 Fuchs, Maulwurf, Pinguin
232-221↓ Maus, Schaf, Maulwurf	313-231↓ Fuchs, Geier, Maulwurf	333-112 Fuchs, Pferd, Eule
232-232 Maus, Fuchs, Biber	313-311 Rotwild, Bergziege, Delphin	333-121 Fuchs, Maulwurf, Pinguin
232-311↓ Maus, Bergziege, Schaf	313-312 Rotwild, Delphin, Geier	333-211↓ Fuchs, Pferd, Eule
232-321 Maus, Schaf, Maulwurf	313-321↓ Rotwild, Fuchs, Delphin	341-111 Schaf, Hund, Pinguin
232-322↓ Maus, Schaf, Bison	321-111↓ Maulwurf, Bergziege	341-112 Hund, Schaf, Bison
232-332 Maus, Fuchs, Biber	321-212↓ Bergziege, Maulwurf, Giraffe	341-121 Schaf, Hund, Pinguin
233-111 Maulwurf, Maus, Gorilla	321-221 Maulwurf, Bergziege, Maus	341-122↓ Hund, Schaf, Eule
233-112 Maulwurf, Gorilla, Fuchs	321-222 Maulwurf, Giraffe, Rotwild	341-132 Eule, Hund, Präriehund
233-121↓ Maulwurf, Maus, Fuchs	321-231 Maulwurf, Maus, Giraffe	341-212↓ Hund, Schaf, Bison
233-132 Fuchs, Eule, Maulwurf	321-232 Maulwurf, Giraffe, Rotwild	341-221 Schaf, Hund, Eule
233-211 Maus, Bergziege, Schaf	321-311↓ Rotwild, Bergziege, Maulwurf	341-232 Eule, Hund, Präriehund
233-212 Fuchs, Maus, Bergziege	322-111↓ Maulwurf, Bergziege	341-311↓ Schaf, Hund, Rappenantilope
233-221 Maus, Fuchs, Schaf	322-132 Maulwurf, Fuchs	341-331 Rappenantilope, Schaf, Eule
233-222↓ Fuchs, Maus, Eule	322-211 Bergziege, Maulwurf, Maus	341-332 Rappenantilope, Eule, Hund
233-311 Maus, Bergziege, Schaf	322-212 Bergziege, Maulwurf, Giraffe	342-111 Schaf, Hund, Pinguin
233-312 Fuchs, Maus, Bergziege	322-221 Maulwurf, Bergziege, Maus	342-112 Hund, Eule, Schaf
233-321 Maus, Fuchs, Schaf	322-222 Maulwurf, Giraffe, Rotwild	342-121 Schaf, Hund, Pinguin
233-322↓ Fuchs, Maus, Eule	322-231 Maulwurf, Fuchs, Maus	342-122 Hund, Eule, Schaf
241-111↓ Schaf, Bison, Hund	322-232 Fuchs, Maulwurf, Giraffe	342-131 Eule, Schaf, Präriehund
241-132↓ Schaf, Bison, Biber	322-321↓ Rotwild, Maulwurf, Bergziege	342-132 Eule, Präriehund, Hund
241-212↓ Schaf, Bison, Hund	322-331↓ Rotwild, Maulwurf, Fuchs	342-211↓ Schaf, Hund, Eule
241-232↓ Schaf, Bison, Biber	323-111 Maulwurf, Gorilla	342-231 Eule, Schaf, Präriehund
241-312↓ Schaf, Bison, Hund	323-122↓ Maulwurf, Fuchs, Gorilla	342-232 Eule, Präriehund, Hund
241-332↓ Schaf, Bison, Biber	323-212 Fuchs, Bergziege, Pferd	342-311↓ Schaf, Hund, Eule
242-111↓ Schaf, Bison, Biber	323-221↓ Fuchs, Maulwurf, Pferd	342-322 Hund, Eule, Rappenantilope
242-131 Schaf, Biber, Eule	323-311 Rotwild, Bergziege, Fuchs	342-331 Eule, Rappenantilope, Schaf
242-212↓ Schaf, Bison, Biber	323-312↓ Rotwild, Fuchs, Delphin	342-332 Eule, Rappenantilope, Präriehund
242-231 Schaf, Biber, Eule	331-111 Maulwurf, Maus	343-111↓ Eule, Pinguin
242-312↓ Schaf, Bison, Biber	331-122↓ Maulwurf, Maus, Hund	343-222↓ Eule, Präriehund
242-331 Schaf, Biber, Eule	331-131↓ Maulwurf, Maus, Fuchs	411-111↓ Pfau, Rotwild
243-111 Schaf, Eule, Pinguin	331-211 Maus, Bergziege, Schaf	412-111 Pfau, Giraffe, Maulwurf
243-112 Eule, Schaf, Bison	331-212 Maus, Hund, Schwan	412-112 Pfau, Giraffe, Geier
243-121 Schaf, Eule, Pinguin	331-221 Maus, Schaf, Maulwurf	412-121 Pfau, Giraffe, Maulwurf
243-122↓ Eule, Schaf, Biber	331-222 Maus, Hund, Fuchs	412-122 Pfau, Giraffe, Geier

412-131 Pfau, Giraffe, Maulwurf
412-132 Pfau, Giraffe, Geier
412-321↓ Rotwild, Pfau, Giraffe
413-111 Pfau, Giraffe, Maulwurf
413-112 Pfau, Giraffe, Geier
413-121 Pfau, Giraffe, Maulwurf
413-122 Pfau, Giraffe, Geier
413-131 Pfau, Giraffe, Maulwurf
413-132 Pfau, Giraffe, Wildkatze
413-2↓1↓ Pfau, Giraffe, Rotwild
413-322↓ Rotwild, Delphin, Schwan
421-111 Giraffe, Maulwurf, Rotwild
421-112 Giraffe, Rotwild, Pfau
421-121 Giraffe, Maulwurf, Rotwild
421-122 Giraffe, Rotwild, Pfau
421-131 Giraffe, Maulwurf, Rotwild
421-132↓ Giraffe, Rotwild, Pfau
421-311↓ Rotwild, Schwan
422-111↓ Giraffe, Maulwurf, Rotwild
422-132 Giraffe, Rotwild, Wildkatze
422-222↓ Giraffe, Rotwild, Schwan
422-231↓ Giraffe, Rotwild, Wildkatze
422-312↓ Rotwild, Schwan
423-111 Giraffe, Maulwurf, Rotwild
423-112 Giraffe, Rotwild, Delphin
423-121 Giraffe, Maulwurf, Rotwild
423-122 Giraffe, Rotwild, Wildkatze
423-131 Giraffe, Maulwurf, Fuchs
423-132 Giraffe, Fuchs, Wildkatze
423-211↓ Giraffe, Rotwild, Delphin
423-231↓ Giraffe, Rotwild, Fuchs
423-322↓ Rotwild, Delphin, Schwan
431-111 Waldkaninchen, Schwan, Giraffe
431-112 Schwan, Giraffe, Rotwild
431-121 Waldkaninchen, Schwan, Giraffe
431-122 Schwan, Giraffe, Rotwild
431-131 Waldkaninchen, Schwan, Giraffe
431-132 Schwan, Giraffe, Rappenantilope
431-211 Schwan, Waldkaninchen, Giraffe
431-212 Schwan, Giraffe, Rotwild
431-221 Schwan, Waldkaninchen, Giraffe
431-222 Schwan, Giraffe, Rotwild
431-231 Schwan, Waldkaninchen, Giraffe
431-232 Schwan, Rappenantilope, Giraffe
431-331↓ Schwan, Rotwild, Rappenantilope
432-111 Waldkaninchen, Schwan, .Giraffe
432-112 Schwan, Giraffe, Rotwild
432-121 Waldkaninchen, Schwan, Giraffe
432-122 Schwan, Giraffe, Rotwild
432-131 Waldkaninchen, Schwan, Giraffe
432-132 Schwan, Giraffe, Rappenantilope
432-211 Schwan, Waldkaninchen, Giraffe
432-212 Schwan, Giraffe, Rotwild
432-221 Schwan, Waldkaninchen, Giraffe

432-222 Schwan, Giraffe, Rotwild
432-231 Schwan, Waldkaninchen, Giraffe
432-232 Schwan, Rappenantilope, Giraffe
432-331↓ Schwan, Rotwild, Rappenantilope
433-111 Waldkaninchen, Schwan, Giraffe
433-112 Schwan, Fuchs, Giraffe
433-121 Fuchs, Waldkaninchen, Schwan
433-122 Fuchs, Schwan, Giraffe
433-131 Fuchs, Eule, Waldkaninchen
433-132 Fuchs, Eule, Schwan
433-211 Schwan, Waldkaninchen, Giraffe
433-212 Schwan, Fuchs, Giraffe
433-221 Schwan, Fuchs, Waldkaninchen
433-222 Schwan, Fuchs, Giraffe
433-231↓ Fuchs, Schwan, Eule
433-321↓ Schwan, Rotwild, Delphin
433-331 Schwan, Fuchs, Rotwild
433-332 Schwan, Fuchs, Rappenantilope
441-111 Hund, Rappenantilope, Schaf
441-112 Rappenantilope, Hund, Schwan
441-121 Rappenantilope, Hund, Schaf
441-122 Rappenantilope, Hund, Schwan
441-131↓ Rappenantilope, Eule, Hund
441-211 Rappenantilope, Hund, Schaf
441-212 Rappenantilope, Schwan, Hund
441-221 Rappenantilope, Hund, Schaf
441-222↓ Rappenantilope, Schwan, Hund
442-111 Hund, Rappenantilope, Pinguin
442-112 Rappenantilope, Hund, Schwan
442-121 Rappenantilope, Hund, Pinguin
442-122 Rappenantilope, Hund, Eule
442-131↓ Rappenantilope, Eule, Präriehund
442-211 Rappenantilope, Hund, Schaf
442-212 Rappenantilope, Schwan, Hund
442-221 Rappenantilope, Hund, Eule
442-222 Rappenantilope, Schwan, Hund
442-231↓ Rappenantilope, Eule
442-311↓ Rappenantilope, Schwan
443-111↓ Eule, Pinguin, Präriehund
443-311↓ Rappenantilope, Eule, Schwan

314-

111-111↓ Maulwurf
112-111↓ Maulwurf
113-111↓ Maulwurf
121-111↓ Maulwurf
122-111↓ Maulwurf
123-111↓ Maulwurf
123-322↓ Maulwurf, Delphin
131-111↓ Maulwurf
132-111↓ Maulwurf
132-332↓ Maulwurf, Pavian
133-111↓ Maulwurf, Pferd
133-232↓ Maulwurf, Pavian, Fuchs

141-111 Maulwurf, Schaf
141-132↓ Maulwurf, Hund, Schaf
141-212 Hund, Schaf, Bison
141-221 Schaf, Maulwurf, .Hund
141-222 Hund, Schaf, Bison
141-231 Schaf, Maulwurf, Hund
141-232 Hund, Schaf, Präriehund
141-311 Schaf, Hund, Maulwurf
141-312 Hund, Schaf, Bison
141-321 Schaf, Hund, Maulwurf
141-322 Hund, Schaf, Bison
141-331 Schaf, Hund, Maulwurf
141-332 Hund, Schaf, Präriehund
142-111 Maulwurf, Schaf
142-122↓ Maulwurf, Hund, Schaf
142-132 Maulwurf, Präriehund, Hund
142-211 Schaf, Maulwurf, Hund
142-212 Hund, Schaf, Bison
142-221 Schaf, Maulwurf, Hund
142-222 Hund, Schaf, Bison
142-231 Schaf, Maulwurf, Präriehund
142-232 Präriehund, Hund, Biber
142-311 Schaf, Hund, Maulwurf
142-312 Hund, Schaf, Bison
142-321 Schaf, Hund, Maulwurf
142-322 Hund, Schaf, Bison
142-331 Schaf, Präriehund, Hund
142-332 Präriehund, Hund, Biber
143-111 Maulwurf, Schaf
143-112 Maulwurf, Präriehund, Hund
143-121 Maulwurf, Schaf, Präriehund
143-122 Maulwurf, Präriehund, Eule
143-211 Schaf, Präriehund, Maulwurf
143-212 Präriehund, Hund, Schaf
143-221 Schaf, Präriehund, Maulwurf
143-222 Präriehund, Eule, Hund
143-231 Präriehund, Eule, Schaf
143-232 Präriehund, Eule, Biber
143-311↓ Schaf, Präriehund, Hund
143-321 Schaf, Präriehund, Eule
143-322 Präriehund, Eule, Hund
143-331 Präriehund, Eule, Schaf
143-332 Präriehund, Eule, Biber
211-111 Maulwurf, Geier
211-212 Geier, Bergziege, Pfau
211-221↓ Maulwurf, Geier, Pfau
211-311 Bergziege, Maulwurf, Geier
211-312 Geier, Bergziege, Pfau
211-321↓ Maulwurf, Geier, Pfau
212-111↓ Maulwurf, Geier, Bergziege
212-322 Geier, Maulwurf, Delphin
212-331 Maulwurf, Geier, Bergziege
212-332↓ Geier, Maulwurf, Delphin
213-111 Maulwurf, Geier

213-212↓ Geier, Bergziege, Maulwurf
213-222 Geier, Maulwurf, Pferd
213-231 Maulwurf, Geier, Präriehund
213-232 Geier, Präriehund, Pavian
213-311 Bergziege, Delphin, Maulwurf
213-312 Delphin, Geier, Bergziege
213-321↓ Delphin, Maulwurf, Geier
213-331 Delphin, Präriehund, Maulwurf
213-332 Delphin, Geier, Präriehund
221-111↓ Maulwurf, Bergziege
221-232↓ Maulwurf, Maus, Hund
221-312↓ Bergziege, Maulwurf, Rotwild
221-321 Maulwurf, Bergziege, Maus
221-322 Maulwurf, Rotwild, Seelöwe
221-331 Maulwurf, Maus, Bergziege
221-332↓ Maulwurf, Rotwild, Seelöwe
222-111↓ Maulwurf, Bergziege
222-212↓ Bergziege, Maulwurf, Maus
222-232 Maulwurf, Pavian, Präriehund
222-311 Bergziege, Maulwurf, Maus
222-312 Bergziege, Maulwurf, Delphin
222-321 Maulwurf, Bergziege, Maus
222-322 Maulwurf, Delphin, Rotwild
222-331 Maulwurf, Maus, Bergziege
222-332 Maulwurf, Delphin, Rotwild
223-111↓ Maulwurf, Bergziege, Gorilla
223-122↓ Maulwurf, Pferd
223-132 Maulwurf, Pavian, Fuchs
223-211↓ Bergziege, Maulwurf, Pferd
223-222 Pferd, Maulwurf, Pavian
223-231 Maulwurf, Pavian, Präriehund
223-232 Pavian, Fuchs, Präriehund
223-311 Bergziege, Delphin, Maulwurf
223-312 Delphin, Bergziege, Pferd
223-321 Delphin, Maulwurf, Pferd
223-322 Delphin, Pferd, Pavian
223-331 Pavian, Delphin, Präriehund
223-332 Delphin, Pavian, Fuchs
231-111↓ Walroß, Maulwurf, Maus
231-211 Maus, Bergziege, Walroß
231-212 Maus, Hund, Bergziege
231-221 Maus, Walroß, Schaf
231-222 Maus, Hund, Walroß
231-231 Maus, Walroß, Schaf
231-232 Maus, Hund, Pavian
231-311 Maus, Bergziege, Schaf
231-312 Maus, Hund, Bergziege
231-321↓ Maus, Schaf, Hund
231-332 Maus, Hund, Pavian
232-111↓ Walroß, Maulwurf, Maus
232-132 Walroß, Maulwurf, Pavian
232-211 Maus, Bergziege, Walroß
232-212 Maus, Hund, Pferd
232-221 Maus, Walroß, Schaf

232-222 Maus, Hund, Pferd
232-231 Maus, Pavian, Walroß
232-232 Pavian, Präriehund, Maus
232-311 Maus, Bergziege, Schaf
232-312 Maus, Hund, Pferd
232-321 Maus, Schaf, Hund
232-322 Maus, Hund, Pferd
232-331 Maus, Pavian, Schaf
232-332 Pavian, Präriehund, Maus
233-111↓ Walroß, Maulwurf, Pferd
233-122 Pferd, Pavian, Walroß
233-131 Pavian, Walroß, Präriehund
233-132 Pavian, Fuchs, Präriehund
233-211 Pferd, Maus, Pavian
233-212 Pferd, Pavian, Fuchs
233-221 Pferd, Maus, Pavian
233-222 Pferd, Pavian, Fuchs
233-231↓ Pavian, Präriehund, Fuchs
233-311 Pferd, Maus, Pavian
233-312 Pferd, Pavian, Fuchs
233-321 Pferd, Maus, Pavian
233-322 Pferd, Pavian, Fuchs
233-331↓ Pavian, Präriehund, Fuchs
241-111 Schaf, Hund, Walroß
241-122↓ Hund, Schaf, Bison
241-131 Schaf, Hund, Präriehund
241-222↓ Hund, Schaf, Bison
241-231↓ Schaf, Hund, Präriehund
241-311 Schaf, Hund, Bison
241-332↓ Hund, Präriehund, Schaf
242-111 Schaf, Hund
242-112↓ Hund, Schaf, Bison
242-121 Schaf, Hund, Präriehund
242-122 Schaf, Hund, Bison
242-131 Schaf, Präriehund, Hund
242-132 Präriehund, Hund, Biber
242-212↓ Hund, .Schaf, Bison
242-221 Schaf, Hund, Präriehund
242-222 Hund, Schaf, Bison
242-231 Schaf, Präriehund, Hund
242-232 Präriehund, Hund, Biber
242-312↓ Hund, Schaf, Bison
242-321 Schaf, Hund, Präriehund
242-322 Hund, Schaf, Bison
242-331 Schaf, .Präriehund, Hund
242-332 Präriehund, Hund, Biber
243-111 Schaf, Präriehund, Hund
243-112 Präriehund, Hund, Eule
243-121 Präriehund, Schaf, Eule
243-122↓ Präriehund, Eule, Hund
243-211 Schaf, Präriehund, Hund
243-212 Präriehund, Hund, Eule
243-221 Präriehund, Schaf, Eule
243-222↓ Präriehund, Eule, Hund

243-311 Schaf, Präriehund, Hund
243-312 Präriehund, Hund, Eule
243-321 Präriehund, Schaf, Eule
243-322↓ Präriehund, Eule, Hund
311-111↓ Maulwurf, Geier, Pfau
311-211 Pfau, Bergziege, Maulwurf
311-212 Pfau, Geier, Hund
311-221 Pfau, Maulwurf, Hund
311-222 Pfau, Geier, Hund
311-231 Pfau, Maulwurf, Hund
311-232 Pfau, Geier, Hund
311-311 Pfau, Rotwild, Bergziege
311-312↓ Pfau, Rotwild, Seelöwe
312-111↓ Maulwurf, Geier, Bergziege
312-211 Bergziege, Maulwurf, Hund
312-212 Geier, Hund, Pfau
312-221 Maulwurf, Hund, Geier
312-222 Geier, Hund, Pfau
312-231 Maulwurf, Präriehund, Hund
312-232 Geier, Präriehund, Hund
312-311 Rotwild, Bergziege, Seelöwe
312-312↓ Delphin, Rotwild, Seelöwe
313-111↓ Maulwurf, Geier, Pferd
313-131 Präriehund, Maulwurf, Geier
313-132 Geier, Präriehund, Fuchs
313-211 Pferd, Bergziege, Delphin
313-212 Pferd, Delphin, Geier
313-221↓ Pferd, Präriehund, Delphin
313-231↓ Präriehund, Fuchs, Pferd
313-312↓ Delphin, Pferd, Präriehund
313-331↓ Delphin, Präriehund, Fuchs
321-111 Maulwurf, Bergziege
321-132↓ Maulwurf, Präriehund, Hund
321-211↓ Bergziege, Maulwurf, Hund
321-222 Hund, Maulwurf, Pferd
321-231↓ Maulwurf, Hund, Präriehund
321-311 Rotwild, Bergziege, Seelöwe
321-312 Rotwild, Seelöwe, Delphin
321-321 Rotwild, Seelöwe, Hund
321-322 Rotwild, Seelöwe, Delphin
321-331 Rotwild, Seelöwe, Hund
321-332 Rotwild, Seelöwe, Delphin
322-111↓ Maulwurf, Hund, Pferd
322-132 Maulwurf, Präriehund, Hund
322-211 Bergziege, Maulwurf, Hund
322-212 Hund, Pferd, Bergziege
322-221↓ Maulwurf, Hund, Pferd
322-231 Maulwurf, Präriehund, Hund
322-232 Präriehund, Hund, Pferd
322-311 Rotwild, Bergziege, Seelöwe
322-312↓ Delphin, Rotwild, Seelöwe
323-111 Maulwurf, Pferd, Bergziege
323-112 Pferd, Maulwurf, Gorilla
323-121 Maulwurf, Pferd, Präriehund

323-122 Pferd, Maulwurf, Fuchs
323-131 Präriehund, Maulwurf, Fuchs
323-132 Fuchs, Präriehund, Pferd
323-211 Pferd, Bergziege, Delphin
323-212 Pferd, Delphin, Fuchs
323-221 Pferd, Präriehund, Fuchs
323-222 Pferd, Fuchs, Delphin
323-231 Präriehund, Fuchs, Pferd
323-321↓ Delphin, Pferd, Präriehund
323-331↓ Delphin, Präriehund, Fuchs
331-111 Hund, Walroß, Maulwurf
331-112 Hund, Pferd
331-121 Hund, Walroß, Maulwurf
331-122 Hund, Pferd, Walroß
331-131 Hund, Walroß, Maulwurf
331-132↓ Hund, Präriehund, Pferd
331-321↓ Hund, Pferd, Maus
331-322 Hund, Pferd, Schwan
331-331↓ Hund, Präriehund, Pferd
332-111 Hund, Walroß, Maulwurf
332-112 Hund, Pferd, Walroß
332-121 Hund, Walroß, Maulwurf
332-122 Hund, Pferd, Präriehund
332-131 Präriehund, Hund, Walroß
332-132 Präriehund, Hund, Pferd
332-221↓ Hund, Pferd, Maus
332-222↓ Hund, Pferd, Präriehund
332-311 Hund, Pferd, Maus
332-312 Hund, Pferd, Schwan
332-321 Hund, Pferd, Maus
332-322↓ Hund, Pferd, Präriehund
333-111 Pferd, Präriehund
333-112↓ Pferd, Fuchs, Präriehund
341-111↓ Hund, Präriehund
342-111↓ Hund, Präriehund
342-331↓ Präriehund, Hund, Eule
343-111↓ Präriehund, Hund, Eule
411-111↓ Pfau, Rotwild, Seelöwe
412-111 Pfau, Maulwurf, Giraffe
412-112 Pfau, Giraffe, Delphin
412-121 Pfau, Maulwurf, Giraffe
412-122 Pfau, Giraffe, Delphin
412-131 Pfau, Maulwurf, Giraffe
412-132 Pfau, Giraffe, Delphin
412-211 Pfau, Rotwild, Seelöwe
412-212 Pfau, Delphin, Rotwild
412-221 Pfau, Rotwild, Seelöwe
412-222 Pfau, Delphin, Rotwild
412-231 Pfau, Rotwild, Seelöwe
412-232 Pfau, Delphin, Rotwild
412-311↓ Rotwild, Seelöwe, Delphin
413-111↓ Delphin, Pfau, Maulwurf
413-211↓ Delphin, Pfau, Rotwild
421-111 Maulwurf, Giraffe, Rotwild

421-112 Giraffe, Rotwild, Seelöwe
421-121 Maulwurf, Giraffe, Rotwild
421-122 Giraffe, Rotwild, Seelöwe
421-131 Maulwurf, Giraffe, Rotwild
421-132↓ Giraffe, Rotwild, Seelöwe
421-311↓ Rotwild, Seelöwe, Delphin
422-111 Maulwurf, Giraffe, Rotwild
422-112 Giraffe, Delphin, Rotwild
422-121 Maulwurf, Giraffe, Rotwild
422-122 Giraffe, Delphin, Rotwild
422-131 Maulwurf, Giraffe, Rotwild
422-132 Giraffe, Delphin, Rotwild
422-211 Rotwild, Seelöwe, Giraffe
422-212 Delphin, Rotwild, Seelöwe
422-221 Rotwild, Seelöwe, Giraffe
422-222 Delphin, Rotwild, Seelöwe
422-231 Rotwild, Seelöwe, Giraffe
422-232↓ Delphin, Rotwild, Seelöwe
423-111↓ Delphin, Maulwurf, Giraffe
423-131 Delphin, Präriehund, Maulwurf
423-132 Delphin, Fuchs
423-211↓ Delphin, Rotwild
431-111 Waldkaninchen, Hund, Schwan
431-112 Schwan, Hund, Giraffe
431-121 Waldkaninchen, Hund, Schwan
431-122 Schwan, Hund, Giraffe
431-131 Waldkaninchen, Hund, Schwan
431-132 Schwan, Hund, Giraffe
431-211 Schwan, Waldkaninchen, Hund
431-212 Schwan, Hund, Rotwild
431-221 Schwan, Waldkaninchen, Hund
431-222 Schwan, Hund, Rotwild
431-231 Schwan, Waldkaninchen, Hund
431-232 Schwan, Hund, Rotwild
431-311↓ Schwan, Rotwild, Seelöwe
431-332 Schwan, Rotwild, Rappenantilope
432-111 Waldkaninchen, Hund, Schwan
432-112 Schwan, Hund, Pferd
432-121 Waldkaninchen, Hund, Schwan
432-122 Schwan, Hund, Pferd
432-131 Waldkaninchen, Präriehund, Hund
432-132 Schwan, Präriehund, Hund
432-211 Schwan, Waldkaninchen, Hund
432-221 Schwan, Waldkaninchen, Hund
432-222 Schwan, Delphin, Hund
432-231 Schwan, Waldkaninchen, Präriehund
432-232 Schwan, Präriehund, Delphin
432-311 Schwan, Rotwild, Seelöwe
432-312 Schwan, Delphin, Rotwild
432-321 Schwan, Rotwild, Seelöwe
432-322 Schwan, Delphin, Rotwild
432-331 Schwan, Rotwild, Seelöwe

432-332 Schwan, Delphin, Rotwild
433-111 Pferd, Delphin, Waldkaninchen
433-112 Pferd, Delphin, Fuchs
433-121 Pferd, Delphin, Präriehund
433-122 Pferd, Delphin, Fuchs
433-131 Präriehund, Fuchs, .Pferd
433-212 Delphin, Pferd, Schwan
433-221 Pferd, Delphin, Präriehund
433-222 Delphin, Pferd, Schwan
433-231 Präriehund, Fuchs, Pferd
433-232 Fuchs, Präriehund, Delphin
433-331↓ Delphin, Schwan, Präriehund
433-332 Delphin, Schwan, Fuchs
441-111↓ Hund, Präriehund, Rappenantilope
441-311↓ Hund, Rappenantilope, Schwan
442-111↓ Hund, Präriehund
442-222↓ Hund, Präriehund, Rappenantilope
442-322 Rappenantilope, Hund, Schwan
442-331↓ Rappenantilope, Präriehund, Hund
443-111↓ Präriehund, Hund, Eule
443-312 Präriehund, Hund, Rappenantilope
443-321 Präriehund, Eule, Hund
443-322↓ Präriehund, Rappenantilope, Eule

321-

111-111↓ Bergziege, Geier, Stachelschwein
111-131↓ Geier, Stachelschwein, Maulwurf
111-221↓ Bergziege, Geier, Stachelschwein
112-111 Bergziege, Geier, Stachelschwein
112-131↓ Geier, Stachelschwein, Maulwurf
112-221↓ Bergziege, Geier, Stachelschwein
113-111 Bergziege, Geier, Stachelschwein
113-131↓ Geier, Stachelschwein, Maulwurf
113-221↓ Bergziege, Geier, Stachelschwein
121-111↓ Bergziege, Stachelschwein, Maulwurf
122-111↓ Bergziege, Stachelschwein, Maulwurf
123-111↓ Bergziege, Stachelschwein, Maulwurf
123-112 Stachelschwein, Bergziege, Gorilla
131-111↓ Bergziege, Stachelschwein, Maulwurf
131-332↓ Bergziege, Stachelschwein, Biber
132-111↓ Bergziege, Stachelschwein, Maulwurf
132-332↓ Bergziege, Biber, Stachelschwein
133-111 Bergziege, Stachelschwein, Maulwurf
133-112 Fledermaus, Stachelschwein, Bergziege
133-121 Stachelschwein, Maulwurf, Bergziege

213

133-122↓ Fledermaus, Stachelschwein, Maulwurf
133-222↓ Bergziege, Fledermaus, Stachelschwein
133-231 Bergziege, Biber, Stachelschwein
133-232 Biber, Fledermaus, Stachelschwein
133-311↓ Bergziege, Fledermaus, Stachelschwein
133-332↓ Biber, Bergziege, Fuchs
141-111↓ Bergziege, Schaf, Stachelschwein
141-121 Schaf, Stachelschwein, Maulwurf
141-122↓ Stachelschwein, Biber, Schaf
141-211↓ Bergziege, Schaf, Biber
141-222↓ Biber, Schaf, Bison
141-312↓ Bergziege, Schaf, Biber
141-322↓ Biber, Schaf, Rappenantilope
142-111 Bergziege, Schaf, Biber
142-112 Biber, Stachelschwein, Bergziege
142-121 Schaf, Biber, Stachelschwein
142-211↓ Bergziege, Schaf, Biber
142-322↓ Biber, Schaf, Rappenantilope
143-111 Pinguin, Bergziege, Biber
143-112 Biber, Fledermaus, Stachelschwein
143-121 Biber, Pinguin, Schaf
143-122 Biber, Fledermaus, Stachelschwein
143-131↓ Biber, Pinguin, Eule
143-211↓ Bergziege, Biber, Schaf
143-331↓ Biber, Eule
211-111↓ Bergziege, Geier
211-232↓ Geier, Bergziege, Pfau
212-111↓ Bergziege, Geier, Schlange
213-111↓ Bergziege, Geier
221-111↓ Bergziege, Schlange
221-122↓ Bergziege, Geier
222-111↓ Bergziege, Schlange
222-122↓ Bergziege, Geier, Schlange
222-132↓ Bergziege, Geier, Stachelschwein
223-111↓ Bergziege, Schlange, Gorilla
223-122↓ Bergziege, Fledermaus, Gorilla
223-232↓ Bergziege, Biber
231-111↓ Bergziege, Fledermaus
231-132↓ Bergziege, Fledermaus, Biber
232-111 Bergziege, Schlange
232-112↓ Bergziege, Fledermaus, Schlange
232-122 Bergziege, Fledermaus, Geier
232-131↓ Bergziege, Biber, Fledermaus
233-111 Bergziege, Fledermaus
233-122↓ Fledermaus, Bergziege, Pferd
233-131↓ Fledermaus, Bergziege, Biber
233-211↓ Bergziege, Fledermaus, Pferd
233-231 Bergziege, Biber, Pferd
233-232 Biber, Fuchs, Fledermaus
233-311↓ Bergziege, Pferd, Fledermaus
233-331 Bergziege, Biber, Pferd

233-332 Biber, Fuchs, Bergziege
241-111↓ Bergziege, Schaf, Biber
241-122↓ Biber, Schaf, Bison
241-212↓ Bergziege, Schaf, Biber
241-322↓ Biber, Schaf, Rappenantilope
242-111↓ Bergziege, Schaf, Biber
242-322↓ Biber, Schaf, Rappenantilope
243-111 Pinguin, Bergziege, Biber
243-112 Biber, Fledermaus, Pinguin
243-121 Pinguin, Biber, Schaf
243-122 Biber, Fledermaus, Pinguin
243-131↓ Biber, Pinguin, Eule
243-211 Bergziege, Biber, Schaf
243-212 Biber, Eule, Bergziege
243-221 Biber, Schaf, Eule
243-232↓ Biber, Eule, Präriehund
243-311 Bergziege, Biber, Schaf
243-312 Biber, Eule, Bergziege
243-321↓ Biber, Schaf, Eule
311-111↓ Bergziege, Geier, Pfau
312-111↓ Bergziege, Geier
312-222↓ Geier, Bergziege, Pfau
313-111↓ Bergziege, Geier
313-232↓ Geier, Bergziege, Fuchs
321-111↓ Bergziege, Giraffe
321-132↓ Bergziege, Giraffe, Geier
321-322↓ Bergziege, Zebra, Schwan
322-111↓ Bergziege, Schlange
322-122↓ Bergziege, Giraffe, Geier
322-322↓ Bergziege, Zebra, Schwan
323-111↓ Bergziege, Gorilla
323-122 Bergziege, Pferd, Fledermaus
323-131 Bergziege, Pferd, Fuchs
323-222↓ Bergziege, Pferd, Giraffe
323-231↓ Bergziege, Pferd, Fuchs
323-322 Bergziege, Pferd, Zebra
323-331↓ Bergziege, Pferd, Fuchs
331-111↓ Bergziege, Pferd, Fledermaus
331-332↓ Schwan, Rappenantilope, Bergziege
332-111↓ Bergziege, Pferd
332-122↓ Bergziege, Pferd, Fledermaus
332-131 Bergziege, Pferd, Pinguin
332-132↓ Pferd, Bergziege, Fuchs
332-222↓ Bergziege, Pferd, Schwan
332-231 Bergziege, Pferd, Biber
332-232↓ Pferd, Bergziege, Fuchs
332-321↓ Bergziege, Schwan, Pferd
332-332 Schwan, Rappenantilope, Pferd
333-111 Bergziege, Pferd
333-112 Pferd, Fledermaus, Bergziege
333-121 Pferd, Pinguin, Bergziege
333-122 Pferd, Fledermaus, Fuchs
333-131 Pferd, Fuchs, Pinguin

333-132 Fuchs, Pferd, Fledermaus
333-212↓ Pferd, Bergziege, Fuchs
333-231 Pferd, Fuchs, Eule
333-312↓ Pferd, Bergziege, Schwan
333-322 Pferd, Schwan, Fuchs
333-331 Pferd, Fuchs, Eule
333-332 Fuchs, Pferd, Schwan
341-111↓ Pinguin, Bergziege, Hund
341-121 Pinguin, Hund, Schaf
341-122↓ Hund, Pinguin, Biber
341-132 Biber, Hund, Rappenantilope
341-211 Bergziege, Hund, Schaf
341-222↓ Hund, Rappenantilope, Biber
341-312 Rappenantilope, Hund, Schwan
341-321 Rappenantilope, Hund, Schaf
341-322 Rappenantilope, Hund, Schwan
341-331↓ Rappenantilope, Biber
342-111 Pinguin, Bergziege, Hund
342-112 Pinguin, Hund, Biber
342-121 Pinguin, Hund, Schaf
342-122 Pinguin, Hund, Biber
342-131 Pinguin, Biber, Eule
342-132 Biber, Eule, Präriehund
342-211 Bergziege, Hund, Schaf
342-212 Hund, Biber, Bergziege
342-221 Hund, Schaf, Biber
342-222 Hund, Biber, Eule
342-231↓ Biber, Eule, Rappenantilope
342-311 Bergziege, Rappenantilope, Hund
342-312 Rappenantilope, Hund, Biber
342-321 Rappenantilope, Hund, Schaf
342-322 Rappenantilope, Hund, Biber
342-331↓ Rappenantilope, Biber, Eule
343-111↓ Pinguin, Eule
343-122↓ Pinguin, Eule, Präriehund
343-222↓ Eule, Präriehund, Biber
343-311 Eule, Pinguin, Präriehund
343-312 Eule, Rappenantilope, Präriehund
343-321 Eule, Pinguin, Präriehund
343-322 Eule, Rappenantilope, Präriehund
343-331 Eule, Präriehund, Biber
343-332 Eule, Rappenantilope, Präriehund
411-111↓ Pfau, Giraffe
412-111↓ Pfau, Giraffe, Bergziege
412-132↓ Pfau, Giraffe, Geier
412-311↓ Pfau, Giraffe, Bergziege
412-312 Pfau, Schwan, Giraffe
412-321 Pfau, Giraffe, Rotwild
412-322 Pfau, Schwan, Giraffe
412-331 Pfau, Giraffe, Rotwild
412-332 Pfau, Schwan, Giraffe
413-111 Pfau, Giraffe, Bergziege
413-112↓ Pfau, Giraffe, Geier

413-131↓ Pfau, Giraffe, Wildkatze
413-211↓ Pfau, Giraffe, Bergziege
413-221↓ Pfau, Giraffe, Wildkatze
413-311 Pfau, Giraffe, Bergziege
413-312 Schwan, Pfau, Giraffe
413-321 Pfau, Giraffe, Rotwild
413-322 Schwan, Pfau, Giraffe
413-331 Pfau, Giraffe, Rotwild
413-332 Schwan, Pfau, Giraffe
421-111↓ Giraffe, Bergziege, Pfau
421-232↓ Giraffe, Pfau, Schwan
421-311 Schwan, Giraffe, Bergziege
421-312↓ Schwan, Giraffe, Rotwild
422-111↓ Giraffe, Bergziege
422-122↓ Giraffe, Schwan, Wildkatze
422-211↓ Giraffe, Bergziege, Schwan
422-232↓ Giraffe, Schwan, Wildkatze
422-311 Schwan, Giraffe, Bergziege
422-312↓ Schwan, Giraffe, Rotwild
423-111↓ Giraffe, Bergziege
423-122↓ Giraffe, Wildkatze
423-212↓ Giraffe, Schwan, Bergziege
423-232↓ Giraffe, Wildkatze, Schwan
423-311 Schwan, Giraffe, Bergziege
423-312↓ Schwan, Giraffe, Rotwild
431-111 Schwan, Giraffe, Bergziege
431-112↓ Schwan, Giraffe, Pfau
431-131↓ Schwan, Giraffe, Rappenantilope
432-111↓ Schwan, Giraffe, Bergziege
432-131↓ Schwan, .Giraffe, Rappenantilope
433-111 Schwan, Giraffe, Bergziege
433-112↓ Schwan, Giraffe, Pferd
433-132 Schwan, Giraffe, Fuchs
433-211 Schwan, Giraffe, Bergziege
433-212↓ Schwan, Giraffe, Pferd
433-231 Schwan, Giraffe, Rappenantilope
441-111↓ Rappenantilope, Schwan, Pinguin
442-111↓ Rappenantilope, Pinguin, Schwan
443-111 Pinguin, Eule
443-112↓ Pinguin, Rappenantilope, Eule
443-132 Rappenantilope, Eule, Präriehund
443-211 Rappenantilope, Pinguin, Eule
443-212 Rappenantilope, Schwan, Eule
443-221 Rappenantilope, Eule, Pinguin
443-222 Rappenantilope, Eule, Schwan
443-231↓ Rappenantilope, Eule, Präriehund
443-311↓ Rappenantilope, Schwan

322-

111-111↓ Geier, Bergziege
111-211↓ Bergziege, Geier, Pfau
112-111↓ Geier, Bergziege
113-111↓ Geier, Gorilla, Bergziege
113-331↓ Geier, Bergziege, Biber

121-111 Bergziege, Stachelschwein,
            Maulwurf
121-112 Stachelschwein, Bergziege, Geier
121-121 Stachelschwein, Maulwurf,
            Bergziege
121-122 Stachelschwein, Geier, Maulwurf
121-131 Stachelschwein, Maulwurf,
            Bergziege
121-132 Stachelschwein, Geier, Maulwurf
121-211↓ Bergziege, Stachelschwein, Geier
121-231 Bergziege, Stachelschwein,
            Maulwurf
121-232↓ Stachelschwein, Bergziege, Geier
121-322↓ Bergziege, Stachelschwein,
            Rotwild
122-111 Bergziege, Stachelschwein,
            Maulwurf
122-112 Stachelschwein, Bergziege, Geier
122-121 Stachelschwein, Maulwurf,
            Bergziege
122-122 Stachelschwein, Geier, Maulwurf
122-131 Stachelschwein, Maulwurf,
            Bergziege
122-132 Stachelschwein, Geier, Maulwurf
122-221↓ Bergziege, Stachelschwein,
            Maulwurf
122-222 Bergziege, Stachelschwein, Geier
122-231 Bergziege, Stachelschwein,
            Maulwurf
122-232↓ Stachelschwein, Bergziege, Biber
122-322 Bergziege, Stachelschwein,
            Rotwild
122-332↓ Bergziege, Biber, Stachelschwein
123-111↓ Gorilla, Bergziege, Stachelschwein
123-121 Stachelschwein, Maulwurf, Gorilla
123-122 Stachelschwein, Gorilla, Geier
123-131 Stachelschwein, Maulwurf, Gorilla
123-132 Stachelschwein, Gorilla, Geier
123-222↓ Bergziege, Stachelschwein, Gorilla
123-231↓ Bergziege, Biber, Stachelschwein
123-322↓ Bergziege, Stachelschwein, Gorilla
123-332↓ Biber, Bergziege, Fuchs
131-111 Bergziege, Stachelschwein,
            Maulwurf
131-112 Stachelschwein, Bergziege, Geier
131-121 Stachelschwein, Maulwurf,
            Bergziege
131-122 Stachelschwein, Geier, Maulwurf
131-131 Stachelschwein, Maulwurf, Biber
131-132 Stachelschwein, Biber, Geier
131-211↓ Bergziege, Schaf, Stachelschwein
131-231 Biber, Schaf, Bergziege
131-232 Biber, Schaf, Stachelschwein
131-322↓ Bergziege, Schaf, Biber

131-332 Biber, Rappenantilope, Schaf
132-111 Bergziege, Stachelschwein,
            Maulwurf
132-112 Stachelschwein, Bergziege, Geier
132-121 Stachelschwein, Maulwurf,
            Bergziege
132-122 Stachelschwein, Geier, Biber
132-131 Biber, Stachelschwein, Maulwurf
132-132 Biber, Stachelschwein, Geier
132-221↓ Bergziege, Schaf, Biber
132-332 Biber, Rappenantilope
133-111 Gorilla, Bergziege, Stachelschwein
133-112 Gorilla, Fledermaus,
            Stachelschwein
133-121 Stachelschwein, Maulwurf, Gorilla
133-122 Fledermaus, Stachelschwein,
            Gorilla
133-131 Biber, Fuchs, Stachelschwein
133-132 Biber, Fuchs, Fledermaus
133-212↓ Bergziege, Pferd, Gorilla
133-221 Bergziege, Pferd, Biber
133-222↓ Pferd, Biber, Fuchs
133-312↓ Bergziege, Pferd, Biber
133-322↓ Pferd, Biber, Fuchs
141-111 Schaf, Biber
141-331↓ Biber, Schaf, Rappenantilope
142-111 Schaf, Biber
142-222↓ Biber, Schaf, Bison
142-332 Biber, Rappenantilope
143-111↓ Schaf, Pinguin, Biber
143-311↓ Schaf, Biber, Eule
211-111↓ Geier, Bergziege
211-211↓ Bergziege, Geier, Pfau
212-111↓ Geier, Bergziege
213-111↓ Geier, Gorilla, Bergziege
213-331↓ Geier, Bergziege, Biber
221-111 Bergziege, Geier, Schlange
221-221↓ Bergziege, Geier, Giraffe
221-322↓ Bergziege, Rotwild, Zebra
222-111↓ Bergziege, Gorilla, Geier
222-132↓ Geier, Bergziege, Biber
222-212↓ Bergziege, Geier, Gorilla
222-222 Bergziege, Geier, Giraffe
222-231↓ Bergziege, Biber, Geier
222-322↓ Bergziege, Rotwild, Zebra
222-332↓ Bergziege, Biber, Rotwild
223-111 Gorilla, Bergziege, Geier
223-132 Gorilla, Geier, Fuchs
223-212↓ Bergziege, Gorilla, Pferd
223-231↓ Bergziege, Biber, Fuchs
223-322↓ Bergziege, Pferd, Gorilla
223-331↓ Bergziege, Biber, Fuchs
231-111↓ Bergziege, Geier, Gorilla
231-121↓ Bergziege, Schaf, Geier

231-131 Biber, Schaf, Bergziege
231-132 Biber, Geier, Schaf
231-222↓ Bergziege, Schaf, Biber
231-332 Biber, Rappenantilope, Schaf
232-111 Bergziege, Schaf, Gorilla
232-112 Bergziege, Geier, Gorilla
232-121 Bergziege, Schaf, Geier
232-122 Geier, Biber, Bergziege
232-131 Biber, Schaf, Bergziege
232-132 Biber, Geier, Fuchs
232-211 Bergziege, Schaf, Biber
232-212 Bergziege, Biber, Pferd
232-221 Bergziege, Schaf, Biber
232-222 Biber, Bergziege, Pferd
232-231 Biber, Schaf, Bergziege
232-232 Biber, Fuchs, Pferd
232-311 Bergziege, Schaf
232-312 Bergziege, Biber, Pferd
232-321 Bergziege, Schaf, Biber
232-322 Biber, Bergziege, Pferd
232-331 Biber, Schaf, Bergziege
232-332 Biber, Rappenantilope, Fuchs
233-111 Gorilla, Bergziege, Pferd
233-112 Gorilla, Pferd, Fledermaus
233-121 Pferd, Pinguin, Gorilla
233-122 Pferd, Fledermaus, Gorilla
233-131 Biber, Fuchs, Pferd
233-212 Pferd, Bergziege, Gorilla
233-221 Pferd, Bergziege, Biber
233-222↓ Pferd, Fuchs, Biber
233-312 Pferd, Bergziege, Fuchs
233-321 Pferd, Bergziege, Biber
233-322↓ Pferd, Fuchs, Biber
241-111 Schaf, Biber
241-322↓ Schaf, Biber, Bison
241-331↓ Biber, Schaf, Rappenantilope
242-111 Schaf, Biber, Pinguin
242-112 Biber, Schaf, Bison
242-121 Schaf, Biber, Pinguin
242-122 Biber, Schaf, Bison
242-131 Biber, Schaf, Pinguin
242-132 Biber, Schaf, Eule
242-312↓ Biber, Schaf, Bison
242-331↓ Biber, Schaf, Rappenantilope
243-111 Pinguin, Schaf, Biber
243-112 Biber, Pinguin, Eule
243-121 Pinguin, Biber, Schaf
243-122↓ Biber, Eule, Pinguin
243-132 Biber, Eule, Präriehund
243-211↓ Schaf, Biber, Eule
243-232 Biber, Eule, Präriehund
243-311↓ Schaf, Biber, Eule
243-332 Biber, Eule, Rappenantilope
311-111↓ Geier, Pfau, Bergziege

312-111 Geier, Bergziege
312-211↓ Bergziege, Geier, Pfau
312-222↓ Geier, Pfau, Giraffe
312-311↓ Bergziege, Pfau, Geier
312-331 Pfau, Geier, Rotwild
313-111↓ Geier, Gorilla, Bergziege
313-211↓ Bergziege, Geier, Pfau
313-222 Geier, Pfau, Pferd
313-231↓ Geier, Fuchs, Pfau
313-311↓ Bergziege, Geier, Pfau
313-322 Geier, Pfau, Pferd
313-331↓ Geier, Fuchs, Pfau
321-111 Bergziege, Giraffe
321-112↓ Bergziege, Giraffe, Geier
321-122 Giraffe, Geier, Pfau
321-131 Giraffe, Bergziege, Geier
321-132 Giraffe, Geier, Pfau
321-212↓ Bergziege, Giraffe, Pfau
321-311↓ Bergziege, Rotwild, Zebra
321-322 Rotwild, Zebra, Schwan
321-334 Rotwild, Zebra, Giraffe
321-332 Rotwild, Zebra, Schwan
322-111 Bergziege, Giraffe, Gorilla
322-112↓ Bergziege, Giraffe, Geier
322-132 Giraffe, Geier, Fuchs
322-212↓ Bergziege, Giraffe, Pferd
322-311↓ Bergziege, Rotwild, Zebra
322-322 Rotwild, Zebra, Schwan
322-331 Rotwild, Zebra, Giraffe
322-332 Rotwild, Zebra, Schwan
323-111↓ Gorilla, Bergziege, Pferd
323-121 Pferd, Pinguin, Gorilla
323-122 Pferd, Gorilla, Fuchs
323-131 Fuchs, Pferd, Pinguin
323-132 Fuchs, Pferd, Gorilla
323-211 Bergziege, Pferd, Gorilla
323-222 Pferd, Fuchs, Giraffe
323-312↓ Pferd, Bergziege, Rotwild
323-322 Pferd, Fuchs, Rotwild
331-111 Bergziege, Pferd, Pinguin
331-112 Pferd, Bergziege, Schwan
331-121 Pferd, Pinguin, Bergziege
331-122 Pferd, Schwan, Giraffe
331-131 Pferd, Pinguin, Schwan
331-132 Pferd, Fuchs, Schwan
331-211↓ Bergziege, Pferd, Schwan
331-231 Pferd, Schwan, Giraffe
331-232 Schwan, Pferd, Fuchs
331-322↓ Schwan, Pferd, Rappenantilope
332-111 Bergziege, Pferd, Pinguin
332-112 Pferd, Bergziege, Schwan
332-121 Pferd, Pinguin, Bergziege
332-122 Pferd, Schwan, Giraffe
332-131 Pferd, Fuchs, Pinguin

332-132 Fuchs, Pferd, Biber
332-211↓ Bergziege, Pferd, Schwan
332-222 Pferd, Schwan, Giraffe
332-231 Pferd, Fuchs, Biber
332-312↓ Schwan, Pferd, Bergziege
332-322↓ Schwan, Pferd, Rappenantilope
332-332 Schwan, Rappenantilope, Fuchs
333-111 Pferd, Pinguin, Gorilla
333-112 Pferd, Fuchs, Gorilla
333-121↓ Pferd, Pinguin, Fuchs
333-211 Pferd, Fuchs, Bergziege
333-212↓ Pferd, Fuchs, Eule
333-321↓ Pferd, Fuchs, Schwan
333-331↓ Fuchs, Pferd, Eule
341-111↓ Pinguin, Schaf, Hund
341-131 Pinguin, Biber, Schaf
341-132 Biber, Eule, Hund
341-211 Schaf, Hund, Pinguin
341-212 Hund, Schaf, Rappenantilope
341-221 Schaf, Hund, Biber
341-222 Hund, Schaf, Rappenantilope
341-231 Biber, Schaf, Rappenantilope
341-232 Rappenantilope, Biber, Eule
341-311 Schaf, Rappenantilope, Hund
341-312 Rappenantilope, Hund, Schwan
341-321 Rappenantilope, Schaf, Hund
341-322 Rappenantilope, Hund, Schwan
341-331 Rappenantilope, Biber, Schaf
341-332 Rappenantilope, Biber, Eule
342-111 Pinguin, Schaf, Hund
342-112 Pinguin, Hund, Biber
342-121 Pinguin, Schaf, Hund
342-122 Pinguin, Hund, Biber
342-131 Pinguin, Biber, Eule
342-132 Biber, Eule, Präriehund
342-211 Schaf, Hund, Pinguin
342-212 Hund, Biber, Eule
342-221 Schaf, Hund, Biber
342-222 Hund, Biber, Eule
342-231 Biber, Eule, Schaf
342-232 Biber, Eule, Rappenantilope
342-311 Schaf, Rappenantilope, Hund
342-312 Rappenantilope, Hund, Biber
342-321 Rappenantilope, Schaf, Hund
342-322 Rappenantilope, Hund, Biber
342-331↓ Rappenantilope, Biber, Eule
343-111 Pinguin, Eule
343-112↓ Pinguin, Eule, Präriehund
343-211 Eule, Pinguin, Schaf
343-212↓ Eule, Präriehund, Pinguin
343-222↓ Eule, Präriehund, Biber
343-311 Eule, Pinguin, Schaf
343-312 Eule, Rappenantilope, Präriehund
343-321 Eule, Pinguin, Präriehund

343-322 Eule, Rappenantilope, Präriehund
343-331 Eule, Präriehund, Biber
343-332 Eule, Rappenantilope, Präriehund
411-111↓ Pfau, Giraffe
412-111↓ Pfau, Giraffe
412-232↓ Pfau, Giraffe, Wildkatze
412-311 Pfau, Rotwild, Giraffe
412-312 Pfau, Rotwild, Schwan
412-321 Pfau, Rotwild, Giraffe
412-322 Pfau, Rotwild, Schwan
412-331 Pfau, Rotwild, Giraffe
412-332 Pfau, Rotwild, Schwan
413-111↓ Pfau, Giraffe, Geier
413-222↓ Pfau, Giraffe, Wildkatze
413-311 Pfau, Rotwild, Giraffe
413-312 Pfau, Rotwild, Schwan
413-321 Pfau, Rotwild, Giraffe
413-322 Pfau, Rotwild, Schwan
413-331 Pfau, Rotwild, Giraffe
413-332 Pfau, Rotwild, Schwan
421-111↓ Giraffe, Pfau
421-211↓ Giraffe, Pfau, Schwan
421-311↓ Schwan, Rotwild, Giraffe
422-111↓ Giraffe, Schwan, Rotwild
422-132↓ Giraffe, Wildkatze, Schwan
422-211↓ Giraffe, Schwan, Rotwild
422-232 Giraffe, Schwan, Wildkatze
422-311↓ Schwan, Rotwild, Giraffe
423-111↓ Giraffe, Wildkatze
423-122↓ Giraffe, Wildkatze, Schwan
423-211↓ Giraffe, Schwan, Rotwild
423-221↓ Giraffe, Wildkatze, Schwan
423-311↓ Schwan, Rotwild, Giraffe
431-111↓ Schwan, Giraffe, Pfau
431-132↓ Schwan, Giraffe, Rappenantilope
431-211↓ Schwan, Giraffe, Pfau
431-231↓ Schwan, Giraffe, Rappenantilope
431-321↓ Schwan, Rotwild, Rappenantilope
432-111↓ Schwan, Giraffe, Waldkaninchen
432-122 Schwan, Giraffe, Wildkatze
432-131↓ Schwan, Giraffe, Rappenantilope
432-221↓ Schwan, Giraffe, Waldkaninchen
432-222↓ Schwan, Giraffe, Rappenantilope
432-321↓ Schwan, Rotwild, Rappenantilope
433-111↓ Schwan, Giraffe, Pferd
433-131↓ Schwan, Giraffe, Fuchs
433-211↓ Schwan, Giraffe, Pferd
433-231 Schwan, Giraffe, Fuchs
433-232↓ Schwan, Fuchs, Rappenantilope
433-321 Schwan, Rotwild, Rappenantilope
433-332↓ Schwan, Rappenantilope, Fuchs
441-111 Rappenantilope, Schwan, Pinguin
441-112 Rappenantilope, Schwan, Hund
442-111↓ Rappenantilope, Pinguin, Schwan

442-212↓ Rappenantilope, Schwan, Hund
442-231↓ Rappenantilope, Schwan, Eule
443-111 Pinguin, Eule
443-122↓ Eule, Rappenantilope, Pinguin
443-212 Rappenantilope, Eule, Schwan
443-221 Rappenantilope, Eule, Pinguin
443-222 Rappenantilope, Eule, Schwan
443-231↓ Rappenantilope, Eule, Präriehund
443-321↓ Rappenantilope, Schwan, Eule

323-

111-111↓ Geier, Pfau, Bergziege
112-111↓ Geier, Bergziege
112-331↓ Geier, Pfau, Bergziege
112-332 Geier, Pfau, Rotwild
113-111↓ Geier, Gorilla, Bergziege
113-312↓ Geier, Bergziege, Pfau
113-322 Geier, Pfau, Rotwild
113-331 Geier, Bergziege, Pfau
113-332 Geier, Pfau, Fuchs
121-111 Bergziege, Stachelschwein, Maulwurf
121-112 Stachelschwein, Bergziege, Geier
121-121 Stachelschwein, Maulwurf, Bergziege
121-122 Stachelschwein, Geier, Maulwurf
121-131 Stachelschwein, Maulwurf, Bergziege
121-132 Stachelschwein, Geier, Maulwurf
121-211↓ Bergziege, Schaf
121-222 Bergziege, Stachelschwein, Pfau
121-231 Bergziege, Schaf, Stachelschwein
121-232↓ Stachelschwein, Pfau, Bergziege
121-321↓ Bergziege, Rotwild, Schaf
121-322 Rotwild, Bergziege, Pfau
121-331 Bergziege, Rotwild, Schaf
121-332 Rotwild, Pfau, Bergziege
122-111 Bergziege, Stachelschwein, Maulwurf
122-112 Stachelschwein, Bergziege, Geier
122-121 Stachelschwein, Maulwurf, Bergziege
122-122 Stachelschwein, Geier, Maulwurf
122-131 Stachelschwein, Maulwurf, Bergziege
122-132 Stachelschwein, Geier, Maulwurf
122-211↓ Bergziege, Schaf
122-222 Bergziege, Stachelschwein, Geier
122-231 Bergziege, Schaf, Stachelschwein
122-232↓ Stachelschwein, Bergziege, Biber
122-321↓ Bergziege, Rotwild, Schaf
122-322 Rotwild, Bergziege, Stachelschwein
122-331 Bergziege, Rotwild, Schaf

122-332 Rotwild, Bergziege, Biber
123-111↓ Gorilla, Bergziege, Stachelschwein
123-121 Stachelschwein, Maulwurf, Gorilla
123-122 Stachelschwein, Gorilla, Geier
123-131 Stachelschwein, Maulwurf, Gorilla
123-132 Stachelschwein, Fuchs, Gorilla
123-211↓ Bergziege, Gorilla, Pferd
123-221 Bergziege, Pferd, Schaf
123-222↓ Pferd, Bergziege, Fuchs
123-232 Fuchs, Pferd, Biber
123-311↓ Bergziege, Pferd, Gorilla
123-321↓ Bergziege, Pferd, Rotwild
123-331 Bergziege, Fuchs, Pferd
123-332 Fuchs, Pferd, Rotwild
131-111 Bergziege, Schaf, Walroß
131-112 Stachelschwein, Bergziege, Schaf
131-121 Schaf, Walroß, Stachelschwein
131-122 Stachelschwein, Schaf, Geier
131-131 Schaf, Walroß, Stachelschwein
131-132 Stachelschwein, Schaf, Biber
131-212↓ Bergziege, Schaf, Bison
131-222 Schaf, Bison, Pferd
131-232↓ Schaf, Biber, Bison
131-312↓ Bergziege, Schaf, Bison
131-322 Schaf, Bison, Rotwild
131-331 Schaf, Biber, Bergziege
131-332 Schaf, Biber, Bison
132-111 Bergziege, Schaf, Walroß
132-112 Stachelschwein, Bergziege, Schaf
132-121 Schaf, Walroß, Stachelschwein
132-122 Stachelschwein, Schaf, Geier
132-131 Schaf, Biber, Walroß
132-132 Biber, Stachelschwein, Schaf
132-212↓ Bergziege, Schaf, Pferd
132-222 Schaf, Pferd, Bison
132-232↓ Biber, Schaf, Fuchs
132-312↓ Bergziege, Schaf, Pferd
132-322 Schaf, Pferd, Bison
132-332↓ Biber, Schaf, Fuchs
133-111 Pferd, Gorilla, Bergziege
133-112 Pferd, Gorilla, Fuchs
133-121 Pferd, Schaf, Fuchs
133-122 Pferd, Fuchs, Fledermaus
133-131↓ Fuchs, Pferd, Biber
133-211 Pferd, Bergziege, Schaf
133-212 Pferd, Fuchs, Bergziege
133-231↓ Fuchs, Pferd, Biber
133-311 Pferd, Bergziege, Schaf
133-312 Pferd, Fuchs, Bergziege
133-331↓ Fuchs, Pferd, Biber
141-111↓ Schaf, Bison
141-332↓ Schaf, Biber, Bison
142-111↓ Schaf, Bison, Biber
143-111 Schaf, Eule

143-112↓ Schaf, Eule, Bison
143-121↓ Schaf, Eule, Biber
143-212↓ Schaf, Eule, Bison
143-321 Schaf, Eule, Biber
211-111↓ Geier, Pfau, Bergziege
212-111↓ Geier, Bergziege
212-311↓ Bergziege, Geier, Pfau
212-322 Geier, Pfau, Rotwild
212-331 Geier, Pfau, Bergziege
212-332 Geier, Pfau, Rotwild
213-111↓ Geier, Gorilla, Bergziege
213-312↓ Geier, Bergziege, Pfau
213-322 Geier, Pfau, Pferd
213-331 Geier, Bergziege, Fuchs
213-332 Geier, Fuchs, Pfau
221-111↓ Bergziege, Geier, Gorilla
221-121 Bergziege, Geier, Schaf
221-122 Geier, Bergziege, Pfau
221-131 Bergziege, Geier, Schaf
221-221↓ Bergziege, Schaf, Pfau
221-222 Bergziege, Pfau, Geier
221-231 Bergziege, Schaf, Pfau
221-232↓ Pfau, Bergziege, Geier
221-321↓ Bergziege, Rotwild, Schaf
221-322 Rotwild, Bergziege, Pfau
221-331 Bergziege, Rotwild, Schaf
221-332 Rotwild, Pfau, Bergziege
222-111↓ Bergziege, Gorilla, Geier
222-121 Bergziege, Geier, Schaf
222-122 Geier, Bergziege, Gorilla
222-131 Bergziege, Geier, Schaf
222-132↓ Geier, Bergziege, Biber
222-212 Bergziege, Geier, Pferd
222-221 Bergziege, Schaf, Pferd
222-222 Bergziege, Geier, Pferd
222-231 Bergziege, Schaf, Biber
222-232 Bergziege, Biber, Fuchs
222-321↓ Bergziege, Rotwild, Schaf
222-322 Rotwild, Bergziege, Pferd
222-331 Bergziege, Rotwild, Schaf
222-332 Rotwild, Bergziege, Biber
223-111 Gorilla, Bergziege
223-112↓ Gorilla, Bergziege, Pferd
223-122 Gorilla, Pferd, Geier
223-131↓ Fuchs, Pferd, Gorilla
223-211↓ Bergziege, Pferd, Gorilla
223-221 Bergziege, Pferd, Schaf
223-222↓ Pferd, Fuchs, Bergziege
223-312 Bergziege, Pferd, Gorilla
223-321 Bergziege, Pferd, Rotwild
223-322 Pferd, Fuchs, Rotwild
223-331↓ Fuchs, Pferd, Bergziege
231-111 Bergziege, Schaf, Walroß
231-112 Bergziege, Schaf, Geier

231-121 Schaf, Walroß, Bergziege
231-122 Schaf, Geier, Pferd
231-131 Schaf, Walroß, Biber
231-132 Schaf, Biber, Geier
231-212↓ Bergziege, Schaf, Pferd
231-232 Schaf, Biber, Pferd
231-312↓ Bergziege, Schaf, Pferd
231-322 Schaf, Pferd, Bison
231-332↓ Schaf, Biber, Pferd
232-111 Bergziege, Schaf, Walroß
232-112 Bergziege, Pferd, Schaf
232-121 Schaf, Walroß, Pferd
232-122 Pferd, Schaf, Geier
232-131 Schaf, Biber, Walroß
232-132 Biber, Fuchs, Pferd
232-211↓ Bergziege, Schaf, Pferd
232-222 Pferd, Schaf, Bison
232-231 Schaf, Biber, Pferd
232-232 Biber, Fuchs, Pferd
232-311↓ Bergziege, Schaf, Pferd
232-322 Pferd, Schaf, Bison
232-331 Schaf, Biber, Pferd
232-332 Biber, Fuchs, Pferd
233-111 Pferd, Gorilla, Bergziege
233-112 Pferd, Gorilla, Fuchs
233-121 Pferd, Schaf, Fuchs
233-122 Pferd, Fuchs, Fledermaus
233-131↓ Fuchs, Pferd, Eule
233-211 Pferd, Bergziege, Schaf
233-242 Pferd, Fuchs, Bergziege
233-221↓ Pferd, Schaf, Fuchs
233-322 Pferd, Fuchs, Eule
241-111↓ Schaf, Bison, Hund
241-132↓ Schaf, Biber, Bison
241-211↓ Schaf, Bison, Hund
241-231↓ Schaf, Biber, Bison
241-322↓ Schaf, Bison, Hund
241-332↓ Schaf, Biber, Bison
242-111↓ Schaf, Bison, Biber
242-131↓ Schaf, Bison, Eule
243-111 Schaf, Eule, Pinguin
243-112 Eule, Schaf, Bison
243-121 Schaf, Eule, Pinguin
243-122↓ Eule, Schaf, Biber
243-132 Eule, Biber, Präriehund
243-211 Schaf, Eule, Biber
243-212 Eule, Schaf, Bison
243-221 Schaf, Eule, Biber
243-232 Eule, Biber, Präriehund
243-312↓ Eule, Schaf, Bison
243-321 Schaf, Eule, Biber
243-332 Eule, Biber, Präriehund
311-111↓ Pfau, Geier
312-111↓ Geier, Pfau, Bergziege

312-322↓ Pfau, Rotwild, Geier
313-111↓ Geier, Pfau, Pferd
313-131↓ Geier, Fuchs, Pfau
313-211 Pfau, Pferd, Bergziege
313-212↓ Pfau, Pferd, Geier
313-231↓ Fuchs, Pfau, Pferd
313-311 Pfau, Pferd, Rotwild
313-331↓ Fuchs, Pfau, Pferd
321-111↓ Bergziege, Pfau, Giraffe
321-132 Pfau, Giraffe, Geier
321-212↓ Pfau, Bergziege, Giraffe
321-222↓ Pfau, Giraffe, Rotwild
321-311 Rotwild, Bergziege, Pfau
321-322↓ Rotwild, Pfau, Zebra
322-111↓ Bergziege, Pferd, Giraffe
322-131 Pferd, Fuchs, Giraffe
322-221 Pferd, Bergziege, Giraffe
322-222 Pferd, Giraffe, Rotwild
322-234 Pferd, Fuchs, Giraffe
322-321 Rotwild, Pferd, Bergziege
322-332↓ Rotwild, Fuchs, Pferd
323-111 Pferd, Gorilla, Bergziege
323-112↓ Fuchs, Pferd, Präriehund
323-211↓ Pferd, Bergziege, Fuchs
323-222 Pferd, Fuchs, Giraffe
323-231↓ Fuchs, Pferd, Präriehund
323-311 Pferd, Rotwild, Bergziege
323-312↓ Pferd, Rotwild, Fuchs
331-111 Pferd, Bergziege, Schaf
331-112 Pferd, Hund, Pfau
331-121 Pferd, Schaf, Hund
331-122 Pferd, Hund, Pfau
331-131 Pferd, Fuchs, Schaf
331-132 Pferd, Fuchs, Hund
331-211 Pferd, Bergziege, Schaf
331-212 Pferd, Hund, Pfau
331-221 Pferd, Schaf, Hund
331-222 Pferd, Hund, Pfau
331-231 Pferd, Fuchs, Schaf
331-232 Pferd, Fuchs, Hund
331-311 Pferd, Schwan, Rotwild
331-332 Schwan, Pferd, Fuchs
332-111 Pferd, Bergziege, Schaf
332-112 Pferd, Fuchs, Hund
332-121 Pferd, Schaf, Fuchs
332-122 Pferd, Fuchs, Hund
332-131 Pferd, Fuchs, Eule
332-212 Pferd, Fuchs, Hund
332-221 Pferd, Schaf, Fuchs
332-222 Pferd, Fuchs, Hund
332-231 Pferd, Fuchs, Eule
332-331 Pferd, Fuchs, Schwan
333-111 Pferd, Fuchs, Pinguin
333-112 Pferd, Fuchs, Eule

333·121 Pferd, Fuchs, Pinguin
333·122 Pferd, Fuchs, Eule
333·312 Pferd, Fuchs, Schwan
333·321↓ Pferd, Fuchs, Eule
341·111 Schaf, Hund, Pinguin
341·112 Hund, Schaf, Bison
341·121 Schaf, Hund, Pinguin
341·122↓ Hund, Schaf, Eule
341·132 Eule, Hund, Präriehund
341·212↓ Hund, Schaf, Bison
341·221 Schaf, Hund, Eule
341·232 Eule, Hund, Präriehund
341·312↓ Hund, Schaf, Rappenantilope
341·331 Schaf, Rappenantilope, Eule
341·332 Rappenantilope, Eule, Hund
342·111 Schaf, Hund, Pinguin
342·112 Hund, Eule, Schaf
342·121 Schaf, Hund, Pinguin
342·122 Hund, Eule, Schaf
342·131 Eule, Schaf, Präriehund
342·132 Eule, Präriehund, Hund
342·211↓ Schaf, Hund, Eule
342·231 Eule, Schaf, Präriehund
342·232 Eule, Präriehund, Hund
342·311↓ Schaf, Hund, Eule
342·322 Hund, Eule, Rappenantilope
342·331 Schaf, Rappenantilope
342·332 Eule, Rappenantilope, Präriehund
343·111 Eule, Pinguin, Schaf
343·112↓ Eule, Pinguin, Präriehund
343·211↓ Eule, Schaf, Präriehund
343·212 Eule, Präriehund, Pferd
343·221↓ Eule, Präriehund, Schaf
343·312 Eule, Präriehund, Pferd
343·321 Eule, Präriehund, Schaf
343·322↓ Eule, Präriehund, Pferd
411·111↓ Pfau, Rotwild
412·111↓ Pfau, Giraffe
413·111↓ Pfau, Giraffe, Rotwild
413·311↓ Pfau, Rotwild, Delphin
421·111↓ Pfau, Giraffe, Rotwild
421·311↓ Rotwild, Pfau, Schwan
422·111↓ Giraffe, Rotwild, Pfau
422·311↓ Rotwild, Schwan, Giraffe
423·111↓ Giraffe, Rotwild, Pferd
423·122 Giraffe, Rotwild, Wildkatze
423·131 Giraffe, Rotwild, Fuchs
423·132 Giraffe, Fuchs, Wildkatze
423·211↓ Giraffe, Rotwild, Delphin
423·231↓ Giraffe, Rotwild, Fuchs
423·311↓ Rotwild, Delphin, Schwan
431·111 Pfau, Waldkaninchen, Schwan
431·112 Pfau, Schwan, Giraffe
431·121 Pfau, Waldkaninchen, Schwan

431·122 Pfau, Schwan, Giraffe
431·131 Pfau, Waldkaninchen, Schwan
431·132 Pfau, Schwan, Giraffe
431·211 Pfau, Schwan, Waldkaninchen
431·212 Schwan, Pfau, Giraffe
431·221 Pfau, Schwan, Waldkaninchen
431·222 Schwan, Pfau, Giraffe
431·231 Pfau, Schwan, Waldkaninchen
431·232 Schwan, Pfau, Rappenantilope
431·312↓ Schwan, Rotwild, Pfau
431·331↓ Schwan, Rotwild, Rappenantilope
432·111 Waldkaninchen, Schwan, Giraffe
432·112 Schwan, Giraffe, Rotwild
432·121 Waldkaninchen, Schwan, Giraffe
432·122 Schwan, Giraffe, Rotwild
432·131 Waldkaninchen, Schwan, Giraffe
432·132 Schwan, Giraffe, Rappenantilope
432·211 Schwan, Waldkaninchen, Giraffe
432·212 Schwan, Giraffe, Rotwild
432·221 Schwan, Waldkaninchen, Giraffe
432·222 Schwan, Giraffe, Rotwild
432·231 Schwan, Waldkaninchen, Giraffe
432·232 Schwan, Rappenantilope, Giraffe
432·331↓ Schwan, Rotwild, Rappenantilope
433·111 Pferd, Waldkaninchen, Schwan
433·112 Pferd, Schwan, Fuchs
433·121 Pferd, Waldkaninchen, Schwan
433·122 Pferd, Schwan, Fuchs
433·131 Fuchs, Pferd, Eule
433·132 Fuchs, Pferd, Schwan
433·211 Pferd, Schwan, Waldkaninchen
433·212 Schwan, Pferd, Fuchs
433·221 Pferd, Schwan, Waldkaninchen
433·222↓ Schwan, Pferd, Fuchs
433·311↓ Schwan, Rotwild, Pferd
433·331 Schwan, Rotwild, Fuchs
433·332 Schwan, Fuchs, Rappenantilope
441·111 Hund, Pfau, Schaf
441·112↓ Rappenantilope, Hund, Pfau
441·131↓ Rappenantilope, Eule, Hund
441·211 Rappenantilope, Hund, Pfau
441·212 Rappenantilope, Schwan, Hund
441·221 Rappenantilope, Hund, Pfau
441·222↓ Rappenantilope, Schwan, Hund
442·111 Hund, Schaf, Rappenantilope
442·112 Rappenantilope, Hund, Schwan
442·121 Rappenantilope, Hund, Schaf
442·122 Rappenantilope, Hund, Eule
442·131↓ Rappenantilope, Eule, Präriehund
442·211 Rappenantilope, Hund, Schaf
442·212 Rappenantilope, Schwan, Hund
442·221 Rappenantilope, Hund, Schaf
442·222 Rappenantilope, Schwan, Hund
442·231 Rappenantilope, Eule, Präriehund

442·322↓ Rappenantilope, Schwan, Hund
442·331↓ Rappenantilope, Schwan, Eule
443·111↓ Eule, Pinguin, Präriehund
443·132↓ Eule, Präriehund, Rappenantilope
443·311↓ Rappenantilope, Eule, Schwan
443·331↓ Rappenantilope, Eule, Präriehund

324-
111·111↓ Geier, Pfau, Bergziege
112·111↓ Geier, Bergziege
112·311↓ Bergziege, Geier, Pfau
112·322 Geier, Pfau, Rotwild
112·331 Geier, Pfau, Bergziege
112·332 Geier, Pfau, Adler
113·111↓ Geier, Bergziege, Gorilla
113·211↓ Bergziege, Pferd, Geier
113·231 Pferd, Geier, Pavian
113·312↓ Pferd, Delphin, Geier
113·331 Pferd, Delphin, Pavian
113·332 Pferd, Delphin, Geier
121·111↓ Bergziege, Walroß, Stachelschwein
121·121 Walroß, Stachelschwein, Maulwurf
121·122 Stachelschwein, Walroß, Geier
121·131 Walroß, Stachelschwein, Maulwurf
121·132 Stachelschwein, Walroß, Geier
121·221↓ Bergziege, Pferd, Schaf
121·222 Pferd, Bergziege, Stachelschwein
121·231 Bergziege, Pferd, Schaf
121·232 Pferd, Stachelschwein, Pfau
121·311↓ Bergziege, Rotwild, Pferd
121·332 Adler, Rotwild, Pferd
122·111 Bergziege, Walroß, Stachelschwein
122·112 Stachelschwein, Bergziege, Pferd
122·121 Walroß, Stachelschwein, Maulwurf
122·122 Stachelschwein, Pferd, Walroß
122·131 Walroß, Stachelschwein, Maulwurf
122·132 Stachelschwein, Pferd, Walroß
122·221↓ Bergziege, Pferd, Schaf
122·222 Pferd, Bergziege, Stachelschwein
122·231 Bergziege, Pferd, Schaf
122·232 Pferd, Pavian, Stachelschwein
122·311↓ Bergziege, Pferd, Rotwild
122·322 Pferd, Rotwild, Delphin
122·331 Bergziege, Pferd, Rotwild
122·332 Pferd, Adler, Rotwild
123·111 Pferd, Bergziege, Gorilla
123·112 Pferd, Gorilla, Stachelschwein
123·121↓ Pferd, Walroß, Stachelschwein
123·131 Pferd, Pavian, Walroß
123·132 Pferd, Pavian, Stachelschwein
123·211↓ Pferd, Bergziege
123·232↓ Pferd, Pavian, Präriehund
123·311 Pferd, Bergziege, Delphin
123·331↓ Pferd, Pavian, Delphin

219

131-111 Walroß, Bergziege, Pferd
131-122↓ Walroß, Pferd, Hund
131-131 Walroß, Pferd, Schaf
131-132 Walroß, Pferd, Pavian
131-211 Bergziege, Pferd, Schaf
131-212 Pferd, Hund, Bergziege
131-221 Pferd, Schaf, Walroß
131-222 Pferd, Hund, Schaf
131-231 Pferd, Schaf, Walroß
131-232 Pferd, Pavian, Hund
131-311 Bergziege, Pferd, Schaf
131-312 Pferd, Hund, Bergziege
131-321 Pferd, Schaf, Walroß
131-322 Pferd, Hund, Schaf
131-331 Pferd, Schaf, Pavian
131-332 Pferd, Pavian, Hund
132-111↓ Walroß, Pferd, Bergziege
132-211 Pferd, Bergziege, Schaf
132-212 Pferd, Hund
132-221↓ Pferd, Schaf, Walroß
132-231 Pferd, Schaf, Pavian
132-232 Pferd, Pavian, Präriehund
132-311↓ Pferd, Bergziege, Schaf
132-322 Pferd, Hund
132-331↓ Pferd, Schaf, Pavian
133-111↓ Pferd, Walroß
133-232↓ Pferd, Pavian, Präriehund
141-111 Schaf, Hund
141-122↓ Hund, Schaf, Bison
141-131 Schaf, Hund, Präriehund
141-222↓ Hund, Schaf, Bison
141-231 Schaf, Hund, Präriehund
141-322↓ Hund, Schaf, Bison
141-331↓ Schaf, Hund, Präriehund
142-111 Schaf, Hund
142-122↓ Hund, Schaf, Bison
142-131 Schaf, Präriehund, Hund
142-132 Präriehund, Hund, Biber
142-222↓ Hund, Schaf, Bison
142-231 Schaf, Präriehund, Hund
142-232 Präriehund, Hund, Biber
142-322↓ Hund, Schaf, Bison
142-331 Schaf, Präriehund, Hund
142-332 Präriehund, Hund, Biber
143-111 Schaf, Präriehund, Pferd
143-112 Präriehund, Pferd, Hund
143-121 Schaf, Präriehund, Pferd
143-122 Präriehund, Pferd, Hund
143-131 Präriehund, Eule, Schaf
143-132 Präriehund, Eule, Biber
143-211 Schaf, Präriehund, Pferd
143-212 Präriehund, Pferd, Hund
143-221 Schaf, Präriehund, Pferd
143-222 Präriehund, Pferd, Hund

143-231 Präriehund, Eule, Schaf
143-232 Präriehund, Eule, Biber
143-311 Schaf, Präriehund, Pferd
143-312 Präriehund, Pferd, Hund
143-321 Schaf, Präriehund, Pferd
143-322 Präriehund, Pferd, Hund
143-331 Präriehund, Eule, Schaf
143-332 Präriehund, Eule, Wildhund
211-111↓ Geier, Pfau, Bergziege
212-111↓ Geier, Bergziege
212-211↓ Bergziege, Geier, Pfau
212-222 Geier, Pfau, Pferd
212-231 Geier, Pfau, Bergziege
212-232 Geier, Pfau, Pferd
212-311 Bergziege, Geier, Pfau
212-322 Geier, Pfau, Pferd
212-331 Geier, Pfau, Bergziege
212-332 Geier, Pfau, Adler
213-111↓ Geier, Pferd, Bergziege
213-231↓ Pferd, Geier, Präriehund
213-311 Pferd, Bergziege, Delphin
213-322↓ Pferd, Delphin, Geier
213-331↓ Pferd, Präriehund, Delphin
221-111 Bergziege, Walroß
221-112↓ Bergziege, Pferd, Walroß
221-122 Pferd, Walroß, Geier
221-131 Walroß, Bergziege, Pferd
221-132 Pferd, Walroß, Geier
221-221↓ Bergziege, Pferd, Schaf
221-222 Pferd, Bergziege, Hund
221-231 Bergziege, Pferd, Schaf
221-232 Pferd, Hund, Pfau
221-311↓ Bergziege, Pferd, Rotwild
221-331 Bergziege, Pferd, Adler
221-332 Adler, Pferd, Rotwild
222-111↓ Bergziege, Walroß, Pferd
222-122 Pferd, Walroß, Geier
222-131 Walroß, Pferd, Bergziege
222-132 Pferd, Walroß, Geier
222-212↓ Bergziege, Pferd, Hund
222-221 Pferd, Bergziege, Schaf
222-222 Pferd, Bergziege, Hund
222-231 Pferd, Bergziege, Schaf
222-232 Pferd, Pavian, Präriehund
222-312↓ Bergziege, Pferd, Rotwild
222-331 Pferd, Bergziege, Adler
222-332 Pferd, Adler, Rotwild
223-111↓ Pferd, Bergziege, Gorilla
223-131↓ Pferd, Pavian, Präriehund
223-211↓ Pferd, Bergziege
223-231↓ Pferd, Pavian, Präriehund
223-311↓ Pferd, Bergziege, Delphin
223-331 Pferd, Pavian, Präriehund
223-332 Pferd, Delphin, Pavian

231-111 Walroß, Pferd, Bergziege
231-112 Pferd, Walroß, Hund
231-121 Walroß, Pferd, Schaf
231-122 Pferd, Walroß, Hund
231-131 Walroß, Pferd, Schaf
231-132 Pferd, Walroß, Hund
231-211 Pferd, Bergziege, Schaf
231-212 Pferd, Hund
231-221 Pferd, Schaf, Walroß
231-222 Pferd, Hund, Schaf
231-231 Pferd, Schaf, Walroß
231-232 Pferd, Hund, Pavian
231-311 Pferd, Bergziege, Schaf
231-331↓ Pferd, Schaf, Hund
231-332 Pferd, Hund, Pavian
232-111 Walroß, Pferd, Bergziege
232-112 Pferd, Walroß, Hund
232-121 Walroß, Pferd, Schaf
232-122 Pferd, Walroß, Hund
232-131 Walroß, Pferd, Schaf
232-132 Pferd, Walroß, Pavian
232-211 Pferd, Bergziege, Schaf
232-212 Pferd, Hund, Bergziege
232-221 Pferd, Schaf, Walroß
232-222 Pferd, Hund, Schaf
232-231 Pferd, Schaf, Pavian
232-232 Pferd, Pavian, Präriehund
232-311 Pferd, Bergziege, Schaf
232-321↓ Pferd, Schaf, Hund
232-331 Pferd, Schaf, Pavian
232-332 Pferd, Pavian, Präriehund
233-111↓ Pferd, Walroß
233-131↓ Pferd, Pavian, Präriehund
241-111 Schaf, Hund
241-122↓ Hund, Schaf, Bison
241-131 Schaf, Hund, Präriehund
241-222↓ Hund, Schaf, Bison
241-231 Schaf, Hund, Präriehund
241-322↓ Hund, Schaf, Bison
241-331↓ Schaf, Hund, Präriehund
242-111 Schaf, Hund
242-112↓ Hund, Schaf, Bison
242-121 Schaf, Hund, Präriehund
242-132 Präriehund, Hund, Biber
242-211 Schaf, Hund, Präriehund
242-212 Hund, Schaf, Bison
242-221 Schaf, Hund, Präriehund
242-232 Präriehund, Hund, Biber
242-312↓ Hund, Schaf, Bison
242-321 Schaf, Hund, Präriehund
242-332 Präriehund, Hund, Biber
243-111 Schaf, Präriehund, Pferd
243-112 Präriehund, Pferd, Hund
243-121 Präriehund, Schaf, Pferd

243-122 Präriehund, Pferd, Hund
243-131 Präriehund, Eule, Schaf
243-132 Präriehund, Eule, Pferd
243-211 Schaf, Präriehund, Pferd
243-212 Präriehund, Pferd, Hund
243-221 Präriehund, Schaf, Pferd
243-222 Präriehund, Pferd, Hund
243-231 Präriehund, Eule, Schaf
243-232 Präriehund, Eule, Pferd
243-311 Schaf, Präriehund, Pferd
243-312 Präriehund, Pferd, Hund
243-321 Präriehund, Schaf, Pferd
243-322 Präriehund, Pferd, Hund
243-331 Präriehund, Eule, Schaf
243-332 Präriehund, Eule, Wildhund
311-111↓ Pfau, Geier
312-111↓ Geier, Pfau, Pferd
312-211 Pfau, Pferd, Bergziege
312-212 Pfau, Pferd, Geier
312-221 Pfau, Pferd, Hund
312-222 Pfau, Pferd, Geier
312-231 Pfau, Pferd, Präriehund
312-232 Pfau, Pferd, Geier
312-311↓ Pfau, Pferd, Rotwild
312-331↓ Pfau, Pferd, Adler
313-111↓ Pferd, Geier
313-232↓ Pferd, Präriehund, Fuchs
313-331↓ Pferd, Präriehund, Delphin
321-111 Pferd, Bergziege, Hund
321-112↓ Pferd, Hund, Pfau
321-211 Pferd, Bergziege, Hund
321-212↓ Pferd, Hund, Pfau
321-311 Pferd, Rotwild, Bergziege
321-312↓ Pferd, Rotwild, Seelöwe
321-331 Pferd, Adler, Rotwild
322-111↓ Pferd, Bergziege, Hund
322-131↓ Pferd, Präriehund, Hund
322-211 Pferd, Bergziege, Hund
322-231↓ Pferd, Präriehund, Hund
322-311 Pferd, Rotwild, Bergziege
322-312 Pferd, Rotwild, Delphin
322-321 Pferd, Rotwild, Seelöwe
322-322 Pferd, Rotwild, Delphin
322-331↓ Pferd, Adler, Rotwild
323-111↓ Pferd, Präriehund, Fuchs
323-331↓ Pferd, Präriehund, Delphin
331-111↓ Pferd, Hund
331-332↓ Pferd, Hund, Präriehund
332-111↓ Pferd, Hund, Walroß
332-331↓ Pferd, Präriehund, Hund
333-111↓ Pferd, Präriehund, Fuchs
341-111↓ Hund, Präriehund, Pferd
341-221 Hund, Präriehund, Schaf
341-232↓ Hund, Präriehund, Eule

342-111↓ Hund, Präriehund, Pferd
342-131↓ Präriehund, Hund, Eule
342-211↓ Hund, Präriehund, Pferd
342-231↓ Präriehund, Hund, Eule
342-311↓ Hund, Präriehund, Pferd
342-331↓ Präriehund, Hund, Eule
343-111↓ Präriehund, Pferd, Hund
343-131↓ Präriehund, Eule, Pferd
343-211↓ Präriehund, Pferd, Hund
343-231↓ Präriehund, Eule, Pferd
343-311↓ Präriehund, Pferd, Hund
343-331↓ Präriehund, Eule, Pferd
411-111↓ Pfau
412-111↓ Pfau
412-222↓ Pfau, Rotwild, Delphin
412-311 Pfau, Rotwild, Seelöwe
412-312 Pfau, Rotwild, Delphin
412-321 Pfau, Rotwild, Seelöwe
412-322 Pfau, Rotwild, Delphin
412-331 Pfau, Rotwild, Seelöwe
412-332 Pfau, Rotwild, Delphin
413-111↓ Pfau, Delphin, Pferd
413-331↓ Delphin, Pfau, Rotwild
421-111 Pfau, Giraffe
421-132↓ Pfau, Giraffe, Rotwild
421-311↓ Rotwild, Seelöwe, Pfau
422-111↓ Giraffe, Rotwild, Pferd
422-211 Rotwild, Giraffe, Seelöwe
422-212 Rotwild, Delphin, Giraffe
422-221 Rotwild, Giraffe, Seelöwe
422-222 Rotwild, Delphin, Giraffe
422-231 Rotwild, Giraffe, Seelöwe
422-232 Rotwild, Delphin, Giraffe
422-311↓ Rotwild, Seelöwe, Delphin
423-111↓ Pferd, Delphin, Giraffe
423-332↓ Delphin, Rotwild, Seelöwe
431-111 Pfau, Pferd, Waldkaninchen
431-112 Pfau, Pferd, Schwan
431-121 Pfau, Pferd, Waldkaninchen
431-122 Pfau, Pferd, Schwan
431-131 Pfau, Pferd, Waldkaninchen
431-132↓ Pfau, Pferd, Schwan
431-311↓ Schwan, Rotwild, Seelöwe
431-332 Schwan, Rotwild, Rappenantilope
432-111 Pferd, Waldkaninchen, Hund
432-112 Pferd, Schwan
432-121 Pferd, Waldkaninchen
432-122 Pferd, Schwan, Hund
432-131 Pferd, Waldkaninchen, Präriehund
432-211↓ Pferd, Schwan, Waldkaninchen
432-212 Pferd, Schwan, Hund
432-221 Pferd, Schwan, Waldkaninchen
432-222 Pferd, Schwan, Hund
432-231 Pferd, Schwan, Waldkaninchen

432-232 Pferd, Schwan, Präriehund
432-311↓ Schwan, Rotwild, Pferd
433-111↓ Pferd, Delphin
433-132↓ Pferd, Präriehund, Fuchs
433-222↓ Pferd, Delphin, Schwan
433-231↓ Pferd, Präriehund, Fuchs
433-311↓ Pferd, Delphin, Schwan
441-111↓ Hund, Präriehund, Rappenantilope
441-311↓ Hund, Rappenantilope, Schwan
442-111↓ Hund, Präriehund
442-222↓ Hund, Präriehund, Rappenantilope
442-322 Rappenantilope, Hund, Schwan
442-331↓ Rappenantilope, Präriehund, Hund
443-111↓ Präriehund, Pferd, Hund
443-131↓ Präriehund, Eule
443-211↓ Präriehund, Pferd, Hund
443-231↓ Präriehund, Eule, Pferd
443-311↓ Präriehund, Pferd, Hund
443-322 Präriehund, Rappenantilope, Pferd
443-331↓ Präriehund, Eule, Rappenantilope

331-
111-111↓ Geier, Stachelschwein
112-111↓ Geier, Stachelschwein
113-111↓ Geier, Stachelschwein, Gorilla
113-311↓ Krokodil, Geier, Stachelschwein
121-111↓ Stachelschwein, Bergziege
122-111↓ Stachelschwein, Bergziege
123-111↓ Stachelschwein, Gorilla
123-211↓ Stachelschwein, Bergziege, Gorilla
123-212↓ Stachelschwein, Gorilla, Warzenschwein
123-311 Stachelschwein, Bergziege, Gorilla
123-312 Stachelschwein, Gorilla, Warzenschwein
123-321↓ Stachelschwein, Bergziege, Warzenschwein
131-111↓ Stachelschwein, Bergziege
131-331↓ Stachelschwein, Rappenantilope
132-111↓ Stachelschwein, Bergziege
132-331↓ Stachelschwein, Rappenantilope
133-111↓ Stachelschwein, Gorilla
133-211↓ Stachelschwein, Bergziege, Gorilla
133-231↓ Stachelschwein, Fuchs, Pavian
133-311 Stachelschwein, Bergziege, Gorilla
133-312 Stachelschwein, Gorilla, Warzenschwein
133-321 Stachelschwein, Bergziege, Warzenschwein
133-322 Stachelschwein, Warzenschwein, Fuchs
133-331 Stachelschwein, Fuchs, Pavian
133-332 Fuchs, Stachelschwein, Rappenantilope

141-111↓ Stachelschwein, Bison, Pinguin
141-132↓ Stachelschwein, Bison, Rappenantilope
142-111↓ Stachelschwein, Pinguin, Bison
142-132 Stachelschwein, Bison, Eule
142-221↓ Bison, Stachelschwein, Pinguin
142-222 Bison, Stachelschwein, Rappenantilope
142-231↓ Bison, Rappenantilope, Eule
142-311↓ Bison, Rappenantilope, Stachelschwein
143-111 Pinguin, Stachelschwein
143-112↓ Stachelschwein, Pinguin, Eule
143-211 Pinguin, Eule, Bison
143-212 Eule, Bison, Stachelschwein
143-311↓ Eule, Pinguin, Bison
143-312 Eule, Bison, Rappenantilope
143-321 Eule, Rappenantilope, Pinguin
143-322↓ Eule, Rappenantilope, Bison
211-111↓ Geier, Bergziege
212-111↓ Geier, Bergziege
213-111↓ Geier, Gorilla
213-211↓ Geier, Bergziege, Gorilla
221-111↓ Bergziege, Geier, Stachelschwein
221-332↓ Zebra, Geier, Bergziege
222-111 Bergziege, Gorilla, Geier
222-112 Geier, Gorilla, Stachelschwein
222-121 Geier, Stachelschwein, Bergziege
222-122 Geier, Stachelschwein, Gorilla
222-131 Geier, Stachelschwein, Bergziege
222-132 Geier, Stachelschwein, Gorilla
222-212↓ Bergziege, Geier, Gorilla
222-221↓ Bergziege, Geier, Stachelschwein
222-312↓ Bergziege, Zebra, Geier
223-111 Gorilla, Bergziege, Geier
223-112↓ Gorilla, Geier, Stachelschwein
223-212↓ Gorilla, Bergziege, Geier
223-231 Bergziege, Fuchs, Gorilla
223-232 Fuchs, Gorilla, Geier
223-312↓ Gorilla, Bergziege, Zebra
223-331 Bergziege, Fuchs, Zebra
223-332 Fuchs, Zebra, Gorilla
231-111↓ Bergziege, Geier, Stachelschwein
231-131↓ Geier, Stachelschwein, Flußpferd
231-211↓ Bergziege, Geier, Bison
231-231 Bergziege, Geier, Stachelschwein
231-232 Geier, Bison, Rappenantilope
231-311↓ Bergziege, Zebra, Bison
231-321↓ Bergziege, Zebra, Rappenantilope
232-111 Bergziege, Gorilla, Geier
232-112 Geier, Gorilla, Stachelschwein
232-121 Geier, Stachelschwein, Flußpferd
232-122 Geier, Stachelschwein, Gorilla
232-131 Geier, Stachelschwein, Flußpferd

232-132 Geier, Stachelschwein, Fuchs
232-212↓ Bergziege, Geier, Gorilla
232-221 Bergziege, Geier, Stachelschwein
232-222 Geier, Bergziege, Bison
232-231 Bergziege, Fuchs, Geier
232-232 Fuchs, Geier, Bison
232-322↓ Zebra, Rappenantilope, Bergziege
232-332 Rappenantilope, Fuchs, Zebra
233-111 Gorilla, Pinguin, Bergziege
233-112 Gorilla, Geier, Pferd
233-121 Pinguin, Gorilla, Geier
233-122 Gorilla, Geier, Fuchs
233-131 Fuchs, Pinguin, Gorilla
233-132 Fuchs, Gorilla, Geier
233-211 Bergziege, Gorilla, Pferd
233-212 Gorilla, Pferd, Fuchs
233-221 Pferd, Fuchs, Bergziege
233-222 Fuchs, Pferd, Gorilla
233-231↓ Fuchs, Eule, Pferd
233-311 Bergziege, Pferd, Gorilla
233-312 Pferd, Gorilla, Fuchs
233-321 Pferd, Fuchs, Bergziege
233-322↓ Fuchs, Pferd, Eule
233-332 Fuchs, Eule, Rappenantilope
241-111 Pinguin, Bison
241-122↓ Bison, Pinguin, Geier
241-131 Pinguin, Bison, Eule
241-132 Bison, Rappenantilope, Eule
241-211↓ Bison, Bergziege, Pinguin
241-231↓ Bison, Rappenantilope, Eule
241-311↓ Bison, Rappenantilope, Bergziege
242-111 Pinguin, Bison
242-122↓ Bison, Pinguin, Eule
242-211 Bison, Pinguin, Bergziege
242-212 Bison, Eule, Rappenantilope
242-221 Bison, Pinguin, Eule
242-332↓ Rappenantilope, Eule, Bison
243-111 Pinguin, Eule
243-132↓ Eule, Pinguin, Biber
243-211↓ Pinguin, Eule, Bison
243-231 Eule, Pinguin, Biber
243-232 Eule, Biber, Bison
243-311 Eule, Pinguin, Bison
243-312 Eule, Bison, Rappenantilope
243-321 Eule, Pinguin, Rappenantilope
243-332↓ Eule, Rappenantilope, Wildhund
311-111↓ Geier, Pfau
311-311↓ Pfau, Zebra, Geier
312-111↓ Geier, Bergziege, Wiesel
312-222↓ Geier, Wiesel, Pfau
312-311 Zebra, Geier, Bergziege
312-312 Geier, Zebra, Wiesel
313-111↓ Geier, Gorilla
313-231↓ Geier, Fuchs, Wiesel

313-311 Zebra, Geier, Bergziege
313-312 Geier, Zebra, Wiesel
313-331 Zebra, Geier, Fuchs
321-111↓ Bergziege, Geier, Stachelschwein
321-132 Geier, Stachelschwein, Hahn
321-222↓ Zebra, Geier, Bergziege
321-231 Zebra, Bergziege, Hahn
321-232 Zebra, Hahn, Geier
321-311↓ Zebra, Bergziege
321-332 Zebra, Rappenantilope
322-111 Bergziege, Gorilla, Geier
322-112 Geier, Gorilla, Stachelschwein
322-121 Geier, Stachelschwein, Bergziege
322-122 Geier, Stachelschwein, Gorilla
322-131 Geier, Stachelschwein, Bergziege
322-132 Geier, Stachelschwein, Wildkatze
322-211 Bergziege, Zebra, Gorilla
322-212 Bergziege, Zebra, Geier
322-221 Bergziege, Zebra, Wildkatze
322-222 Zebra, Wildkatze, Geier
322-231 Zebra, Bergziege, Wildkatze
322-232 Zebra, Wildkatze, Fuchs
322-311↓ Zebra, Bergziege
322-332↓ Zebra, Rappenantilope, Adler
323-111 Gorilla, Pinguin, Bergziege
323-112 Gorilla, Geier, Pferd
323-121 Pinguin, Gorilla, Geier
323-122 Gorilla, Geier, Fuchs
323-131 Fuchs, Pinguin, Gorilla
323-132 Fuchs, Gorilla, Geier
323-211 Bergziege, Gorilla, Pferd
323-212 Gorilla, Pferd, Fuchs
323-221 Pferd, Fuchs, Bergziege
323-222 Fuchs, Pferd, Zebra
323-231↓ Fuchs, Pferd, Wildkatze
323-311 Zebra, Bergziege, Pferd
323-312 Zebra, Delphin, Pferd
323-321 Zebra, Pferd, Fuchs
323-322 Zebra, Fuchs, Delphin
323-331 Fuchs, Zebra, Pferd
323-332 Fuchs, Zebra, Delphin
331-111 Bergziege, Pinguin, Geier
331-112 Geier, Stachelschwein, Bergziege
331-121 Pinguin, Geier, Stachelschwein
331-122 Geier, Stachelschwein, Pferd
331-131 Pinguin, Fuchs, Geier
331-132 Fuchs, Geier, Rappenantilope
331-211↓ Bergziege, Pferd, Zebra
331-231↓ Rappenantilope, Fuchs, Pferd
331-311↓ Bergziege, Rappenantilope, Rappenantilope
331-321↓ Zebra, Rappenantilope, Pferd
332-111 Pinguin, Bergziege, Pferd
332-112 Geier, Pferd, Gorilla
332-121↓ Pinguin, Pferd, Geier

332-131 Pinguin, Fuchs, Pferd
332-132 Fuchs, Geier, Pferd
332-211 Bergziege, Pferd, Pinguin
332-212 Pferd, Bergziege, Fuchs
332-221 Pferd, Fuchs, Pinguin
332-222 Pferd, Fuchs, Zebra
332-231↓ Fuchs, Pferd, Rappenantilope
332-311 Zebra, Bergziege, Pferd
332-312↓ Zebra, Rappenantilope, Pferd
332-331↓ Rappenantilope, Zebra, Fuchs
333-111 Pinguin, Pferd, Gorilla
333-112 Pferd, Gorilla, Fuchs
333-121↓ Pinguin, Pferd, Fuchs
333-131 Fuchs, Pinguin, Eule
333-132 Fuchs, Eule, Pferd
333-211 Pferd, Fuchs, Pinguin
333-212 Pferd, Fuchs, Eule
333-221 Pferd, Fuchs, Pinguin
333-222↓ Fuchs, Pferd, Eule
333-311↓ Pferd, Fuchs, Zebra
333-321 Pferd, Fuchs, Eule
333-332 Fuchs, Eule, Rappenantilope
341-111↓ Pinguin, Bison, Rappenantilope
341-122↓ Pinguin, Rappenantilope, Eule
341-212 Rappenantilope, Bison, Eule
341-221 Pinguin, Rappenantilope, Eule
341-222 Rappenantilope, Eule, Bison
341-332↓ Rappenantilope, Wolf, Eule
342-111↓ Pinguin, Eule
342-122↓ Pinguin, Eule, Rappenantilope
342-322↓ Rappenantilope, Eule, Wolf
343-111↓ Pinguin, Eule
343-311↓ Eule, Pinguin, Rappenantilope
411-111↓ Pfau, Geier
412-111↓ Pfau, Geier
412-122↓ Geier, Pfau, Wildkatze
412-232↓ Pfau, Wildkatze, Rappenantilope
413-111↓ Geier, Pfau, Wildkatze
413-232↓ Wildkatze, Pfau, Delphin
413-331↓ Delphin, Wildkatze, Rappenantilope
421-111↓ Pfau, Giraffe, Wildkatze
421-131 Pfau, Wildkatze, Rappenantilope
421-212↓ Pfau, Wildkatze, Giraffe
421-231↓ Pfau, Wildkatze, Rappenantilope
421-311↓ Pfau, Seelöwe, Rappenantilope
421-322↓ Rappenantilope, Pfau, Wildkatze
422-111 Wildkatze, Giraffe, Bergziege
422-131↓ Wildkatze, Rappenantilope
422-211 Wildkatze, Giraffe, Bergziege
422-212↓ Wildkatze, Giraffe, Rappenantilope
422-311 Seelöwe, Rappenantilope, Delphin
422-312 Rappenantilope, Delphin, Wildkatze

422-321 Wildkatze, Rappenantilope, Seelöwe
422-332↓ Rappenantilope, Wildkatze, Delphin
423-111 Wildkatze, Gorilla, Pinguin
423-222↓ Wildkatze, Delphin, Giraffe
423-322↓ Delphin, Wildkatze, Rappenantilope
431-111 Pfau, Rappenantilope, Schwan
432-111 Rappenantilope, Pinguin, Wildkatze
432-112 Rappenantilope, Wildkatze, Schwan
432-121 Wildkatze, Rappenantilope, Pinguin
432-211↓ Rappenantilope, Schwan, Wildkatze
433-111 Pinguin, Pferd, Wildkatze
433-112 Wildkatze, Pferd, Fuchs
433-121 Pinguin, Wildkatze, Pferd
433-122 Wildkatze, Fuchs, Pferd
433-131 Fuchs, Pinguin, Wildkatze
433-132 Fuchs, Wildkatze, Rappenantilope
433-211↓ Pferd, Wildkatze, Rappenantilope
433-222↓ Wildkatze, Rappenantilope, Fuchs
433-311↓ Rappenantilope, Delphin, Schwan
433-332↓ Rappenantilope, Tiger, Fuchs
441-111↓ Rappenantilope, Pinguin
442-111↓ Rappenantilope, Pinguin
443-111↓ Pinguin, Rappenantilope, Eule

332-

111-111↓ Geier, Krokodil
112-111↓ Geier, Krokodil
112-121↓ Geier, Stachelschwein
112-211↓ Geier, Krokodil
113-111 Geier, Gorilla
113-112↓ Geier, Gorilla, Krokodil
113-222↓ Geier, Krokodil, Warzenschwein
113-311↓ Krokodil, Geier, Gorilla
121-111↓ Stachelschwein, Geier, Gorilla
121-211↓ Stachelschwein, Bergziege, Geier
121-212↓ Stachelschwein, Geier, Gorilla
121-311 Stachelschwein, Bergziege, Zebra
121-312↓ Stachelschwein, Zebra, Geier
122-111↓ Stachelschwein, Gorilla, Geier
122-211 Stachelschwein, Bergziege, Gorilla
122-212 Stachelschwein, Geier, Gorilla
122-232↓ Stachelschwein, Geier, Warzenschwein
122-311 Stachelschwein, Bergziege, Zebra
122-312↓ Stachelschwein, Zebra, Geier
123-111 Gorilla, Stachelschwein
123-112↓ Gorilla, Stachelschwein, Geier

123-221↓ Warzenschwein, Stachelschwein, Gorilla
123-232 Warzenschwein, Stachelschwein, Fuchs
123-311↓ Gorilla, Warzenschwein, Stachelschwein
123-331↓ Warzenschwein, Fuchs, Stachelschwein
131-111 Stachelschwein, Geier, Flußpferd
131-112 Stachelschwein, Geier, Gorilla
131-131↓ Stachelschwein, Geier, Flußpferd
131-211 Stachelschwein, Bergziege, Bison
131-212↓ Stachelschwein, Bison, Geier
131-311 Stachelschwein, Bergziege, Bison
131-312 Bison, Stachelschwein, Zebra
131-331↓ Rappenantilope, Stachelschwein, Bison
132-111↓ Stachelschwein, Gorilla, Geier
132-121 Stachelschwein, Geier, Flußpferd
132-122 Stachelschwein, Geier, Gorilla
132-131↓ Stachelschwein, Geier, Flußpferd
132-211 Stachelschwein, Bergziege, Gorilla
132-212↓ Stachelschwein, Bison, Geier
132-231↓ Stachelschwein, Fuchs, Bison
132-311 Stachelschwein, Bergziege, Bison
132-312 Bison, Stachelschwein, Zebra
132-331 Rappenantilope, Stachelschwein, Fuchs
132-332 Rappenantilope, Fuchs, Bison
133-111↓ Gorilla, Stachelschwein
133-121↓ Stachelschwein, Gorilla, Pinguin
133-122 Stachelschwein, Gorilla, Geier
133-131↓ Fuchs, Stachelschwein, Gorilla
133-211 Gorilla, Warzenschwein, Pferd
133-212 Gorilla, Warzenschwein, Fuchs
133-221↓ Fuchs, Warzenschwein, Pferd
133-231↓ Fuchs, Eule, Pavian
133-311 Gorilla, Warzenschwein, Pferd
133-312 Gorilla, Warzenschwein, Fuchs
133-321↓ Fuchs, Warzenschwein, Pferd
133-331↓ Fuchs, Eule, Pavian
141-111↓ Bison, Pinguin
141-121↓ Bison, Pinguin, Schaf
141-131 Bison, Pinguin, Rappenantilope
141-132 Bison, Rappenantilope, Eule
141-321↓ Bison, Rappenantilope, Schaf
142-111↓ Pinguin, Bison, Schaf
142-131↓ Pinguin, Bison, Eule
142-132↓ Bison, Eule, Biber
142-222↓ Bison, Rappenantilope, Eule
143-111 Pinguin, Eule
143-221↓ Eule, Pinguin, Bison
143-232 Eule, Bison, Biber
143-311 Eule, Bison, Pinguin

223

143-312↓ Eule, Bison, Rappenantilope
211-111↓ Geier, Pfau
212-111↓ Geier, Zebra
213-111↓ Geier, Gorilla
221-111↓ Geier, Gorilla, Bergziege
221-221 Geier, Bergziege, Zebra
221-222 Geier, Zebra, Gorilla
221-231 Geier, Zebra, Bergziege
221-232 Geier, Zebra, Hahn
221-311 Zebra, Bergziege, Geier
221-331↓ Zebra, Geier, Rappenantilope
222-111↓ Gorilla, Geier, Bergziege
222-222 Geier, Gorilla, Zebra
222-231 Geier, Zebra, Bergziege
222-232 Geier, Fuchs, Zebra
222-311 Zebra, Bergziege, Gorilla
222-312 Zebra, Geier, Gorilla
222-321 Zebra, Geier, Bergziege
222-322 Zebra, Geier, Gorilla
222-331↓ Zebra, Geier, Rappenantilope
223-111↓ Gorilla, Geier
223-121↓ Gorilla, Geier, Pinguin
223-122↓ Gorilla, Geier, Fuchs
223-311 Gorilla, Zebra, Bergziege
223-312 Gorilla, Zebra, Geier
223-321↓ Zebra, Gorilla, Fuchs
231-111 Geier, Flußpferd, Gorilla
231-112 Geier, Gorilla, Bison
231-121 Geier, Flußpferd, Walroß
231-122 Geier, Bison, Flußpferd
231-131 Geier, Flußpferd, Walroß
231-132 Geier, Bison, Flußpferd
231-211 Bergziege, Bison, Geier
231-212 Bison, Geier, Gorilla
231-221 Bison, Geier, Flußpferd
231-222 Bison, Geier, Pferd
231-231↓ Bison, Geier, Fuchs
231-311 Zebra, Bergziege, Bison
231-312↓ Zebra, Bison, Rappenantilope
232-111 Gorilla, Geier, Flußpferd
232-112 Geier, Gorilla, Bison
232-121 Geier, Flußpferd, Walroß
232-122 Geier, Gorilla, Bison
232-131 Geier, Flußpferd, Walroß
232-132 Geier, Fuchs, Bison
232-211 Bergziege, Gorilla, Bison
232-212 Bison, Geier, Gorilla
232-221 Bison, Geier, Pferd
232-222↓ Bison, Geier, Fuchs
232-311 Zebra, Bergziege, Bison
232-312↓ Zebra, Bison, Rappenantilope
232-331↓ Schaf, Fuchs, Zebra
233-111 Gorilla, Pinguin, Geier
233-112 Gorilla, Geier, Fuchs

233-121 Pinguin, Gorilla, Fuchs
233-122 Gorilla, Fuchs, Geier
233-131 Fuchs, Pinguin, Eule
233-132 Fuchs, Eule, Gorilla
233-211↓ Gorilla, Pferd, Fuchs
233-221↓ Fuchs, Pferd, Eule
233-311↓ Pferd, Gorilla, Fuchs
233-321↓ Fuchs, Pferd, Eule
233-332 Fuchs, Eule, Rappenantilope
241-111 Pinguin, Bison
241-122↓ Bison, Pinguin, Geier
241-131 Pinguin, Bison, Eule
241-132 Bison, Eule, Rappenantilope
241-211 Bison, Schaf
241-212 Bison, Rappenantilope
241-221 Bison, Schaf, Pinguin
241-322↓ Bison, Rappenantilope, Wolf
241-331 Rappenantilope, Bison, Eule
241-332 Rappenantilope, Bison, Wolf
242-111↓ Pinguin, Bison, Eule
242-212 Bison, Eule, Rappenantilope
242-221 Bison, Eule, Pinguin
242-222↓ Bison, Eule, Rappenantilope
243-111↓ Pinguin, Eule, Bison
243-312 Eule, Bison, Rappenantilope
243-321 Eule, Pinguin, Bison
243-322 Eule, Bison, Rappenantilope
243-331 Eule, Rappenantilope, Pinguin
243-332 Eule, Rappenantilope, Bison
311-111↓ Geier, Pfau
311-211↓ Pfau, Geier, Wiesel
311-312↓ Pfau, Geier, Zebra
312-111↓ Geier, Wiesel, Pfau
312-311 Zebra, Geier, Wiesel
313-111↓ Geier, Gorilla
313-121↓ Geier, Pinguin, Gorilla
313-132 Geier, Gorilla
313-211↓ Geier, Wiesel, Gorilla
313-221↓ Geier, Wiesel, Fuchs
313-311 Zebra, Geier, Wiesel
313-332 Geier, Fuchs, Zebra
321-111↓ Geier, Gorilla, Zebra
321-121↓ Geier, Zebra, Pfau
321-131↓ Geier, Hahn, Zebra
321-211 Zebra, Pfau, Bergziege
321-212↓ Zebra, Geier, Pfau
321-231 Zebra, Hahn, Pfau
321-232↓ Zebra, Hahn, Geier
321-332↓ Zebra, Rappenantilope, Adler
322-111 Gorilla, Geier, Pinguin
322-112 Geier, Gorilla, Zebra
322-121 Geier, Pinguin, Gorilla
322-122 Geier, Gorilla, Zebra
322-131↓ Geier, Fuchs, Hahn

322-211 Zebra, Bergziege, Gorilla
322-212 Zebra, Geier, Gorilla
322-221↓ Zebra, Wildkatze, Geier
322-231 Zebra, Fuchs, Hahn
322-331↓ Zebra, Rappenantilope, Fuchs
323-111 Gorilla, Pinguin, Geier
323-112 Gorilla, Geier, Fuchs
323-121 Pinguin, Gorilla, Fuchs
323-122 Gorilla, Fuchs, Geier
323-131 Fuchs, Pinguin, Gorilla
323-132 Fuchs, Gorilla, Geier
323-211↓ Gorilla, Pferd, Fuchs
323-221↓ Fuchs, Pferd, Zebra
323-231↓ Fuchs, Pferd, Wildkatze
323-311 Zebra, Pferd, Gorilla
323-312 Zebra, Fuchs, Delphin
323-321 Zebra, Fuchs, Pferd
323-322 Zebra, Fuchs, Delphin
323-331 Fuchs, Zebra, Pferd
323-332 Fuchs, Zebra, Delphin
331-111 Pinguin, Geier, Pferd
331-112 Geier, Pferd, Gorilla
331-121↓ Pinguin, Geier, Pferd
331-131 Pinguin, Fuchs, .Geier
331-132 Fuchs, Geier, Rappenantilope
331-211 Pferd, Zebra, Pinguin
331-212↓ Pferd, Zebra, Fuchs
331-231↓ Fuchs, Rappenantilope, Pferd
331-311↓ Zebra, Rappenantilope, Pferd
331-331↓ Rappenantilope, Zebra, Fuchs
332-111 Pinguin, Pferd, Gorilla
332-112 Geier, Pferd, Gorilla
332-121 Pinguin, Pferd, Fuchs
332-122 Fuchs, Geier, Pferd
332-131 Fuchs, Pinguin, Eule
332-132 Fuchs, Eule, Geier
332-211 Pferd, Fuchs, Pinguin
332-212 Pferd, Fuchs, Zebra
332-221 Pferd, Fuchs, Pinguin
332-222 Fuchs, Pferd, Zebra
332-231 Fuchs, Eule, Pferd
332-232 Fuchs, Rappenantilope, Eule
332-311↓ Zebra, Pferd, Rappenantilope
332-322↓ Zebra, Rappenantilope, Fuchs
333-111 Pinguin, Pferd, Gorilla
333-112 Fuchs, Pferd, Gorilla
333-121↓ Pinguin, Fuchs, Pferd
333-131 Fuchs, Pinguin, Eule
333-132 Fuchs, Eule, Pferd
333-311 Pferd, Fuchs, Pinguin
333-212↓ Fuchs, Pferd, Eule
333-332 Fuchs, Eule, Rappenantilope
341-111↓ Pinguin, Bison, Eule
341-131↓ Pinguin, Eule, Rappenantilope

341-212 Rappenantilope, Bison, Eule
341-221 Pinguin, Rappenantilope, Eule
341-222 Rappenantilope, Eule, Bison
341-231 Rappenantilope, Eule, Pinguin
341-232↓ Rappenantilope, Eule, Bison
341-312 Rappenantilope, Bison, Wolf
341-321↓ Rappenantilope, Eule, Wolf
342-111 Pinguin, Eule
342-122↓ Pinguin, Eule, Bison
342-131 Pinguin, Eule, Rappenantilope
342-212 Eule, Rappenantilope, Bison
342-221 Eule, Pinguin, Rappenantilope
342-222 Eule, Rappenantilope, Bison
342-231 Eule, Rappenantilope, Pinguin
342-232 Eule, Rappenantilope, Elefant
342-311 Rappenantilope, Eule, Pinguin
342-312 Schaf, Eule, Bison
342-321 Rappenantilope, Eule, Pinguin
342-322↓ Rappenantilope, Eule, Wolf
343-111↓ Pinguin, Eule
343-311↓ Eule, Pinguin, Rappenantilope
411-111↓ Pfau, Geier
411-332 Pfau, Rappenantilope
412-111↓ Pfau, Geier
412-121↓ Pfau, Geier, Wildkatze
412-231↓ Pfau, Wildkatze, Rappenantilope
412-312 Pfau, Rappenantilope, Delphin
412-321↓ Pfau, Wildkatze, Rappenantilope
413-111↓ Pfau, Geier, Wildkatze
413-211↓ Pfau, Wildkatze, Delphin
413-331↓ Delphin, Wildkatze, Rappenantilope
421-111↓ Pfau, Wildkatze, Giraffe
421-131↓ Pfau, Wildkatze, Rappenantilope
421-211↓ Pfau, Giraffe, Wildkatze
421-231↓ Pfau, Wildkatze, Rappenantilope
421-311↓ Pfau, Seelöwe, Schaf
421-322↓ Rappenantilope, Pfau, Wildkatze
422-111↓ Wildkatze, Giraffe, Pfau
422-131↓ Wildkatze, Rappenantilope, Giraffe
422-211↓ Wildkatze, Giraffe, Pfau
422-222↓ Wildkatze, Giraffe, Rappenantilope
422-311 Seelöwe, Schaf, Delphin
422-312 Rappenantilope, Delphin, Wildkatze
422-321 Wildkatze, Rappenantilope, Seelöwe
422-322 Wildkatze, Schaf, Delphin
422-331 Rappenantilope, Wildkatze, Seelöwe
422-332 Rappenantilope, Wildkatze, Delphin
423-111 Wildkatze, Gorilla, Pinguin
423-112 Wildkatze, Gorilla, Delphin

423-121 Wildkatze, Pinguin, Delphin
423-132↓ Wildkatze, Fuchs, Delphin
423-211↓ Wildkatze, Delphin, Giraffe
423-222↓ Wildkatze, Delphin, Fuchs
423-311 Delphin, Wildkatze, Seelöwe
423-312↓ Delphin, Wildkatze, Rappenantilope
431-111↓ Pfau, Rappenantilope, Schwan
431-121 Pfau, Rappenantilope, Wildkatze
431-212↓ Schaf, Pfau, Schwan
431-231↓ Rappenantilope, Pfau, Wildkatze
431-312↓ Rappenantilope, Schwan, Pfau
432-111 Schaf, Pinguin, Wildkatze
432-112 Schaf, Wildkatze, Schwan
432-121 Wildkatze, Rappenantilope, Pinguin
432-122 Wildkatze, Rappenantilope, Schwan
432-131↓ Rappenantilope, Wildkatze, Fuchs
432-211↓ Rappenantilope, Schwan, Wildkatze
432-231↓ Schaf, Wildkatze, Fuchs
432-312↓ Rappenantilope, Schwan, Delphin
432-321↓ Rappenantilope, Schwan, Wildkatze
433-111 Pinguin, Pferd, Fuchs
433-112 Fuchs, Wildkatze, Pferd
433-121 Pinguin, Fuchs, Wildkatze
433-122 Fuchs, Wildkatze, Pferd
433-131 Fuchs, Pinguin, Wildkatze
433-132 Fuchs, Wildkatze, Rappenantilope
433-211 Pferd, Fuchs, Wildkatze
433-212↓ Fuchs, Wildkatze, Rappenantilope
433-311↓ Rappenantilope, Delphin, Schwan
433-321↓ Rappenantilope, Delphin, Tiger
433-331↓ Rappenantilope, Tiger, Fuchs
441-111↓ Rappenantilope, Pinguin
442-111↓ Rappenantilope, Pinguin
443-111↓ Pinguin, Eule, Rappenantilope

333-
111-111↓ Geier, Krokodil, Pfau
112-111↓ Geier, Krokodil
112-222↓ Geier, Krokodil, Pfau
113-111↓ Geier, Gorilla
113-331↓ Geier, Fuchs, Krokodil
121-111↓ Stachelschwein, Geier, Gorilla
121-211↓ Stachelschwein, Bergziege, Geier
121-212 Stachelschwein, Geier, Gorilla
121-221 Stachelschwein, Geier, Pfau
121-222 Stachelschwein, Geier, Bison
121-231 Stachelschwein, Geier, Pfau
121-232 Stachelschwein, Geier, Hahn
121-311 Stachelschwein, Bergziege, Zebra

121-312 Stachelschwein, Zebra, Geier
121-321 Stachelschwein, Zebra, Pfau
121-322 Stachelschwein, Zebra, Geier
121-331 Stachelschwein, Zebra, Pfau
121-332 Stachelschwein, Zebra, .Adler
122-111↓ Stachelschwein, Gorilla, Geier
122-211 Stachelschwein, Bergziege, Gorilla
122-222↓ Stachelschwein, Geier, Bison
122-231↓ Stachelschwein, Geier, Fuchs
122-311 Stachelschwein, Bergziege, Zebra
122-312↓ Stachelschwein, Zebra, Geier
122-331↓ Stachelschwein, Zebra, Fuchs
123-111 Gorilla, Stachelschwein
123-112↓ Gorilla, Stachelschwein, Geier
123-132 Stachelschwein, Fuchs, Gorilla
123-211↓ Gorilla, Warzenschwein, Stachelschwein
123-222 Warzenschwein, Fuchs, Stachelschwein
123-321↓ Warzenschwein, Fuchs, Delphin
123-331 Fuchs, Warzenschwein, Pavian
123-332 Fuchs, Warzenschwein, Delphin
131-111 Walroß, Stachelschwein, Geier
131-112 Stachelschwein, Geier, Bison
131-121 Walroß, Stachelschwein, Geier
131-122 Stachelschwein, Geier, Bison
131-131 Walroß, Stachelschwein, Geier
131-132 Stachelschwein, Geier, Bison
131-231↓ Bison, Walroß, Stachelschwein
131-232 Bison, Fuchs, Stachelschwein
131-311↓ Bison, Walroß, Stachelschwein
131-331↓ Bison, Rappenantilope, Fuchs
132-111 Walroß, Stachelschwein, Gorilla
132-112 Stachelschwein, Geier, Gorilla
132-121 Walroß, Stachelschwein, Geier
132-122 Stachelschwein, Geier, Bison
132-131 Walroß, Stachelschwein, Fuchs
132-132 Stachelschwein, Fuchs, Geier
132-211 Bison, Walroß, Stachelschwein
132-212 Bison, Stachelschwein, Pferd
132-221 Bison, Walroß, Stachelschwein
132-222 Bison, Stachelschwein, Fuchs
132-231↓ Fuchs, Bison, Pavian
132-321↓ Bison, Pferd, Walroß
132-322 Bison, Fuchs, Pferd
132-331↓ Fuchs, Bison, Rappenantilope
133-111 Gorilla, Walroß, Stachelschwein
133-112 Gorilla, .Fuchs, Stachelschwein
133-121 Fuchs, Walroß, Stachelschwein
133-122 Fuchs, Stachelschwein, Pferd
133-131↓ Fuchs, Eule, Pavian
133-211 Pferd, Fuchs, Gorilla
133-231↓ Fuchs, Eule, Pavian
133-311 Pferd, Fuchs, Eule

225

133-312 Fuchs, Pferd, Bison
133-321↓ Fuchs, Pferd, Eule
133-331↓ Fuchs, Eule, Pavian
141-111↓ Bison, Schaf
141-331↓ Bison, Rappenantilope, Eule
141-332 Bison, Rappenantilope, Wolf
142-111↓ Bison, Schaf, Pinguin
142-232↓ Bison, Eule, Rappenantilope
142-311↓ Bison, Schaf
142-322↓ Bison, Schaf, Eule
143-111↓ Eule, Pinguin, Bison
143-332↓ Eule, Bison, Wildhund
211-111↓ Geier, Pfau
212-111↓ Geier, Pfau
213-111↓ Geier, Gorilla
213-231↓ Geier, Fuchs
213-311↓ Geier, Gorilla
213-322↓ Geier, Fuchs, Delphin
221-111↓ Geier, Gorilla, Walroß
221-122 Geier, Gorilla, Bison
221-131 Geier, Walroß
221-132 Geier, Hahn
221-211 Bergziege, Geier, Gorilla
221-212 Geier, Gorilla, Bison
221-221↓ Geier, Pfau, Bison
221-231 Geier, Hahn, Pfau
221-232 Geier, Hahn, Bison
221-311 Zebra, Bergziege, Pfau
221-312 Zebra, Geier, Bison
221-321 Zebra, Pfau, Geier
221-322 Zebra, Geier, Bison
221-331↓ Zebra, Adler, Hahn
222-111 Gorilla, Geier, Walroß
222-112 Geier, Gorilla, Bison
222-121 Geier, Gorilla, Walroß
222-122 Geier, Gorilla, Bison
222-131 Geier, Walroß, Gorilla
222-132 Geier, Fuchs, Hahn
222-211 Bergziege, Gorilla, Geier
222-212 Geier, Gorilla, Bison
222-221 Geier, Bison, Bergziege
222-222 Geier, Bison, Fuchs
222-231↓ Fuchs, Geier, Hahn
222-311 Zebra, Bergziege, Gorilla
222-312 Zebra, Geier, Gorilla
222-321↓ Zebra, Geier, Bison
222-331↓ Zebra, Fuchs, Adler
223-111↓ Gorilla, Geier
223-121↓ Gorilla, Geier, Fuchs
223-211↓ Gorilla, Pferd, Fuchs
223-231↓ Fuchs, Pferd, Pavian
223-311 Gorilla, Pferd, Fuchs
223-312 Gorilla, Fuchs, Delphin
223-321↓ Fuchs, Pferd, Delphin

223-331 Fuchs, Pferd, Pavian
223-332 Fuchs, Delphin, Pferd
231-111↓ Walroß, Geier, Bison
231-132 Geier, Bison, Fuchs
231-211 Bison, Walroß, Pferd
231-212 Bison, Pferd, Geier
231-221 Bison, Walroß, Pferd
231-222 Bison, Pferd, Fuchs
231-231 Bison, Fuchs, Walroß
231-232 Bison, Fuchs, Pferd
231-311↓ Bison, Pferd, Zebra
231-331↓ Bison, Fuchs, Rappenantilope
232-111 Walroß, Gorilla, Geier
232-112 Geier, Gorilla, Bison
232-121↓ Walroß, Geier, Bison
232-131 Walroß, Fuchs, Geier
232-132 Fuchs, Geier, Bison
232-211 Bison, Pferd, Walroß
232-212 Bison, Pferd, Fuchs
232-221 Bison, Pferd, Walroß
232-222 Bison, Fuchs, Pferd
232-231↓ Fuchs, Bison, Eule
232-311↓ Bison, Pferd, Fuchs
232-331 Fuchs, Bison, Eule
232-332 Fuchs, Bison, Rappenantilope
233-111↓ Gorilla, Pferd, Fuchs
233-121 Fuchs, Pferd, Walroß
233-122↓ Fuchs, Pferd, Eule
241-111↓ Bison, Schaf, Pinguin
241-231↓ Bison, Eule, Schaf
241-232↓ Bison, Eule, Schaf
241-312 Bison, Rappenantilope, Wolf
241-321 Bison, Schaf, Rappenantilope
241-322 Bison, Rappenantilope, Wolf
241-331 Bison, Schaf, Eule
241-332 Bison, Rappenantilope, Wolf
242-111↓ Bison, Pinguin, Eule
242-132 Eule, Bison, Elefant
242-231↓ Eule, Bison, Schaf
242-232 Eule, Bison, Rappenantilope
242-311 Bison, Eule, Schaf
242-312 Bison, Eule, Rappenantilope
242-321 Bison, Eule, Schaf
242-322 Bison, Eule, Rappenantilope
243-111↓ Eule, Pinguin, Bison
311-111↓ Pfau, Geier
312-111↓ Geier, Pfau
313-111 Geier, Gorilla
313-112↓ Geier, Gorilla, Fuchs
313-211 Geier, Pfau, Pferd
313-212↓ Geier, Fuchs, Pfau
313-312 Delphin, Geier, Fuchs
313-321 Fuchs, Delphin, Zebra
313-332↓ Fuchs, Delphin, Geier

321-111 Pfau, Geier, Gorilla
321-122↓ Geier, Pfau, Hahn
321-211 Pfau, Zebra, Pferd
321-212↓ Pfau, Zebra, Hahn
321-231↓ Hahn, Pfau, Fuchs
321-312↓ Zebra, Pfau, Seelöwe
321-322 Zebra, Pfau, Adler
321-331↓ Zebra, Adler, Hahn
322-111 Gorilla, Geier, Pferd
322-122↓ Geier, Fuchs, Hahn
322-211↓ Pferd, Zebra, Fuchs
322-222↓ Fuchs, Hahn, Pferd
322-311 Zebra, Pferd, Seelöwe
322-312 Zebra, Delphin, Pferd
322-321 Zebra, Pferd, Seelöwe
322-322↓ Zebra, Fuchs, Adler
323-111↓ Gorilla, Pferd, Fuchs
323-121 Fuchs, Pferd, Pinguin
323-122↓ Fuchs, Pferd, Gorilla
323-222↓ Fuchs, Pferd, Delphin
331-111 Pferd, Walroß, Pinguin
331-112 Pferd, Fuchs, Geier
331-121 Pferd, Walroß, Pinguin
331-122 Pferd, Fuchs, Geier
331-131 Fuchs, Pferd, Walroß
331-132 Fuchs, Pferd, Eule
331-211 Pferd, Fuchs, Pfau
331-212 Pferd, Fuchs, Bison
331-221 Pferd, Fuchs, Pfau
331-222 Pferd, Fuchs, Bison
331-231↓ Pferd, Fuchs, Eule
331-311↓ Pferd, Zebra, Fuchs
331-331↓ Fuchs, Rappenantilope, Wolf
332-111 Pferd, Pinguin, Fuchs
332-112 Pferd, Fuchs, Geier
332-121 Pferd, Fuchs, Pinguin
332-122↓ Fuchs, Pferd, Eule
332-311↓ Pferd, Fuchs, Zebra
332-332 Fuchs, Rappenantilope, Eule
333-111 Pferd, Fuchs, Pinguin
333-112 Fuchs, Pferd, Eule
333-121 Fuchs, Pferd, Pinguin
333-122↓ Fuchs, Pferd, Eule
341-111↓ Pinguin, Eule, Bison
341-132 Eule, Bison, Schaf
341-211 Eule, Bison, Pinguin
341-212 Bison, Eule, Rappenantilope
341-221 Eule, Bison, Pinguin
341-222↓ Eule, Bison, Rappenantilope
341-321↓ Rappenantilope, Eule, Wolf
342-111↓ Pinguin, Eule, Bison
342-131 Eule, Pinguin, Elefant
342-132 Eule, Elefant, Bison
342-211 Eule, Bison, Pinguin

342-212 Eule, Bison, Rappenantilope
342-221 Eule, Bison, Pinguin
342-222 Eule, Bison, Rappenantilope
342-231↓ Eule, Elefant, Schaf
342-311↓ Eule, Rappenantilope, Bison
342-321↓ Eule, Rappenantilope, Wolf
343-111↓ Eule, Pinguin
411-111↓ Pfau
412-111 Pfau
412-132↓ Pfau, Geier, Wildkatze
412-312↓ Pfau, Delphin, Seelöwe
412-332↓ Pfau, Rappenantilope, Delphin
413-111↓ Pfau, Geier
413-132↓ Pfau, Wildkatze, Geier
413-221↓ Pfau, Delphin, Wildkatze
421-111↓ Pfau, Wildkatze
421-222↓ Pfau, Wildkatze, Seelöwe
421-231↓ Pfau, Wildkatze, Rappenantilope
421-311↓ Pfau, Seelöwe, Delphin
421-331↓ Pfau, Rappenantilope, Seelöwe
422-111 Pfau, Wildkatze, Seelöwe
422-112 Pfau, Wildkatze, Delphin
422-121 Wildkatze, Pfau, Seelöwe
422-122 Wildkatze, Pfau, Delphin
422-131↓ Wildkatze, Pfau, Schaf
422-211 Pfau, Wildkatze, Seelöwe
422-212 Pfau, Wildkatze, Delphin
422-221 Wildkatze, Pfau, Seelöwe
422-222 Wildkatze, Pfau, Delphin
422-231↓ Wildkatze, Pfau, Schaf
422-311 Seelöwe, Delphin, Rotwild
422-332 Rappenantilope, Delphin, Seelöwe
423-111 Delphin, Wildkatze, Gorilla
423-112 Delphin, Wildkatze, Fuchs
423-211 Delphin, Wildkatze, Pferd
423-212↓ Delphin, Wildkatze, Fuchs
423-321↓ Seelöwe, Delphin, Wildkatze
423-331↓ Delphin, Fuchs, Wildkatze
431-111↓ Pfau, Rappenantilope
431-131↓ Pfau, Rappenantilope, Fuchs
431-332↓ Schaf, Pfau, Schwan
432-111↓ Pferd, Pfau, Schaf
432-121 Pferd, Wildkatze, Rappenantilope
432-122↓ Wildkatze, Rappenantilope, Fuchs
432-211 Rappenantilope, Pferd, Pfau
432-212 Rappenantilope, Pferd, Schwan
432-221 Schaf, Pferd, Wildkatze
432-222↓ Rappenantilope, Wildkatze, Fuchs
432-311 Rappenantilope, Schwan, Seelöwe
432-312 Rappenantilope, Schwan, Delphin
432-321 Schaf, Schwan, Seelöwe
432-322 Rappenantilope, Schwan, Delphin
432-331↓ Schaf, Schwan, Fuchs
433-111 Pferd, Fuchs, Pinguin

433-112 Fuchs, Pferd, Eule
433-121 Fuchs, Pferd, Pinguin
433-122↓ Fuchs, Pferd, Eule
433-211 Pferd, Fuchs, Delphin
433-232 Fuchs, Eule, Schaf
433-311 Delphin, Pferd, Fuchs
433-312↓ Delphin, Fuchs, Schaf
441-111↓ Schaf, Pinguin, Pfau
441-121↓ Rappenantilope, Pinguin, Eule
442-111↓ Rappenantilope, Pinguin, Eule
442-212↓ Schaf, Eule, Bison
443-111 Eule, Pinguin
443-112↓ Eule, Pinguin, Rappenantilope
443-132 Eule, Schaf, Fuchs
443-221↓ Eule, Rappenantilope, Pinguin

334-
111-111↓ Geier, Pfau, Krokodil
111-331↓ Pfau, Geier, Adler
112-111↓ Geier, Krokodil
112-312↓ Geier, Krokodil, Delphin
112-321 Geier, Krokodil, Seelöwe
112-322 Geier, Delphin, Krokodil
112-331 Geier, Adler, Seelöwe
112-332 Geier, Adler, Delphin
113-111↓ Geier, Gorilla
113-231↓ Geier, Pavian, Pferd
113-311↓ Delphin, Krokodil, Geier
113-321↓ Delphin, Geier, Pferd
113-331↓ Delphin, Pavian, Geier
121-111 Walroß, Stachelschwein
121-132↓ Stachelschwein, Walroß, Geier
121-211 Walroß, Stachelschwein, Bergziege
121-212↓ Stachelschwein, Pferd, Walroß
121-231 Walroß, Stachelschwein, Pavian
121-232 Stachelschwein, Pavian, Adler
121-311 Seelöwe, Walroß, Delphin
121-312 Seelöwe, Delphin, Adler
121-321 Seelöwe, Walroß, Adler
121-322 Seelöwe, Adler, Delphin
121-331 Adler, Seelöwe, Pavian
121-332 Adler, Seelöwe, Delphin
122-111 Walroß, Stachelschwein, Gorilla
122-122↓ Stachelschwein, Walroß, Geier
122-211↓ Walroß, Stachelschwein, Pferd
122-231 Pavian, Walroß, Stachelschwein
122-232 Pavian, Stachelschwein, Pferd
122-311 Seelöwe, Delphin, Pferd
122-322 Delphin, Seelöwe, Adler
122-331 Adler, Pavian, Seelöwe
122-332 Adler, Delphin, Pavian
123-111 Gorilla, Walroß, Stachelschwein
123-112 Gorilla, Stachelschwein, Pferd
123-121 Walroß, Stachelschwein, Pferd

123-122 Stachelschwein, Pferd, Gorilla
123-131 Pavian, Walroß, Stachelschwein
123-132 Pavian, Stachelschwein, Pferd
123-211 Pferd, Gorilla, Pavian
123-212 Pferd, Gorilla, Delphin
123-221↓ Pferd, Pavian, Delphin
123-231 Pavian, Pferd, Löwe
123-232 Pavian, Pferd, Fuchs
123-331↓ Pavian, Delphin, Pferd
131-111↓ Walroß, Stachelschwein, Pferd
131-132↓ Walroß, Pavian, Stachelschwein
131-222↓ Pferd, Walroß, Bison
131-231↓ Walroß, Pavian, Pferd
131-311↓ Walroß, Pferd, Bison
131-331 Pavian, Walroß, Pferd
131-332 Pavian, Pferd, Adler
132-111↓ Walroß, Pferd, Stachelschwein
132-212↓ Pferd, Walroß, Bison
132-221 Walroß, Pferd, Pavian
132-232 Pavian, Pferd, Löwe
132-311 Pferd, Walroß, Pavian
132-312 Pferd, Bison, Pavian
132-321 Pferd, Walroß, Pavian
132-322 Pferd, Pavian, Bison
132-331 Pavian, Pferd, Walroß
132-332 Pavian, Pferd, Löwe
133-111↓ Walroß, Pferd, Pavian
133-222 Pferd, Pavian, Fuchs
133-231 Pavian, Pferd, Löwe
133-322↓ Pferd, Pavian, Fuchs
133-331 Pavian, Pferd, Löwe
133-332 Pavian, Pferd, Fuchs
141-111 Walroß, Bison
141-132↓ Bison, Walroß, Eule
141-231↓ Bison, Eule, Schaf
141-331↓ Bison, Wildhund, Rappenantilope
142-111↓ Walroß, Bison, Schaf
142-131↓ Walroß, Bison, Eule
142-331↓ Wildhund, Bison, Eule
143-111 Eule, Walroß, Pinguin
143-112 Eule, Bison, Pferd
143-121 Eule, Walroß, Pinguin
143-122↓ Eule, Bison, Pferd
143-232↓ Eule, Wildhund, Bison
211-111↓ Geier, Pfau
212-111↓ Geier, Walroß
212-311↓ Geier, Seelöwe, Pfau
212-312 Geier, Delphin
212-321 Geier, Seelöwe, Pfau
212-322 Geier, Adler, Delphin
212-331 Geier, Adler, Seelöwe
212-332 Geier, Adler, Delphin
213-111↓ Geier, Gorilla
213-222↓ Geier, Pferd, Delphin

227

213-231↓ Geier, Pferd, Pavian
213-311↓ Delphin, Pferd, Geier
213-331 Delphin, Pferd, Pavian
213-332 Delphin, Geier, Adler
221-111↓ Walroß, Geier, Gorilla
221-122↓ Walroß, Geier, Pferd
221-211 Walroß, Pferd, Bergziege
221-222↓ Pferd, Walroß, Geier
221-231 Walroß, Pferd, Adler
221-232 Adler, Pferd, Pavian
221-311 Seelöwe, Pferd, Adler
221-312 Seelöwe, Adler, Delphin
221-321 Seelöwe, Adler, Pferd
221-322↓ Adler, Seelöwe, Delphin
222-111↓ Walroß, Gorilla, Geier
222-121↓ Walroß, Geier, Pferd
222-211 Pferd, Walroß, Bergziege
222-212 Pferd, Walroß, Geier
222-221 Pferd, Walroß, Pavian
222-222 Pferd, Walroß, Geier
222-231 Pferd, Pavian, Walroß
222-232 Pferd, Pavian, Adler
222-311↓ Pferd, Seelöwe, Delphin
222-321 Pferd, Seelöwe, Adler
222-322 Adler, Delphin, Pferd
222-331 Adler, Pferd, Pavian
222-332 Adler, Delphin, Pferd
223-111↓ Gorilla, Pferd, Walroß
223-122 Pferd, Gorilla, Pavian
223-131 Pferd, Pavian, Walroß
223-132 Pferd, Pavian, Fuchs
223-211 Pferd, Gorilla, Pavian
223-212 Pferd, Gorilla, Delphin
223-221 Pferd, Pavian, Löwe
223-222 Pferd, Pavian, Fuchs
223-231 Pferd, Pavian, Löwe
223-232 Pferd, Pavian, Fuchs
223-312↓ Delphin, Pferd, Pavian
231-111↓ Walroß, Pferd
231-122↓ Walroß, Pferd, Bison
231-231 Walroß, Pferd, Pavian
231-232 Pferd, Pavian, Löwe
231-311↓ Pferd, Walroß, Bison
231-331 Pferd, Pavian, Walroß
231-332 Pferd, Pavian, Adler
232-111 Walroß, Pferd
232-122↓ Walroß, Pferd, Pavian
232-232 Pferd, Pavian, Löwe
232-311 Pferd, Walroß
232-312 Pferd, Bison, Pavian
232-321 Pferd, Walroß, Pavian
232-322 Pferd, Pavian, Bison
232-331↓ Pferd, Pavian, Löwe
233-111↓ Pferd, Walroß, Pavian

233-132 Pferd, Pavian, Fuchs
233-211 Pferd, Pavian, Walroß
233-212 Pferd, Pavian, Fuchs
233-221 Pferd, Pavian, Löwe
233-222 Pferd, Pavian, Fuchs
233-231 Pferd, Pavian, Löwe
233-232 Pferd, Pavian, Fuchs
233-311 Pferd, Pavian, Löwe
233-312 Pferd, Pavian, Fuchs
233-321 Pferd, Pavian, Löwe
233-322 Pferd, Pavian, Fuchs
233-331 Pferd, Pavian, Löwe
233-332 Pferd, Pavian, Fuchs
241-111↓ Walroß, Bison
241-132 Bison, Eule
241-211 Bison, Schaf
241-212 Bison, Hund
241-221 Bison, Schaf, Walroß
241-222 Bison, Hund, Eule
241-231 Bison, Eule, Schaf
241-331↓ Bison, Wildhund, Eule
241-332 Bison, Wildhund, Wolf
242-111 Walroß, Bison, Pinguin
242-112↓ Bison, Walroß, Eule
242-211 Bison, Eule, Schaf
242-212 Bison, Eule, Pferd
242-221 Bison, Eule, Schaf
242-222 Bison, Eule, Pferd
242-231↓ Eule, Bison, Wildhund
243-111 Eule, Pinguin, Pferd
243-112 Eule, Pferd, Bison
243-121 Eule, Pinguin, Pferd
243-122 Eule, Pferd, Bison
243-131 Eule, Pinguin, Pferd
243-132↓ Eule, Pferd, Bison
243-311↓ Eule, Wildhund, Pferd
311-111↓ Pfau, Geier
311-232↓ Pfau, Geier, Adler
312-111↓ Geier, Pfau
312-211↓ Pfau, Geier, Pferd
312-232 Geier, Pfau, Adler
312-311↓ Seelöwe, Pfau, Delphin
312-321 Seelöwe, Pfau, Adler
312-322 Adler, Delphin, Seelöwe
312-331 Adler, Seelöwe, Pfau
312-332 Adler, Delphin, Seelöwe
313-111↓ Pferd, Geier, Gorilla
313-131↓ Pferd, Geier, Löwe
313-132 Geier, Pferd, Fuchs
313-222↓ Pferd, Delphin, Geier
313-231↓ Pferd, Löwe, Fuchs
313-322↓ Delphin, Pferd, Adler
321-111↓ Pferd, Walroß, Pfau
321-131 Pferd, Walroß, Löwe

321-132 Pferd, Adler, Hahn
321-211↓ Pferd, Pfau, Seelöwe
321-222 Pferd, Adler, Pfau
321-231 Pferd, Adler, Löwe
321-232 Adler, Pferd, Hahn
321-311 Seelöwe, Pferd, Adler
321-312 Seelöwe, Adler, Delphin
321-321 Seelöwe, Adler, Pferd
321-332↓ Adler, Seelöwe, Delphin
322-111 Pferd, Walroß
322-112↓ Pferd, Walroß, Geier
322-121 Pferd, Walroß, Löwe
322-122 Pferd, Walroß, Geier
322-131 Pferd, Löwe, Walroß
322-132 Pferd, Löwe, Fuchs
322-211↓ Pferd, Seelöwe, Delphin
322-221 Pferd, Seelöwe, Löwe
322-222 Pferd, Adler, Delphin
322-231↓ Pferd, Löwe, Adler
322-311↓ Pferd, Seelöwe, Delphin
322-321 Pferd, Seelöwe, Adler
322-322 Adler, Delphin, Pferd
322-331 Adler, Pferd, Seelöwe
322-332 Adler, Delphin, Pferd
323-111 Pferd, Gorilla, Löwe
323-112 Pferd, Gorilla, Fuchs
323-121↓ Pferd, Löwe, Fuchs
323-211 Pferd, Delphin, Löwe
323-212 Pferd, Delphin, Fuchs
323-221 Pferd, Löwe, Fuchs
323-222 Pferd, Fuchs, Delphin
323-231↓ Pferd, Löwe, Fuchs
323-311 Pferd, Delphin, Seelöwe
323-312 Delphin, Pferd, Fuchs
323-321 Pferd, Delphin, Löwe
323-322 Delphin, Pferd, Fuchs
323-331 Pferd, Delphin, Löwe
323-332 Delphin, Pferd, Fuchs
331-111↓ Pferd, Walroß
331-112↓ Pferd, Walroß, Löwe
331-132 Pferd, Löwe, Fuchs
331-221↓ Pferd, Walroß, Löwe
331-222↓ Pferd, Löwe, Fuchs
331-322 Pferd, Adler, Seelöwe
331-331↓ Pferd, Löwe, Adler
332-111↓ Pferd, Walroß, Löwe
332-322↓ Pferd, Löwe, Fuchs
333-111↓ Pferd, Löwe, Fuchs
333-312 Pferd, Fuchs, Delphin
333-321↓ Pferd, Löwe, Fuchs
341-111 Hund, Pinguin, Pferd
341-112 Hund, Bison, Pferd
341-121 Hund, Pinguin, Eule
341-122 Hund, Eule, Bison

341-131 Eule, Hund, Pinguin
341-132 Eule, Hund, Bison
341-211 Hund, Pferd, Eule
341-212 Hund, Bison, Pferd
341-221 Hund, Eule, Pferd
341-222 Hund, Eule, Bison
341-231 Eule, Hund, Pferd
341-232 Eule, Hund, Bison
341-311 Hund, Pferd, Eule
341-312 Hund, Bison, Wolf
341-321 Hund, Eule, Wolf
341-322 Wolf, Rappenantilope, Hund
341-331↓ Eule, Wolf, Rappenantilope
342-111 Pinguin, Eule, Pferd
342-112 Eule, Pferd, Hund
342-121 Eule, Pinguin, Pferd
342-122 Eule, Pferd, Hund
342-131 Eule, Pinguin, Pferd
342-132 Eule, Pferd, Präriehund
342-211↓ Eule, Pferd, Hund
342-231↓ Eule, Pferd, Präriehund
342-311↓ Eule, Pferd, Hund
342-322 Eule, Pferd, Wolf
342-331↓ Eule, Wolf, Rappenantilope
343-111↓ Eule, Pinguin, Pferd
343-331↓ Eule, Pferd, Präriehund
411-111↓ Pfau, Seelöwe, Delphin
412-111↓ Pfau, Delphin
412-211↓ Pfau, Seelöwe, Delphin
413-111↓ Delphin, Pfau, Pferd
421-111↓ Pfau, Seelöwe, Delphin
422-111 Seelöwe, Delphin, Pferd
422-132 Delphin, Seelöwe, Wildkatze
422-211 Seelöwe, Delphin, Pferd
422-332↓ Delphin, Seelöwe, Adler
423-111 Delphin, Pferd
423-132↓ Delphin, Pferd, Fuchs
423-211↓ Delphin, Pferd, Seelöwe
423-232 Delphin, Pferd, Fuchs
423-311↓ Delphin, .Seelöwe
431-111 Pfau, Pferd, Walroß
431-112 Pfau, Pferd, Seelöwe
431-121 Pfau, Pferd, Walroß
431-122 Pfau, Pferd, Seelöwe
431-131 Pfau, Pferd, Löwe
431-132 Pfau, Pferd, Rappenantilope
431-211↓ Pfau, Pferd, Seelöwe
431-232 Rappenantilope, Pfau, Pferd
431-322↓ Seelöwe, Delphin, Schaf
432-111 Pferd, Walroß, Seelöwe
432-112 Pferd, Delphin, Seelöwe
432-121 Pferd, Walroß, Seelöwe
432-122 Pferd, Delphin, Seelöwe
432-131↓ Pferd, Löwe, Fuchs

432-211↓ Pferd, Seelöwe, Delphin
432-231 Pferd, Löwe, Seelöwe
432-232 Pferd, Delphin, Rappenantilope
432-311 Seelöwe, Delphin, Pferd
432-332 Delphin, Rappenantilope, Seelöwe
433-111 Pferd, Delphin
433-112↓ Pferd, Delphin, Fuchs
433-121 Pferd, Delphin, Löwe
433-122 Pferd, Delphin, Fuchs
433-131↓ Pferd, Löwe, Fuchs
433-211 Pferd, Delphin, Löwe
433-212 Pferd, Delphin, Fuchs
433-221 Pferd, Delphin, Löwe
433-222 Pferd, Delphin, Fuchs
433-231 Pferd, Löwe, Fuchs
433-232 Pferd, Fuchs, Delphin
433-311↓ Delphin, Pferd, Seelöwe
433-331 Delphin, Pferd, Löwe
433-332 Delphin, Pferd, Fuchs
441-111 Schaf, Hund, Pinguin
441-112 Rappenantilope, Hund, Pfau
441-121 Rappenantilope, Hund, Pinguin
441-122↓ Rappenantilope, Hund, Eule
441-211↓ Rappenantilope, Hund, Pfau
442-111↓ Schaf, Pinguin, Eule
442-112 Schaf, Eule, Pferd
442-121 Schaf, Eule, Pinguin
442-211↓ Rappenantilope, Eule, Pferd
442-312 Rappenantilope, Delphin
442-321 Rappenantilope, Eule
442-322 Rappenantilope, Delphin
442-331↓ Rappenantilope, Eule
443-111↓ Eule, Pinguin, Pferd
443-122↓ Eule, Pferd, Schaf
443-311 Eule, Schaf, Delphin

341-

111-111 Krokodil, Geier
111-231↓ Krokodil, Geier, Stachelschwein
111-332↓ Krokodil, Zebra, Geier
112-111↓ Krokodil, Geier, Stachelschwein
112-331↓ Krokodil, Zebra
113-111 Krokodil, Geier
113-112↓ Krokodil, Geier, Stachelschwein
113-132 Geier, Stachelschwein, Warzenschwein
113-331↓ Krokodil, Warzenschwein, Zebra
121-111↓ Stachelschwein, Krokodil, Bergziege
121-212 Stachelschwein, Krokodil, Warzenschwein
121-232↓ Stachelschwein, .Warzenschwein, Zebra
122-111↓ Stachelschwein, Warzenschwein

122-211↓ Stachelschwein, Krokodil, Warzenschwein
122-221↓ Stachelschwein, Warzenschwein, Zebra
122-311 Zebra, Krokodil, Stachelschwein
122-312 Zebra, Krokodil, Warzenschwein
122-321↓ Zebra, Stachelschwein, Warzenschwein
123-111↓ Stachelschwein, Warzenschwein, Gorilla
123-211↓ Warzenschwein, Stachelschwein, Krokodil
123-311↓ Warzenschwein, Zebra, Krokodil
131-111↓ Stachelschwein, Flußpferd
131-211↓ Stachelschwein, Flußpferd, Krokodil
131-212 Stachelschwein, Krokodil, Warzenschwein
131-221↓ Stachelschwein, Flußpferd, Warzenschwein
131-311↓ Zebra, Krokodil, Stachelschwein
131-321 Zebra, Stachelschwein, Flußpferd
131-322 Zebra, Stachelschwein, Warzenschwein
131-331 Zebra, Stachelschwein, Flußpferd
131-332 Zebra, Stachelschwein, Wolf
132-111↓ Stachelschwein, Flußpferd
132-211↓ Stachelschwein, Flußpferd, Krokodil
132-212 Stachelschwein, Krokodil, Warzenschwein
132-221↓ Stachelschwein, Flußpferd, Warzenschwein
132-232 Stachelschwein, Warzenschwein, Löwe
132-311 Zebra, Krokodil, Stachelschwein
132-312 Zebra, Krokodil, Warzenschwein
132-321 Zebra, Stachelschwein, Flußpferd
132-322 Zebra, Warzenschwein, Stachelschwein
132-331 Zebra, Stachelschwein, Flußpferd
132-332 Zebra, Warzenschwein, Stachelschwein
133-111 Stachelschwein, Flußpferd, Warzenschwein
133-112 Stachelschwein, Warzenschwein, Gorilla
133-121↓ Stachelschwein, Flußpferd, Warzenschwein
133-132↓ Stachelschwein, Warzenschwein, Löwe
133-311↓ Warzenschwein, Zebra, Krokodil
133-331↓ Warzenschwein, Löwe, Tiger
141-111 Flußpferd, Stachelschwein

141-132↓ Stachelschwein, Flußpferd, Bison
141-211 Flußpferd, Bison, Krokodil
141-212 Bison, Krokodil, Stachelschwein
141-221 Flußpferd, Bison, Stachelschwein
141-222 Bison, Wolf, Stachelschwein
141-231 Wolf, Flußpferd, Bison
141-232↓ Wolf, Bison, Schaf
141-331↓ Wolf, Rappenantilope, Wildhund
142-111 Flußpferd, Stachelschwein, Pinguin
142-112 Stachelschwein, Flußpferd, Bison
142-121 Flußpferd, Stachelschwein, Pinguin
142-122 Stachelschwein, Flußpferd, Bison
142-131 Flußpferd, Stachelschwein, Pinguin
142-132 Stachelschwein, Flußpferd, Bison
142-211 Flußpferd, Bison, Krokodil
142-212 Bison, Krokodil, Stachelschwein
142-221 Flußpferd, Bison, Stachelschwein
142-222 Bison, Wolf, Stachelschwein
142-231 Wolf, Wildhund, Flußpferd
142-232↓ Wolf, Wildhund, Bison
142-321↓ Wolf, Wildhund, Rappenantilope
143-111 Pinguin, Flußpferd, Stachelschwein
143-112 Stachelschwein, Pinguin, Warzenschwein
143-121 Pinguin, Flußpferd, Stachelschwein
143-122 Stachelschwein, Pinguin, Warzenschwein
143-131 Pinguin, Eule, Flußpferd
143-132 Eule, Wildhund, Stachelschwein
143-211 Warzenschwein, Pinguin, Eule
143-212↓ Warzenschwein, Wildhund, Eule
143-231 Eule, Wildhund, Löwe
143-232↓ Wildhund, Eule, Warzenschwein
143-312 Wildhund, Warzenschwein, Wolf
143-331↓ Wildhund, Eule, Wolf
211-111↓ Wiesel, Geier, Krokodil
211-222 Geier, Wiesel, Zebra
211-311 Zebra, Wiesel, Krokodil
211-312↓ Zebra, Wiesel, Geier
212-111↓ Geier, Wiesel
212-211↓ Wiesel, Geier, Krokodil
212-222 Geier, Wiesel, Zebra
212-311 Zebra, Wiesel, Krokodil
212-312↓ Zebra, Wiesel, Geier
213-111↓ Geier, Gorilla
213-211 Wiesel, Geier, Krokodil
213-222 Geier, Wiesel, Zebra
213-311 Zebra, Wiesel, Krokodil
213-312↓ Zebra, Wiesel, Geier

221-111 Flußpferd, Bergziege, Zebra
221-112 Geier, Zebra, Stachelschwein
221-121 Flußpferd, Zebra, Geier
221-122 Geier, Zebra, Stachelschwein
221-131 Flußpferd, Zebra, Geier
221-132 Geier, Hahn, Zebra
221-221↓ Zebra, Flußpferd, Bergziege
221-231↓ Zebra, Hahn, Flußpferd
221-232↓ Zebra, .Hahn, Adler
222-111 Flußpferd, Bergziege, Gorilla
222-112 Geier, Gorilla, Zebra
222-121 Flußpferd, Zebra, Geier
222-122 Geier, Zebra, Stachelschwein
222-131 Flußpferd, Zebra, Geier
222-132 Geier, Hahn, Zebra
222-211 Zebra, Bergziege, Flußpferd
222-212 Zebra, Bergziege, Geier
222-221 Zebra, Flußpferd, Bergziege
222-222 Zebra, Hahn, Geier
222-231 Zebra, Hahn, Flußpferd
222-232 Zebra, Hahn, Adler
222-311↓ Zebra, Bergziege
222-332↓ Zebra, Adler, Hahn
223-111↓ Gorilla, Flußpferd
223-121↓ Flußpferd, Gorilla, Zebra
223-122 Gorilla, Geier, Zebra
223-131 Flußpferd, Löwe, Gorilla
223-132 Löwe, Gorilla, Geier
223-211 Zebra, Gorilla, Bergziege
223-212 Zebra, Gorilla, Warzenschwein
223-221↓ Zebra, Warzenschwein, Löwe
223-231↓ Zebra, Löwe, Hahn
223-332 Zebra, Adler
231-111↓ Flußpferd, Zebra, Bergziege
231-222 Zebra, Flußpferd, Bär
231-231↓ Flußpferd, Zebra, Löwe
231-332 Zebra, Wolf
232-111↓ Flußpferd, Geier, Zebra
232-132 Flußpferd, Löwe
232-211 Flußpferd, Zebra, Bergziege
232-222↓ Zebra, Flußpferd, Löwe
232-332 Zebra, Wolf, Löwe
233-111 Flußpferd, Gorilla
233-112↓ Gorilla, Flußpferd, Löwe
233-132↓ Löwe, Flußpferd, Fuchs
233-211 Flußpferd, Löwe, Zebra
233-212 Löwe, Zebra, Gorilla
233-221↓ Löwe, Flußpferd, Zebra
233-232 Löwe, Fuchs
233-321↓ Zebra, Löwe, Flußpferd
233-322 Zebra, Löwe, Tiger
241-111 Flußpferd, Pinguin
241-112↓ Flußpferd, Bison, Pinguin
241-122 Flußpferd, Bison, Wolf

241-131 Flußpferd, Wolf, Pinguin
241-132↓ Wolf, Flußpferd, Bison
241-222 Bison, Wolf, Rappenantilope
241-231 Wolf, Flußpferd, Bison
241-232 Wolf, Bison, Schaf
241-311↓ Wolf, Zebra, Bison
241-321 Wolf, Zebra, Rappenantilope
241-332↓ Wolf, Rappenantilope, Wildhund
242-111 Flußpferd, Pinguin
242-122↓ Flußpferd, Bison, Pinguin
242-131 Flußpferd, Pinguin, Wolf
242-132 Wolf, Flußpferd, Eule
242-211↓ Flußpferd, Bison, Wolf
242-222 Bison, Wolf, Wildhund
242-231↓ Wolf, Eule, Wildhund
242-311 Wolf, Zebra, Wildhund
242-312 Wolf, Wildhund, Bison
242-321 Wolf, Wildhund, Zebra
242-322↓ Wolf, Wildhund, Rappenantilope
243-111 Pinguin, Flußpferd
243-112↓ Pinguin, Eule, Flußpferd
243-132↓ Eule, Wildhund, Pinguin
243-212 Eule, Wildhund, Bison
243-221 Eule, Pinguin, Wildhund
243-232↓ Eule, Wildhund, Wolf
311-111↓ Wiesel, Geier
311-132↓ Wiesel, Geier, Hahn
311-332↓ Zebra, Wiesel, Adler
312-111↓ Wiesel, Geier
312-132↓ Wiesel, Geier, Hahn
312-212↓ Wiesel, Zebra, Geier
312-221 Wiesel, Zebra, Spitzmaus
312-332↓ Zebra, Wiesel, Adler
313-111↓ Wiesel, Geier
313-132↓ Wiesel, Geier, Hahn
313-332↓ Zebra, Wiesel, Adler
321-111↓ Zebra, Flußpferd
321-332↓ Zebra, Adler, Hahn
322-111 Zebra, Flußpferd
322-121↓ Zebra, Flußpferd, Hahn
322-122 Zebra, Hahn, Wiesel
322-131 Zebra, Hahn, Löwe
322-212↓ Zebra, Hahn, Wiesel
322-231 Zebra, Hahn, Löwe
322-232↓ Zebra, Hahn, Adler
323-111↓ Zebra, Gorilla, Löwe
323-121 Zebra, Löwe, Pinguin
323-122↓ Zebra, Löwe, Hahn
323-331↓ Zebra, Löwe, Adler
331-111 Flußpferd, Zebra
331-122↓ Zebra, Flußpferd, Bär
331-131 Flußpferd, Löwe, Zebra
331-132 Löwe, Hahn, Zebra
331-221↓ Zebra, Flußpferd, Bär

331-222 Zebra, Bär, Löwe
331-231↓ Zebra, Löwe, Hahn
331-332↓ Zebra, Wolf, Adler
332-111 Flußpferd, Zebra
332-112↓ Zebra, Flußpferd, Löwe
332-132 Löwe, Hahn, Zebra
332-211 Zebra, Löwe, Flußpferd
332-212 Zebra, Löwe, Bär
332-221 Zebra, Löwe, Flußpferd
332-222 Zebra, Löwe, Bär
332-231↓ Löwe, Zebra, Hahn
332-331↓ Zebra, Löwe, Wolf
333-111 Löwe, Pinguin, Flußpferd
333-112 Löwe, Zebra, Gorilla
333-212↓ Löwe, Zebra, Fuchs
333-321↓ Zebra, Löwe, Tiger
341-111 Pinguin, Flußpferd
341-112↓ Pinguin, Wolf, Flußpferd
341-122 Wolf, Pinguin, Rappenantilope
341-131 Wolf, Pinguin, Eule
341-132 Wolf, Rappenantilope, Eule
341-211 Wolf, Pinguin, Zebra
341-212 Wolf, Zebra, Rappenantilope
341-221 Wolf, Pinguin, Zebra
341-222↓ Wolf, Rappenantilope, Zebra
342-111 Pinguin, Flußpferd
342-112↓ Pinguin, Wolf, Eule
342-212 Wolf, Eule, Zebra
342-221 Wolf, Pinguin, Eule
342-222↓ Wolf, Eule, Rappenantilope
342-311↓ Wolf, Zebra, Rappenantilope
342-332↓ Wolf, Rappenantilope, Eule
343-111↓ Pinguin, Eule
343-131↓ Pinguin, Eule, Löwe
343-222↓ Eule, Wolf, Pinguin
343-231 Eule, Löwe, Pinguin
343-232 Eule, Wolf, Löwe
343-311 Eule, Wolf, Pinguin
343-312 Wolf, Eule, Zebra
343-321 Eule, Wolf, Pinguin
343-322 Wolf, Eule, Schaf
411-111 Pfau, Wiesel
411-311↓ Zebra, Pfau, Wiesel
412-111↓ Wiesel, Geier, Pfau
412-132 Wiesel, Geier, Wildkatze
412-211↓ Wiesel, Zebra, Pfau
412-332↓ Zebra, Wiesel, Schaf
413-111↓ Wiesel, Geier
413-121↓ Wiesel, Geier, Wildkatze
413-221↓ Wiesel, Geier, Wildkatze
413-231↓ Wiesel, Wildkatze, Tiger
413-311↓ Zebra, Wiesel, Delphin
413-321↓ Zebra, Wiesel, Tiger
421-111 Zebra, Pfau

421-112↓ Zebra, Pfau, Wildkatze
421-122↓ Zebra, Wildkatze, Hahn
421-332↓ Zebra, Rappenantilope, Tiger
422-111↓ Zebra, Wildkatze
422-121↓ Zebra, Wildkatze, Hahn
422-332↓ Zebra, Tiger, Rappenantilope
423-111 Zebra, Wildkatze, Gorilla
423-112↓ Zebra, Wildkatze, Tiger
423-311↓ Zebra, Tiger, Delphin
431-111 Flußpferd, Zebra, Bär
431-112 Zebra, Rappenantilope, Tiger
431-121 Flußpferd, Zebra,
         Rappenantilope
431-122 Zebra, Rappenantilope, Tiger
431-131↓ Rappenantilope, Tiger, Löwe
431-211↓ Zebra, Rappenantilope, Tiger
432-111 Flußpferd, Zebra, Tiger
432-112 Zebra, Tiger, Rappenantilope
432-121 Flußpferd, Zebra, Tiger
432-122 Tiger, Zebra, Wildkatze
432-131↓ Tiger, Löwe, Rappenantilope
432-211↓ Zebra, Tiger, Rappenantilope
433-111↓ Tiger, Löwe, Pinguin
433-232↓ Tiger, Löwe, Rappenantilope
433-322↓ Tiger, Zebra, Rappenantilope
441-111↓ Schaf, Pinguin
442-111↓ Rappenantilope, Pinguin
442-232↓ Rappenantilope, Wolf
443-111 Pinguin, Eule
443-112↓ Pinguin, Schaf, Eule
443-132 Rappenantilope, Eule, Tiger
443-211 Rappenantilope, Pinguin, Eule
443-212 Rappenantilope, Eule, Tiger
443-221 Rappenantilope, Eule, Pinguin
443-222↓ Rappenantilope, Eule, Tiger

342-

111-111↓ Krokodil, Geier
111-331↓ Krokodil, Zebra
112-111↓ Krokodil, Geier
112-332↓ Krokodil, Zebra, Geier
113-111↓ Krokodil, Geier
113-121↓ Geier, Krokodil, Warzenschwein
113-331↓ Krokodil, Warzenschwein, Zebra
121-111 Krokodil, Stachelschwein,
         Flußpferd
121-112 Krokodil, Stachelschwein,
         Warzenschwein
121-121 Stachelschwein, Flußpferd,
         Warzenschwein
121-122 Stachelschwein, Warzenschwein,
         Geier
121-131 Stachelschwein, Flußpferd,
         Warzenschwein

121-132 Stachelschwein, Warzenschwein,
         Geier
121-211↓ Krokodil, Warzenschwein, Zebra
121-231↓ Warzenschwein, Zebra, Hahn
121-332↓ Zebra, Warzenschwein, Adler
122-111 Krokodil, Stachelschwein,
         Flußpferd
122-112 Krokodil, Warzenschwein,
         Stachelschwein
122-121 Stachelschwein, Flußpferd,
         Warzenschwein
122-122 Warzenschwein, Stachelschwein,
         Geier
122-131 Stachelschwein, Flußpferd,
         Warzenschwein
122-132 Warzenschwein, Stachelschwein,
         Geier
122-211↓ Krokodil, Warzenschwein, Zebra
122-231↓ Warzenschwein, Zebra, Hahn
122-322↓ Zebra, Warzenschwein, Krokodil
123-111↓ Warzenschwein, Gorilla, Krokodil
123-122↓ Warzenschwein, Stachelschwein,
         Gorilla
123-212↓ Warzenschwein, Krokodil, Gorilla
123-311↓ Warzenschwein, Zebra, Krokodil
131-111↓ Flußpferd, Krokodil,
         Stachelschwein
131-122↓ Flußpferd, Stachelschwein,
         Warzenschwein·
131-211↓ Flußpferd, Krokodil,
         Warzenschwein
131-221 Flußpferd, Warzenschwein, Zebra
131-312 Zebra, Krokodil, Warzenschwein
131-321↓ Zebra, Flußpferd, Warzenschwein
131-331 Zebra, Flußpferd, Wolf
131-332 Zebra, Wolf, Warzenschwein
132-111↓ Flußpferd, Krokodil,
         Warzenschwein
132-122↓ Flußpferd, Warzenschwein,
         Stachelschwein
132-211 Flußpferd, Krokodil,
         Warzenschwein
132-222↓ Warzenschwein, Flußpferd, Zebra
132-231↓ Flußpferd, Warzenschwein, Löwe
132-311 Zebra, Krokodil, Flußpferd
132-312 Zebra, Krokodil, Warzenschwein
132-331↓ Zebra, Flußpferd, Warzenschwein
132-332 Zebra, Warzenschwein, Wolf
133-111 Flußpferd, Warzenschwein, Gorilla
133-132↓ Warzenschwein, Löwe, Flußpferd
133-211↓ Warzenschwein, Flußpferd,
         Krokodil
133-231↓ Warzenschwein, Löwe, Flußpferd
133-232 Warzenschwein, Löwe, Fuchs

231

133-311↓ Warzenschwein, Zebra, Krokodil
133-331↓ Warzenschwein, Löwe, Tiger
141-111 Flußpferd, Bison
141-132↓ Bison, Wolf, Flußpferd
141-211 Bison, Flußpferd, Krokodil
141-212 Bison, Krokodil, Wolf
141-231↓ Wolf, Bison, Flußpferd
141-232↓ Wolf, Bison, Rappenantilope
141-331↓ Wolf, Rappenantilope, Wildhund
142-111 Flußpferd, Pinguin, Bison
142-112 Bison, Flußpferd, Krokodil
142-121 Flußpferd, Pinguin, Bison
142-122 Bison, Flußpferd, Wolf
142-131 Flußpferd, Pinguin, Bison
142-132 Bison, Wolf, Flußpferd
142-211 Bison, Flußpferd, Krokodil
142-212 Bison, Krokodil, Wolf
142-231↓ Wolf, Bison, Eule
142-232↓ Wolf, Bison, Wildhund
142-331↓ Wolf, Wildhund, Schaf
143-111 Pinguin, Flußpferd, Eule
143-112 Pinguin, Warzenschwein, Eule
143-121 Pinguin, Flußpferd, Eule
143-122 Eule, Pinguin, Warzenschwein
143-131 Eule, Pinguin, Flußpferd
143-132 Eule, Wildhund
143-211 Eule, Warzenschwein, Pinguin
143-212 Warzenschwein, Eule, Bison
143-232↓ Eule, Wildhund, Wolf
211-111↓ Geier, Wiesel, Krokodil
211-222 Geier, Wiesel, Zebra
211-311 Zebra, Wiesel, Krokodil
211-312↓ Zebra, Wiesel, Geier
212-111↓ Geier, Wiesel, Krokodil
212-222 Geier, Wiesel, Zebra
212-311 Zebra, Wiesel, Krokodil
212-312↓ Zebra, Wiesel, Geier
213-111 Geier, Gorilla
213-211↓ Wiesel, Geier, Krokodil
213-222 Geier, Wiesel, Zebra
213-311 Zebra, Wiesel, Krokodil
213-312↓ Zebra, Wiesel, Geier
221-111↓ Flußpferd, Zebra, Geier
221-131 Flußpferd, Hahn, Zebra
221-132 Hahn, Geier, Zebra
221-211 Zebra, Flußpferd
221-212 Zebra, Hahn, Geier
221-221 Zebra, Flußpferd, Hahn
221-222 Zebra, Hahn, Geier
221-231 Zebra, Hahn, Flußpferd
221-232↓ Zebra, Hahn, Adler
222-111 Flußpferd, Gorilla, Zebra
222-112 Geier, Gorilla, Zebra
222-121↓ Flußpferd, Zebra, Geier

222-131 Flußpferd, Hahn, Zebra
222-132 Hahn, Geier, Zebra
222-211 Zebra, Flußpferd, Gorilla
222-212 Zebra, Hahn, Geier
222-221 Zebra, Flußpferd, Hahn
222-222 Zebra, Hahn, Geier
222-231 Zebra, Hahn, Flußpferd
222-232↓ Zebra, Hahn, Adler
223-111 Gorilla, Flußpferd, Zebra
223-112 Gorilla, Geier, Zebra
223-121 Flußpferd, Gorilla, Zebra
223-122 Gorilla, Geier, Zebra
223-131 Flußpferd, .Löwe, Gorilla
223-132 Hahn, Löwe, Gorilla
223-211↓ Zebra, Gorilla, Warzenschwein
223-221 Zebra, Warzenschwein, Löwe
223-222 Zebra, Warzenschwein, Hahn
223-231↓ Zebra, Löwe, Hahn
223-311↓ Zebra, Gorilla
223-331 Zebra, Löwe, Adler
223-332 Zebra, Adler, Hahn
231-111↓ Flußpferd, Geier, Zebra
231-132 Flußpferd, Hahn
231-212↓ Zebra, Flußpferd, Bär
231-231 Flußpferd, Zebra, Löwe
231-232 Zebra, Hahn, Löwe
231-331↓ Zebra, Wolf, Flußpferd
231-332 Zebra, Wolf, Adler
232-111↓ Flußpferd, Geier, Gorilla
232-122 Flußpferd, Geier, Zebra
232-132↓ Flußpferd, Geier, Hahn
232-211 Flußpferd, Zebra, Bär
232-222↓ Zebra, Flußpferd, Löwe
232-232 Löwe, Zebra, Hahn
232-311↓ Zebra, Flußpferd
232-331↓ Zebra, Wolf, Löwe
233-111↓ Flußpferd, Gorilla, Löwe
233-131 Flußpferd, Löwe, Fuchs
233-212 Löwe, Zebra, Gorilla
233-221 Löwe, Flußpferd, Zebra
233-222 Löwe, Fuchs, Zebra
233-231 Löwe, Fuchs, Flußpferd
233-232 Löwe, Fuchs, Eule
233-311 Zebra, Löwe, Flußpferd
233-312 Zebra, Löwe, Tiger
233-321 Zebra, Löwe, Flußpferd
233-322 Zebra, Löwe, Tiger
241-111 Flußpferd, Pinguin, Bison
241-112 Bison, Flußpferd, Wolf
241-121 Flußpferd, Pinguin, Bison
241-122 Bison, Flußpferd, Wolf
241-131 Flußpferd, Wolf, Pinguin
241-132↓ Wolf, Bison, Flußpferd
241-232↓ Wolf, Bison, Rappenantilope

241-332 Wolf, Rappenantilope, Wildhund
242-111↓ Flußpferd, Pinguin, Bison
242-122 Bison, Flußpferd, Wolf
242-131 Flußpferd, Pinguin, Wolf
242-132 Wolf, Eule, Bison
242-211 Bison, Flußpferd, Wolf
242-212 Bison, Wolf, Eule
242-221 Bison, Wolf, Flußpferd
242-222↓ Bison, Wolf, Eule
242-311 Wolf, Bison, Zebra
242-312↓ Wolf, Bison, Wildhund
242-331↓ Wolf, Wildhund, Rappenantilope
243-111 Pinguin, Flußpferd, Eule
243-112 Pinguin, Eule, Bison
243-121 Pinguin, Eule, Flußpferd
243-122 Eule, Pinguin, Bison
243-131 Eule, Pinguin, Flußpferd
243-132 Eule, Wildhund, Pinguin
243-211 Eule, Pinguin, Bison
243-212 Eule, Bison, Wildhund
243-221 Eule, Pinguin, Wildhund
243-222 Eule, Wildhund, Bison
243-231↓ Eule, Wildhund, Wolf
311-111↓ Wiesel, Geier
311-132↓ Wiesel, Geier, Hahn
311-212↓ Wiesel, Zebra, Geier
311-221 Wiesel, Zebra, Spitzmaus
311-222 Wiesel, Zebra, Geier
311-332↓ Zebra, Wiesel, Adler
312-111↓ Wiesel, Geier, Zebra
312-131↓ Wiesel, Geier, Hahn
312-211 Wiesel, Zebra, Spitzmaus
312-212 Wiesel, Zebra, Geier
312-221 Wiesel, Zebra, Spitzmaus
312-222 Wiesel, Zebra, Geier
312-331↓ Zebra, Wiesel, Adler
313-111↓ Wiesel, Geier
313-132↓ Wiesel, Geier, Hahn
313-212↓ Wiesel, Zebra, Geier
313-221 Wiesel, Zebra, Spitzmaus
313-222 Wiesel, Zebra, Geier
313-332↓ Zebra, Wiesel, Adler
321-111 Zebra, Flußpferd
321-112 Zebra, Hahn, Wiesel
321-121 Zebra, Hahn, Flußpferd
321-132↓ Hahn, Zebra, Adler
321-211↓ Zebra, Hahn, Wiesel
321-231↓ Zebra, Hahn, Adler
322-111 Zebra, Flußpferd, Hahn
322-112 Zebra, Hahn, Wiesel
322-121 Zebra, Hahn, Flußpferd
322-122 Zebra, Hahn, Wiesel
322-131↓ Hahn, Zebra, Löwe
322-211↓ Zebra, Hahn, Wiesel

322-231   Zebra, Hahn, Löwe
322-232↓ Zebra, Hahn, Adler
323-111   Zebra, Gorilla, Löwe
323-112   Zebra, Gorilla, Hahn
323-121↓ Zebra, Löwe, Hahn
323-331   Zebra, Löwe, Adler
323-332   Zebra, Adler, Hahn
331-111   Flußpferd, Zebra, Bär
331-132   Hahn, Löwe, Zebra
331-211   Zebra, Bär, Flußpferd
331-212   Zebra, Bär, Hahn
331-221   Zebra, Bär, Flußpferd
331-222   Zebra, Bär, Hahn
331-231↓ Zebra, Löwe, Hahn
331-331↓ Zebra, Wolf, Löwe
331-332   Zebra, Wolf, Adler
332-111   Flußpferd, Zebra, Bär
332-122   Zebra, Flußpferd, Löwe
332-131   Löwe, Flußpferd, Hahn
332-132   Löwe, Hahn, Zebra
332-211↓ Zebra, Bär, Löwe
332-231↓ Löwe, Zebra, Hahn
332-331↓ Zebra, Wolf, Löwe
333-111   Löwe, Pinguin, Flußpferd
333-112   Löwe, Fuchs, Zebra
333-121   Löwe, Pinguin, Flußpferd
333-122   Löwe, Fuchs, Zebra
333-131   Löwe, Fuchs, Pinguin
333-132   Löwe, Fuchs, Eule
333-211↓ Löwe, Zebra, Fuchs
333-231↓ Löwe, Fuchs, Eule
333-311↓ Zebra, Löwe, Tiger
341-111   Pinguin, Flußpferd, Wolf
341-112   Wolf, Pinguin, Bison
341-121   Pinguin, Wolf, Flußpferd
341-122↓ Wolf, Pinguin, Eule
341-211   Wolf, Pinguin, Zebra
341-212   Wolf, Zebra, Rappenantilope
341-221   Wolf, Pinguin, Zebra
341-222   Wolf, Rappenantilope, Zebra
341-231↓ Wolf, Rappenantilope, Eule
341-312↓ Wolf, Zebra, Rappenantilope
342-111   Pinguin, Flußpferd
342-112↓ Pinguin, Wolf, Eule
342-212   Wolf, Eule, Zebra
342-221   Wolf, Eule, Pinguin
342-222↓ Wolf, Eule, Rappenantilope
342-311↓ Wolf, Zebra, Rappenantilope
342-331↓ Wolf, Rappenantilope, Eule
343-111↓ Pinguin, Eule
343-122↓ Eule, Pinguin, Löwe
343-211↓ Eule, Pinguin, Wolf
343-231↓ Eule, Wolf, Löwe
343-311   Eule, Wolf, Pinguin

343-312   Wolf, Eule, Zebra
343-321   Eule, Wolf, Pinguin
343-322   Wolf, Eule, Rappenantilope
411-111↓ Pfau, Wiesel
411-311↓ Pfau, Zebra, Wiesel
412-111↓ Wiesel, Pfau, Geier
412-211↓ Wiesel, Pfau, Zebra
412-331↓ Zebra, Wiesel, Rappenantilope
413-111   Wiesel, Geier
413-112↓ Wiesel, Geier, Pfau
413-121↓ Wiesel, Geier, Wildkatze
413-222↓ Wiesel, Zebra, Wildkatze
413-231↓ Wiesel, Wildkatze, Tiger
413-311↓ Zebra, Wiesel, Delphin
413-321↓ Zebra, Wiesel, Tiger
421-111   Zebra, Pfau
421-112↓ Zebra, Pfau, Hahn
421-131↓ Hahn, Zebra, Wildkatze
421-222↓ Zebra, Hahn, Pfau
421-231↓ Zebra, Hahn, Wildkatze
421-332↓ Zebra, Rappenantilope, Tiger
422-111↓ Zebra, Wildkatze, Hahn
422-322↓ Zebra, Tiger, Wildkatze
422-331↓ Zebra, Tiger, Rappenantilope
423-111   Zebra, Wildkatze, Gorilla
423-112   Zebra, Wildkatze, Tiger
423-132   Wildkatze, Tiger, Hahn
423-211↓ Zebra, Wildkatze, Tiger
423-311↓ Zebra, Tiger, Delphin
431-111   Flußpferd, Zebra, Bär
431-112   Zebra, Bär, Schaf
431-121   Flußpferd, Zebra, Bär
431-122   Zebra, Rappenantilope, Tiger
431-131   Rappenantilope, Tiger, Löwe
431-132   Rappenantilope, Tiger, Hahn
431-211   Zebra, Rappenantilope, Bär
431-212↓ Zebra, Rappenantilope, Tiger
432-111   Flußpferd, Zebra, Bär
432-112   Zebra, Tiger, Bär
432-121   Flußpferd, Zebra, tiger
432-122   Tiger, Zebra, Wildkatze
432-131↓ Tiger, Löwe, Rappenantilope
432-211↓ Zebra, Tiger, Rappenantilope
433-111   Tiger, Löwe, Pinguin
433-112   Tiger, Löwe, Fuchs
433-121   Tiger, Löwe, Pinguin
433-122↓ Tiger, Löwe, Fuchs
433-211↓ Tiger, Löwe, Zebra
433-222↓ Tiger, Löwe, Fuchs
433-322↓ Tiger, Zebra, Rappenantilope
433-331↓ Tiger, Rappenantilope, Löwe
441-111↓ Rappenantilope, Pinguin
441-222↓ Rappenantilope, Wolf
442-111↓ Rappenantilope, Pinguin

442-231↓ Rappenantilope, Wolf, Eule
443-111   Pinguin, Eule
443-122↓ Eule, Rappenantilope, Pinguin
443-132   Eule, Rappenantilope, Tiger
443-211   Rappenantilope, Eule, Pinguin
443-212   Rappenantilope, Eule, Tiger
443-221   Rappenantilope, Eule, Pinguin
443-231↓ Rappenantilope, Tiger, Eule
443-322   Rappenantilope, Tiger, Wolf
443-331   Rappenantilope, Tiger, Eule
443-332   Rappenantilope, Tiger, Wolf

343-
111-111↓ Krokodil, Geier
111-332↓ Krokodil, Zebra, Adler
112-111↓ Krokodil, Geier
112-232↓ Krokodil, Geier, Hahn
112-332↓ Krokodil, Zebra, Adler
113-111↓ Krokodil, Geier
113-121↓ Geier, Krokodil, Warzenschwein
113-331↓ Krokodil, Warzenschwein, Zebra
121-111   Krokodil, Stachelschwein,
          Flußpferd
121-112   Krokodil, Stachelschwein,
          Warzenschwein
121-121   Stachelschwein, Flußpferd,
          Warzenschwein
121-122   Stachelschwein, Warzenschwein,
          Geier
121-131   Hahn, Stachelschwein, Flußpferd
121-132   Hahn, Stachelschwein,
          Warzenschwein
121-211↓ Krokodil, Warzenschwein, Zebra
121-222   Warzenschwein, Hahn, Zebra
121-312↓ Zebra, Krokodil, Warzenschwein
121-322   Zebra, Warzenschwein, Adler
121-331↓ Zebra, Adler, Hahn
122-111   Krokodil, Stachelschwein,
          Flußpferd
122-112   Krokodil, Warzenschwein,
          Stachelschwein
122-121   Stachelschwein, Flußpferd,
          Warzenschwein
122-122   Warzenschwein, Stachelschwein,
          Geier
122-131   Hahn, Stachelschwein, Flußpferd
122-132   Hahn, Warzenschwein,
          Stachelschwein
122-211↓ Krokodil, Warzenschwein, Zebra
122-322↓ Zebra, Warzenschwein, Adler
122-331↓ Zebra, Adler, Hahn
123-111↓ Warzenschwein, Gorilla, Krokodil
123-131↓ Warzenschwein, Löwe, Hahn
123-211↓ Warzenschwein, Krokodil

233

123-232↓ Warzenschwein, Hahn, Löwe
123-331↓ Warzenschwein, Zebra, Löwe
123-332 Warzenschwein, Zebra, Adler
131-111↓ Flußpferd, Krokodil,
        Stachelschwein
131-122↓ Flußpferd, Stachelschwein,
        Warzenschwein
131-132 Flußpferd, Hahn, Löwe
131-211 Flußpferd, Krokodil, Bär
131-212 Krokodil, Warzenschwein, Bär
131-221↓ Flußpferd, Bär, Warzenschwein
131-231 Flußpferd, Löwe, Hahn
131-232 Hahn, Löwe, Wolf
131-311 Zebra, Krokodil, Flußpferd
131-312 Zebra, Krokodil, Wolf
131-321 Zebra, Flußpferd, Wolf
131-322 Zebra, Wolf, Warzenschwein
131-331 Wolf, Zebra, Löwe
131-332 Wolf, Zebra, Adler
132-111↓ Flußpferd, Krokodil,
        Warzenschwein
132-122 Flußpferd, Warzenschwein,
        Stachelschwein
132-132↓ Flußpferd, Löwe, Hahn
132-211 Flußpferd, Krokodil,
        Warzenschwein
132-212 Krokodil, Warzenschwein, Bär
132-221 Flußpferd, Warzenschwein, Löwe
132-222 Warzenschwein, Löwe, Bär
132-231 Löwe, Flußpferd, Hahn
132-232 Löwe, Hahn, Warzenschwein
132-311 Zebra, Krokodil, Flußpferd
132-312 Zebra, Krokodil, Warzenschwein
132-321 Zebra, Flußpferd, Wolf
132-322 Zebra, Wolf, Warzenschwein
132-331↓ Wolf, Löwe, Zebra
133-111 Flußpferd, Warzenschwein, Gorilla
133-112 Warzenschwein, Gorilla, Löwe
133-121↓ Flußpferd, Warzenschwein, Löwe
133-132 Löwe, Warzenschwein, Fuchs
133-221↓ Warzenschwein, Löwe, Flußpferd
133-222 Warzenschwein, Löwe, Fuchs
133-312↓ Warzenschwein, Löwe, Wildhund
141-111↓ Bison, Flußpferd
141-231↓ Wolf, Bison, Wildhund
142-111↓ Bison, Flußpferd, Pinguin
142-231↓ Wolf, Bison, Eule
142-232↓ Wolf, Bison, Wildhund
143-111 Eule, Pinguin, Bison
143-112 Eule, Bison, Wildhund
143-121 Eule, Pinguin, Bison
143-211↓ Eule, Bison, Wildhund
143-232↓ Eule, Wildhund, Wolf

234
211-111↓ Geier, Wiesel

211-132 Geier, Hahn
211-211 Wiesel, Geier, Krokodil
211-222 Geier, Wiesel, Hahn
211-311 Zebra, Wiesel, Krokodil
211-312↓ Zebra, Wiesel, Geier
211-331 Zebra, Adler, Wiesel
211-332 Zebra, Adler, Hahn
212-111 Geier, Wiesel
212-131↓ Geier, Wiesel, Hahn
212-211 Wiesel, Geier, Krokodil
212-222 Geier, Wiesel, Hahn
212-311 Zebra, Wiesel, Krokodil
212-312↓ Zebra, Wiesel, Geier
212-331 Zebra, Adler, Wiesel
212-332 Zebra, Adler, Hahn
213-111↓ Geier, Gorilla
213-122↓ Geier, Wiesel
213-132 Geier, Hahn
213-211 Wiesel, Geier, Krokodil
213-222 Geier, Wiesel, Hahn
213-311 Zebra, Wiesel, Krokodil
213-312↓ Zebra, Wiesel, Geier
213-331 Zebra, Adler, Wiesel
213-332 Zebra, Adler, Hahn
221-111 Flußpferd, Zebra, Geier
221-112 Geier, Hahn, Zebra
221-121 Flußpferd, Hahn, Zebra
221-122 Hahn, Geier, Zebra
221-131 Hahn, Flußpferd
221-132 Hahn, Geier
221-221↓ Zebra, Hahn, Flußpferd
221-222↓ Hahn, Zebra, Adler
222-111 Flußpferd, Gorilla, Zebra
222-112 Geier, Hahn, Gorilla
222-121 Flußpferd, Hahn, Zebra
222-122 Hahn, Geier, Zebra
222-131 Hahn, Flußpferd, Zebra
222-132 Hahn, Geier, Löwe
222-211 Zebra, Hahn, Flußpferd
222-212 Zebra, Hahn, Adler
222-221 Zebra, Hahn, Flußpferd
222-222 Hahn, Zebra, Adler
222-231 Hahn, Zebra, Löwe
222-232↓ Hahn, Zebra, Adler
223-111 Gorilla, Flußpferd
223-112 Gorilla, Geier, Hahn
223-121 Flußpferd, Gorilla, Löwe
223-122 Gorilla, Hahn, Löwe
223-131 Löwe, Hahn, Flußpferd
223-132 Hahn, Löwe, Fuchs
223-211 Zebra, Gorilla, Löwe
223-212 Zebra, Gorilla, Hahn
223-221↓ Löwe, Zebra, Hahn
223-231 Löwe, Hahn, Fuchs

223-312 Zebra, Adler, Hahn
223-321 Zebra, Löwe, Adler
223-322 Zebra, Adler, Hahn
223-331 Zebra, Löwe, Adler
223-332 Zebra, Adler, Hahn
231-111↓ Flußpferd, Bär
231-121↓ Flußpferd, Walroß, Bär
231-122 Flußpferd, Bär, Hahn
231-132↓ Hahn, Flußpferd, Löwe
231-211 Flußpferd, Bär, Zebra
231-212 Bär, Zebra, Hahn
231-221 Flußpferd, Bär, Zebra
231-222 Bär, ;Hahn, Zebra
231-231 Löwe, Hahn, Flußpferd
231-232 Hahn, Löwe, Wolf
231-311↓ Zebra, Bär, Wolf
231-331 Wolf, Zebra, Löwe
231-332 Wolf, Zebra, Adler
232-111 Flußpferd, Walroß, Bär
232-112 Flußpferd, Bär, Löwe
232-121 Flußpferd, Walroß, Löwe
232-122 Flußpferd, Löwe, Bär
232-131↓ Flußpferd, Löwe, Hahn
232-211 Flußpferd, Bär, Löwe
232-212 Bär, Löwe, Zebra
232-221 Flußpferd, Löwe, Bär
232-222 Bär, Hahn
232-231 Löwe, Hahn, Flußpferd
232-232 Löwe, Hahn, Wolf
232-311↓ Zebra, Bär, Wolf
232-321↓ Zebra, Wolf, Löwe
233-111↓ Flußpferd, Löwe, Gorilla
233-121↓ Flußpferd, Löwe, Fuchs
233-132 Löwe, Fuchs, Eule
233-211 Löwe, Flußpferd, Fuchs
233-212 Löwe, Fuchs, Bär
233-221 Löwe, Fuchs, Flußpferd
233-222 Löwe, Fuchs, Bär
233-231↓ Löwe, Fuchs, Eule
233-311↓ Löwe, Zebra, Wildhund
233-331↓ Löwe, Wildhund, Fuchs
241-111↓ Bison, Flußpferd, Wolf
241-222↓ Bison, Wolf, Wildhund
241-231 Wolf, Bison, Eule
241-322↓ Wolf, Bison, Wildhund
242-111 Bison, Flußpferd, Pinguin
242-121↓ Bison, Flußpferd, Wolf
242-122↓ Bison, Wolf, Eule
242-311↓ Wolf, Bison, Wildhund
242-331↓ Wolf, Wildhund, Eule
243-111↓ Eule, Pinguin, Bison
243-122 Eule, Bison, Wildhund
243-131 Eule, Wildhund, Pinguin
243-132 Eule, Wildhund, Löwe

243-211↓ Eule, Bison, Wildhund
243-231↓ Eule, Wildhund, Wolf
311-111↓ Wiesel, Geier, Pfau
311-122↓ Wiesel, Geier, Hahn
311-222↓ Wiesel, Hahn, Pfau
311-322↓ Zebra, Wiesel, Adler
311-332 Zebra, Adler, Hahn
312-111 Wiesel, Geier
312-112↓ Wiesel, Geier, Hahn
312-222↓ Wiesel, Hahn, Zebra
312-312↓ Zebra, Wiesel, Adler
312-332 Zebra, Adler, Hahn
313-111 Wiesel, Geier
313-112↓ Wiesel, Geier, Hahn
313-131 Wiesel, Hahn, Löwe
313-132 Hahn, Wiesel, Geier
313-212↓ Wiesel, Zebra, Hahn
313-231 Wiesel, Hahn, Löwe
313-322↓ Zebra, Wiesel, Adler
313-332 Zebra, Adler, Hahn
321-111↓ Zebra, Hahn, Bär
321-131 Hahn, Zebra, Löwe
321-132 Hahn, Zebra, Adler
321-211 Zebra, Hahn, Bär
321-212↓ Zebra, Hahn, Adler
322-111 Zebra, Hahn, Bär
322-131↓ Hahn, Löwe, Zebra
322-211 Zebra, Hahn, Bär
322-212 Zebra, Hahn, Adler
322-221 Zebra, Hahn, Löwe
322-222 Hahn, Zebra, Adler
322-231 Hahn, Zebra, Löwe
322-232↓ Hahn, Zebra, Adler
323-111↓ Löwe, Zebra, Hahn
323-131 Löwe, Hahn, Fuchs
323-212↓ Zebra, Hahn, Löwe
323-231 Löwe, Hahn, Fuchs
323-312 Zebra, Adler, Hahn
323-321 Zebra, Löwe, Adler
323-322 Zebra, Adler, Hahn
323-331 Zebra, Löwe, Adler
323-332 Zebra, Adler, Hahn
331-111 Bär, Flußpferd, Löwe
331-112 Bär, Hahn, Löwe
331-121 Bär, ;Flußpferd, Löwe
331-122↓ Bär, Hahn, Löwe
331-212 Bär, Zebra, Hahn
331-221 Bär, Zebra, Löwe
331-222 Bär, Hahn, Zebra
331-231 Löwe, Hahn, Bär
331-232 Hahn, Löwe, Wolf
331-311↓ Zebra, Bär, Wolf
331-331 Wolf, Zebra, Löwe
331-332 Wolf, Zebra, Adler

332-111 Bär, Flußpferd, Löwe
332-112 Bär, Löwe, Hahn
332-121 Löwe, Bär, Flußpferd
332-122↓ Löwe, Bär, Hahn
332-132 Löwe, Hahn, Fuchs
332-211↓ Bär, Löwe, Zebra
332-231 Löwe, Hahn, Bär
332-232 Löwe, Hahn, Wolf
332-311↓ Zebra, Bär, Wolf
332-321↓ Zebra, Wolf, Löwe
333-111↓ Löwe, Fuchs, Bär
333-131↓ Löwe, Fuchs, Eule
333-211↓ Löwe, Fuchs, Bär
333-231↓ Löwe, Fuchs, Eule
333-311↓ Löwe, Zebra, Fuchs
333-331↓ Löwe, Fuchs, Wolf
341-111 Wolf, Pinguin, Eule
341-112 Wolf, Bison, Eule
341-121 Wolf, Pinguin, Eule
341-212↓ Wolf, Bison, Eule
342-111↓ Pinguin, Wolf, Eule
342-112 Wolf, Eule, Bison
342-121 Wolf, Pinguin, Eule
342-122 Wolf, Eule, Bison
342-131 Wolf, Eule, Pinguin
342-132 Wolf, Eule, Löwe
342-211↓ Wolf, Eule, Bison
342-221 Wolf, Eule, Löwe
342-222 Wolf, Eule, Bison
342-231↓ Wolf, Eule, Löwe
342-311↓ Wolf, Eule, Zebra
343-111 Eule, Pinguin
343-112↓ Eule, Pinguin, Löwe
343-132 Eule, Löwe, Wolf
343-211 Eule, Wolf, Pinguin
343-312↓ Wolf, Eule, Wildhund
411-111↓ Pfau, Wiesel
411-232↓ Pfau, Hahn
411-322↓ Pfau, Zebra
412-111 Pfau, Wiesel
412-122↓ Pfau, Wiesel, Geier
412-131↓ Pfau, Wiesel, Hahn
412-311↓ Zebra, Pfau, Wiesel
412-331↓ Zebra, Pfau, Adler
413-111↓ Wiesel, Pfau, Geier
413-131↓ Wiesel, Hahn, Pfau
413-331↓ Tiger, Delphin, Zebra
421-111↓ Pfau, Zebra, Hahn
421-322↓ Zebra, Adler, Hahn
422-111 Zebra, Hahn, Wildkatze
422-132 Hahn, Wildkatze, Löwe
422-212↓ Zebra, Hahn, Wildkatze
422-232 Hahn, Zebra, Adler
422-311↓ Zebra, Seelöwe, Delphin

422-321 Zebra, Seelöwe, Adler
422-322 Zebra, Adler, Delphin
422-331↓ Zebra, Adler, Hahn
423-111 Löwe, Delphin, Zebra
423-112 Delphin, Hahn, Löwe
423-121 Löwe, Hahn, Wildkatze
423-132 Hahn, Löwe, Fuchs
423-211 Delphin, Zebra, Löwe
423-212 Delphin, Zebra, Hahn
423-221 Löwe, Delphin, Zebra
423-222 Delphin, Hahn, Löwe
423-231 Löwe, Hahn, Tiger
423-331↓ Tiger, Delphin, Zebra
431-111 Bär, Pfau, Flußpferd
431-112 Bär, Pfau, Hahn
431-121 Bär, Pfau, Löwe
431-122 Bär, Hahn, Pfau
431-131 Löwe, Hahn, Bär
431-132 Hahn, Löwe, Rappenantilope
431-211↓ Bär, Pfau, Zebra
431-222 Bär, Hahn, Pfau
431-231 Löwe, Hahn, Rappenantilope
431-331↓ Rappenantilope, Tiger, Wolf
432-111 Bär, Löwe, Flußpferd
432-112 Bär, Löwe, Hahn
432-211↓ Bär, Löwe, Zebra
432-231↓ Löwe, Tiger, Hahn
432-311↓ Zebra, Tiger, Rappenantilope
433-111↓ Löwe, Fuchs, Tiger
433-311↓ Tiger, Löwe, Delphin
433-331↓ Tiger, Löwe, Fuchs
441-111↓ Rappenantilope, Wolf, Pinguin
442-111↓ Rappenantilope, Pinguin, Wolf
442-112 Rappenantilope, Wolf, Eule
442-121 Rappenantilope, Wolf, Pinguin
442-331↓ Rappenantilope, Wolf, Eule
443-111↓ Eule, Pinguin
443-212↓ Eule, Rappenantilope, Wolf

344-

111-111↓ Krokodil, Geier
111-231↓ Krokodil, Adler, Geier
112-111↓ Krokodil, Geier
112-231↓ Krokodil, Adler, Geier
113-111↓ Krokodil, Geier
113-121↓ Geier, Krokodil, Warzenschwein
113-131 Löwe, Geier, Krokodil
113-132 Geier, Löwe, Warzenschwein
113-211↓ Krokodil, Warzenschwein, Löwe
113-321↓ Krokodil, Warzenschwein, Adler
113-331↓ Adler, Wildhund, Löwe
121-111 Walroß, Stachelschwein, Krokodil
121-112 Stachelschwein, Krokodil, Warzenschwein

121-121 Walroß, Stachelschwein, Flußpferd	211-232 Adler, Hahn, Geier	242-111 Walroß, Bison, Wildhund
121-122 Stachelschwein, Adler, Warzenschwein	211-321↓ Adler, Zebra, Wiesel	242-112 Bison, Wildhund, Löwe
121-131 Löwe, Adler, Walroß	212-111↓ Geier, Löwe, Adler	242-121 Wildhund, Walroß, Löwe
121-132 Adler, Hahn, Löwe	212-132 Geier, Adler, Hahn	242-122 Wildhund, Bison, Löwe
121-211↓ Krokodil, Adler, Warzenschwein	212-211 Wiesel, Geier, Krokodil	242-131↓ Wildhund, Löwe, Wolf
121-221 Adler, Löwe, Warzenschwein	212-212 Geier, Wiesel, Adler	242-211 Wildhund, Bison, Löwe
121-222 Adler, Warzenschwein, Hahn	212-231↓ Adler, Löwe, Hahn	242-212 Wildhund, Bison, Wolf
121-231↓ Adler, Löwe, Hahn	212-311↓ Adler, Zebra, Wiesel	242-221 Wildhund, Löwe, Bison
121-311↓ Adler, Zebra, Krokodil	213-111↓ Geier, Löwe, Gorilla	242-222 Wildhund, Bison, Löwe
122-111 Walroß, Stachelschwein, Krokodil	213-211↓ Löwe, Wiesel, Geier	242-231 Wildhund, Löwe, Wolf
122-112 Stachelschwein, Krokodil, Warzenschwein	213-311↓ Adler, Löwe, Zebra	242-312↓ Wildhund, Wolf, Bison
122-121 Walroß, Stachelschwein, Löwe	213-322↓ Adler, Löwe, Wildhund	242-321 Wildhund, Wolf, Löwe
122-122 Stachelschwein, Warzenschwein, Löwe	221-111 Walroß, Flußpferd, Löwe	242-322 Wildhund, Wolf, Bison
122-131 Löwe, Adler, Walroß	221-112 Adler, Hahn, Löwe	242-331↓ Wildhund, Löwe, Wolf
122-132 Löwe, Adler, Hahn	221-121 Walroß, Löwe, Flußpferd	243-111↓ Wildhund, Löwe, Eule
122-211 Krokodil, Warzenschwein, Löwe	221-122↓ Adler, Hahn, Löwe	311-111↓ Wiesel, Geier, Pfaue
122-212 Krokodil, Warzenschwein, Adler	221-211 Adler, Zebra, Löwe	311-122 Wiesel, Geier, Adler
122-221↓ Löwe, Adler, Warzenschwein	221-212 Adler, Hahn, Zebra	311-131↓ Adler, Hahn, Wiesel
122-231 Löwe, Adler, Hahn	221-221↓ Adler, Löwe, Hahn	311-211↓ Wiesel, Pfau, Adler
122-321↓ Adler, Zebra	221-322↓ Adler, Zebra, Hahn	311-222↓ Adler, Wiesel, Hahn
123-111↓ Warzenschwein, Löwe, Gorilla	222-111 Walroß, Löwe, Flußpferd	311-321↓ Adler, Zebra, Wiesel
123-312↓ Warzenschwein, Adler, Löwe	222-112 Löwe, Adler, Hahn	312-111 Wiesel, Geier, Löwe
123-331 Löwe, Adler, Wildhund	222-121 Walroß, Löwe, Flußpferd	312-112 Wiesel, Geier, Adler
131-111↓ Walroß, Flußpferd, Löwe	222-122↓ Löwe, Adler, Hahn	312-121 Wiesel, Geier, Löwe
131-311↓ Löwe, Adler, Zebra	222-211 Löwe, Adler, Zebra	312-122 Wiesel, Geier, Adler
131-312 Adler, Löwe, Wildhund	222-212 Adler, Löwe, Hahn	312-131↓ Löwe, Adler, Hahn
132-111↓ Walroß, Flußpferd, Löwe	222-312↓ Adler, Zebra, Löwe	312-211 Wiesel, Adler, Zebra
132-311↓ Löwe, Wildhund, Adler	222-332 Adler, Löwe, Hahn	312-212 Wiesel, Adler, Hahn
133-111↓ Löwe, Walroß	223-111↓ Löwe, Gorilla	312-221 Wiesel, Adler, Löwe
133-232↓ Löwe, Wildhund, Pavian	223-122↓ Löwe, Pferd, Adler	312-222 Adler, Wiesel, Hahn
141-111 Walroß, Bison, Flußpferd	223-132↓ Löwe, Adler, Hahn	312-231↓ Adler, Löwe, Hahn
141-112↓ Bison, Wildhund, Walroß	223-311 Löwe, Adler, Zebra	312-311↓ Adler, Zebra, Wiesel
141-122 Bison, Wildhund, Wolf	223-322 Adler, Löwe, Wildhund	312-331 Adler, Zebra, Löwe
141-131 Wildhund, Löwe, Walroß	231-111↓ Walroß, Flußpferd, Löwe	312-332 Adler, Hahn
141-132 Wildhund, Bison, Wolf	231-212 Löwe, Adler, Bär	313-111↓ Löwe, Wiesel, Geier
141-231 Wildhund, Wolf, Löwe	231-221 Löwe, Walroß	313-211↓ Löwe, Wiesel, Adler
141-232↓ Wildhund, Wolf, Bison	231-232↓ Löwe, Adler, Hahn	313-232↓ Löwe, Adler, Hahn
142-111 Walroß, Bison, Wildhund	231-311 Löwe, Adler, Zebra	321-111↓ Löwe, Adler, Hahn
142-112 Bison, Wildhund, Löwe	231-322 Adler, Löwe, Wildhund	321-211 Adler, Zebra, Löwe
142-121 Wildhund, Walroß, Bison	232-111 Walroß, Löwe, Flußpferd	321-212 Adler, Hahn, Zebra
142-122 Wildhund, Bison, Löwe	232-211 Löwe, Walroß, Pferd	321-221↓ Adler, .,Löwe, Hahn
142-131 Wildhund, Löwe, Walroß	232-212 Löwe, Pferd, Adler	321-312↓ Adler, Zebra, Hahn
142-132↓ Wildhund, Löwe, Bison	232-221 Löwe, Walroß, Pferd	321-331↓ Adler, Zebra, Löwe
142-212 Wildhund, Bison, Wolf	232-311↓ Löwe, Adler, Zebra	322-111↓ Löwe, Adler, Hahn
142-221↓ Wildhund, Bison, Löwe	232-312↓ Löwe, Adler, Wildhund	322-211 Löwe, Adler, Zebra
142-231↓ Wildhund, Löwe, Wolf	233-111↓ Löwe, Walroß, Pferd	322-212 Adler, Löwe, Hahn
143-111↓ Wildhund, Löwe, Eule	233-311↓ Löwe, Wildhund, Pferd	322-311↓ Adler, Zebra, Löwe
211-111↓ Geier, Adler, Hahn	233-331↓ Löwe, Wildhund, Adler	323-111 Löwe, Pferd
211-211 Wiesel, Geier, Krokodil	241-111 Walroß, Bison, Flußpferd	323-132↓ Löwe, Adler, Hahn
211-212 Geier, Wiesel, Adler	241-112 Bison, Wildhund, Wolf	323-211 Löwe, Pferd, Adler
211-231 Adler, Hahn, Wiesel	241-121 Walroß, Bison, Wildhund	323-232↓ Löwe, Adler, Hahn
	241-122 Bison, Wildhund, Wolf	323-311↓ Löwe, Adler, Zebra
	241-131↓ Wildhund, Löwe, Wolf	331-111↓ Löwe, Walroß, Bär
	241-211↓ Bison, Wildhund, Wolf	331-122↓ Löwe, Bär, Adler

236

331-132 Löwe, Adler, Hahn
331-212↓ Löwe, Adler, Bär
331-231↓ Löwe, Adler, Hahn
331-311 Löwe, Adler, Zebra
331-332 Adler, Löwe, Wolf
332-111 Löwe, Pferd, Walroß
332-112 Löwe, Pferd, Bär
332-121 Löwe, Pferd, Walroß
332-122↓ Löwe, Pferd, Bär
332-132 Löwe, Adler
332-211 Löwe, Pferd, Bär
332-212↓ Löwe, Pferd, Adler
332-311↓ Löwe, Adler, Zebra
332-331↓ Löwe, Adler, Wolf
333-111↓ Löwe, Pferd
333-311↓ Löwe, Pferd, Adler
341-111 Löwe, Wolf, Pinguin
341-112 Wolf, Löwe, Bison
341-121 Löwe, Wolf, Pinguin
341-122 Wolf, Löwe, Eule
341-212 Wolf, Löwe, Bison
341-231↓ Wolf, Löwe, Eule
341-232↓ Wolf, Löwe, Wildhund
342-111 Löwe, Wolf, Pinguin
342-112↓ Löwe, Wolf, Eule
343-111↓ Löwe, Eule, Pinguin
343-122↓ Löwe, Eule, Wildhund
343-312 Wildhund, Löwe, Wolf
343-321 Wildhund, Löwe, Eule
343-332 Wildhund, Löwe, Wolf
343-331 Wildhund, Löwe, Eule
343-332 Wildhund, Löwe, Wolf
411-111↓ Pfau, Adler
411-312↓ Pfau, Seelöwe, Adler
412-111 Pfau, Wiesel
412-122↓ Pfau, Wiesel, Adler
412-131 Pfau, Löwe, Adler
412-132 Pfau, Adler, Hahn
412-211 Pfau, Wiesel, Seelöwe
412-212 Pfau, Delphin, Wiesel
412-221 Pfau, Wiesel, Seelöwe
412-222 Pfau, Adler, Delphin
412-231 Adler, Pfau, Löwe
412-232 Adler, Pfau, Hahn
412-311↓ Seelöwe, Delphin, Adler
413-111↓ Delphin, Löwe, Pfau
413-132↓ Löwe, Delphin, Adler
421-111 Pfau, Seelöwe, Löwe
421-112 Pfau, Seelöwe, Adler
421-121 Pfau, Seelöwe, Löwe
421-122 Adler, Hahn, Pfau
421-131↓ Löwe, Adler, Hahn
421-211 Seelöwe, Pfau, Adler
421-212 Seelöwe, Adler, Delphin

421-221 Seelöwe, Adler, Pfau
421-222 Adler, Seelöwe, Delphin
421-231↓ Adler, Löwe, Hahn
421-311↓ Seelöwe, Adler, Delphin
422-111↓ Löwe, Seelöwe, Delphin
422-121 Löwe, Seelöwe, Adler
422-122 Löwe, Adler, Delphin
422-131↓ Löwe, Adler, Hahn
422-211 Seelöwe, Delphin, Löwe
422-212 Delphin, Seelöwe, Adler
422-221 Seelöwe, Löwe, Adler
422-222 Adler, Delphin, Seelöwe
422-231 Löwe, Adler, Hahn
422-312↓ Delphin, Seelöwe, Adler
423-111↓ Löwe, Delphin
423-231↓ Löwe, Delphin, Adler
423-312 Delphin, Seelöwe, Adler
423-321 Delphin, Löwe, Seelöwe
423-322↓ Delphin, Adler, Löwe
431-111↓ Löwe, Bär
431-211↓ Löwe, Seelöwe, Bär
431-311↓ Seelöwe, Löwe, Adler
431-312 Seelöwe, Adler, Delphin
431-321↓ Seelöwe, Löwe, Adler
432-111↓ Löwe, Delphin, Pferd
432-222↓ Löwe, Adler, Delphin
432-311↓ Löwe, Seelöwe, Delphin
432-321 Löwe, Seelöwe, Adler
432-322 Löwe, Adler, Delphin
432-331↓ Löwe, Adler, Tiger
433-111↓ Löwe, Pferd, Delphin
433-312↓ Delphin, Löwe, Tiger
441-111 Löwe, Wolf, Rappenantilope
442-111↓ Löwe, Wolf, Rappenantilope
443-111↓ Löwe, Eule, Pinguin
443-232↓ Löwe, Eule, Wolf
443-312 Löwe, Wolf, Wildhund
443-321 Löwe, Eule, Wolf
443-322 Löwe, Wolf, Wildhund
443-331 Löwe, Eule, Wolf
443-332 Löwe, Wolf, Wildhund

351-
111-111↓ Krokodil, Warzenschwein
112-111↓ Krokodil, Warzenschwein
113-111↓ Krokodil, Warzenschwein
121-111↓ Krokodil, Warzenschwein
122-111↓ Krokodil, Warzenschwein
123-111↓ Warzenschwein, Krokodil
131-111↓ Krokodil, Warzenschwein
131-331↓ Warzenschwein, Krokodil, Tiger
132-111↓ Krokodil, Warzenschwein
133-111↓ Warzenschwein, Krokodil
141-111↓ Krokodil, Warzenschwein

141-321↓ Krokodil, Warzenschwein, Bär
141-332↓ Warzenschwein, Tiger, Krokodil
142-111↓ Krokodil, Warzenschwein
142-331↓ Warzenschwein, Tiger, Krokodil
143-111↓ Warzenschwein, Krokodil
143-321↓ Warzenschwein, Tiger
211-111↓ Krokodil, Geier
212-111↓ Krokodil, Geier
213-111↓ Krokodil, Warzenschwein
213-331↓ Krokodil, Warzenschwein, Tiger
221-111↓ Krokodil, Bär, Warzenschwein
221-132 Warzenschwein, Bär, Nashorn
221-211↓ Krokodil, Bär, Warzenschwein
221-232 Warzenschwein, Bär, Nashorn
221-311 Krokodil, Bär, Zebra
221-312 Krokodil, Warzenschwein, Bär
221-321↓ Bär, Zebra, Warzenschwein
221-331 Tiger, Bär, Zebra
221-332 Tiger, Warzenschwein, Bär
222-111↓ Krokodil, Warzenschwein, Bär
222-231 Warzenschwein, Bär, Nashorn
222-232 Warzenschwein, Bär, Tiger
222-311↓ Krokodil, Warzenschwein, Bär
222-321↓ Warzenschwein, Bär, Zebra
222-331↓ Tiger, Warzenschwein, Bär
223-111↓ Warzenschwein, Krokodil
223-311↓ Warzenschwein, Tiger, Krokodil
231-111↓ Bär, Krokodil
231-121↓ Bär, Flußpferd
231-211↓ Bär, Krokodil
231-331↓ Tiger, Bär, Dachs
232-111↓ Bär, Krokodil, Flußpferd
232-122 Bär, Warzenschwein
232-131↓ Bär, Tiger, Flußpferd
232-232↓ Bär, Tiger, Warzenschwein
233-111↓ Warzenschwein, Bär, Tiger
241-111↓ Bär, Krokodil, Flußpferd
241-311↓ Bär, Krokodil, Tiger
241-322↓ Bär, Tiger, Wolf
242-111↓ Bär, Krokodil, Flußpferd
242-131↓ Bär, Tiger, Flußpferd
242-211↓ Bär, Krokodil
242-322↓ Bär, Tiger, Wolf
243-111 Bär, Pinguin, Warzenschwein
243-112 Bär, Warzenschwein, Tiger
243-121 Bär, Pinguin, Warzenschwein
243-122 Bär, Warzenschwein, Tiger
243-131 Tiger, Bär, Pinguin
243-132↓ Tiger, Bär, Warzenschwein
311-111↓ Krokodil, Bär, Wiesel
311-321↓ Krokodil, Zebra, Bär
311-331↓ Krokodil, Zebra, Tiger
312-111↓ Krokodil, Bär
312-231↓ Krokodil, Bär, Wiesel

312-321↓ Krokodil, Zebra, Bär
312-331↓ Krokodil, Tiger, Zebra
313-111↓ Krokodil, Warzenschwein, Bär
313-131 Krokodil, Warzenschwein, Tiger
313-221 Krokodil, Warzenschwein, Bär
313 222↓ Krokodil, Warzenschwein, Tiger
321-111↓ Bär, Nashorn, Krokodil
321-231↓ Bär, Nashorn, Tiger
321-311↓ Bär, Zebra, Nashorn
321-322↓ Bär, Zebra, Tiger
322-111↓ Bär, Nashorn, Krokodil
322-122↓ Bär, Nashorn, Warzenschwein
322-131↓ Bär, Nashorn, Tiger
322-211↓ Bär, Nashorn, Krokodil
322-221 Bär, Nashorn, Zebra
322-222 Bär, Nashorn, Warzenschwein
322-231↓ Bär, Nashorn, Tiger
322-311 Bär, Zebra, Nashorn
322-312↓ Bär, Zebra, Tiger
323-111↓ Warzenschwein, Bär, Nashorn
323-122↓ Warzenschwein, Bär, Tiger
331-111↓ Bär, Tiger
332-111↓ Bär, Tiger
332-322↓ Bär, Tiger, Zebra
332-331↓ Tiger, Bär, Dachs
333-111↓ Bär, Tiger
341-111↓ Bär, Tiger
341-322↓ Bär, Tiger, Wolf
342-111↓ Bär, Tiger
342-322↓ Bär, Tiger, Wolf
343-111↓ Bär, Pinguin, Tiger
343-221↓ Bär, Tiger, Eule
411-111↓ Krokodil, Tiger, Bär
412-111↓ Krokodil, Tiger, Bär
413-111↓ Krokodil, Tiger
421-111↓ Bär, Tiger, Nashorn
422-111↓ Tiger, Bär, Nashorn
423-111↓ Bär, Tiger
431-111 Bär, Tiger
432-111↓ Tiger, Bär
433-111↓ Bär, Tiger
441-111↓ Bär, Tiger
442-111↓ Tiger, Bär
443↓111↓ Tiger

352-
111-111↓ Krokodil, Warzenschwein
112-111↓ Krokodil, Warzenschwein
113-111↓ Krokodil, Warzenschwein
121-111↓ Krokodil, Warzenschwein
122-111↓ Krokodil, Warzenschwein
123-111↓ Warzenschwein, Krokodil
131-111↓ Krokodil, Warzenschwein
131-321↓ Warzenschwein, Krokodil, Bär

131-331↓ Warzenschwein, Krokodil, Tiger
132-111 Krokodil, Warzenschwein
132-112↓ Krokodil, Warzenschwein, Bär
132-331↓ Warzenschwein, Tiger, Krokodil
133-111↓ Warzenschwein, Krokodil
133-312↓ Warzenschwein, Krokodil, Tiger
141-111↓ Krokodil, Warzenschwein
141-321↓ Krokodil, Warzenschwein, Bär
141-332↓ Warzenschwein, Tiger, Krokodil
142-111↓ Krokodil, Warzenschwein
142-322↓ Warzenschwein, Krokodil, Tiger
143-111↓ Warzenschwein, Krokodil
143-321↓ Warzenschwein, Tiger
211-111↓ Krokodil, Geier
212-11↓ Krokodil, Geier
213-111↓ Krokodil, Warzenschwein
213-322↓ Krokodil, Warzenschwein, Tiger
221-111↓ Krokodil, Bär, Warzenschwein
221-121↓ Bär, Warzenschwein, Nashorn
221-211↓ Krokodil, Bär, Warzenschwein
221-221↓ Bär, Warzenschwein, Nashorn
221-311 Krokodil, Bär, Zebra
221-312 Krokodil, Bär, Warzenschwein
221-321↓ Bär, Zebra, Warzenschwein
221-331 Bär, Tiger, Zebra
221-332 Tiger, Bär, Warzenschwein
222-111↓ Krokodil, Warzenschwein, Bär
222-121↓ Warzenschwein, Bär, Nashorn
222-211↓ Krokodil, Warzenschwein, Bär
222-221↓ Warzenschwein, Bär, Nashorn
222-311↓ Krokodil, Warzenschwein, Bär
222-321↓ Warzenschwein, Bär, Zebra
222-331↓ Tiger, Warzenschwein, Bär
223-111 Warzenschwein, Krokodil
223-132↓ Warzenschwein, Tiger, Bär
223-311↓ Warzenschwein, Tiger, Krokodil
223-321↓ Warzenschwein, Tiger, Bär
231-111↓ Bär, Krokodil
231-212↓ Bär, Krokodil, Warzenschwein
231-332↓ Tiger, Bär, Dachs
232-111 Bär, Krokodil, Flußpferd
232-112 Bär, Krokodil, Warzenschwein
232-121↓ Bär, Flußpferd, Warzenschwein
232-131 Bär, Tiger, Flußpferd
232-132↓ Bär, Tiger, Warzenschwein
232-311↓ Bär, Tiger, Krokodil
232-321↓ Bär, Tiger, Warzenschwein
232-331↓ Tiger, Bär, Dachs
233-111↓ Bär, Warzenschwein
233-112↓ Warzenschwein, Bär, Tiger
241-111↓ Bär, Tiger
241-322↓ Bär, Tiger, Wolf
242-111↓ Bär, Tiger
242-331↓ Tiger, Bär, Wolf

243-111 Bär, Pinguin, Warzenschwein
243-112 Bär, Pinguin, Tiger
243-121 Bär, Pinguin, Warzenschwein
243-122 Bär, Warzenschwein, Tiger
243-131↓ Tiger, Bär, Eule
243-211↓ Bär, Warzenschwein, Tiger
243-231↓ Tiger, Bär, Eule
243-311↓ Tiger, Bär, Warzenschwein
243-332 Tiger, Wildhund
311-111↓ Krokodil, Bär, Nashorn
311-321↓ Krokodil, Zebra, Bär
311-332↓ Krokodil, Tiger, Zebra
312-111↓ Krokodil, Bär
312-121↓ Krokodil, Bär, Nashorn
312-312↓ Krokodil, Zebra, Bär
312-331↓ Krokodil, Tiger, Zebra
313-111↓ Krokodil, Warzenschwein, Bär
313-131 Krokodil, Warzenschwein, Tiger
313-212↓ Krokodil, Warzenschwein, Bär
313-231↓ Tiger, Krokodil, Warzenschwein
321-111↓ Bär, Nashorn
321-211↓ Bär, Nashorn, Krokodil
321-221↓ Bär, Nashorn, Zebra
321-231↓ Bär, Nashorn, Tiger
321-311↓ Bär, Zebra, Nashorn
321-331 Bär, Tiger, Zebra
322-111↓ Bär, Nashorn, Krokodil
322-121↓ Bär, Nashorn, Warzenschwein
322-131↓ Bär, Nashorn, Tiger
322-211↓ Bär, Nashorn, Krokodil
322-221 Bär, Nashorn, Zebra
322-222 Bär, Nashorn, Warzenschwein
322-231↓ Bär, Nashorn, Tiger
322-311 Bär, Zebra, Nashorn
322-322↓ Bär, Zebra, Tiger
323-111 Bär, Warzenschwein, Nashorn
323-132 Tiger, Warzenschwein, Bär
323-211 Bär, Warzenschwein, Nashorn
323-212↓ Warzenschwein, Bär, Tiger
331-111↓ Bär, Tiger
331-331↓ Bär, Tiger, Dachs
332-111↓ Bär, Tiger
332-331↓ Tiger, Bär, Dachs
333-111↓ Bär, Tiger
341-111↓ Bär, Tiger
341-322↓ Bär, Tiger, Wolf
342-111↓ Bär, Tiger
342-322↓ Bär, Tiger, Wolf
343-111 Bär, Pinguin
343-121↓ Bär, Pinguin, Tiger
343-122↓ Bär, Tiger, Eule
343-332 Tiger, Bär, Wolf
411-111↓ Krokodil, Bär, Nashorn
412-111↓ Krokodil, Tiger, Bär

413-111↓ Krokodil, Tiger
413-112↓ Krokodil, Tiger, Warzenschwein
421-111↓ Bär, Tiger, Nashorn
422-111↓ Bär, Tiger, Nashorn
423-111↓ Tiger, Warzenschwein, Bär
431-111↓ Bär, Tiger
432-111↓ Bär, Tiger
433-111↓ Tiger, Bär
441-111↓ Bär, Tiger
442-111↓ Bär, Tiger
442-321↓ Tiger, Rappenantilope
443-111↓ Tiger

353-

111-111↓ Krokodil
112-111↓ Krokodil
113-111↓ Krokodil, Warzenschwein
121-111↓ Krokodil, Warzenschwein
122-111↓ Krokodil, Warzenschwein
123-111↓ Warzenschwein, Krokodil
131-111↓ Krokodil, Bär, Warzenschwein
131-332 Warzenschwein, Bär, Tiger
132-111↓ Krokodil, Warzenschwein, Bär
132-331↓ Warzenschwein, Bär, Tiger
133-111↓ Warzenschwein, Krokodil
133-211↓ Warzenschwein, Krokodil, Bär
133-232↓ Warzenschwein, Tiger, Bär
133-311↓ Warzenschwein, Krokodil
133-322↓ Warzenschwein, Tiger, Bär
14i-111↓ Krokodil, Bär, Warzenschwein
141-331↓ Bär, Wolf, Warzenschwein
142-111↓ Krokodil, Bär, Warzenschwein
142-332 Warzenschwein, Bär, Wolf
143-111↓ Warzenschwein, Krokodil, Bär
143-231↓ Warzenschwein, Bär, Eule
143-311↓ Warzenschwein, Krokodil, Bär
143-331↓ Warzenschwein, Tiger, Wildhund
211-111↓ Krokodil, Bär, Geier
212-111↓ Krokodil, Geier, Bär
212-332↓ Krokodil, Bär, Nashorn
213-111↓ Krokodil, Warzenschwein
213-131↓ Krokodil, Warzenschwein, Bär
213-331↓ Krokodil, Warzenschwein, Tiger
221-111↓ Bär, Nashorn, Krokodil
221-232↓ Bär, Nashorn, Warzenschwein
221-332↓ Bär, Nashorn, Tiger
222-111↓ Bär, Nashorn, Krokodil
222-121↓ Bär, Nashorn, Warzenschwein
222-211↓ Bär, Nashorn, Krokodil
222-221↓ Bär, Nashorn, Warzenschwein
222-311↓ Bär, Nashorn, Krokodil
222-321↓ Bär, Nashorn, Warzenschwein
222-331↓ Bär, Nashorn, Tiger
223-111↓ Warzenschwein, Bär, Nashorn

223-232 Warzenschwein, Bär, Tiger
223-311 Warzenschwein, Bär, Nashorn
223-312↓ Warzenschwein, Bär, Tiger
231-111↓ Bär, Tiger
232-111↓ Bär, Tiger
233-111↓ Bär, Warzenschwein
233-132↓ Bär, Tiger, Warzenschwein
241-111↓ Bär, Wolf, Tiger
242-111↓ Bär, Wolf
242-322↓ Bär, Wolf, Tiger
243-111↓ Bär, Eule
243-131↓ Bär, Eule, Tiger
243-311↓ Bär, Tiger, Wildhund
311-111↓ Krokodil, Bär, Nashorn
312-111↓ Krokodil, Bär, Nashorn
312-332 Bär, Nashorn, Tiger
313-111↓ Krokodil, Bär, Nashorn
313-132 Bär, Nashorn, Warzenschwein
313-211↓ Krokodil, Bär, Nashorn
313-231↓ Bär, Nashorn, Tiger
313-311↓ Krokodil, Bär, Nashorn
313-321↓ Bär, Nashorn, Tiger
321-111↓ Bär, Nashorn
321-332↓ Bär, Nashorn, Tiger
322-111↓ Bär, Nashorn
322-232↓ Bär, Nashorn, Hahn
322-311↓ Bär, Nashorn, Zebra
322-331↓ Bär, Nashorn, Tiger
323-111 Bär, Nashorn
323-112↓ Bär, Nashorn, Warzenschwein
323-131↓ Bär, Nashorn, Tiger
323-211↓ Bär, Nashorn, Warzenschwein
323-231↓ Bär, Nashorn, Tiger
331-111↓ Bär, Tiger
332-111↓ Bär, Tiger
333-111↓ Bär, Tiger
333-231↓ Bär, Tiger, Löwe
341-111↓ Bär, Wolf
341-332↓ Bär, Wolf, Tiger
342-111↓ Bär, Wolf
342-232↓ Bär, Wolf, Tiger
343-111↓ Bär, Eule
343-321↓ Bär, Tiger, Eule
343-322 Bär, Tiger, Wolf
343-331 Tiger, Bär, Eule
343-332 Tiger, Bär, Wolf
411-111↓ Krokodil, Bär, Nashorn
411-131↓ Bär, Nashorn, Tiger
411-211↓ Krokodil, Bär, Nashorn
411-231↓ Tiger, Bär, Nashorn
411-311↓ Krokodil, Tiger, Bär
411-321↓ Tiger, Bär, Nashorn
412-111↓ Krokodil, Bär, Nashorn
412-131↓ Tiger, Bär, Nashorn

412-211↓ Krokodil, Bär, Nashorn
412-222↓ Bär, Nashorn, Tiger
413-111↓ Krokodil, Tiger, Bär
413-121↓ Tiger, Bär, Nashorn
413-211↓ Tiger, Krokodil, Bär
413-221↓ Tiger, Bär, Nashorn
421-111↓ Bär, Nashorn
421-212↓ Bär, Nashorn, Tiger
422-111 Bär, Nashorn
422-112↓ Bär, Nashorn, Tiger
423-111↓ Tiger, Bär, Nashorn
431-111↓ Bär, Tiger
432-111↓ Bär, Tiger
433-111↓ Tiger, Bär
441-111↓ Bär, Tiger
442-111↓ Bär, Tiger
442-332↓ Tiger, Rappenantilope, Bär
443-111↓ Tiger, Bär

354-

111-111↓ Krokodil
112-111↓ Krokodil
113-111↓ Krokodil, Warzenschwein
121-111↓ Krokodil, Warzenschwein
122-111↓ Krokodil, Warzenschwein
123-111↓ Warzenschwein, Krokodil
131-111↓ Krokodil, Bär, Warzenschwein
131-332 Bär, Warzenschwein, Tiger
132-111↓ Krokodil, Bär, Warzenschwein
132-332 Warzenschwein, Bär, Tiger
133-111↓ Warzenschwein, Krokodil
133-121↓ Warzenschwein, Bär
133-211↓ Warzenschwein, Krokodil
133-222↓ Warzenschwein, Bär
133-311↓ Warzenschwein, Krokodil
133-321↓ Warzenschwein, Bär
133-331↓ Warzenschwein, Tiger
141-111 Krokodil, Bär
141-112↓ Krokodil, Bär, Warzenschwein
141-231↓ Bär, Warzenschwein, Wildhund
141-312↓ Krokodil, Bär, Warzenschwein
141-321 Bär, Wildhund, Krokodil
141-322 Bär, W. Hund, Warzenschwein
141-331↓ Wildhund, Bär, Wolf
142-111↓ Krokodil, Bär, Warzenschwein
142-131↓ Bär, Warzenschwein, Wildhund
142-211↓ Krokodil, Bär, Warzenschwein
142-231↓ Bär, Warzenschwein, Wildhund
142-311↓ Krokodil, Bär, Warzenschwein
142-321 Bär, Wildhund, Warzenschwein
143-111↓ Warzenschwein, Krokodil, Bär
143-131↓ Warzenschwein, Wildhund, Löwe
143-211↓ Warzenschwein, Krokodil, Bär
143-221↓ Warzenschwein, Bär, Wildhund

239

143-321 Elefant, Maulwurf, Maus
143-322↓ Elefant, Maulwurf, Bison
211-111↓ Maulwurf, Giraffe, Geier
212-111↓ Maulwurf, Giraffe, Geier
213-111↓ Maulwurf, Gorilla, Giraffe
213-112 Gorilla, Giraffe, Geier
213-121↓ Maulwurf, Giraffe, Geier
213-211 Giraffe, Bergziege, Maulwurf
213-212 Giraffe, Gorilla
213-221↓ Giraffe, Maulwurf
213-311↓ Giraffe, Bergziege
221-111↓ Maulwurf, Giraffe, Walroß
221-211↓ Giraffe, Bergziege, Maulwurf
221-221↓ Giraffe, Maulwurf, Maus
221-311↓ Giraffe, Bergziege, Maus
222-111↓ Maulwurf, Giraffe, Walroß
222-231↓ Giraffe, Maulwurf, Maus
222-311↓ Giraffe, Bergziege, Maus
223-111↓ Maulwurf, Gorilla, Giraffe
223-121 Maulwurf, Giraffe, Walroß
223-122 Giraffe, Maulwurf, Gorilla
223-131 Maulwurf, Giraffe, Walroß
223-132 Giraffe, Maulwurf, Gorilla
223-211 Giraffe, Bergziege, Maulwurf
223-212 Giraffe, Gorilla
223-221↓ Giraffe, Maulwurf, Maus
223-311↓ Giraffe, Bergziege, Maus
231-111 Walroß, Maus, Maulwurf
231-112 Walroß, Giraffe, Maus
231-121 Walroß, Maus, Maulwurf
231-122 Walroß, Giraffe, Maus
231-131 Walroß, Maus, Maulwurf
231-132↓ Walroß, Giraffe, Maus
232-111 Walroß, Maus, Maulwurf
232-112 Walroß, Giraffe, Maus
232-121 Walroß, Maus, Maulwurf
232-122 Walroß, Giraffe, Maus
232-131 Walroß, Maus, Maulwurf
232-132↓ Walroß, Giraffe, Maus
233-111 Walroß, Maus, Maulwurf
233-112 Walroß, Gorilla, Giraffe
233-121 Walroß, .Maus, Maulwurf
233-122 Walroß, Giraffe, Maus
233-131 Walroß, Maus, Maulwurf
233-132 Walroß, Giraffe, Elefant
233-211 Maus, Giraffe, Walroß
233-232 Giraffe, Elefant, Maus
233-321↓ Maus, Giraffe, Walroß
233-322 Giraffe, Maus, Elefant
241-111 Walroß, Maus
241-112↓ Walroß, Bison, Maus
241-121 Walroß, Maus, .Maulwurf
241-122 Walroß, Bison, Maus
241-131 Walroß, Elefant, Maus

241-132 Elefant, Walroß, Bison
241-211 Maus, Walroß, Giraffe
241-212 Bison, Maus, Giraffe
241-221 Maus, Walroß, Elefant
241-222 Bison, Maus, Elefant
241-231 Elefant, Maus, Walroß
241-232 Elefant, Bison, Maus
241-311↓ Maus, Giraffe, Bison
241-321 Maus, Elefant, Giraffe
241-322 Bison, Maus, Elefant
241-331 Elefant, Maus, Giraffe
241-332 Elefant, Bison, Maus
242-111 Walroß, Maus
242-112 Walroß, Elefant, Bison
242-121 Walroß, Maus, Elefant
242-122 Walroß, Elefant, Bison
242-131 Walroß, Elefant, Maus
242-132 Elefant, Walroß, Bison
242-211 Maus, Walroß, Elefant
242-212 Elefant, Bison, Maus
242-221 Maus, Elefant, Walroß
242-311↓ Maus, Elefant, Giraffe
242-312 Elefant, Bison, Maus
242-321 Maus, Elefant, Giraffe
243-111↓ Elefant, Walroß, Maus
311-111↓ Giraffe
312-111↓ Giraffe
313-111↓ Giraffe
321-111↓ Giraffe
322-111↓ Giraffe
323-111↓ Giraffe
331-111↓ Giraffe, Walroß, Maus
332-111↓ Giraffe, Walroß, Maus
333-111↓ Giraffe, Walroß, Maus
341-111↓ Giraffe, Walroß, Elefant
341-311↓ Giraffe, Elefant, Maus
341-312 Giraffe, Elefant, Rappenantilope
341-321 Elefant, Giraffe, Maus
341-332↓ Elefant, Schaf, Giraffe
342-111↓ Elefant, Giraffe, Walroß
342-311↓ Elefant, Giraffe, Maus
343-111↓ Elefant
411-111↓ Giraffe
412-111↓ Giraffe
413-111↓ Giraffe
421-111↓ Giraffe
422-111↓ Giraffe
423-111↓ Giraffe
431-111↓ Giraffe
432-111↓ Giraffe
433-111↓ Giraffe
441-111↓ Giraffe
441-232↓ Giraffe, Schaf
442-111↓ Giraffe, Elefant

442-331↓ Giraffe, Rappenantilope, Elefant
443-111↓ Giraffe, Elefant
443-331↓ Elefant, Giraffe, Rappenantilope

412-
111-111↓ Maulwurf, Giraffe
112-111↓ Maulwurf, Giraffe
113-111↓ Maulwurf, Gorilla, Giraffe
113-132↓ Maulwurf, Giraffe, Geier
121-111↓ Maulwurf, Giraffe
122-111↓ Maulwurf, Giraffe
123-111↓ Maulwurf, Gorilla, Giraffe
131-111↓ Walroß, Maulwurf, Giraffe
132-111↓ Walroß, Maulwurf, Giraffe
133-111↓ Walroß, Maulwurf, Gorilla
133-121↓ Walroß, Maulwurf, Giraffe
133-232 Giraffe, Elefant, Walroß
133-311↓ Giraffe, Walroß, Maulwurf
133-331↓ Giraffe, Elefant, Walroß
141-111↓ Walroß, Maulwurf, Bison
141-131 Walroß, Maulwurf, Elefant
141-132 Elefant, Walroß, Bison
141-211 Walroß, Bison, Giraffe
141-212 Bison, Giraffe, Elefant
141-221 Walroß, Bison, Giraffe
141-222 Bison, Giraffe, Elefant
141-231 Elefant, Walroß, Giraffe
141-232 Elefant, Bison, Giraffe
141-311 Bison, Giraffe, Walroß
141-312↓ Bison, Giraffe, Elefant
141-332 Elefant, Bison, Rappenantilope
142-111↓ Walroß, Maulwurf, Bison
142-121 Walroß, Maulwurf, Elefant
142-122 Walroß, Bison, Elefant
142-131 Walroß, Elefant, Maulwurf
142-132↓ Elefant, Walroß, Bison
142-212 Bison, Elefant, Giraffe
142-221 Elefant, Walroß, Bison
142-222↓ Bison, Elefant, Giraffe
143-111 Walroß, Elefant, Maulwurf
143-112 Elefant, Walroß, Bison
143-121 Elefant, Walroß, Maulwurf
143-211↓ Elefant, Walroß, Bison
211-111↓ Giraffe, Geier, Walroß
212-111↓ Giraffe, Geier, Walroß
213-111↓ Gorilla, Giraffe, Geier
213-131 Giraffe, Geier, Walroß
213-132↓ Giraffe, Geier, Gorilla
221-111↓ Giraffe, Walroß
222-111↓ Giraffe, Walroß
223-111↓ Gorilla, Giraffe, Walroß
231-111↓ Walroß, Giraffe
231-311↓ Giraffe, Walroß, Maus
232-111↓ Walroß, Giraffe

232-311↓ Giraffe, Walroß, Maus
233-111↓ Walroß, Gorilla, Giraffe
233-122↓ Walroß, Giraffe, Elefant
241-111↓ Walroß, Bison, Elefant
241-212 Bison, Elefant, Giraffe
241-221 Elefant, Walroß, Bison
241-222↓ Bison, Elefant, Giraffe
242-111 Walroß, Elefant
242-112↓ Walroß, Elefant, Bison
242-311↓ Elefant, Bison, Giraffe
243-111↓ Elefant, Walroß
311-111↓ Giraffe
312-111↓ Giraffe
313-111↓ Giraffe
321-111↓ Giraffe
322-111↓ Giraffe
323-111↓ Giraffe
331-111↓ Giraffe, Walroß
332-111↓ Giraffe, Walroß
333-111↓ Giraffe, Walroß, Elefant
341-111↓ Elefant, Giraffe, Walroß
342-111↓ Elefant, Giraffe, Walroß
343-111↓ Elefant
411-111↓ Giraffe
412-111↓ Giraffe
413-111↓ Giraffe
421-111↓ Giraffe
422-111↓ Giraffe
423-111↓ Giraffe
431-111↓ Giraffe
432-111↓ Giraffe
433-111↓ Giraffe
441-111↓ Giraffe
441-331↓ Giraffe, Rappenantilope, Elefant
442-111↓ Giraffe, Elefant
442-331↓ Giraffe, Rappenantilope, Elefant
443-111↓ Giraffe, Elefant
443-331↓ Elefant, Giraffe, Rappenantilope

413-
111-111 Maulwurf, Walroß, Giraffe
111-112 Maulwurf, Giraffe, Geier
111-121 Maulwurf, Walroß, Giraffe
111-122 Maulwurf, Giraffe, Geier
111-131 Maulwurf, Walroß, Giraffe
111-132 Maulwurf, Giraffe, Geier
112-111↓ Maulwurf, Walroß, Giraffe
112-112 Maulwurf, Giraffe, Geier
112-121 Maulwurf, Walroß, Giraffe
112-122 Maulwurf, Giraffe, Geier
112-131 Maulwurf, Walroß, Giraffe
112-132 Maulwurf, Giraffe, Geier
112-231↓ Giraffe, Maulwurf, Walroß
113-111 Maulwurf, Walroß, Gorilla

113-112 Maulwurf, Gorilla, Giraffe
113-121 Maulwurf, Walroß, Giraffe
113-122 Maulwurf, Giraffe, Geier
113-131 Maulwurf, Walroß, Giraffe
113-132 Maulwurf, Giraffe, Geier
113-211 Giraffe, Maulwurf, Walroß
113-212 Giraffe, Maulwurf, Gorilla
113-231↓ Giraffe, Maulwurf, Elefant
121-111↓ Maulwurf, Walroß, Giraffe
122-111↓ Maulwurf, Walroß, Giraffe
123-111 Maulwurf, Walroß, Gorilla
123-112 Maulwurf, Gorilla, Giraffe
123-121↓ Maulwurf, Walroß, Giraffe
123-331↓ Giraffe, Maulwurf, Elefant
131-111↓ Walroß, Maulwurf
131-211↓ Walroß, Giraffe, Maulwurf
131-232 Walroß, Giraffe, Elefant
131-331↓ Walroß, Giraffe, Maulwurf
131-332 Giraffe, Walroß, Elefant
132-111↓ Walroß, Maulwurf
132-211↓ Walroß, Giraffe, Maulwurf
132-232↓ Walroß, Giraffe, Elefant
133-111↓ Walroß, Maulwurf
133-131↓ Walroß, Maulwurf, Elefant
133-211 Walroß, Giraffe, Maulwurf
133-212↓ Walroß, Giraffe, Elefant
141-111 Walroß, Bison
141-112↓ Walroß, Bison, Elefant
142-111 Walroß, Bison
142-122↓ Walroß, Bison, Elefant
143-111↓ Walroß, Elefant, Bison
211-111↓ Walroß, Giraffe, Geier
212-111↓ Walroß, Giraffe, Geier
213-111↓ Walroß, Gorilla, Giraffe
213-112 Gorilla, Giraffe, Geier
213-121↓ Walroß, Giraffe, Geier
213-131 Walroß, Giraffe, Elefant
213-132 Giraffe, Geier, Elefant
213-231↓ Giraffe, Elefant, Walroß
221-111↓ Walroß, Giraffe
222-111↓ Walroß, Giraffe
223-111↓ Walroß, Gorilla, Giraffe
223-131↓ Walroß, Giraffe, Elefant
231-111↓ Walroß, Giraffe
231-332↓ Giraffe, Walroß, Elefant
232-111↓ Walroß, Giraffe
232-322↓ Giraffe, Walroß, Elefant
233-111↓ Walroß, Elefant
233-211↓ Walroß, Elefant, Giraffe
241-111 Walroß, Bison
241-122↓ Walroß, Bison, Elefant
242-111↓ Walroß, Elefant, Bison
243-111↓ Elefant, Walroß
311-111↓ Giraffe

312-111↓ Giraffe
313-111↓ Giraffe, Elefant
321-111↓ Giraffe, Walroß
322-111↓ Giraffe, Walroß
323-111↓ Giraffe, Walroß
323-121↓ Giraffe, Walroß, Elefant
331-111 Walroß, Giraffe
331-331↓ Giraffe, Elefant, Walroß
332-111 Walroß, Giraffe
332-311↓ Giraffe, Walroß, Elefant
333-111↓ Walroß, Elefant, Giraffe
341-111↓ Elefant, Walroß
341-212↓ Elefant, Giraffe, Bison
342-111↓ Elefant, Walroß
343-111↓ Elefant
411-111↓ Giraffe
412-111↓ Giraffe
413-111↓ Giraffe
421-111↓ Giraffe
422-111↓ Giraffe
423-111↓ Giraffe
431-111↓ Giraffe
432-111↓ Giraffe
433-111↓ Giraffe, Elefant
441-111↓ Giraffe, Elefant
441-322↓ Giraffe, Rappenantilope, Elefant
442-111↓ Giraffe, Elefant
442-322↓ Giraffe, Elefant, Rappenantilope
443-111↓ Elefant, Giraffe

414-
111-111 Walroß, Maulwurf
111-132↓ Walroß, Maulwurf, Giraffe
112-111 Walroß, Maulwurf
112-132↓ Walroß, Maulwurf, Giraffe
113-111 Walroß, Maulwurf
113-132↓ Walroß, Maulwurf, Giraffe
113-232 Walroß, Giraffe, Elefant
113-311 Walroß, Giraffe, Maulwurf
113-332 Giraffe, Walroß, Elefant
121-111↓ Walroß, Maulwurf
121-211↓ Walroß, Maulwurf, Giraffe
122-111↓ Walroß, Maulwurf
122-232↓ Walroß, Giraffe, Maulwurf
123-111↓ Walroß, Maulwurf
123-211↓ Walroß, Maulwurf, Giraffe
123-232 Walroß, Giraffe, Elefant
123-311↓ Walroß, Giraffe, Maulwurf
123-332↓ Walroß, Giraffe, Elefant
131-111↓ Walroß
132-111↓ Walroß
133-111↓ Walroß, Elefant
141-111↓ Walroß, Bison
141-232↓ Walroß, Elefant, Bison

142-111↓ Walroß, Elefant
142-232↓ Elefant, Walroß, Bison
143-111↓ Walroß, Elefant
143-322↓ Elefant, Walroß, Bison
211-111↓ Walroß, Giraffe
212-111↓ Walroß, Giraffe
213-111↓ Walroß, Gorilla
213-322↓ Giraffe, Walroß, Elefant
221-111↓ Walroß, Giraffe
222-111↓ Walroß, Giraffe
223-111↓ Walroß, Giraffe
223-322↓ Walroß, Giraffe, Elefant
231-111↓ Walroß
232-111↓ Walroß
233-111↓ Walroß, Elefant
241-111↓ Walroß, Elefant
241-322↓ Walroß, Bison, Elefant
242-111↓ Walroß, Elefant
243-111↓ Walroß, Elefant
311-111↓ Walroß, Giraffe
312-111↓ Walroß, Giraffe
313-111↓ Walroß, Giraffe
313-231↓ Giraffe, Elefant, Walroß
321-111↓ Walroß, Giraffe
322-111↓ Walroß, Giraffe
323-111↓ Walroß, Giraffe
323-331↓ Giraffe, Elefant, Walroß
331-111↓ Walroß, Giraffe
331-322↓ Walroß, Giraffe, Elefant
332-111↓ Walroß, Giraffe
332-322↓ Walroß, Giraffe, Elefant
333-111↓ Walroß, Elefant
333-311↓ Walroß, Elefant, Giraffe
341-111↓ Walroß, Elefant
342-111↓ Walroß, Elefant
343-111↓ Elefant, Walroß
411-111↓ Giraffe
412-111↓ Giraffe
413-111↓ Giraffe
421-111↓ Giraffe
422-111↓ Giraffe
423-111↓ Giraffe
431-111↓ Giraffe, Walroß
432-111↓ Giraffe, Walroß
433-111↓ Giraffe, Walroß
433-131↓ Giraffe, Walroß, Elefant
441-111↓ Walroß, Giraffe, Elefant
442-111↓ Walroß, Giraffe, Elefant
443-111↓ Elefant, Walroß, Giraffe

421-

111-111↓ Giraffe, Geier, Bergziege
111-131↓ Giraffe, Geier, Walroß
112-111↓ Giraffe, Geier, Bergziege

112-131↓ Giraffe, Geier, Walroß
112-211↓ Giraffe, Bergziege
113-111↓ Gorilla, Giraffe, Geier
113-131 Giraffe, Geier, Walroß
113-132 Giraffe, Geier, Gorilla
121-111↓ Giraffe, Walroß, Bergziege
121-121↓ Giraffe, Walroß, Flußpferd
122-111↓ Giraffe, Walroß, Bergziege
122-121↓ Giraffe, Walroß, Flußpferd
122-211↓ Giraffe, Bergziege
123-111↓ Gorilla, Giraffe, Walroß
123-121 Giraffe, Walroß, Flußpferd
123-122 Giraffe, Gorilla
123-131 Giraffe, Walroß, Flußpferd
123-211↓ Giraffe, Bergziege, Gorilla
131-111↓ Walroß, Flußpferd, Giraffe
131-311↓ Giraffe, Walroß, Bergziege
131-321↓ Giraffe, Walroß, Flußpferd
132-111↓ Walroß, Flußpferd, Giraffe
132-311↓ Giraffe, Walroß, Bergziege
132-321↓ Giraffe, Walroß, Flußpferd
133-111 Walroß, Flußpferd, Gorilla
133-112 Walroß, Gorilla, Giraffe
133-121↓ Giraffe, Flußpferd, Giraffe
133-311↓ Giraffe, Walroß, Bergziege
133-321↓ Giraffe, Walroß, Flußpferd
133-331 Giraffe, Elefant, Walroß
141-111 Walroß, Flußpferd
141-122↓ Walroß, Flußpferd, Bison
141-131↓ Walroß, Flußpferd, Elefant
141-211 Walroß, Giraffe, Flußpferd
141-212 Bison, Giraffe, Walroß
141-221 Walroß, Giraffe, Flußpferd
141-222 Bison, Giraffe, Elefant
141-231 Elefant, Walroß, Giraffe
141-232 Elefant, Bison, Giraffe
141-311 Giraffe, Bison, Walroß
141-312 Bison, Giraffe, Elefant
141-321 Giraffe, Bison, Walroß
141-322↓ Bison, Giraffe, Elefant
142-111 Walroß, Flußpferd
142-122↓ Walroß, Flußpferd, Bison
142-131↓ Walroß, Flußpferd, Elefant
142-211 Walroß, Giraffe, Flußpferd
142-212 Bison, Giraffe, Elefant
142-221 Walroß, Giraffe, Elefant
142-222 Bison, Giraffe, Elefant
142-231 Elefant, Walroß, Giraffe
142-232 Elefant, Bison, Giraffe
142-311 Bison, Giraffe, Walroß
142-312↓ Bison, Giraffe, Elefant
143-111 Walroß, Flußpferd, Elefant
143-211↓ Elefant, Walroß, Giraffe
143-212 Elefant, Bison, Giraffe

143-221 Elefant, Walroß
143-311↓ Elefant, Giraffe, Bison
211-111↓ Giraffe, Geier, Bergziege
211-131↓ Giraffe, Geier, Walroß
212-111↓ Giraffe, Geier, Bergziege
212-131↓ Giraffe, Geier, Walroß
212-211↓ Giraffe, Bergziege
213-111↓ Gorilla, Giraffe, Geier
213-131 Giraffe, Geier, Walroß
213-132 Giraffe, Geier, Gorilla
221-111↓ Giraffe, Walroß, Bergziege
221-121↓ Giraffe, Walroß, Flußpferd
222-111↓ Giraffe, Walroß, Bergziege
222-121↓ Giraffe, Walroß, Flußpferd
222-211↓ Giraffe, Bergziege
223-111↓ Gorilla, Giraffe, Walroß
223-121 Giraffe, Walroß, Flußpferd
223-122 Giraffe, Gorilla
223-131↓ Giraffe, Walroß, Flußpferd
223-211 Giraffe, Bergziege
223-212↓ Giraffe, Gorilla
223-311↓ Giraffe, Bergziege
231-111↓ Walroß, Flußpferd, Giraffe
231-311↓ Giraffe, Walroß, Bergziege
231-321↓ Giraffe, Walroß, Flußpferd
232-111↓ Walroß, Flußpferd, Giraffe
232-311↓ Giraffe, Walroß, Bergziege
232-321↓ Giraffe, Walroß, Flußpferd
233-111 Walroß, Flußpferd, Gorilla
233-112 Walroß, Gorilla, Giraffe
233-121↓ Walroß, Flußpferd, Giraffe
233-231↓ Giraffe, Elefant, .Walroß
233-311↓ Giraffe, Walroß, Bergziege
233-321↓ Giraffe, Walroß, Flußpferd
233-331↓ Giraffe, Elefant, Walroß
241-111 Walroß, Flußpferd
241-122↓ Walroß, Flußpferd, Bison
241-131↓ Walroß, Flußpferd, Elefant
241-211 Walroß, Giraffe, Flußpferd
241-212 Bison, Giraffe, Elefant
241-221 Walroß, Giraffe, Elefant
241-222 Bison, Giraffe, Elefant
241-231 Elefant, Walroß, Giraffe
241-232 Elefant, Bison, Giraffe
241-311 Giraffe, Bison, Walroß
241-312↓ Bison, Giraffe, Elefant
242-111 Walroß, Flußpferd
242-112↓ Walroß, Flußpferd, Elefant
242-212 Elefant, Bison, Giraffe
242-221 Elefant, Walroß, Giraffe
242-222 Elefant, Bison, Giraffe
242-231↓ Elefant, Walroß
242-311↓ Elefant, Giraffe, Bison
243-111↓ Elefant, Walroß, Flußpferd

243

311-111↓ Giraffe
312-111↓ Giraffe
313-111↓ Giraffe
321-111↓ Giraffe
322-111↓ Giraffe
323-111↓ Giraffe
331-111↓ Giraffe, Walroß, Flußpferd
332-111↓ Giraffe, Walroß, Flußpferd
332-232↓ Giraffe, Elefant
333-111↓ Giraffe, Walroß, Flußpferd
341-111↓ Giraffe, Walroß, Elefant
341-332↓ Elefant, Giraffe, Rappenantilope
342-111↓ Elefant, Giraffe, Walroß
343-111↓ Elefant
411-111↓ Giraffe
412-111↓ Giraffe
413-111↓ Giraffe
421-111↓ Giraffe
422-111↓ Giraffe
423-111↓ Giraffe
431-111↓ Giraffe
432-111↓ Giraffe
433-111↓ Giraffe
441-111↓ Giraffe
441-322↓ Giraffe, Rappenantilope
442-111↓ Giraffe, Elefant
442-331↓ Giraffe, Rappenantilope, Elefant
443-111↓ Giraffe, Elefant
443-322↓ Giraffe, Elefant, Rappenantilope

422-

111-111↓ Giraffe, Geier, Walroß
112-111↓ Giraffe, Geier, Walroß
113-111↓ Gorilla, Giraffe, Geier
113-131 Giraffe, Geier, Walroß
113-132↓ Giraffe, Geier, Gorilla
121-111↓ Giraffe, Walroß, Flußpferd
122-111↓ Giraffe, Walroß, Flußpferd
123-111↓ Gorilla, Giraffe, Walroß
123-121 Giraffe, Walroß, Flußpferd
123-122 Giraffe, Gorilla
123-131↓ Giraffe, Walroß, Flußpferd
131-111↓ Walroß, Flußpferd, Giraffe
132-111↓ Walroß, Flußpferd, Giraffe
133-111 Walroß, Flußpferd, Gorilla
133-112 Walroß, Gorilla, Giraffe
133-121↓ Walroß, Flußpferd, Giraffe
133-231↓ Giraffe, Walroß, Elefant
133-311↓ Giraffe, Walroß, Flußpferd
133-331↓ Giraffe, Elefant, Walroß
141-111 Walroß, Flußpferd
141-122↓ Walroß, Bison, Flußpferd
141-131 Walroß, Flußpferd, Elefant
141-132 Elefant, Walroß, Bison

141-211 Walroß, Bison, Giraffe
141-212 Bison, Giraffe, Elefant
141-221 Walroß, Bison, Giraffe
141-222 Bison, Giraffe, Elefant
141-231 Elefant, Walroß, Bison
141-232 Elefant, Bison, Giraffe
141-311 Bison, Giraffe, Walroß
141-312↓ Bison, Giraffe, Elefant
142-111 Walroß, Flußpferd
142-112↓ Walroß, Bison, Flußpferd
142-121 Walroß, Flußpferd, Elefant
142-122 Walroß, Bison, Flußpferd
142-131 Walroß, Elefant, Flußpferd
142-132 Elefant, Walroß, Bison
142-211 Walroß, Bison, Giraffe
142-212 Bison, Giraffe, Elefant
142-221 Elefant, Walroß, Bison
142-222↓ Bison, Elefant, Giraffe
143-111 Walroß, Elefant, Flußpferd
143-112 Elefant, Walroß, Bison
143-121↓ Elefant, Walroß, Flußpferd
143-212↓ Elefant, Bison
211-111↓ Giraffe, Geier, Walroß
212-111↓ Giraffe, Geier, Walroß
213-111↓ Gorilla, Giraffe, Geier
213-131↓ Giraffe, Geier, Walroß
221-111↓ Giraffe, Walroß, Flußpferd
222-111 Giraffe, Walroß, Flußpferd
222-112↓ Giraffe, Gorilla, Walroß
223-111↓ Gorilla, Giraffe, Walroß
231-111↓ Walroß, Flußpferd, Giraffe
232-111↓ Walroß, Flußpferd, Giraffe
233-111 Walroß, Flußpferd, Gorilla
233-112 Walroß, Gorilla, Giraffe
233-121↓ Walroß, Flußpferd, Giraffe
233-131 Walroß, Flußpferd, Elefant
233-132 Walroß, Elefant, Giraffe
233-211 Giraffe, Walroß, Flußpferd
233-212 Giraffe, Walroß, Elefant
233-221 Giraffe, Walroß, Flußpferd
233-222 Giraffe, Elefant, Walroß
233-311↓ Giraffe, Walroß, Flußpferd
233-331↓ Elefant, Giraffe, Walroß
241-111 Walroß, Flußpferd
241-122↓ Walroß, Bison, Flußpferd
241-131 Walroß, Flußpferd, Elefant
241-132 Elefant, Walroß, Bison
241-211 Walroß, Bison, Giraffe
241-212 Bison, Giraffe, Elefant
241-221 Elefant, Walroß, Bison
241-222↓ Bison, Elefant, Giraffe
242-111 Walroß, Flußpferd, Elefant
242-112 Walroß, Elefant, Bison
242-121 Walroß, Flußpferd, Elefant

242-122↓ Elefant, Walroß, Bison
242-212 Elefant, Bison, Giraffe
242-221 Elefant, Walroß, Bison
242-311↓ Elefant, Bison, Giraffe
243-111↓ Elefant, Walroß, Flußpferd
243-222↓ Elefant, Bison
311-111↓ Giraffe
312-111↓ Giraffe
313-111↓ Giraffe
321-111↓ Giraffe
322-111↓ Giraffe
323-111 Giraffe
323-112↓ Giraffe, Gorilla
323-132↓ Giraffe, Elefant
331-111↓ Giraffe, Walroß, Flußpferd
331-232↓ Giraffe, Elefant
332-111↓ Giraffe, Walroß, Flußpferd
333-111↓ Giraffe, Walroß, Flußpferd
333-121↓ Giraffe, Walroß, Elefant
341-111↓ Giraffe, Elefant, Walroß
342-111↓ Elefant, Giraffe, Walroß
343-111↓ Elefant
411-111↓ Giraffe
412-111↓ Giraffe
413-111↓ Giraffe
421-111↓ Giraffe
422-111↓ Giraffe
423-111↓ Giraffe
431-111↓ Giraffe
432-111↓ Giraffe
433-111↓ Giraffe
441-111↓ Giraffe
441-331↓ Giraffe, Rappenantilope, Elefant
442-111↓ Giraffe, Elefant
442-331↓ Giraffe, Rappenantilope, Elefant
443-111↓ Giraffe, Elefant
443-322↓ Giraffe, Elefant, Rappenantilope

423-

111-111↓ Walroß, Giraffe, Geier
112-111↓ Walroß, Giraffe, Geier
113-111↓ Walroß, Gorilla, Giraffe
113-112 Gorilla, Giraffe, Geier
113-121↓ Walroß, Giraffe, Geier
113-231↓ Giraffe, Elefant
121-111↓ Walroß, Giraffe
122-111↓ Walroß, Giraffe
123-111↓ Walroß, Gorilla, Giraffe
123-231↓ Giraffe, Walroß, Elefant
131-111↓ Walroß, Giraffe
131-332↓ Giraffe, Walroß, Elefant
132-111↓ Walroß, Giraffe
132-332↓ Giraffe, Walroß, Elefant
133-111↓ Walroß, Elefant

133-212↓ Walroß, Giraffe, Elefant
141-111 Walroß, Bison
141-122↓ Walroß, Bison, Elefant
142-111 Walroß, Bison
142-122↓ Walroß, Bison, Elefant
143-111↓ Walroß, Elefant, Bison
211-111↓ Walroß, Giraffe, Geier
212-111↓ Walroß, Giraffe, Geier
213-111 Walroß, Gorilla, Giraffe
213-112 Gorilla, Giraffe, Geier
213-121↓ Walroß, Giraffe, Geier
213-131 Walroß, Giraffe, Elefant
213-132↓ Giraffe, Geier, Elefant
221-111↓ Walroß, Giraffe
222-111↓ Walroß, Giraffe
223-111↓ Walroß, Gorilla, Giraffe
223-131 Walroß, Giraffe, Elefant
223-212 Giraffe, Gorilla
223-222↓ Giraffe, Elefant, Walroß
231-111↓ Walroß, Flußpferd
231-332↓ Giraffe, Walroß, Elefant
232-111 Walroß, Flußpferd
232-221↓ Walroß, Giraffe, Flußpferd
232-322↓ Giraffe, Walroß, Elefant
233-111↓ Walroß, Flußpferd, Elefant
233-211↓ Walroß, Giraffe, Elefant
241-111↓ Walroß, Bison, Elefant
242-111 Walroß, Elefant
242-132↓ Elefant, Walroß, Bison
243-111↓ Elefant, Walroß
243-212↓ Elefant, Bison
311-111↓ Giraffe
312-111↓ Giraffe
313-111↓ Giraffe, Elefant
321-111↓ Giraffe, Walroß
322-111↓ Giraffe, Walroß
323-111↓ Giraffe, Walroß, Elefant
331-111 Walroß, Giraffe
331-222↓ Giraffe, Elefant, Walroß
332-111 Walroß, Giraffe
332-122↓ Giraffe, Walroß, Elefant
333-111↓ Walroß, Giraffe, Elefant
341-111↓ Elefant, Walroß, Giraffe
341-312↓ Elefant, Giraffe, Bison
342-111↓ Elefant, Walroß
342-222↓ Elefant, Giraffe, Bison
343-111↓ Elefant
411-111↓ Giraffe, Pfau
412-111↓ Giraffe
413-111↓ Giraffe
421-111↓ Giraffe
422-111↓ Giraffe
423-111↓ Giraffe
431-111↓ Giraffe

432-111↓ Giraffe
433-111↓ Giraffe
441-111↓ Giraffe, Elefant
441-322↓ Giraffe, Rappenantilope, Elefant
442-111↓ Giraffe, Elefant
442-322↓ Giraffe, Elefant, Rappenantilope
443-111↓ Elefant, Giraffe

424-
111-111↓ Walroß, Giraffe
112-111↓ Walroß, Giraffe
113-111↓ Walroß, Gorilla, Giraffe
113-332↓ Walroß, Giraffe, Elefant
121-111↓ Walroß, Giraffe
122-111↓ Walroß, Giraffe
123-111↓ Walroß, Giraffe
123-322↓ Walroß, Giraffe, Pferd
123-331↓ Walroß, Giraffe, Elefant
131-111↓ Walroß
132-111↓ Walroß
133-111↓ Walroß, Elefant
133-332↓ Walroß, Elefant, Pferd
141-111↓ Walroß, Bison
141-322↓ Walroß, Bison, Elefant
142-111↓ Walroß, Elefant
142-322↓ Walroß, Bison, Elefant
143-111↓ Walroß, Elefant
143-311↓ Walroß, Elefant, Bison
211-111↓ Walroß, Giraffe
212-111↓ Walroß, Giraffe
213-111↓ Walroß, Gorilla, Giraffe
213-222↓ Giraffe, Walroß, Pferd
213-231 Walroß, Giraffe, Elefant
213-322↓ Giraffe, Walroß, Pferd
213-331↓ Walroß, Giraffe, Elefant
221-111↓ Walroß, Giraffe
222-111↓ Walroß, Giraffe
223-111↓ Walroß, Giraffe
223-322↓ Giraffe, Walroß, Pferd
223-331↓ Walroß, Giraffe, Elefant
231-111↓ Walroß
232-111↓ Walroß
232-222↓ Walroß, Giraffe
232-232↓ Walroß, Elefant
233-111↓ Walroß, Pferd
233-332↓ Walroß, Elefant, Pferd
241-111↓ Walroß, Elefant
241-322↓ Walroß, Bison, Elefant
242-111↓ Walroß, Elefant
243-111↓ Walroß, Elefant
311-111↓ Walroß, Giraffe
312-111↓ Walroß, Giraffe
313-111↓ Walroß, Giraffe
313-122↓ Giraffe, Walroß, Pferd

313-131↓ Walroß, Giraffe, Elefant
313-221↓ Giraffe, Walroß, Pferd
313-222 Giraffe, Pferd, Elefant
313-231 Giraffe, Elefant, Walroß
313-321↓ Giraffe, Pferd, Elefant
321-111↓ Walroß, Giraffe
322-111↓ Walroß, Giraffe
323-111↓ Walroß, Giraffe
323-122↓ Giraffe, Walroß, Pferd
323-131 Walroß, Giraffe, Elefant
323-221↓ Giraffe, Walroß, Pferd
323-222 Giraffe, Pferd, Elefant
323-231 Giraffe, Elefant, Walroß
323-232↓ Giraffe, Elefant, Pferd
331-111↓ Walroß, Giraffe
331-322↓ Giraffe, Walroß, Pferd
331-331↓ Walroß, Giraffe, Elefant
332-111↓ Walroß, Giraffe
332-212↓ Walroß, Giraffe, Pferd
332-231↓ Walroß, Elefant, Giraffe
332-311 Walroß, Giraffe, Pferd
332-332↓ Elefant, Giraffe, Walroß
333-111↓ Walroß, Pferd
333-132↓ Walroß, Elefant, Pferd
333-312 Pferd, Elefant, Giraffe
333-321 Pferd, Walroß, Elefant
333-322 Pferd, Elefant, Giraffe
333-331↓ Elefant, Pferd, Walroß
341-111↓ Walroß, Elefant
341-311↓ Elefant, Walroß, Hund
342-111↓ Walroß, Elefant
343-111↓ Elefant, Walroß
411-111↓ Giraffe
412-111↓ Giraffe
413-111↓ Giraffe
421-111↓ Giraffe
422-111↓ Giraffe
423-111↓ Giraffe
431-111↓ Giraffe, Walroß
432-111↓ Giraffe, Walroß
433-111↓ Giraffe, Walroß
433-131↓ Giraffe, Walroß, Elefant
433-222 Giraffe, Pferd
441-111↓ Giraffe, Walroß, Elefant
441-331↓ Elefant, Giraffe, Rappenantilope
442-111↓ Giraffe, Walroß, Elefant
442-322↓ Giraffe, Elefant, Schaf
443-111↓ Elefant, Giraffe, Walroß

431-
111-111↓ Geier, Flußpferd, Walroß
111-212 Geier, Giraffe, Krokodil
111-221 Geier, Flußpferd, Walroß
111-222 Geier, Giraffe

111-231 Geier, Flußpferd, Walroß	141-122↓ Flußpferd, Walroß, Bison	222-132↓ Flußpferd, Walroß, Giraffe
111-311↓ Geier, Giraffe, Flußpferd	141-131↓ Flußpferd, Walroß, Elefant	222-212 Giraffe, Flußpferd, Gorilla
111-312 Geier, Giraffe, Krokodil	141-211↓ Flußpferd, Walroß, Bison	222-221↓ Flußpferd, Walroß, Giraffe
111-331↓ Geier, Giraffe, Flußpferd	141-222 Bison, Elefant, Flußpferd	222-312 Giraffe, Flußpferd, Gorilla
112-111 Geier, Flußpferd, Walroß	141-231 Elefant, Flußpferd, Walroß	222-321↓ Flußpferd, Walroß, Giraffe
112-112 Geier, Gorilla	141-232 Elefant, Bison, Flußpferd	223-111↓ Gorilla, Flußpferd, Walroß
112-121↓ Geier, Flußpferd, Walroß	141-311 Flußpferd, Bison, Walroß	223-222 Gorilla, Giraffe, Flußpferd
112-212 Geier, Giraffe, Gorilla	141-312 Bison, Elefant, Flußpferd	223-231 Flußpferd, Elefant, Walroß
112-221 Geier, Flußpferd, Walroß	141-321 Flußpferd, Bison, Walroß	223-232 Elefant, Gorilla, Giraffe
112-222 Geier, Giraffe	141-322↓ Bison, Elefant, Flußpferd	223-311 Gorilla, Flußpferd, Walroß
112-231 Geier, Flußpferd, Walroß	141-332 Elefant, Bison, Rappenantilope	223-312 Gorilla, Giraffe
112-311↓ Geier, Giraffe, Flußpferd	142-111 Flußpferd, Walroß	223-321 Flußpferd, Walroß, Giraffe
112-312 Geier, Giraffe, Krokodil	142-122↓ Flußpferd, Walroß, Bison	223-322 Giraffe, Gorilla, Elefant
112-331↓ Geier, Giraffe, Flußpferd	142-131↓ Flußpferd, Walroß, Elefant	223-331 Elefant, Flußpferd, Walroß
113-111↓ Gorilla, Geier, Flußpferd	142-211 Flußpferd, Walroß, Bison	223-332 Elefant, Giraffe
113-131 Geier, Flußpferd, Walroß	142-212 Bison, Elefant, Flußpferd	231-111↓ Flußpferd, Walroß
113-211↓ Gorilla, Geier, Flußpferd	142-221 Flußpferd, Walroß, Elefant	231-332↓ Flußpferd, Walroß, Elefant
113-212 Gorilla, Geier, Giraffe	142-222 Bison, Elefant, Flußpferd	232-111↓ Flußpferd, Walroß
113-221 Geier, Flußpferd, Gorilla	142-231 Elefant, Flußpferd, Walroß	232-222↓ Flußpferd, Walroß, Giraffe
113-222 Geier, Gorilla, Giraffe	142-232 Elefant, Bison	232-331↓ Flußpferd, Walroß, Elefant
113-231 Geier, Flußpferd, Elefant	142-311 Flußpferd, Bison, Walroß	233-111↓ Flußpferd, Walroß, Gorilla
113-232 Geier, Elefant, Gorilla	142-312↓ Bison, Elefant, Flußpferd	233-221↓ Flußpferd, Walroß, Elefant
113-311↓ Gorilla, Geier, Giraffe	142-332 Elefant, Bison, Rappenantilope	241-111 Flußpferd, Walroß
113-321 Geier, Giraffe, Flußpferd	143-111↓ Flußpferd, Walroß, Elefant	241-122↓ Flußpferd, Walroß, Bison
113-322 Geier, Giraffe, Gorilla	143-212 Elefant, Bison	241-131↓ Flußpferd, Walroß, Elefant
113-331↓ Geier, Elefant, Giraffe	143-221 Elefant, Flußpferd	241-211 Flußpferd, Walroß, Bison
121-111↓ Flußpferd, Walroß, Stachelschwein	143-222↓ Elefant, Bison	241-212 Bison, Elefant, Flußpferd
121-211↓ Flußpferd, Walroß, Giraffe	211-111↓ Geier, Flußpferd, Walroß	241-221 Flußpferd, Walroß, Elefant
122-111↓ Flußpferd, Walroß, Gorilla	211-212 Geier, Giraffe	241-222 Bison, Elefant, Flußpferd
122-121↓ Flußpferd, Walroß, Stachelschwein	211-221 Geier, Flußpferd, Walroß	241-231 Elefant, Flußpferd, Walroß
122-211 Flußpferd, Walroß, Giraffe	211-222 Geier, Giraffe	241-232 Elefant, Bison
122-212 Giraffe, Flußpferd, Gorilla	211-231 Geier, Flußpferd, Walroß	241-311 Flußpferd, Bison, Walroß
122-221↓ Flußpferd, Walroß, Giraffe	211-331↓ Geier, Giraffe, Flußpferd	241-312↓ Bison, Elefant, Flußpferd
122-312 Giraffe, Flußpferd, Gorilla	212-111↓ Geier, Flußpferd, Walroß	241-332 Elefant, Bison, Rappenantilope
122-321↓ Flußpferd, Walroß, Giraffe	212-212 Geier, Giraffe, Gorilla	242-111 Flußpferd, Walroß
123-111↓ Gorilla, Flußpferd, Walroß	212-221 Geier, Flußpferd, Walroß	242-112↓ Flußpferd, Walroß, Elefant
123-222 Gorilla, Giraffe, Flußpferd	212-222 Geier, Giraffe	242-212 Bison, Elefant, Flußpferd
123-231 Flußpferd, Walroß, Elefant	212-231 Geier, Flußpferd, Walroß	242-221 Elefant, Flußpferd, Walroß
123-232 Elefant, Gorilla, Giraffe	212-311↓ Geier, Giraffe, Flußpferd	242-321↓ Elefant, Flußpferd, Bison
123-311↓ Gorilla, Flußpferd, Walroß	212-312 Geier, Giraffe, Gorilla	243-111 Flußpferd, Elefant, Walroß
123-312 Gorilla, Giraffe	212-331↓ Geier, Giraffe, Flußpferd	243-222↓ Elefant, Bison
123-321 Flußpferd, Walroß, Giraffe	213-111↓ Gorilla, Geier, Flußpferd	311-111↓ Geier, Giraffe, Flußpferd
123-322 Giraffe, Gorilla, Flußpferd	213-131 Geier, Flußpferd, Walroß	311-332↓ Giraffe, Geier, Elefant
123-331 Flußpferd, Elefant, Walroß	213-221↓ Geier, Flußpferd, Gorilla	312-111↓ Geier, Giraffe, Flußpferd
123-332 Elefant, Giraffe, Gorilla	213-222 Geier, Gorilla, Giraffe	312-332↓ Giraffe, Elefant, Geier
131-111↓ Flußpferd, Walroß	213-231 Geier, Elefant, Flußpferd	313-111↓ Gorilla, Geier, Giraffe
131-332↓ Flußpferd, Walroß, Elefant	213-232 Geier, Elefant, Gorilla	313-121 Geier, Giraffe, Flußpferd
132-111↓ Flußpferd, Walroß	213-311↓ Gorilla, Geier, Giraffe	313-122 Geier, Giraffe, Gorilla
132-332↓ Flußpferd, Walroß, Elefant	213-321 Geier, Giraffe, Flußpferd	313-131↓ Elefant, Geier, Giraffe
133-111↓ Flußpferd, Walroß, Gorilla	213-322 Geier, Giraffe, Gorilla	313-211↓ Giraffe, Gorilla, Elefant
133-132↓ Flußpferd, Walroß, Elefant	213-331↓ Elefant, Geier, Giraffe	313-322↓ Giraffe, Elefant, Geier
133-311↓ Flußpferd, Walroß, Gorilla	221-111 Flußpferd, Walroß	321-111↓ Flußpferd, Walroß, Giraffe
133-321↓ Flußpferd, Walroß, Elefant	221-211↓ Flußpferd, Walroß, Giraffe	321-232↓ Giraffe, Elefant
141-111 Flußpferd, Walroß	222-111 Flußpferd, Walroß, Gorilla	322-111 Flußpferd, Walroß, Giraffe

322-112 Giraffe, Flußpferd, Gorilla
322-121↓ Flußpferd, Walroß, Giraffe
322-222 Giraffe, Nashorn, Elefant
322-231↓ Giraffe, Elefant, Flußpferd
323-111 Gorilla, Flußpferd, Walroß
323-112 Gorilla, Giraffe
323-121 Flußpferd, Walroß, Giraffe
323-122 Giraffe, Gorilla, Elefant
323-131 Elefant, Flußpferd, Walroß
323-211↓ Giraffe, Gorilla, Elefant
323-221↓ Giraffe, Elefant, Flußpferd
331-111↓ Flußpferd, Walroß
331-132↓ Flußpferd, Walroß, Elefant
331-211↓ Flußpferd, Walroß, Giraffe
331-231 Flußpferd, Walroß, Elefant
331-232 Elefant, Giraffe, Flußpferd
331-311↓ Flußpferd, Walroß, Giraffe
331-322 Giraffe, Elefant, Flußpferd
331-331 Elefant, Flußpferd, Walroß
331-332 Elefant, Giraffe, Rappenantilope
332-111 Flußpferd, Walroß
332-122↓ Flußpferd, Walroß, Giraffe
332-131↓ Flußpferd, Walroß, Elefant
332-211↓ Flußpferd, Walroß, Giraffe
332-222 Giraffe, Elefant, Flußpferd
332-231 Elefant, Flußpferd, Walroß
332-232 Elefant, Giraffe, Flußpferd
332-311 Flußpferd, Walroß, Giraffe
332-312 Giraffe, Elefant, Flußpferd
332-321 Flußpferd, Walroß, Giraffe
332-322 Giraffe, Elefant, Flußpferd
332-331 Elefant, Flußpferd, Walroß
332-332 Elefant, Giraffe
333-111↓ Flußpferd, Walroß, Elefant
333-212 Elefant, Giraffe
333-221 Elefant, Flußpferd, Walroß
333-222↓ Elefant, Giraffe, Flußpferd
333-232 Elefant, Fuchs
341-111↓ Flußpferd, Walroß, Elefant
341-312↓ Elefant, Rappenantilope
342-111↓ Elefant, Flußpferd, Walroß
342-222↓ Elefant, Bison
342-332↓ Elefant, Rappenantilope
343-111↓ Elefant
411-111↓ Giraffe
412-111↓ Giraffe
413-111↓ Giraffe
421-111↓ Giraffe
422-111↓ Giraffe
423-111↓ Giraffe
431-111↓ Giraffe, Flußpferd, Walroß
431-331↓ Giraffe, Rappenantilope
432-111↓ Giraffe, Flußpferd, Walroß
432-331↓ Giraffe, Rappenantilope

433-111↓ Giraffe, Flußpferd, Walroß
433-331↓ Giraffe, Elefant, Rappenantilope
441-111 Giraffe, Elefant, Flußpferd
441-112↓ Giraffe, Elefant, Rappenantilope
442-111 Elefant, Giraffe, Flußpferd
442-211↓ Elefant, Giraffe, Rappenantilope
443-111↓ Elefant, Rappenantilope

432-

111-111↓ Geier, Flußpferd, Walroß
111-212 Geier, Giraffe, Krokodil
111-221 Geier, Flußpferd, Walroß
111-222 Geier, Giraffe
111-231 Geier, Flußpferd, Walroß
111-311↓ Geier, Giraffe, Flußpferd
111-312 Geier, Giraffe, Krokodil
111-331↓ Geier, Giraffe, Flußpferd
112-111 Geier, Flußpferd, Walroß
112-112 Geier, Gorilla
112-121↓ Geier, Flußpferd, Walroß
112-212 Geier, Giraffe, Gorilla
112-221 Geier, Flußpferd, Walroß
112-222 Geier, Giraffe
112-231 Geier, Flußpferd, Walroß
112-311↓ Geier, Giraffe, Flußpferd
112-312 Geier, Giraffe, Krokodil
112-331↓ Geier, Giraffe, Flußpferd
113-111↓ Gorilla, Geier, Flußpferd
113-131 Geier, Flußpferd, Walroß
113-221↓ Geier, Flußpferd, Gorilla
113-222 Geier, Gorilla, Giraffe
113-231 Geier, Elefant, Flußpferd
113-232 Geier, Elefant, Gorilla
113-311↓ Gorilla, Geier, Giraffe
113-321 Geier, Giraffe, Flußpferd
113-322 Geier, Giraffe, Gorilla
113-331 Elefant, Geier, Giraffe
121-111 Flußpferd, Walroß
121-132↓ Flußpferd, Walroß, Giraffe
122-111 Flußpferd, Walroß, Gorilla
122-132↓ Flußpferd, Walroß, Giraffe
122-212 Giraffe, Flußpferd, Gorilla
122-221↓ Flußpferd, Walroß, Giraffe
122-312 Giraffe, Flußpferd, Gorilla
122-321↓ Flußpferd, Walroß, Giraffe
123-111↓ Gorilla, Flußpferd, Walroß
123-222 Gorilla, Giraffe, Flußpferd
123-231 Flußpferd, Walroß, Elefant
123-232 Elefant, Gorilla, Giraffe
123-311 Gorilla, Flußpferd, Walroß
123-312 Gorilla, Giraffe
123-321 Flußpferd, Walroß, Giraffe
123-322 Giraffe, Gorilla, Elefant
123-331 Elefant, Flußpferd, Walroß

123-332 Elefant, Giraffe, Gorilla
131-111↓ Flußpferd, Walroß
131-332↓ Flußpferd, Walroß, Elefant
132-111↓ Flußpferd, Walroß
132-332↓ Flußpferd, Walroß, Elefant
133-111↓ Flußpferd, Walroß, Gorilla
133-132↓ Flußpferd, Walroß, Elefant
133-211↓ Flußpferd, Walroß, Gorilla
133-221↓ Flußpferd, Walroß, Elefant
141-111 Flußpferd, Walroß
141-122↓ Flußpferd, Walroß, Bison
141-131↓ Flußpferd, Walroß, Elefant
141-211 Flußpferd, Walroß, Bison
141-212 Bison, Elefant, Flußpferd
141-221 Flußpferd, Walroß, Bison
141-222 Bison, Elefant, Flußpferd
141-231 Elefant, Flußpferd, Walroß
141-232 Elefant, Bison
141-311 Bison, Flußpferd, Walroß
141-331↓ Elefant, Bison, Flußpferd
141-332 Elefant, Bison, Rappenantilope
142-111 Flußpferd, Walroß
142-122↓ Flußpferd, Walroß, Bison
142-131↓ Flußpferd, Walroß, Elefant
142-211 Flußpferd, Walroß, Bison
142-212↓ Bison, Elefant, Flußpferd
143-111↓ Flußpferd, Walroß, Elefant
143-212↓ Elefant, Bison
211-111↓ Geier, Flußpferd, Walroß
211-212 Geier, Giraffe
211-221 Geier, Flußpferd, Walroß
211-222 Geier, Giraffe
211-231 Geier, Flußpferd, Walroß
211-331↓ Geier, Giraffe, Flußpferd
212-111 Geier, Flußpferd, Walroß
212-112 Geier, Gorilla
212-121↓ Geier, Flußpferd, Walroß
212-212 Geier, Giraffe, Gorilla
212-221 Geier, Flußpferd, Walroß
212-222 Geier, Giraffe
212-231 Geier, Flußpferd, Walroß
212-311↓ Geier, Giraffe, Flußpferd
212-312 Geier, Giraffe, Gorilla
212-331↓ Geier, Giraffe, Flußpferd
212-332 Geier, Giraffe, Elefant
213-111↓ Gorilla, Geier, Flußpferd
213-131 Geier, Flußpferd, Walroß
213-221↓ Geier, Flußpferd, Gorilla
213-222 Geier, Gorilla, Giraffe
213-231 Elefant, Geier, Flußpferd
213-232 Geier, Elefant, Gorilla
213-311↓ Gorilla, Geier, Giraffe
213-321↓ Geier, Giraffe, Elefant
221-111↓ Flußpferd, Walroß, Gorilla

247

221-211↓ Flußpferd, Walroß, Giraffe
222-111↓ Flußpferd, Walroß, Gorilla
222-132↓ Flußpferd, Walroß, Giraffe
222-212 Giraffe, Flußpferd, Gorilla
222-221↓ Flußpferd, Walroß, Giraffe
222-312 Giraffe, Flußpferd, Gorilla
222-321↓ Flußpferd, Walroß, Giraffe
222-332 Giraffe, Elefant, Flußpferd
223-111↓ Gorilla, Flußpferd, Walroß
223-212 Gorilla, Giraffe, Flußpferd
223-221 Flußpferd, Walroß, Gorilla
223-222 Gorilla, Giraffe, Elefant
223-231 Elefant, Flußpferd, Walroß
223-232 Elefant, Gorilla, Giraffe
223-311 Gorilla, Flußpferd, Walroß
223-312 Gorilla, Giraffe, Elefant
223-321 Flußpferd, Walroß, Giraffe
223-322 Giraffe, Elefant, Gorilla
223-331 Elefant, Flußpferd, Walroß
223-332 Elefant, Giraffe
231-111↓ Flußpferd, Walroß
231-222↓ Flußpferd, Walroß, Giraffe
231-331↓ Flußpferd, Walroß, Elefant
232-111 Flußpferd, Walroß
232-312↓ Flußpferd, Walroß, Giraffe
232-321↓ Flußpferd, Walroß, Elefant
233-111↓ Flußpferd, Walroß, Gorilla
233-122↓ Flußpferd, Walroß, Elefant
241-111 Flußpferd, Walroß
241-112↓ Flußpferd, Walroß, Bison
241-121 Flußpferd, Walroß, Elefant
241-122 Flußpferd, Walroß, Bison
241-131↓ Flußpferd, Walroß, Elefant
241-211 Flußpferd, Walroß, Bison
241-212 Bison, Elefant, Flußpferd
241-221 Flußpferd, Elefant, Walroß
241-222 Bison, Elefant, Flußpferd
241-231 Elefant, Flußpferd, Walroß
241-321↓ Elefant, Bison, Flußpferd
242-111↓ Flußpferd, Walroß, Elefant
242-332↓ Elefant, Bison, Rappenantilope
243-111↓ Elefant, Flußpferd, Walroß
243-212 Elefant, Bison
243-221 Elefant, Flußpferd
243-222↓ Elefant, Bison
311-111↓ Geier, Giraffe, Flußpferd
311-222↓ Giraffe, Geier, Nashorn
311-231↓ Giraffe, Elefant, Geier
311-312↓ Giraffe, Geier, Nashorn
311-332↓ Giraffe, Elefant, Geier
312-111 Geier, Giraffe, Flußpferd
312-112 Geier, Giraffe, Gorilla
312-131↓ Geier, Giraffe, Flußpferd
312-212↓ Giraffe, Geier, Nashorn

312-231↓ Giraffe, Elefant, Geier
312-322↓ Giraffe, Geier, Nashorn
312-331↓ Giraffe, Elefant, Nashorn
313-111↓ Gorilla, Geier, Giraffe
313-121↓ Geier, Giraffe, Elefant
313-211↓ Giraffe, Elefant, Gorilla
313-321↓ Giraffe, Elefant, Nashorn
321-111↓ Flußpferd, Walroß, Giraffe
321-212 Giraffe, Nashorn
321-221 Giraffe, Flußpferd, Walroß
321-222 Giraffe, Nashorn, Flußpferd
321-332↓ Giraffe, Elefant, Nashorn
322-111 Flußpferd, Walroß, Giraffe
322-112 Giraffe, Flußpferd, Gorilla
322-121↓ Flußpferd, Walroß, Giraffe
322-132 Giraffe, Elefant, Flußpferd
322-211 Giraffe, .Flußpferd, Walroß
322-212 Giraffe, Nashorn, Elefant
322-221 Giraffe, Flußpferd, Walroß
322-222 Giraffe, Nashorn, Elefant
322-231 Giraffe, Flußpferd, Walroß
322-312↓ Giraffe, Nashorn, Zebra
322-331↓ Giraffe, Elefant, Nashorn
323-111 Gorilla, Flußpferd, Walroß
323-112 Gorilla, Giraffe, Elefant
323-121 Flußpferd, Walroß, Giraffe
323-122 Giraffe, Elefant, Gorilla
323-131 Elefant, Flußpferd, Walroß
323-132 Elefant, Giraffe, Gorilla
323-222 Giraffe, Elefant, Nashorn
323-231 Elefant, Giraffe, Flußpferd
323-232 Elefant, Giraffe, Fuchs
323-311↓ Giraffe, Elefant, Gorilla
323-332↓ Elefant, Giraffe, Fuchs
331-111↓ Flußpferd, Walroß
331-122↓ Flußpferd, Walroß, Giraffe
331-131↓ Flußpferd, Walroß, Elefant
331-211↓ Flußpferd, Walroß, Giraffe
331-222 Giraffe, Flußpferd, Elefant
331-231 Elefant, Flußpferd, Walroß
331-232 Elefant, Giraffe, Flußpferd
331-311 Flußpferd, Walroß, Giraffe
331-312 Giraffe, Elefant, Flußpferd
331-321 Flußpferd, Walroß, Giraffe
331-322 Giraffe, Elefant, Flußpferd
331-331 Elefant, Flußpferd, Walroß
331-332 Elefant, Giraffe
332-111 Flußpferd, Walroß
332-112↓ Flußpferd, Walroß, Giraffe
332-121↓ Flußpferd, Walroß, Elefant
332-211 Flußpferd, Walroß, Giraffe
332-212 Giraffe, Elefant, Flußpferd
332-221 Flußpferd, Walroß, Elefant
332-222 Elefant, Giraffe, Flußpferd

332-231 Elefant, Flußpferd, Walroß
332-232 Elefant, Giraffe, Flußpferd
332-311 Flußpferd, Walroß, Giraffe
332-312 Giraffe, Elefant, Flußpferd
332-321 Flußpferd, Elefant, Walroß
332-322 Elefant, Giraffe, Flußpferd
332-331 Elefant, Flußpferd, Walroß
332-332 Elefant, Giraffe, Rappenantilope
333-111↓ Flußpferd, Walroß, Elefant
333-212 Elefant, Giraffe, Flußpferd
333-221 Elefant, Flußpferd, Walroß
333-222 Elefant, Giraffe, Fuchs
333-321↓ Elefant, Flußpferd, Walroß
333-322↓ Elefant, Giraffe, Fuchs
341-111↓ Elefant, Flußpferd, Walroß
341-212↓ Elefant, Bison
341-332 Elefant, Rappenantilope
342-111↓ Elefant, Flußpferd, Walroß
342-212↓ Elefant, Bison
342-322↓ Elefant, Rappenantilope
343-111↓ Elefant
411-111↓ Giraffe, Pfau
412-111↓ Giraffe
413-111↓ Giraffe
421-111↓ Giraffe
422-111↓ Giraffe
423-111↓ Giraffe, Elefant
431-111↓ Giraffe, Flußpferd
431-121↓ Giraffe, Flußpferd, Walroß
431-232↓ Giraffe, Elefant
431-331↓ Giraffe, Rappenantilope
432-111↓ Giraffe, Flußpferd, Walroß
432-332↓ Giraffe, Schaf, Elefant
433-111 Giraffe, Flußpferd
433-331↓ Elefant, Giraffe, Rappenantilope
441-111 Giraffe, Elefant, Flußpferd
441-232↓ Elefant, .Rappenantilope, Giraffe
442-111 Elefant, Giraffe, Flußpferd
442-211↓ Elefant, Giraffe, Rappenantilope
443-111↓ Elefant, Rappenantilope

433-
111-111↓ Walroß, Geier, Flußpferd
111-212 Geier, Walroß, Giraffe
111-221 Walroß, Geier, Flußpferd
111-222 Geier, Walroß, Giraffe
111-231 Walroß, Geier, Flußpferd
111-232 Geier, Walroß, Giraffe
112-111 Walroß, Geier, Flußpferd
112-112 Geier, Walroß, Gorilla
112-211↓ Walroß, Geier, Flußpferd
112-212 Geier, Walroß, Giraffe
112-221 Walroß, Geier, Flußpferd
112-222 Geier, Walroß, Giraffe

112-231 Walroß, Geier, Flußpferd
112-232 Geier, Walroß, Elefant
112-311 Walroß, Geier, Giraffe
112-332 Geier, Elefant, Walroß
113-111↓ Walroß, Gorilla, Geier
113-121 Walroß, Geier, Flußpferd
113-122 Geier, Walroß, Gorilla
113-131 Walroß, Geier, Elefant
113-212 Gorilla, Geier, Walroß
113-221↓ Walroß, Geier, Elefant
113-311 Walroß, Gorilla, Elefant
113-312 Gorilla, Geier, Elefant
113-321↓ Walroß, Elefant, Geier
121-111↓ Walroß, Flußpferd
121-232↓ Walroß, Giraffe, Flußpferd
121-312 Walroß, Giraffe, Nashorn
121-321 Walroß, Flußpferd
121-322 Walroß, Giraffe, Nashorn
121-331 Walroß, Flußpferd
121-332 Walroß, Giraffe, Elefant
122-111 Walroß, Flußpferd
122-222↓ Walroß, Giraffe, Flußpferd
122-232 Walroß, Elefant, Giraffe
122-311 Walroß, Flußpferd
122-312 Walroß, Giraffe, Nashorn
122-321 Walroß, Flußpferd
122-322 Walroß, Giraffe, Nashorn
122-331 Walroß, Flußpferd, Elefant
122-332 Walroß, Elefant, Giraffe
123-111↓ Walroß, Gorilla, Flußpferd
123-132 Walroß, Elefant, Gorilla
123-211 Walroß, Gorilla, Flußpferd
123-212 Gorilla, Walroß, Elefant
123-221 Walroß, Flußpferd, Elefant
123-222↓ Walroß, Elefant, Gorilla
123-322↓ Elefant, Walroß, Giraffe
131-111↓ Walroß, Flußpferd
131-332↓ Walroß, Elefant, Flußpferd
132-111↓ Walroß, Flußpferd
132-322↓ Walroß, Flußpferd, Bison
132-331↓ Walroß, Flußpferd, Elefant
133-111↓ Walroß, Flußpferd
133-212↓ Walroß, Elefant, Flußpferd
141-111 Walroß, Flußpferd
141-112↓ Walroß, Bison, Flußpferd
141-122 Walroß, Bison, Elefant
141-131 Walroß, Elefant, Flußpferd
141-132↓ Elefant, Walroß, Bison
142-111 Walroß, Flußpferd, Bison
142-112 Walroß, Bison, Elefant
142-121 Walroß, Flußpferd, Elefant
142-122 Walroß, Bison, Elefant
142-131 Walroß, Elefant, Flußpferd
142-132↓ Elefant, Walroß, Bison

143-111 Walroß, Elefant, Flußpferd
143-211↓ Elefant, Walroß, Bison
211-111↓ Walroß, Geier, Flußpferd
211-212 Geier, Walroß, Nashorn
211-221 Walroß, Geier, Flußpferd
211-222 Walroß, Geier, Nashorn
211-231 Walroß, Geier, Flußpferd
211-232 Geier, Walroß, Elefant
211-311 Walroß, Geier, Nashorn
211-332 Geier, Elefant, Walroß
212-111↓ Walroß, Geier, Flußpferd
212-212 Geier, Walroß, Nashorn
212-221 Walroß, Geier, Flußpferd
212-222 Geier, Walroß, Nashorn
212-231↓ Walroß, Geier, Elefant
212-311 Walroß, Geier, Nashorn
212-332 Elefant, Geier, Walroß
213-111↓ Walroß, Gorilla, Geier
213-121 Walroß, Geier, Flußpferd
213-122 Geier, Walroß, Gorilla
213-131↓ Walroß, Elefant, Geier
213-211 Walroß, Gorilla, Elefant
213-212 Gorilla, .Geier, Elefant
213-221 Walroß, Elefant, Geier
213-311↓ Walroß, Gorilla, Elefant
213-312 Gorilla, Elefant, Geier
213-321↓ Elefant, Walroß, Geier
221-111 Walroß, Flußpferd
221-112↓ Walroß, Flußpferd, Gorilla
221-212 Walroß, Nashorn, Giraffe
221-221 Walroß, Flußpferd, Nashorn
221-222 Walroß, Nashorn, Giraffe
221-231 Walroß, Flußpferd
221-232 Walroß, Elefant, Nashorn
221-311 Walroß, Flußpferd
221-312 Walroß, Nashorn, Giraffe
221-321 Walroß, Flußpferd
221-322 Walroß, Nashorn, Giraffe
221-331 Walroß, Flußpferd, Elefant
221-332 Walroß, Elefant, Nashorn
222-111↓ Walroß, Flußpferd, Gorilla
222-132↓ Walroß, Flußpferd, Elefant
222-211 Walroß, Flußpferd, Nashorn
222-212 Walroß, Nashorn, Giraffe
222-221 Walroß, Flußpferd, Nashorn
222-222 Walroß, Nashorn, Giraffe
222-231 Walroß, Flußpferd, Elefant
222-232 Walroß, Elefant, Nashorn
222-311 Walroß, Flußpferd
222-312 Walroß, Nashorn, Giraffe
222-321 Walroß, Flußpferd, Nashorn
222-322 Walroß, Nashorn, Giraffe
222-331 Walroß, Elefant, Flußpferd
222-332 Elefant, Walroß, Nashorn

223-111↓ Walroß, Gorilla, Flußpferd
223-131 Walroß, Elefant, Flußpferd
223-132↓ Walroß, Elefant, Gorilla
223-231 Elefant, Walroß, Flußpferd
223-232 Elefant, Walroß, Fuchs
223-311↓ Walroß, Gorilla, Elefant
223-321↓ Walroß, Elefant, Flußpferd
231-111↓ Walroß, Flußpferd
231-222↓ Walroß, Flußpferd, Bison
231-231 Walroß, Flußpferd, Elefant
231 322↓ Walroß, Flußpferd, Bison
231-331↓ Walroß, Flußpferd, Elefant
232-111↓ Walroß, Flußpferd
232-222↓ Walroß, Flußpferd, Elefant
233-111 Walroß, Flußpferd
233-112↓ Walroß, Flußpferd, Gorilla
233-121↓ Walroß, Flußpferd, Elefant
233-332 Elefant, Walroß, Fuchs
241-111 Walroß, Flußpferd
241-112 Walroß, Bison, Elefant
241-121 Walroß, Flußpferd, Elefant
241-122 Walroß, Bison, Elefant
241-131 Walroß, Elefant, Flußpferd
241-132↓ Elefant, Walroß, Bison
242-111 Walroß, Flußpferd, Elefant
242-112 Walroß, Elefant, Bison
242-121 Walroß, Elefant, Flußpferd
242-122 Elefant, Walroß, Bison
242-131 Elefant, Walroß, Flußpferd
242-132↓ Elefant, Walroß, Bison
243-111 Elefant, Walroß, Flußpferd
243-112 Walroß, Elefant, Bison
243-121 Elefant, Walroß, Flußpferd
243-211↓ Elefant, Walroß, Bison
311-111 Walroß, Geier, Nashorn
311-132 Geier, Elefant, Walroß
311-211 Nashorn, Giraffe, Walroß
311-212 Nashorn, Giraffe, Pfau
311-221 Nashorn, Giraffe, Walroß
311-222 Nashorn, Giraffe, Pfau
311-231↓ Elefant, Nashorn, Giraffe
311-311↓ Nashorn, Giraffe, Pfau
311-331↓ Elefant, Nashorn, Giraffe
312-111 Walroß, Geier, Nashorn
312-132 Elefant, Geier, Walroß
312-211 Nashorn, Giraffe, Walroß
312-212↓ Nashorn, Giraffe, Elefant
313-111 Walroß, Gorilla, Elefant
313-112 Gorilla, Elefant, Geier
313-121↓ Elefant, Walroß, Geier
313-211↓ Elefant, .Nashorn, Giraffe
321-111 Walroß, Flußpferd
321-112 Walroß, Nashorn, Giraffe
321-121 Walroß, Flußpferd, Nashorn

321-122	Walroß, Nashorn, Giraffe
321-131	Walroß, Flußpferd, Elefant
321-132	Walroß, Elefant, Nashorn
321-211↓	Walroß, Nashorn, Giraffe
321-222	Nashorn, Giraffe, Elefant
321-231	Elefant, Walroß, Nashorn
321-232	Elefant, Nashorn, Giraffe
321-311	Nashorn, Giraffe, Walroß
321-312	Nashorn, Giraffe, Elefant
321-321	Nashorn, Giraffe, Walroß
321-322↓	Nashorn, Giraffe, Elefant
322-111	Walroß, Flußpferd, Nashorn
322-112	Walroß, Nashorn, Giraffe
322-121	Walroß, Flußpferd, Nashorn
322-122	Walroß, Nashorn, Giraffe
322-131	Walroß, Elefant, Flußpferd
322-132	Elefant, Walroß, Nashorn
322-211	Walroß, Nashorn, Giraffe
322-212	Nashorn, Giraffe, Elefant
322-221	Nashorn, Giraffe, Giraffe
322-222	Nashorn, Giraffe, Elefant
322-231	Elefant, Walroß, Nashorn
322-232	Elefant, Nashorn, Giraffe
322-311	Nashorn, Giraffe, Walroß
322-312↓	Nashorn, Giraffe, Elefant
323-111↓	Walroß, Gorilla, Elefant
323-121	Walroß, Elefant, Flußpferd
323-132↓	Elefant, Walroß, Fuchs
323-211	Elefant, Walroß, Nashorn
323-212	Elefant, Nashorn, Giraffe
323-221	Elefant, Walroß, Nashorn
323-222↓	Elefant, Nashorn, Giraffe
323-232	Elefant, Fuchs
323-311↓	Elefant, Nashorn, Giraffe
323-332	Elefant, Fuchs
331-111	Walroß, Flußpferd
331-122↓	Walroß, Flußpferd, Elefant
331-212	Walroß, Elefant, Nashorn
331-221	Walroß, Elefant, Flußpferd
331-222	Elefant, Walroß, Nashorn
331-311↓	Walroß, Elefant, Flußpferd
331-312	Elefant, Walroß, Nashorn
331-321↓	Walroß, Elefant, Flußpferd
332-111↓	Walroß, Flußpferd, Elefant
332-212	Elefant, Walroß, Nashorn
332-221	Walroß, Elefant, Flußpferd
332-222	Elefant, Walroß, Nashorn
332-311↓	Walroß, Elefant, Flußpferd
332-312	Elefant, Walroß, Nashorn
332-321↓	Elefant, Walroß, Flußpferd
333-111↓	Walroß, Elefant, Flußpferd
341-111↓	Elefant, Walroß
341-221↓	Elefant, Walroß, Bison
342-111	Elefant, Walroß, Flußpferd
342-112	Elefant, Walroß, Bison
342-121	Elefant, Walroß, Flußpferd
342-211↓	Elefant, Walroß, Bison
343-111↓	Elefant
411-111↓	Giraffe, Pfau
412-111↓	Giraffe
413-111↓	Giraffe
413-131↓	Giraffe, Elefant
421-111↓	Giraffe
422-111↓	Giraffe
422-121↓	Giraffe, Walroß
423-111↓	Giraffe, Elefant
431-111↓	Walroß, Giraffe, Flußpferd
431-131↓	Walroß, Giraffe, Elefant
431-331↓	Giraffe, Elefant, Rappenantilope
432-111↓	Walroß, Giraffe, Flußpferd
432-231↓	Giraffe, Elefant, Walroß
432-322↓	Giraffe, Elefant, Rappenantilope
433-111↓	Walroß, Giraffe, Elefant
441-111↓	Elefant, Walroß, Giraffe
441-311↓	Elefant, Rappenantilope, Giraffe
442-111↓	Elefant, Walroß
443-111↓	Elefant, Rappenantilope

-434-

111-111↓	Walroß
112-111↓	Walroß
113-111↓	Walroß, Gorilla
113-231↓	Walroß, Elefant
113-312↓	Walroß, Gorilla
113-322↓	Walroß, Elefant
121-111↓	Walroß
122-111↓	Walroß
123-111↓	Walroß, Elefant
131-111↓	Walroß
132-111↓	Walroß
133-111↓	Walroß, Elefant
141-111↓	Walroß, Bison
141-232↓	Walroß, Elefant, Bison
142-111↓	Walroß, Elefant
142-232↓	Elefant, Walroß, Bison
143-111↓	Walroß, Elefant
143-312↓	Elefant, .Walroß, Bison
211-111↓	Walroß
212-111↓	Walroß
212-122↓	Walroß, Geier
212-332↓	Walroß, Elefant
213-111↓	Walroß, Gorilla
213-312↓	Walroß, Elefant, Gorilla
221-111↓	Walroß
222-111↓	Walroß
222-232↓	Walroß, Elefant
223-111↓	Walroß, Gorilla
223-132↓	Walroß, Elefant
223-212↓	Walroß, Gorilla
223-222↓	Walroß, Elefant, Pferd
231-111↓	Walroß
232-111↓	Walroß
233-111↓	Walroß, Elefant
241-111↓	Walroß, Bison, Elefant
242-111↓	Walroß, Elefant, Bison
243-111↓	Walroß, Elefant
243-322↓	Elefant, Walroß, Bison
311-111↓	Walroß, Nashorn, Giraffe
311-232↓	Walroß, Elefant, Nashorn
311-311↓	Walroß, Nashorn, Giraffe
311-331↓	Walroß, Elefant, Nashorn
312-111↓	Walroß, Elefant
312-212↓	Walroß, Nashorn, Giraffe
312-232↓	Elefant, Walroß, Nashorn
312-322↓	Walroß, Nashorn, Giraffe
312-331↓	Walroß, Elefant, Nashorn
313-111↓	Walroß, Elefant, Gorilla
313-311↓	Walroß, Elefant, Pferd
321-111↓	Walroß, Nashorn, Giraffe
321-232↓	Walroß, Elefant, Nashorn
321-312↓	Walroß, Nashorn, Giraffe
321-332↓	Walroß, Elefant, Nashorn
322-111↓	Walroß, Elefant
322-212↓	Walroß, Nashorn, Giraffe
322-231↓	Walroß, Elefant, Nashorn
322-322↓	Walroß, Nashorn, Giraffe
322-332↓	Elefant, Walroß, Nashorn
323-111↓	Walroß, Elefant
323-212↓	Walroß, Elefant, Pferd
331-111↓	Walroß, Elefant
332-111↓	Walroß, Elefant
333-111↓	Walroß, Elefant, Pferd
341-111↓	Walroß, Elefant
342-111↓	Walroß, Elefant
343-111↓	Elefant, Walroß
411-111↓	Giraffe, Walroß, Pfau
412-111↓	Giraffe, Walroß
412-312↓	Giraffe, Delphin
413-111↓	Giraffe, Walroß
413-121↓	Giraffe, Walroß, Elefant
413-332↓	Delphin, Giraffe, Elefant
421-111↓	Walroß, Giraffe
422-111↓	Walroß, Giraffe
422-322↓	Giraffe, Delphin
423-111	Walroß, Giraffe
423-122↓	Giraffe, Walroß, Elefant
423-212	Giraffe, Delphin
423-221	Giraffe, Walroß, Elefant
423-222	Giraffe, Elefant, Delphin
423-231	Giraffe, Elefant, Walroß
423-332↓	Delphin, Giraffe, Elefant
431-111↓	Walroß, Giraffe

431-332↓ Giraffe, Elefant, Walroß
432-111↓ Walroß, Giraffe
432-222↓ Giraffe, Walroß, Elefant
433-111↓ Walroß, Elefant, Pferd
433-212 Elefant, Pferd, Giraffe
433-221 Walroß, Elefant, Pferd
433-222 Elefant, Pferd, Giraffe
433-311↓ Walroß, Elefant, Pferd
433-312 Elefant, Delphin, Pferd
433-321 Elefant, Walroß, Pferd
433-322↓ Elefant, Delphin, Pferd
441-111↓ Walroß, Elefant
441-321↓ Elefant, Rappenantilope, Walroß
442-111 Walroß, Elefant
442-311↓ Elefant, Rappenantilope, Walroß
443-111↓ Elefant, Walroß

441-

111-111↓ Flußpferd, Geier, Krokodil
111-322↓ Flußpferd, Krokodil, Zebra
112-111↓ Flußpferd, Geier, Krokodil
112-322↓ Flußpferd, Krokodil, Zebra
113-111↓ Flußpferd, Gorilla, Geier
113-212↓ Krokodil, Flußpferd, Gorilla
113-222↓ Flußpferd, Krokodil, Geier
113-232 Flußpferd, Geier, Warzenschwein
113-312↓ Krokodil, Flußpferd,
Warzenschwein
121-111↓ Flußpferd, Zebra
122-111↓ Flußpferd
123-111 Flußpferd
123-312↓ Flußpferd, Warzenschwein, Gorilla
123-322↓ Flußpferd, Warzenschwein, Zebra
131-111↓ Flußpferd
132-111↓ Flußpferd
133-111↓ Flußpferd
141-111↓ Flußpferd
142-111↓ Flußpferd, Elefant
143-111↓ Flußpferd, Elefant
211-111↓ Flußpferd, Geier
211-212↓ Flußpferd, Geier, Nashorn
211-332↓ Flußpferd, Zebra, Nashorn
212-111↓ Flußpferd, Geier
212-212↓ Flußpferd, .Geier, Nashorn
212-312↓ Flußpferd, Zebra, Nashorn
213-111↓ Flußpferd, Gorilla, Geier
213-222↓ Flußpferd, Geier, Nashorn
213-332↓ Flußpferd, Zebra, Nashorn
221-111↓ Flußpferd, Zebra, Nashorn
222-111↓ Flußpferd, .Nashorn
222-312↓ Flußpferd, Zebra, Nashorn
223-111↓ Flußpferd, Gorilla
223-312↓ Flußpferd, Zebra, Nashorn
231-111↓ Flußpferd

232-111↓ Flußpferd
233-111↓ Flußpferd
241-111↓ Flußpferd
242-111↓ Flußpferd, Elefant
243-111↓ Flußpferd, Elefant
311-111↓ Flußpferd, Nashorn, Geier
311-232↓ Nashorn, Flußpferd, Zebra
312-111↓ Flußpferd, Nashorn, Geier
312-232↓ Nashorn, Flußpferd, Zebra
313-111↓ Flußpferd, Nashorn, Gorilla
313-122↓ Flußpferd, Nashorn, Zebra
313-212↓ Nashorn, Flußpferd, Zebra
313-231↓ Flußpferd, Nashorn, Elefant
313-321↓ Zebra, Nashorn, Flußpferd
313-332 Zebra, Nashorn, Elefant
321-111↓ Flußpferd, Nashorn
321-232↓ Nashorn, Flußpferd, Zebra
322-111↓ Flußpferd, Nashorn
322-312↓ Zebra, Nashorn, Flußpferd
323-111↓ Flußpferd, Nashorn, Gorilla
323-222↓ Nashorn, Flußpferd, Zebra
323-231 Flußpferd, Nashorn, Elefant
323-312↓ Zebra, Nashorn, Flußpferd
323-332 Zebra, Nashorn, Elefant
331-111↓ Flußpferd, Zebra, Nashorn
332-111↓ Flußpferd, Nashorn
332-232↓ Flußpferd, Nashorn, Elefant
332-312↓ Flußpferd, Zebra, Nashorn
333-111↓ Flußpferd, Elefant
333-232↓ Flußpferd, Elefant, Löwe
333-312↓ Flußpferd, Zebra, Elefant
333-332↓ Elefant, Flußpferd, Löwe
341-111↓ Flußpferd, Elefant
341-322↓ Elefant, Flußpferd, Wolf
341-332 Elefant, Wolf, Schaf
342-111↓ Flußpferd, Elefant
343-111↓ Flußpferd, Elefant
411-111↓ Giraffe, Flußpferd, Nashorn
411-311↓ Giraffe, Zebra, Nashorn
412-111↓ Giraffe, Flußpferd, Nashorn
412-311↓ Giraffe, Zebra, Nashorn
413-111↓ Giraffe, Flußpferd, Nashorn
413-311↓ Giraffe, Zebra, Nashorn
413-331↓ Giraffe, Tiger, Zebra
421-111 Flußpferd, Giraffe
421-231↓ Giraffe, Flußpferd, Nashorn
421-311↓ Giraffe, Zebra, Nashorn
422-111 Flußpferd, .Giraffe
422-321↓ Giraffe, Zebra, Nashorn
423-111 Flußpferd, Giraffe
423-231↓ Giraffe, Flußpferd, Nashorn
423-311↓ Giraffe, Zebra, Nashorn
423-322↓ Giraffe, Zebra, Tiger
431-111↓ Flußpferd, Giraffe

431-232↓ Giraffe, Flußpferd, Nashorn
431-311 Flußpferd, Giraffe, Zebra
431-332 Giraffe, Rappenantilope, Tiger
432-111↓ Flußpferd, Giraffe
432-322↓ Giraffe, Flußpferd, Tiger
433-111↓ Flußpferd, Giraffe
433-222↓ Giraffe, Flußpferd, Tiger
433-231 Flußpferd, .Elefant, Tiger
433-232 Tiger, Elefant, Giraffe
433-311↓ Flußpferd, Tiger, Giraffe
433-331↓ Tiger, Flußpferd, Elefant
441-111↓ Flußpferd, Elefant
441-132↓ Flußpferd, Elefant, Rappenantilope
442-111↓ Flußpferd, Elefant
442-321↓ Rappenantilope, Elefant, Flußpferd
443-111 Flußpferd, Elefant
443-332↓ Elefant, Rappenantilope, Tiger

442-

111-111↓ Flußpferd, Geier, Krokodil
111-232 Flußpferd, Geier, Nashorn
111-312↓ Krokodil, Flußpferd, Nashorn
112-111↓ Flußpferd, Geier, Krokodil
112-232 Flußpferd, Geier, Nashorn
112-322↓ Flußpferd, Krokodil, Nashorn
113-111↓ Flußpferd, Gorilla, Geier
113-212↓ Krokodil, Flußpferd, Gorilla
113-222↓ Flußpferd, Krokodil, Geier
113-232 Flußpferd, Geier, Warzenschwein
113-312↓ Krokodil, Flußpferd,
Warzenschwein
113-332↓ Flußpferd, Warzenschwein,
Nashorn
121-111↓ Flußpferd, Nashorn
122-111↓ Flußpferd, Nashorn
123-111↓ Flußpferd, Gorilla
123-312↓ Flußpferd, Warzenschwein,
Nashorn
131-111↓ Flußpferd
132-111↓ Flußpferd
133-111↓ Flußpferd
141-111↓ Flußpferd
141-332↓ Flußpferd, Elefant, Bison
142-111↓ Flußpferd, Elefant
142-332↓ Flußpferd, Elefant, Bison
143-111↓ Flußpferd, Elefant
143-312↓ Flußpferd, Elefant, Bison
211-111↓ Flußpferd, Geier
211-332↓ Flußpferd, Nashorn, Zebra
212-111↓ Flußpferd, Geier
212-332↓ Flußpferd, Nashorn, Zebra
213-111↓ Flußpferd, Gorilla, Geier
213-212↓ Flußpferd, Nashorn, Gorilla
213-332↓ Flußpferd, Nashorn, Zebra

221-111↓ Flußpferd, Nashorn
221-312↓ Flußpferd, Nashorn, Zebra
222-111↓ Flußpferd, Nashorn
222-332↓ Flußpferd, Nashorn, Zebra
223-111↓ Flußpferd, Gorilla
223 232↓ Flußpferd, Nashorn, Elefant
223-312↓ Flußpferd, Nashorn, Zebra
231-111↓ Flußpferd
232-111↓ Flußpferd
233-111↓ Flußpferd, Elefant
241-111↓ Flußpferd, Bison
241-332↓ Flußpferd, Elefant, Bison
242-111↓ Flußpferd, Elefant
243-111↓ Flußpferd, Elefant
243-222↓ Elefant, Flußpferd, Bison
311-111↓ Flußpferd, Nashorn, Geier
311-331↓ Nashorn, Zebra, Flußpferd
312-111 Flußpferd, Nashorn
312-331↓ Nashorn, Zebra, Flußpferd
313-111↓ Flußpferd, Nashorn, Gorilla
313-122↓ Flußpferd, Nashorn, Geier
313-231↓ Nashorn, Flußpferd, Elefant
313-331↓ Nashorn, Zebra, Elefant
321-111↓ Flußpferd, Nashorn
321-232↓ Nashorn, Flußpferd, Zebra
322-111↓ Flußpferd, Nashorn
322-211↓ Flußpferd, Nashorn, Zebra
323-111 Flußpferd, Nashorn
323-212↓ Nashorn, Flußpferd, Zebra
323-221↓ Flußpferd, Nashorn, Elefant
323-311↓ Nashorn, Zebra, Flußpferd
323-332 Nashorn, Zebra, Elefant
331-111↓ Flußpferd, Nashorn
331-232↓ Flußpferd, Nashorn, Elefant
331-312↓ Flußpferd, Nashorn, Zebra
332-111↓ Flußpferd, Nashorn
332-312↓ Flußpferd, Nashorn, Zebra
332-331↓ Flußpferd, Nashorn, Elefant
333-111↓ Flußpferd, Elefant
333-222↓ Flußpferd, Elefant, Nashorn
333-231↓ Flußpferd, Elefant, Löwe
341-111↓ Flußpferd, Elefant
342-111↓ Flußpferd, Elefant
343-111↓ Flußpferd, Elefant
411-111↓ Giraffe, Flußpferd, Nashorn
411-311↓ Giraffe, Nashorn, Zebra
412-111↓ Giraffe, Flußpferd, Nashorn
412-311↓ Giraffe, Nashorn, Zebra
413-111↓ Giraffe, Flußpferd, Nashorn
413-231↓ Giraffe, Nashorn, Elefant
413-311↓ Giraffe, Nashorn, Zebra
413-331↓ Giraffe, Tiger, Nashorn
421-111 Flußpferd, Giraffe
421-132↓ Giraffe, Flußpferd, Nashorn

421-311↓ Giraffe, Nashorn, Zebra
422-111↓ Flußpferd, Giraffe, Nashorn
422-311↓ Giraffe, Nashorn, Zebra
423-111 Flußpferd, Giraffe
423-132↓ Giraffe, Flußpferd, Nashorn
423-232 Giraffe, Nashorn, Elefant
423-311↓ Giraffe, Nashorn, Zebra
423-331↓ Giraffe, Tiger, Nashorn
431-111↓ Flußpferd, Giraffe
431-232↓ Giraffe, Flußpferd, Nashorn
431-331 Flußpferd, Giraffe, Rappenantilope
431-332 Giraffe, Rappenantilope, Tiger
432-111↓ Flußpferd, Giraffe
432-322↓ Giraffe, Flußpferd, Tiger
433-111↓ Flußpferd, Giraffe
433-222↓ Giraffe, Flußpferd, Elefant
433-231 Flußpferd, Elefant, Tiger
433-232 Elefant, Tiger, Giraffe
433-311↓ Flußpferd, Tiger, Giraffe
433-322 Tiger, Giraffe, Elefant
433-331↓ Tiger, Elefant, Flußpferd
441-111↓ Flußpferd, Elefant
441-321↓ Rappenantilope, Flußpferd, Elefant
442-111↓ Flußpferd, Elefant
442-321↓ Rappenantilope, .Elefant, Flußpferd
443-111 Flußpferd, Elefant
443-311↓ Elefant, Rappenantilope

443-
111-111↓ Flußpferd, Geier, Krokodil
111-122↓ Flußpferd, Geier, Nashorn
111-211 Flußpferd, Krokodil, Nashorn
111-232↓ Nashorn, Flußpferd, Geier
111-311↓ Flußpferd, Krokodil, Nashorn
112-111↓ Flußpferd, Geier, Krokodil
112-211 Flußpferd, Krokodil, Nashorn
112-232↓ Nashorn, Flußpferd, Geier
112-311↓ Flußpferd, Krokodil, Nashorn
113-111↓ Flußpferd, Gorilla, Geier
113-122↓ Flußpferd, Geier, Nashorn
113-211↓ Flußpferd, Krokodil, Nashorn
113-231 Flußpferd, Nashorn, Elefant
113-312↓ Krokodil, Nashorn, Flußpferd
113-332↓ Nashorn, Elefant, Flußpferd
121-111↓ Flußpferd, Nashorn
122-111↓ Flußpferd, Walroß
122-212↓ Flußpferd, Nashorn
123-111↓ Flußpferd, Gorilla
123-322↓ Nashorn, Flußpferd,
         Warzenschwein
123-331↓ Flußpferd, Nashorn, Elefant
131-111↓ Flußpferd, Walroß
132-111↓ Flußpferd, Walroß
133-111↓ Flußpferd, Walroß

141-111↓ Flußpferd, Elefant
141-322↓ Flußpferd, Bison, Elefant
142-111↓ Flußpferd, Elefant
142-312↓ Flußpferd, Bison, Elefant
143-111↓ Flußpferd, Elefant
143-311↓ Elefant, Flußpferd, Bison
211-111↓ Flußpferd, Nashorn, Geier
212-111↓ Flußpferd, Nashorn, Geier
213-111↓ Flußpferd, Gorilla, Nashorn
213-331↓ Nashorn, Flußpferd, Elefant
221-111 Flußpferd, Walroß
221-222↓ Nashorn, Flußpferd, Walroß
222-111 Flußpferd, Walroß
222-321↓ Flußpferd, Nashorn, Walroß
222-322↓ Nashorn, Flußpferd, Zebra
223-111 Flußpferd, Walroß, Gorilla
223-112↓ Flußpferd, Gorilla, Nashorn
223-221 Flußpferd, Nashorn, Walroß
223-332↓ Nashorn, Elefant, Flußpferd
231-111↓ Flußpferd, Walroß
232-111↓ Flußpferd, Walroß
232-322↓ Flußpferd, Nashorn, Walroß
232-332 Flußpferd, Nashorn, Elefant
233-111↓ Flußpferd, Walroß
233-222↓ Flußpferd, Elefant, Walroß
233-332↓ Elefant, Flußpferd, Löwe
241-111↓ Flußpferd, Walroß
241-312↓ Flußpferd, Bison, Elefant
242-111 Flußpferd, Walroß
242-122↓ Flußpferd, Elefant, Walroß
242-212 Flußpferd, Elefant, Bison
242-221 Flußpferd, Elefant, Walroß
242-222 Flußpferd, Elefant, Bison
242-231 Flußpferd, Elefant, Walroß
242-332↓ Elefant, Flußpferd, Bison
243-111↓ Flußpferd, Elefant
243-222↓ Elefant, Flußpferd, Bison
311-111↓ Nashorn, Flußpferd
311-312↓ Nashorn, Zebra
312-111↓ Nashorn, Flußpferd
312-311↓ Nashorn, Zebra
313-111↓ Nashorn, Flußpferd
313-231↓ Nashorn, Elefant, Flußpferd
313-332↓ Nashorn, Elefant, Zebra
321-111 Flußpferd, Nashorn
321-321↓ Nashorn, Zebra, Flußpferd
322-111↓ Flußpferd, Nashorn, Walroß
322-231↓ Nashorn, Flußpferd, Elefant
322-331↓ Nashorn, Zebra, Flußpferd
322-332 Nashorn, Zebra, Elefant
323-111 Flußpferd, Nashorn
323-212↓ Nashorn, Elefant, Flußpferd
323-232↓ Nashorn, Elefant, Löwe
323-321 Nashorn, Zebra, Flußpferd

323-322↓ Nashorn, Zebra, Elefant
331-111 Flußpferd, Walroß
331-332↓ Nashorn, Flußpferd, Elefant
332-111 Flußpferd, Walroß
332-122↓ Flußpferd, Nashorn, Walroß
332-132 Flußpferd, Nashorn, Elefant
332-211 Flußpferd, Nashorn, Walroß
332-212 Nashorn, Flußpferd, Elefant
332-221 Flußpferd, Nashorn, Walroß
332-322↓ Nashorn, Flußpferd, Elefant
333-111 Flußpferd, Walroß, Elefant
333-112 Flußpferd, Elefant, Nashorn
333-121 Flußpferd, Walroß, Elefant
333-122 Flußpferd, Elefant, Nashorn
333-131 Flußpferd, Elefant, Walroß
333-132 Elefant, Flußpferd, Löwe
333-211↓ Flußpferd, Elefant, Nashorn
333-231 Elefant, Flußpferd, Löwe
333-232 Elefant, Löwe, Nashorn
333-311↓ Flußpferd, Elefant, Nashorn
333-331 Elefant, Flußpferd, Löwe
333-332 Elefant, Löwe, Nashorn
341-111↓ Flußpferd, Elefant
341-332 Elefant, Wolf
342-111↓ Flußpferd, Elefant
342-221↓ Elefant, Flußpferd, Nashorn
342-322↓ Elefant, Wolf
343-111↓ Elefant, Flußpferd
411-111 Nashorn, Giraffe, Flußpferd
411-112 Nashorn, Giraffe, Pfau
411-121 Nashorn, Giraffe, Flußpferd
411-122 Nashorn, Giraffe, Pfau
411-131 Nashorn, Giraffe, Flußpferd
411-132↓ Nashorn, Giraffe, Pfau
412-111↓ Nashorn, Giraffe, Flußpferd
413-111↓ Nashorn, Giraffe, Flußpferd
413-322↓ Nashorn, Giraffe, Zebra
413-331↓ Nashorn, Giraffe, Elefant
421-111↓ Nashorn, Flußpferd, Giraffe
421-332↓ Nashorn, Giraffe, Zebra
422-111↓ Nashorn, Flußpferd, Giraffe
423-111↓ Nashorn, Flußpferd, Giraffe
423-132↓ Nashorn, Giraffe, Elefant
431-111↓ Flußpferd, Nashorn, Giraffe
431-332 Nashorn, Giraffe, Rappenantilope
432-111↓ Flußpferd, Nashorn, Giraffe
432-132 Flußpferd, Nashorn, Elefant
432-211↓ Flußpferd, Nashorn, Giraffe
432-231 Flußpferd, Nashorn, Elefant
432-232 Nashorn, Elefant, Giraffe
432-311↓ Nashorn, Flußpferd, Giraffe
432-331 Nashorn, Flußpferd, Elefant
432-332 Nashorn, Elefant, Tiger
433-111↓ Flußpferd, Elefant, Nashorn

433-132↓ Elefant, Flußpferd, Löwe
433-211 Flußpferd, Elefant, Nashorn
433-212 Elefant, Nashorn, Giraffe
433-221 Flußpferd, Elefant, Nashorn
433-222 Elefant, Nashorn, Giraffe
433-231↓ Elefant, Flußpferd, Löwe
433-311 Elefant, Nashorn, Flußpferd
433-332↓ Elefant, Tiger, Löwe
441-111↓ Flußpferd, Elefant
441-311↓ Elefant, Rappenantilope, Flußpferd
441-312 Rappenantilope, Elefant, Wolf
441-321 Elefant, Rappenantilope, Flußpferd
441-332↓ Rappenantilope, Elefant, Wolf
442-111 Flußpferd, Elefant
442-311↓ Elefant, Rappenantilope
443-111↓ Elefant, Flußpferd

444-
111-111↓ Walroß, Flußpferd
111-211↓ Walroß, Flußpferd, Nashorn
111-212 Walroß, Nashorn, Krokodil
111-221↓ Walroß, Flußpferd, Nashorn
111-312 Nashorn, Krokodil, Walroß
111-321↓ Walroß, Flußpferd, Nashorn
111-332 Nashorn, Walroß, Adler
112-111↓ Walroß, Flußpferd
112-211↓ Walroß, Flußpferd, Nashorn
112-212 Walroß, Nashorn, Krokodil
112-221↓ Walroß, Flußpferd, Nashorn
112-312 Nashorn, Krokodil, Walroß
112-321↓ Walroß, Flußpferd, Nashorn
112-332 Nashorn, Walroß, Adler
113-111 Walroß, Flußpferd
113-211↓ Walroß, Flußpferd, Nashorn
113-212 Walroß, Nashorn, Krokodil
113-221↓ Walroß, Flußpferd, Nashorn
113-232 Walroß, Nashorn, Löwe
113-311 Walroß, Flußpferd, Nashorn
113-312 Nashorn, Krokodil, Walroß
113-321↓ Walroß, Flußpferd, Nashorn
113-332 Nashorn, Löwe, Walroß
121-111↓ Walroß, Flußpferd
121-232↓ Walroß, Flußpferd, Nashorn
122-111↓ Walroß, Flußpferd
122-232↓ Walroß, Flußpferd, Nashorn
123-111↓ Walroß, Flußpferd
123-222↓ Walroß, Flußpferd, Nashorn
123-231↓ Walroß, Flußpferd, Löwe
123-311↓ Walroß, Flußpferd, Nashorn
123-331 Walroß, Flußpferd, Löwe
123-332 Löwe, Walroß, Nashorn
131-111↓ Walroß, Flußpferd
132-111↓ Walroß, Flußpferd
133-111↓ Walroß, Flußpferd

133-222↓ Walroß, Flußpferd, Löwe
141-111↓ Walroß, Flußpferd
141-222↓ Walroß, Flußpferd, Bison
141-231↓ Walroß, Flußpferd, Elefant
141-311↓ Walroß, Flußpferd, Bison
141-331 Walroß, Flußpferd, Elefant
141-332 Elefant, Walroß, Bison
142-111↓ Walroß, Flußpferd
142-222↓ Walroß, Flußpferd, Bison
142-231↓ Walroß, Flußpferd, Elefant
142-311↓ Walroß, Flußpferd, Bison
142-321 Walroß, Flußpferd, Elefant
142-322 Walroß, Bison, Elefant
142-331 Walroß, Elefant, Flußpferd
142-332 Elefant, Wildhund, Walroß
143-111 Walroß, Flußpferd
143-122↓ Walroß, Flußpferd, Elefant
143-312 Elefant, Wildhund, Walroß
143-321 Elefant, Walroß, Flußpferd
143-322↓ Elefant, Wildhund, Walroß
211-111 Walroß, Flußpferd
211-132↓ Walroß, Flußpferd, Nashorn
212-111 Walroß, Flußpferd
212-132↓ Walroß, Flußpferd, Nashorn
213-111 Walroß, .Flußpferd
213-132↓ Walroß, Flußpferd, Nashorn
213-232 Nashorn, Löwe, Walroß
213-311 Walroß, Nashorn, Flußpferd
213-322 Nashorn, Walroß, Löwe
221-111↓ Walroß, Flußpferd
221-211↓ Walroß, Flußpferd, Nashorn
221-332 Nashorn, Walroß, Adler
222-111 Walroß, Flußpferd
222-132↓ Walroß, Flußpferd, Nashorn
222-332 Nashorn, Walroß, Adler
223-111↓ Walroß, Flußpferd
223-132↓ Walroß, Flußpferd, Löwe
223-211↓ Walroß, Flußpferd, Nashorn
223-231 Walroß, Flußpferd, Löwe
223-232 Löwe, Walroß, Nashorn
223-311↓ Walroß, Flußpferd, Nashorn
223-322 Nashorn, Walroß, Löwe
223-331 Walroß, Löwe, Flußpferd
223-332 Löwe, Nashorn, Walroß
231-111↓ Walroß, Flußpferd
232-111↓ Walroß, Flußpferd
232-332↓ Walroß, Flußpferd, Löwe
233-111↓ Walroß, Flußpferd
233-212↓ Walroß, Flußpferd, Löwe
233-332 Löwe, Walroß, Elefant
241-111↓ Walroß, Flußpferd
241-222↓ Walroß, Flußpferd, Bison
241-231↓ Walroß, Flußpferd, Elefant
241-311↓ Walroß, Flußpferd, Bison

241-321 Walroß, Flußpferd, Elefant
241-322 Walroß, Bison, .Elefant
241-331 Walroß, Elefant, Flußpferd
241-332 Elefant, Walroß, Bison
242-111↓ Walroß, Flußpferd
242-212↓ Walroß, Flußpferd, Elefant
242-312 Walroß, Elefant, Bison
242-321 Walroß, Flußpferd, Elefant
242-322 Elefant, Walroß, Bison
242-331 Elefant, Walroß, Flußpferd
242-332 Elefant, Wildhund, Walroß
243-111 Walroß, Flußpferd
243-112↓ Walroß, Flußpferd, Elefant
243-312 Elefant, Wildhund, Walroß
243-321 Elefant, Walroß, Flußpferd
243-322↓ Elefant, Wildhund
311-111↓ Walroß, Nashorn, Flußpferd
311-331↓ Nashorn, Adler
312-111↓ Walroß, Nashorn, Flußpferd
312-331↓ Nashorn, Adler
313-111 Walroß, Nashorn, Flußpferd
313-322↓ Nashorn, Löwe, Elefant
321-111↓ Walroß, Flußpferd, Nashorn
321-331↓ Nashorn, Adler, Walroß
322-111↓ Walroß, Flußpferd, Nashorn
322-231↓ Nashorn, Walroß, Löwe
322-332↓ Nashorn, Adler, Löwe
323-111↓ Walroß, Flußpferd, Nashorn
323-122 Nashorn, Walroß, Löwe
323-131 Walroß, Löwe, Flußpferd
323-132↓ Löwe, Nashorn, Walroß
323-331↓ Löwe, Nashorn, Elefant
331-111↓ Walroß, Flußpferd
331-211↓ Walroß, Flußpferd, Nashorn
331-231 Walroß, Flußpferd, Löwe
331-232 Walroß, Löwe, Nashorn
331-311↓ Walroß, Flußpferd, Nashorn
331-331 Walroß, Löwe, Flußpferd
331-332 Löwe, Nashorn, Walroß
332-111 Walroß, Flußpferd
332-122↓ Walroß, Flußpferd, Nashorn
332-131↓ Walroß, Flußpferd, Löwe
332-211↓ Walroß, Flußpferd, Nashorn
332-231 Walroß, Löwe, Flußpferd
332-232 Löwe, Walroß, Nashorn
332-311 Walroß, Flußpferd, Nashorn
332-312 Nashorn, Walroß, Löwe
332-321 Walroß, Flußpferd, Nashorn
332-322 Nashorn, Walroß, Löwe
332-331 Walroß, Löwe, Flußpferd
332-332 Löwe, Nashorn, Elefant
333-111 Walroß, Flußpferd
333-112↓ Walroß, Flußpferd, Löwe
333-132 Löwe, Walroß, Elefant

333-211 Walroß, Löwe, Flußpferd
333-212 Löwe, Walroß, Elefant
333-221 Walroß, Löwe, Flußpferd
333-222↓ Löwe, Elefant, Walroß
333-311 Löwe, Walroß, Flußpferd
333-312 Löwe, Elefant, Nashorn
333-321 Löwe, Walroß, Elefant
333-322↓ Löwe, Elefant, Nashorn
341-111 Walroß, Flußpferd
341-112↓ Walroß, Flußpferd, Elefant
341-312 Elefant, Wolf, Walroß
341-321 Elefant, Walroß, Flußpferd
341-322↓ Elefant, Wolf
342-111↓ Walroß, Flußpferd, Elefant
343-111↓ Elefant, Walroß, Flußpferd
343-222↓ Elefant, Löwe
411-111 Nashorn, Walroß, Giraffe
411-112 Nashorn, Giraffe, Pfau
411-121 Nashorn, Walroß, Giraffe
411-122 Nashorn, Giraffe, Pfau
411-131 Nashorn, Walroß, Giraffe
411-132↓ Nashorn, Giraffe, Pfau
411-332 Nashorn, Adler, Giraffe
412-111↓ Nashorn, Walroß, Giraffe
412-331↓ Nashorn, Giraffe, Adler
413-111↓ Nashorn, Walroß, Giraffe
413-131 Nashorn, Löwe, Walroß
413-132 Nashorn, Löwe, Elefant
413-221↓ Nashorn, Giraffe, Löwe
413-231↓ Nashorn, Löwe, Elefant
413-311↓ Nashorn, Delphin, Giraffe
413-331 Nashorn, Löwe, Elefant
413-332 Nashorn, Delphin, Löwe
421-111 Walroß, Nashorn, Flußpferd
421-112 Nashorn, Giraffe, Walroß
421-121 Walroß, Nashorn, Flußpferd
421-122 Nashorn, Giraffe, Walroß
421-131 Walroß, Nashorn, Flußpferd
421-331↓ Nashorn, Giraffe, Adler
422-111 Walroß, Nashorn, Flußpferd
422-112 Nashorn, Giraffe, Walroß
422-121 Walroß, Nashorn, Flußpferd
422-122 Nashorn, Giraffe, Walroß
422-131 Walroß, Nashorn, Flußpferd
422-231↓ Nashorn, Giraffe, Walroß
422-331↓ Nashorn, Giraffe, Adler
423-111 Walroß, Nashorn, Flußpferd
423-112 Nashorn, Giraffe, Walroß
423-121 Walroß, Nashorn, Flußpferd
423-122 Nashorn, Giraffe, Walroß
423-131 Löwe, Walroß, Nashorn
423-132 Löwe, Nashorn, Elefant
423-211↓ Nashorn, Giraffe, Löwe
423-231↓ Löwe, Nashorn, Elefant

423-311↓ Nashorn, Delphin, Giraffe
423-331 Löwe, Nashorn, Elefant
423-332 Löwe, Nashorn, Delphin
431-111 Walroß, Flußpferd
431-132↓ Walroß, Flußpferd, Löwe
431-211 Walroß, Flußpferd, Nashorn
431-212 Nashorn, Walroß, Giraffe
431-221 Walroß, Flußpferd, Nashorn
431-222 Nashorn, Walroß, Giraffe
431-231 Walroß, Löwe, Flußpferd
431-232 Löwe, Nashorn, Walroß
431-311 Walroß, Nashorn, Flußpferd
431-312 Nashorn, Giraffe, Walroß
431-321 Walroß, Nashorn, Flußpferd
431-322 Nashorn, Giraffe, Walroß
431-331 Walroß, Löwe, Nashorn
431-332 Löwe, Nashorn, Elefant
432-111 Walroß, Flußpferd
432-122↓ Walroß, Flußpferd, Nashorn
432-131↓ Walroß, Flußpferd, Löwe
432-211 Walroß, Flußpferd, Nashorn
432-212 Nashorn, Walroß, Giraffe
432-221 Walroß, Flußpferd, Nashorn
432-222 Nashorn, Walroß, Löwe
432-231 Walroß, Löwe, Flußpferd
432-232 Löwe, Nashorn, Elefant
432-311 Walroß, Nashorn, Flußpferd
432-312 Nashorn, Giraffe, Walroß
432-321 Walroß, Nashorn, Flußpferd
432-322 Nashorn, Löwe, Giraffe
432-331 Löwe, Walroß, Nashorn
432-332 Löwe, Nashorn, Elefant
433-111↓ Walroß, Flußpferd, Löwe
433-221↓ Löwe, Walroß, Elefant
433-312 Löwe, Elefant, Nashorn
433-321 Löwe, Elefant, Walroß
433-332↓ Löwe, Elefant, Tiger
441-111↓ Walroß, Flußpferd, Elefant
441-311 Elefant, Rappenantilope, Walroß
441-312 Elefant, Rappenantilope, Wolf
441-321 Elefant, Rappenantilope, Walroß
441-332↓ Elefant, Rappenantilope, Wolf
442-111 Walroß, Flußpferd, Elefant
442-311↓ Elefant, Rappenantilope, Walroß
443-111↓ Elefant, Walroß, Flußpferd

451-

111-111↓ Krokodil, Nashorn, Flußpferd
112-111↓ Krokodil, Nashorn, Flußpferd
113-111↓ Krokodil, Warzenschwein
113-321↓ Krokodil, Warzenschwein,
Nashorn
121-111↓ Nashorn, Flußpferd, Krokodil
122-111↓ Nashorn, Flußpferd, Krokodil

123-111↓ Warzenschwein, Nashorn,
    Flußpferd
123-311↓ Warzenschwein, Nashorn,
    Krokodil
131-111↓ Flußpferd, Nashorn
131-332↓ Nashorn, Flußpferd, Tiger
132-111↓ Flußpferd, Nashorn
132-211↓ Flußpferd, Nashorn, Krokodil
132-232↓ Nashorn, Flußpferd,
    Warzenschwein
132-331↓ Nashorn, Flußpferd, Tiger
133-111↓ Flußpferd, Warzenschwein,
    Nashorn
133-312 Warzenschwein, Nashorn, Tiger
133-321 Warzenschwein, Nashorn,
    Flußpferd
133-322↓ Warzenschwein, Nashorn, Tiger
141-111↓ Flußpferd, Nashorn
142-111↓ Flußpferd, Nashorn
142-211↓ Flußpferd, Nashorn, Krokodil
142-232↓ Nashorn, Flußpferd, Elefant
142-311 Flußpferd, Nashorn, Krokodil
142-322 Nashorn, Flußpferd,
    Warzenschwein
142-331↓ Flußpferd, Nashorn, Tiger
143-111↓ Flußpferd, Warzenschwein,
    Nashorn
143-132 Flußpferd, Elefant, Warzenschwein
143-211↓ Flußpferd, Warzenschwein,
    Nashorn
143-231 Flußpferd, Elefant, Warzenschwein
143-232 Elefant, Warzenschwein, Nashorn
143-311 Flußpferd, Warzenschwein,
    Nashorn
143-312 Warzenschwein, Nashorn, Tiger
143-321 Flußpferd, Warzenschwein,
    Nashorn
143-322 Warzenschwein, Tiger, Nashorn
143-331 Tiger, Elefant, Flußpferd
143-332 Tiger, Elefant, Warzenschwein
211-111↓ Nashorn, Flußpferd
212-111↓ Nashorn, Flußpferd
213-111↓ Nashorn, Flußpferd
221-111↓ Nashorn, Flußpferd
222-111↓ Nashorn, Flußpferd
223-111↓ Nashorn, Flußpferd
231-111↓ Flußpferd, Nashorn
232-111↓ Flußpferd, Nashorn
233-111↓ Flußpferd, Nashorn
241-111↓ Flußpferd, Nashorn
242-111↓ Flußpferd, Nashorn
243-111↓ Flußpferd, Nashorn
243-312 Nashorn, Tiger, Elefant
243-321 Nashorn, Flußpferd, Elefant

243-322↓ Nashorn, Tiger, Elefant
311-111↓ Nashorn
312-111↓ Nashorn
313-111↓ Nashorn
321-111↓ Nashorn
322-111↓ Nashorn
323-111↓ Nashorn
331-111↓ Nashorn, Flußpferd
332-111↓ Nashorn, Flußpferd
332-222↓ Nashorn, Bär
332-332 Nashorn, Tiger
333-111↓ Nashorn, Flußpferd
333-232↓ Nashorn, Tiger
341-111↓ Nashorn, Flußpferd
342-111↓ Nashorn, Flußpferd
342-331↓ Nashorn, Elefant, Tiger
343-111↓ Nashorn, Flußpferd, Elefant
343-311↓ Nashorn, Elefant, Tiger
411-111↓ Nashorn, Tiger
412-111↓ Nashorn, Tiger
413-111↓ Nashorn, Tiger
421-111↓ Nashorn, Tiger
422-111↓ Nashorn, Tiger
423-111↓ Nashorn, Tiger
431-111↓ Nashorn, Flußpferd
431-131↓ Nashorn, Flußpferd, Tiger
432-111↓ Nashorn, Flußpferd
433-111↓ Nashorn, Tiger, Flußpferd
441-111↓ Nashorn, Flußpferd
441-312↓ Tiger, Nashorn, Rappenantilope
442-111 Nashorn, Flußpferd
442-131↓ Nashorn, Tiger, Flußpferd
443-111↓ Nashorn, Tiger, Flußpferd
443-112 Tiger, Nashorn, Elefant
443-121 Tiger, Nashorn, Flußpferd
443-122↓ Tiger, Nashorn, Elefant

452-
111-111↓ Krokodil, Nashorn
112-111↓ Krokodil, Nashorn
113-111↓ Krokodil, Nashorn
113-121↓ Krokodil, Nashorn,
    Warzenschwein
121-111 Nashorn, Flußpferd
122-111↓ Nashorn, Flußpferd, Krokodil
122-222↓ Nashorn, Warzenschwein
122-311↓ Nashorn, Krokodil
123-111↓ Nashorn, Warzenschwein,
    Flußpferd
123-312↓ Warzenschwein, Nashorn,
    Krokodil
131-111↓ Flußpferd, Nashorn
132-111↓ Flußpferd, Nashorn
132-332 Nashorn, Tiger

133-111↓ Flußpferd, Warzenschwein,
    Nashorn
133-331↓ Tiger, Nashorn, Warzenschwein
141-111↓ Flußpferd, Nashorn
141-331↓ Nashorn, Flußpferd, Tiger
142-111↓ Flußpferd, Nashorn
142-331↓ Nashorn, Flußpferd, Tiger
143-111↓ Flußpferd, Warzenschwein,
    Nashorn
143-132 Flußpferd, Elefant, Warzenschwein
143-211↓ Flußpferd, Nashorn,
    Warzenschwein
143-231 Flußpferd, Elefant, Nashorn
143-232 Elefant, Warzenschwein, Nashorn
143-311 Nashorn, Flußpferd,
    Warzenschwein
143-312 Warzenschwein, Nashorn, Tiger
143-321 Nashorn, Flußpferd,
    Warzenschwein
143-322 Warzenschwein, Nashorn, Tiger
143-331 Tiger, Elefant, Nashorn
143-332 Tiger, Elefant, Warzenschwein
211-111↓ Nashorn, Flußpferd
212-111↓ Nashorn, Flußpferd
213-111↓ Nashorn, Flußpferd
221-111↓ Nashorn, Flußpferd
222-111↓ Nashorn, Flußpferd
223-111↓ Nashorn, Flußpferd
231-111↓ Flußpferd, Nashorn
232-111↓ Flußpferd, Nashorn
233-111↓ Flußpferd, Nashorn
241-111↓ Flußpferd, Nashorn
242-111↓ Flußpferd, Nashorn
243-111↓ Flußpferd, Nashorn, Elefant
243-312 Nashorn, Elefant, Tiger
243-321 Nashorn, Flußpferd, Elefant
243-322↓ Nashorn, Elefant, Tiger
311-111↓ Nashorn
312-111↓ Nashorn
313-111↓ Nashorn
321-111↓ Nashorn
322-111↓ Nashorn
323-111↓ Nashorn
323-332 Nashorn, Tiger
331-111↓ Nashorn, Flußpferd
332-111↓ Nashorn, Flußpferd
332-132↓ Nashorn, Flußpferd, Bär
332-332↓ Nashorn, Tiger, Bär
333-111↓ Nashorn, Flußpferd
333-122↓ Nashorn, Flußpferd, Bär
333-322↓ Nashorn, Tiger, Bär
341-111↓ Nashorn, Flußpferd
342-111↓ Nashorn, Flußpferd
342-131↓ Nashorn, Flußpferd, Elefant

255

342-222 Nashorn, Bär
342-332↓ Nashorn, Elefant, Tiger
343-111↓ Nashorn, Flußpferd, Elefant
343-331↓ Elefant, Tiger, Nashorn
411-111↓ Nashorn
412-111↓ Nashorn
413-111↓ Nashorn, Tiger
421-111↓ Nashorn, Tiger
422-111↓ Nashorn, Tiger
423-111↓ Nashorn, Tiger
431-111↓ Nashorn, Flußpferd
431-132↓ Nashorn, Tiger
432-111↓ Nashorn, Flußpferd
433-111↓ Nashorn, Tiger
433-121↓ Nashorn, Tiger, Flußpferd
441-111↓ Nashorn, Flußpferd
441-332↓ Tiger, Nashorn, Rappenantilope
442-111↓ Nashorn, Flußpferd
442-131↓ Nashorn, Tiger, Flußpferd
443-111↓ Nashorn, Tiger, Flußpferd
443-112↓ Nashorn, Tiger, Elefant

453-
111-111↓ Krokodil, Nashorn
112-111↓ Krokodil, Nashorn
113-111↓ Krokodil, Nashorn
113-332↓ Nashorn, Warzenschwein, Krokodil
121-111↓ Nashorn
122-111↓ Nashorn
123-111↓ Nashorn, Warzenschwein
131-111↓ Flußpferd, Nashorn
132-111↓ Flußpferd, Nashorn
133-111↓ Flußpferd, Nashorn
133-132↓ Nashorn, Flußpferd, Warzenschwein
133-332↓ Nashorn, Tiger, Warzenschwein
141-111↓ Flußpferd, Nashorn
142-111↓ Flußpferd, Nashorn
142-331↓ Nashorn, Elefant, Flußpferd
143-111 Flußpferd, Nashorn
143-112↓ Nashorn, Flußpferd, Elefant
143-212 Nashorn, Elefant, Warzenschwein
143-221 Nashorn, Elefant, Flußpferd
143-222 Nashorn, Elefant, Warzenschwein
143-311↓ Nashorn, Elefant, Flußpferd
143-312 Nashorn, Elefant, Warzenschwein
143-321 Nashorn, Elefant, Flußpferd
143-322 Nashorn, Elefant, Warzenschwein
143-331↓ Elefant, Nashorn, Tiger
211-111↓ Nashorn
212-111↓ Nashorn
213-111↓ Nashorn
221-111↓ Nashorn

222-111↓ Nashorn, Flußpferd
223-111↓ Nashorn, Flußpferd
231-111↓ Nashorn, Flußpferd
232-111↓ Nashorn, Flußpferd
232-121↓ Nashorn, Flußpferd, Walroß
232-321↓ Nashorn, Flußpferd, Bär
233-111↓ Nashorn, Flußpferd
233-221↓ Nashorn, Flußpferd, Bär
233-332 Nashorn, Tiger
241-111↓ Flußpferd, Nashorn
242-111↓ Flußpferd, Nashorn
243-111↓ Flußpferd, Nashorn, Elefant
311-111↓ Nashorn
312-111↓ Nashorn
313-111↓ Nashorn
321-111↓ Nashorn
322-111↓ Nashorn
323-111↓ Nashorn
331-111↓ Nashorn, Bär
331-121↓ Nashorn, Flußpferd
331-132↓ Nashorn, Bär
332-111 Nashorn, Flußpferd
333-111↓ Nashorn, Bär
333-121↓ Nashorn, Flußpferd
333-332↓ Nashorn, Tiger, Bär
341-111↓ Nashorn
342-111↓ Nashorn
343-111↓ Nashorn, Elefant
411-111↓ Nashorn
412-111↓ Nashorn
413-111↓ Nashorn, Tiger
421-111↓ Nashorn
422-111↓ Nashorn
423-211↓ Nashorn, Tiger
431-111↓ Nashorn, Tiger
432-111↓ Nashorn, Bär
433-111↓ Nashorn, Tiger
441-111↓ Nashorn, Tiger
442-111↓ Nashorn, Elefant
442-231↓ Nashorn, Elefant, Tiger
443-111 Nashorn, Elefant
443-122↓ Nashorn, Elefant, Tiger

454-
111-111↓ Nashorn, Krokodil
112-111↓ Nashorn, Krokodil
113-111↓ Nashorn, Krokodil
113-332↓ Nashorn, Warzenschwein, Krokodil
121-111↓ Nashorn, Walroß
122-111↓ Nashorn, Walroß
123-111↓ Nashorn, Walroß
131-111↓ Walroß, Nashorn, Flußpferd
132-111↓ Walroß, Nashorn, Flußpferd

133-111↓ Walroß, Nashorn, Flußpferd
133-332 Nashorn, Tiger
141-111↓ Walroß, Flußpferd, Nashorn
142-111↓ Walroß, Flußpferd, Nashorn
142-331↓ Nashorn, Walroß, Elefant
143-111↓ Walroß, Flußpferd, Nashorn
143-131 Walroß, Elefant, .Flußpferd
143-132↓ Elefant, Walroß, Nashorn
143-322↓ Nashorn, Elefant, Wildhund
211-111↓ Nashorn
212-111↓ Nashorn
213-111↓ Nashorn
221-111↓ Nashorn
222-111↓ Nashorn, Walroß
223-111↓ Walroß, Nashorn, Flußpferd
231-111↓ Walroß, Nashorn, Flußpferd
232-111↓ Walroß, Nashorn, Flußpferd
233-111↓ Walroß, Nashorn, Flußpferd
241-111↓ Walroß, Nashorn, Flußpferd
242-111↓ Walroß, Nashorn, Flußpferd
243-111↓ Walroß, Nashorn, Flußpferd
243-112 Nashorn, Walroß, Elefant
243-121 Walroß, Nashorn, Flußpferd
243-122↓ Nashorn, Walroß, Elefant
311-111↓ Nashorn
312-111↓ Nashorn
313-111↓ Nashorn
321-111↓ Nashorn
322-111↓ Nashorn
323-111↓ Nashorn
331-111↓ Nashorn
332-111↓ Nashorn
332-121↓ Nashorn, Walroß
332-211↓ Nashorn, Bär
333-111↓ Nashorn, Walroß
341-111↓ Nashorn, Walroß
342-111↓ Nashorn, Walroß
343-111↓ Nashorn, Elefant, Walroß
411-111↓ Nashorn
412-111↓ Nashorn
413-111↓ Nashorn, Tiger
421-111↓ Nashorn
422-111↓ Nashorn
423-111↓ Nashorn, Tiger
431-111↓ Nashorn, Tiger
432-111↓ Nashorn, Tiger
433-111↓ Nashorn, Tiger
441-111↓ Nashorn, Elefant
441-332↓ Nashorn, Tiger, Elefant
442-111↓ Nashorn, Elefant
442-331↓ Nashorn, Tiger, Elefant
443-111↓ Nashorn, Elefant
443-212↓ Nashorn, Elefant, Tiger